U0142928

研究&方法

SPSS

第四版

涂金堂 著

與量化研究
Quantitative Research with SPSS

五南圖書出版公司 印行

序　言

　　撰寫學位論文對碩博士研究生而言，是一項艱辛且費時的作業。以進行量化研究的研究生而言，第一道難關是選擇一個合適的論文題目；費盡千辛萬苦確定論文題目之後，第二道關卡是窮盡各種方法蒐集相關文獻；第三關則是苦讀所蒐集的文獻，確定研究變項的理論依據；第四道難關是根據相關文獻，規劃研究方法與程序；第五道關卡是根據擬定的研究計畫，進行樣本的施測；第六關是整理回收的資料，採用統計軟體進行統計分析；第七道難關是針對所獲得的研究結果，進行分析與討論；第八道關卡是根據研究結果，提出具體可行的研究建議。

　　上述量化研究的八個關卡，對每一位研究生而言，都得費盡心力才能順利過關。而第六關採用統計軟體進行統計分析，以筆者指導研究生的經驗，可說是難關中的難關。對多數研究生而言，統計軟體的操作，是一項令人困擾的難題。

　　SPSS（Statistical Product and Service Solutions）統計軟體因操作較為簡單，因而是目前國內研究生最常用來進行分析論文資料的統計軟體。為了協助研究生瞭解常用統計方法的適用情境與使用時機，筆者從論文寫作的角度出發，以一個研究實例「中小學生數學知識信念、數學態度與數學成績之相關研究」為例，先呈現研究架構圖，以及對應的研究假設，再說明如何根據研究假設，選擇對應的統計方法。最後，介紹如何透過 SPSS 進行這些統計方法的統計分析工作。

　　本次的改版，除了維持之前版本的主要架構，介紹研究生較常採用的統計方法，包括敘述統計、t 考驗、單因子變異數分析、雙因子變異數分析、積差相關分析、典型相關分析、多元迴歸分析、卡方考驗等。特別增加第十六章與第十七章，這兩章主要介紹中介效果與調節效果。中介效果又稱為間接效果，是探討自變項透過中介變項，而間接影響依變項的效果。調節效果又稱為交互作用效果，是探討自變項與調節變項的交乘積變項，是否對依變項產生效果。

　　每種統計方法的介紹，維持之前的版本，分別針對 SPSS 的操作步

驟、SPSS 的報表解讀、統計表格的呈現等三個部分介紹。在 SPSS 的操作步驟部分，每種統計方法的每個操作步驟，都配合完整的 SPSS 的操作畫面，協助讀者正確的操作 SPSS。在 SPSS 的報表解讀部分，每個統計報表，以圓圈或方形圈選的方式，標註重要的統計數據，協助讀者正確的詮釋統計結果。在統計表格的呈現部分，每個統計摘要表，皆清楚交代是如何從 SPSS 報表轉換而成，協助讀者呈現符合 APA 格式的統計表格。

　　本書得以順利完成，要特別感謝內人佳蓉老師與小女昕妤，她們對筆者寫書的全力支持。本書得以順利出版，要特別感謝五南圖書出版公司的鼎力支持，尤其是編輯部的多方協助。本書思慮不周之處，尚請大家不吝指正。

資料檔請至五南圖書網站下載：www.wunan.com.tw

涂金堂 謹誌

2023 年 1 月

目　錄

Chapter **0**

導 論

　　論文寫作對研究生而言，是一項具挑戰性的工作。倘若論文屬於量化研究取向，如何透過統計軟體的操作，獲得正確無誤的統計結果，則是一項艱鉅的工程。

　　由於統計軟體 SPSS 採用視窗的點選操作方式，可以不用撰寫繁雜的程式語法，因而是國內研究生撰寫量化取向論文時，最常採用的統計軟體。

　　雖然國內已有許多本介紹如何操作 SPSS 的專書，但這些書的編輯方式，大多偏向介紹某種統計方法的 SPSS 操作方式。每種統計方法的介紹，常採用不同的問題實例，比較不像研究生進行論文統計分析時，全部的統計方法都是相同問題情境。

　　為了讓讀者清楚瞭解如何使用 SPSS 協助進行量化統計資料的分析工作，筆者將以一個論文案例，說明如何以 SPSS 協助完成該份研究論文所使用到的統計方法。

　　根據相關的文獻探討，中小學生數學知識信念會影響其數學成績，而數學知識信念同時也會影響學生數學態度。另外，中小學生對數學是否具較正向的態度，對其數學成績的好壞，也有很大影響。因此，探討中小學生數學知識信念、數學態度與數學成績三者之間的關係，是一項值得探究的研究議題。基於上述文獻分析，本書將以「中小學生數學知識信念、數學態度與數學成績之相關研究」為例，說明如何透過 SPSS 操作，以獲得統計資料的研究結果。

　　由於本書著重在量化資料的分析，有關研究論文第一章「緒論」與第二章「文獻探討」部分，非本書探討重點，建議讀者可參考教育研究法相關書籍。因此，底下將省略「緒論」與「文獻探討」這兩個部分，直接呈現第三章「研究方法」的相關節次。但是第三章相關節次的內容介紹，不像正式論文那樣的詳盡，若讀者想瞭解完整第三章的內容呈現，建議可參閱已獲得正式學位的碩博士論文。

一、研究架構圖

　　本研究的研究架構圖，係根據研究文獻與研究目的所設計而成，如圖 1 所示。

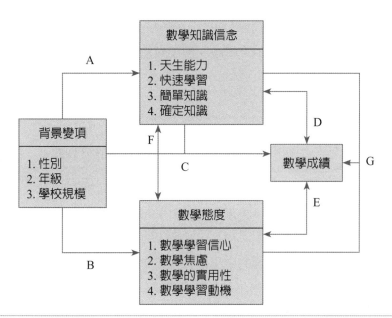

圖1 本研究的研究架構圖

研究架構圖中的各研究路徑，分別說明如下：

A. 探究不同背景變項的中小學生在數學知識信念上的差異情形。

以 t 考驗與單因子變異數分析，分析不同背景變項的中小學生，在數學知識信念得分的差異情形。

B. 探究不同背景變項的中小學生在數學態度上的差異情形。

以 t 考驗與單因子變異數分析，分析不同背景變項的中小學生，在數學態度得分的差異情形。

C. 探究不同背景變項與不同數學知識信念組別的中小學生在數學成績上的交互作用情形。

以雙因子變異數分析，分析不同背景變項與不同數學知識信念組別的中小學生，在數學成績得分的交互作用情形。

D. 探討中小學生數學知識信念與數學成績的關係。

以積差相關分析，探究中小學生數學知識信念與數學成績的相關情形。

E. 探討中小學生數學態度與數學成績的關係。

以積差相關分析，探究中小學生數學態度與數學成績的相關情形。

F. 探討中小學生數學知識信念與數學態度的典型關係。

以典型相關分析，探究中小學生數學知識信念與數學態度的典型相關情形。

G. 探討不同背景的中小學生數學知識信念與數學態度對數學成績的預測情形。
以階層迴歸分析，探究性別、年級、數學知識信念與數學態度對數學成績的預測力情形。

二、研究假設

本研究的研究假設係根據研究目的所擬定，研究假設分列如下：

假設 1：不同背景變項的中小學生，其數學知識信念有顯著差異。

假設 1-1 不同性別的中小學生，其數學知識信念有顯著差異。

假設 1-2 不同年級的中小學生，其數學知識信念有顯著差異。

假設 1-3 不同學校規模的中小學生，其數學知識信念有顯著差異。

假設 2：不同背景變項的中小學生，其數學態度有顯著差異。

假設 2-1 不同性別的中小學生，其數學態度有顯著差異。

假設 2-2 不同年級的中小學生，其數學態度有顯著差異。

假設 2-3 不同學校規模的中小學生，其數學態度有顯著差異。

假設 3：不同背景變項與不同數學知識信念組別的中小學生，在數學成績上有顯著的交互作用。

假設 3-1 不同性別與不同數學知識信念組別的中小學生，在數學成績上有顯著的交互作用。

假設 3-2 不同年級與不同數學知識信念組別的中小學生，在數學成績上有顯著的交互作用。

假設 3-3 不同學校規模與不同數學知識信念組別的中小學生，在數學成績上有顯著的交互作用。

假設 4：中小學生的數學知識信念、數學態度與數學成績有顯著相關。

假設 4-1 中小學生的數學知識信念與數學成績有顯著相關。

假設 4-2 中小學生的數學態度與數學成績有顯著相關。

假設 5：中小學生的數學知識信念與數學態度有顯著的典型相關。

假設 6：中小學生的性別、年級、數學知識信念、數學態度對數學成績有顯著的預測力。

三、研究方法

本研究採用調查研究法，先從文獻探討著手，分析數學知識信念、數學態

度與數學成績的關係，以作為本研究的理論基礎；其次，採用「數學知識信念」與「數學態度量表」，以探討中小學生數學知識信念、數學態度與數學成績的關係。

四、研究對象

中小學生數學知識信念、數學態度與數學成績之相關研究的研究對象是國小六年級與國中二年級的學生，其中國小六年級學生有 139 位，國中二年級學生有 169 位，總共有 308 位研究對象。

五、研究工具

本研究的研究工具包含「數學知識信念量表」與「數學態度量表」，茲分別介紹這兩個量表的相關資料。

(一) 數學知識信念量表

數學知識信念量表採用涂金堂（2007）所編製（請參考附錄），量表共有四個分量表：「天生能力」（第 1 至第 6 題，共 6 道試題，$\alpha = .84$）；「快速學習」（第 7 至第 10 題，共 4 道試題，$\alpha = .68$）；「簡單知識」（第 11 至第 16 題，共 6 道試題，$\alpha = .75$）；「確定知識」（第 17 至第 21 題，共 5 道試題，$\alpha = .67$），總量表共 21 道試題。四個分量表單獨進行因素分析，皆各自得到一個因素。「快速學習」與「確定知識」這兩個分量表的 α 係數都接近 .70，顯示這兩個分量表的信度尚可接受；相對地，「天生能力」與「簡單知識」這兩個分量表的 α 係數皆高於 .70，顯示這兩個分量表具有適切的信度。本量表採李克特（Likert）五點量表的作答方式，受試者在「天生能力」、「快速學習」、「簡單知識」，以及「確定知識」分量表得分越高，顯示其知識信念越不精緻。為避免量表名稱產生對受試者的填答干擾，正式施測時，將「數學知識信念量表」改稱為「數學學習狀況調查甲卷」。

(二) 數學態度量表

數學態度量表採用涂金堂（2006）所編製（請參考附錄），量表共有四個分量表：數學學習信心（包含 2, 5, 8, 13, 19 題，共 5 道試題，$\alpha = .87$）、數學焦慮（包含 1, 9, 11, 14, 17, 20, 24 題，共 7 道試題，$\alpha = .89$）、數學的實用性（包含 3, 6, 10, 15, 21 題，共 5 道試題，$\alpha = .83$）、數學學習動機（包含 4, 7, 12, 16, 18, 22, 23, 25 題，共 8 道試題，$\alpha = .86$）。總量表共 25 道試題，$\alpha = .91$，顯示數學

態度量表具有建構效度，總量表與分量表的 α 係數皆高於 .80，顯示具有良好的信度。數學態度量表得分越高，顯示受試者的數學態度越正向。為避免量表名稱產生對受試者的填答干擾，正式施測時，將「數學態度量表」改稱為「數學學習狀況調查乙卷」。

綜合上述對「數學知識信念量表」與「數學態度量表」兩個研究變項的介紹，本研究將每個變項的描述性資料，呈現在表 1。由表 1 可以清楚知曉每個研究變項的題數、量尺範圍、內部一致性 α 係數、平均數與標準差。

表1

研究變項的描述性資料

領域	變項	題數	量尺範圍	α 值	M	SD
年級	年級	1	1（小六），2（國二）			
性別	性別	1	1（男生），2（女生）			
數學知識信念	天生能力	6	1（非常不同意）至 5（非常同意）	.84	13.62	4.90
	快速學習	4	1（非常不同意）至 5（非常同意）	.68	8.05	2.68
	簡單知識	6	1（非常不同意）至 5（非常同意）	.75	11.99	3.71
	確定知識	5	1（非常不同意）至 5（非常同意）	.67	13.54	3.60
數學態度	數學學習信心	5	1（非常不同意）至 5（非常同意）	.87	15.74	4.53
	數學焦慮	7	1（非常不同意）至 5（非常同意）	.89	18.86	6.48
	數學的實用性	5	1（非常不同意）至 5（非常同意）	.83	18.48	3.51
	數學學習動機	8	1（非常不同意）至 5（非常同意）	.86	25.90	6.09

六、資料分析方法

本研究為考驗研究假設，以 IBM SPSS Statistics 21.0 進行統計分析工作，所使用之統計方法，包括獨立樣本 t 考驗（t-test）、單因子變異數分析（one-way

ANOVA）、雙因子變異數分析（two-way ANOVA）、皮爾遜積差相關（Pearson product-moment correlation）、典型相關（canonical correlation）與階層迴歸分析（heirarchical regression analysis），茲分別說明如下：

(一) 獨立樣本 t 考驗

以 t-test 考驗假設 1 與假設 2，以探究不同性別與不同年級之中小學生，其數學知識信念與數學態度的差異情形。

(二) 單因子變異數分析

以單因子變異數分析考驗假設 1 與假設 2，以瞭解不同學校規模之中小學生，其數學知識信念與數學態度的差異情形。

(三) 雙因子變異數分析

以雙因子變異數分析考驗假設 3，以探究中小學生的數學知識信念與數學態度，在其數學成績上的交互作用情形。

(四) 皮爾遜積差相關

以皮爾遜積差相關考驗假設 4，以分析中小學生的數學知識信念、數學態度與數學成績之間的相關情形。

(五) 典型相關

以典型相關考驗假設 5，以分析中小學生的數學知識信念與數學態度之間的相關情形。

(六) 階層迴歸分析

以階層迴歸分析考驗假設 6，以分析中小學生的性別、年級、數學知識信念與數學態度，對數學成績的預測力。

本書底下將分成十七章，介紹如何透過 SPSS 統計軟體，進行量化研究的統計資料分析。第一章是「資料的輸入與檢核」，主要介紹如何將所蒐集的資料，輸入至 SPSS 統計軟體，並透過檢核的動作，瞭解是否有輸入錯誤的情形。

第二章是「反向題的轉換」，主要介紹如何將反向題的計分，進行轉換的步驟。量化研究常須採用量表，當量表有反向題時，透過 SPSS 簡單的轉換指令，即可避免擾人的反向題輸入問題。

第三章是「總量表與分量表的分數加總」，主要介紹如何將量表分數進行加

總的步驟。以量表得分進行統計分析時，須先計算量表的總得分，才能進行後續的統計分析工作。

第四章是「組別的整併與分割」，當研究背景變項出現各組別的人數差距過大時，有必要將組別進行整併或分割。

第五章是「Z 分數與 T 分數的計算」，主要介紹如何將原始分數轉換成標準化的 Z 分數或 T 分數。某些研究若採用原始分數研究不同組別受試者的得分情形，容易因原始分數評分的基準不同，而產生不適當的統計結果，此時最好將原始分數轉換成標準化的 Z 分數或 T 分數。例如：想研究高雄市國三學生數學態度與數學成績的關係，因各班數學老師的評分標準不一，若採用原始的數學成績較不恰當，最好將各班的數學成績各自轉換成 Z 分數或 T 分數。

第六章是「現況分析的敘述統計」，主要介紹如何透過 SPSS 獲得研究變項的敘述統計，透過敘述統計量的呈現，可提供我們對研究變項的初步瞭解。

第七章是「以 t 考驗進行兩個平均數差異情形的檢定」，探究某個議題時，我們常會想要瞭解兩個不同群體，在某個研究變項的得分情形是否有顯著性差異，此時便可採用 t 考驗進行兩個群體平均數差異情形的檢定。

第八章是「以單因子變異數分析，探究三個以上平均數的差異情形」，除了探討兩個不同群體得分差異情形外，我們也常須探討三個以上群體，在某個研究變項得分情形是否有顯著性差異，此時便可採用單因子變異數分析。

第九章是「以雙因子變異數分析，探究兩個自變項的交互作用情形」，當研究文獻顯示兩個研究變項之間具有交互作用時，則可採用雙因子變異數分析，分析交互作用的效果。

第十章是「以積差相關分析，探究兩個變項的相關情形」，我們常會想要探討兩個研究變項之間，是否具有密切的關聯性。若是兩個研究變項皆屬連續變項時，則可採積差相關分析探究兩個變項的關聯性。

第十一章是「以典型相關分析，探究兩個變項的相關情形」，倘若兩個研究變項皆各自同時包含幾個不同的次變項，則除可採用積差相關外，也可考慮採用較複雜的典型相關分析，來探討是否存在典型變項之間的關聯性。

第十二章是「以階層迴歸分析，探究預測變項對效標變項的預測力」，透過階層迴歸分析，可以協助研究者瞭解預測變項對效標變項是具有預測力的。

第十三章是「以卡方考驗，探究不同組別的百分比同質性」，透過卡方考驗分析，瞭解不同組別的受試者對某種意見的看法，是否具有百分比的差異情形。

第十四章是「兩個獨立組別的平均數考驗」，介紹該採用獨立樣本 t 考驗或

該採用獨立樣本單因子變異數分析，探究兩個獨立組別的平均數差異考驗。

第十五章是「不同統計方法之間的關聯性」，介紹典型相關分析、獨立樣本 *t* 考驗、獨立樣本單因子變異數分析、獨立樣本雙因子變異數分析、Pearson 積差相關、簡單迴歸分析、多元迴歸分析等統計方法的隸屬關係。

第十六章是「中介效果模式」，介紹自變項、中介變項與依變項等三個變項之間的關聯性，自變項如何透過中介變項，對依變項產生間接的影響效果。

第十七章是「調節效果模式」，介紹自變項、調節變項與依變項等三個變項之間的關聯性，自變項與調節變項對依變項所產生的交互作用之影響效果。

1

資料的輸入與檢核

　　進行大樣本的資料分析，是量化研究的一大特色。若缺乏統計軟體的協助，將無法順利進行龐雜資料的分析。使用統計軟體進行資料分析時，首先須將所蒐集的資料，正確輸入至統計軟體，讓統計軟體可有效讀取資料。本章主要介紹如何將資料正確輸入至統計軟體中，同時對已輸入的資料，須透過適當檢核，才能確保已輸入資料的正確性。底下將分成資料的標記、資料的輸入與資料的檢核等三個部分，作有關資料整理的介紹。

壹、 資料的標記

　　量化研究的資料蒐集，常常是藉由測驗、問卷或量表的型態。為了讓填答者能真實的填答，施測的測驗、問卷或量表常採用無記名方式。進行資料輸入前，研究者若未對每份測驗、問卷或量表，進行標記工作，一旦發現資料輸入錯誤時，便無法順利找出原始資料，將錯誤資料修改為正確資料。因此，對測量工具採用無記名施測方式時，研究者在輸入資料前，務必先進行資料標記工作。

　　一個可行的標記方式，是將所有蒐集的資料，以粗體的紅色筆，在測驗工具的特定點（如左上方或右上方），將每份蒐集的資料，給予一個代碼，如圖1-1所示。代碼的選定，可視資料的多寡而定：若資料未超過一千筆，則以3個代碼，從001、002、003……依序排號下去；若資料未超過一萬筆，則以4個代碼，從0001、0002、0003……依序排號下去。

001

數學學習狀態調查表

親愛的同學：

下面的每道問題只是想瞭解你對數學的感覺，這不是考試，也不會計算分數，每個題目也沒有標準答案，只要你按照自己的想法回答就可以了，每一題都要填寫，填寫完畢後，請仔細檢查是否有漏答的題目！祝大家

健康快樂，學業進步

○○○○大學○○學系
○○○老師敬上
民國○○○年○○月

個人基本資料

一、你就讀的學校是：　□ ＿＿＿＿＿＿ 國小

□ ＿＿＿＿＿＿ 國中

二、你就讀的班級是：　□ 國小六年 ＿＿＿＿ 班

□ 國中二年 ＿＿＿＿ 班

三、你的座號是：＿＿＿＿ 號

圖 1-1　資料標記的示例

貳、資料的輸入

想將資料輸入 SPSS 統計軟體時，除了可直接在 SPSS 提供的視窗輸入資料外，若習慣以 Excel 進行資料輸入，也可先將資料輸入到 Excel，再透過簡單的步驟，將 Excel 的資料檔，輕鬆轉換成 SPSS 的資料檔。因此，底下將介紹 SPSS 與 Excel 這兩種軟體的資料輸入方式。

在資料輸入前，應先確定需要輸入的所有變項個數。變項個數決定方式，首先，第一個變項即是標記代碼，以利於後續的資料檢核。其次，根據測驗、問卷或量表上有幾個背景變項，就必須有相對應的變項個數。最後，每一道題目，則

須單獨成爲一個變項。

　　以「中小學生數學知識信念、數學態度與數學成績之相關研究」爲例，「數學知識信念量表」與「數學態度量表」的個人背景變項有「學校」、「年級」、「座號」、「性別」等四個，「數學知識信念量表」的題目共有 21 題，「數學態度量表」的題目共有 25 題。

　　爲方便檢查輸入錯誤的資料，最好以標記的號碼作爲第一個變項，其次，分別是「學校代碼」、「學校規模」、「年級」、「座號」、「性別」等五個變項，其中「學校代碼」與「座號」這兩個變項並不進行統計分析，只是用來進行資料的查核。接續是「數學知識信念量表」的 21 道題目（每一題即單獨爲一個變項），最後，是「數學態度量表」的 25 題（每一題即單獨爲一個變項），如圖 1-2 所示。

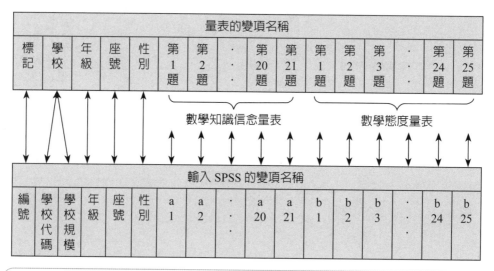

圖 1-2　量表的變項與輸入 SPSS 的對應變項

　　圖 1-2「量表的變項名稱」轉換成「SPSS 的變項名稱」時，除了「學校」這個量表變項名稱，爲了區隔不同學校與不同學校規模，變成「學校代碼」與「學校規模」兩個 SPSS 的變項名稱外，其他的量表變項名稱，都恰好對應一個 SPSS 的變項名稱。而「數學知識信念量表」的題目，以 a 作爲題目代碼；「數學態度量表」的題目，則以 b 作爲題目代碼。

一、SPSS的資料輸入方式

在 SPSS 程式中處理資料的編輯，是透過「資料檢視」（data view）與「變數檢視」（variable view），這兩個工作視窗來完成。在介紹 SPSS 的資料輸入方式前，讀者若能熟悉這兩個工作視窗，將有助於資料輸入的進行。

(一)「資料檢視」工作視窗與「變數檢視」工作視窗

打開 SPSS 程式，即會出現如圖 1-3 的「資料檢視」工作視窗畫面。

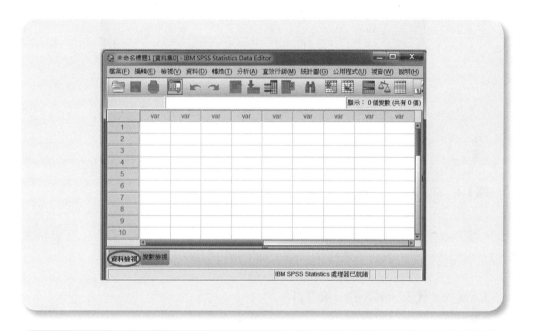

圖 1-3　SPSS 的「資料檢視」工作視窗畫面

資料檢視的工作視窗，可讓資料處理者清楚掌握所蒐集的資料訊息，例如：圖 1-4 的「資料檢視」工作視窗畫面即是一個資料輸入完成的例子。透過圖 1-4 中，即可知道有哪些變項，有多少受試者，受試者的實際填答數據等重要資料訊息。例如：第一位受試者的編號為 001，學校代碼為 1（代表第 1 所學校），學校規模為 1（代表班級數較少的學校），年級為 1（代表為國小六年級），座號為 1（代表座號為 1 號），性別為 1（代表為男生），a1 為 3（代表數學知識信念量表的第 1 題勾選「不確定」），a2 為 3（代表數學知識信念量表的第 2 題勾選「不確定」），a3 為 3（代表數學知識信念量表的第 3 題勾選「不確定」）。

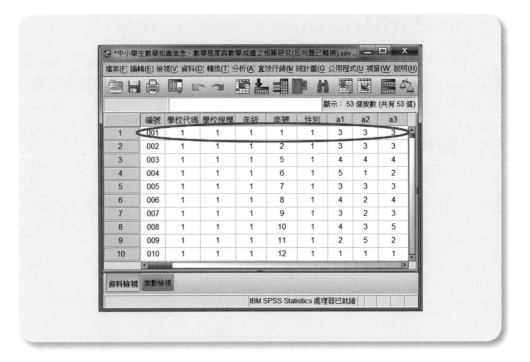

圖 1-4　SPSS「資料檢視」工作視窗的資料輸入完成畫面

　　資料檢視的工作視窗是由許多儲存格（cell）組成的一個長方形，在資料檢視工作視窗輸入資料時，要特別注意下列三項重要原則：

1.「橫列」代表一個人的一筆資料。

2.「縱行」代表一個變項。

3.「儲存格」代表一個人在某個變項的屬性特質或填答數值。

　　一般而言，資料輸入順序可先將縱行的變項名稱確定後，再開始進行每筆個人資料的輸入。有關 SPSS 變項名稱的輸入，首先，請將游標點選左下方的「變項檢視」，即可出現圖 1-5 的畫面。

　　「變項檢視」的工作視窗，包含「名稱」、「類型」、「寬度」、「小數」、「標記」、「數值」、「遺漏」、「欄」、「對齊」、「測量量尺」與「角色」等十一個重要項目。變項檢視的工作視窗同樣由許多儲存格組成的一個長方形，在變項檢視工作視窗，選擇變項屬性時，要特別注意下列三項重要原則：

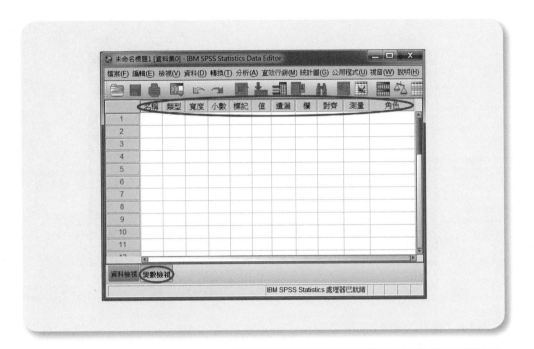

圖 1-5　SPSS 的「變數檢視」工作視窗畫面

1.「橫列」代表一個變項。

2.「縱行」代表一個變項所具有的屬性。

3.「儲存格」代表一個變項在某個項目的屬性特質。

茲針對這十一個項目的功能，分別說明如下：

1.「名稱」（name）

變項檢視工作視窗的第一個欄位是「名稱」，這個部分主要是讓資料處理者輸入所想要命名的變項名稱。例如：若第一個變項是有關受試者的號碼，就可以考慮採用「編號」作為變項名稱。只要將游標移至第一個變項位於「名稱」的儲存格，輸入中文字「編號」即可，如圖 1-6 所示。

當「名稱」這個欄位的儲存格填入「編號」之後，SPSS 會自動給「類型」、「寬度」、「小數」、「數值」、「遺漏」、「欄」、「對齊」、「測量量尺」與「角色」等九個項目，一個內定的格式，如圖 1-7 所示。

其中，「類型」的內定格式為「數字的」、「寬度」內定格式為「8」、「小數」內定格式為「2」、「數值」內定格式為「無」、「遺漏」內定格式為「無」、「欄」內定格式為「8」、「對齊」內定格式為「靠右」、「測量量尺」內定格式為「未知」、「角色」內定格式為「輸入」。

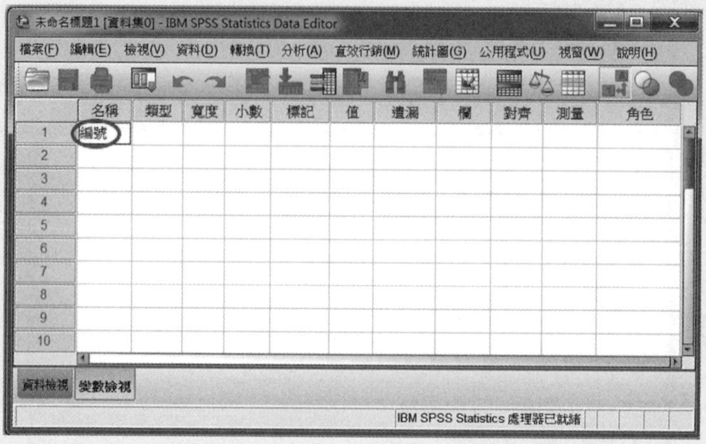

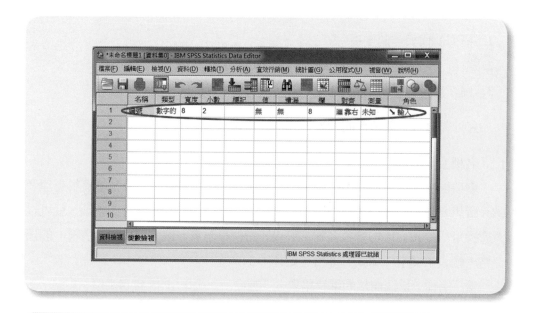

圖 1-6　輸入「編號」的變項名稱

圖 1-7　SPSS 的變項之內定格式

　　對於變項名稱的輸入，SPSS 統計軟體有下列的一些規定：

(1) 起始的第一個字一定要英文字或中文字，第二個字才能使用數字或其他可用的特殊符號，但有些特殊符號是不被允許使用，例如：！、？、＊、空

白鍵等符號，是不能被作為變項名稱的。

(2) SPSS 內定的一些特殊關鍵字不能作為變項名稱，例如：ALL, AND, BY, EQ, GE, GT, LE, LT, NE, NOT, OR, TO, WITH 等。

(3) 變項名稱可採用大小寫混合使用。

(4) 每個變項名稱是獨立的，不能有兩個相同的變項名稱。

(5) 變數名稱的長度不能超過 64 個字元。

(6) 若要修改變項名稱，只需將游標移至所欲修改的變項名稱儲存格，直接輸入所要修改的名稱即可。

2.「類型」（type）

變項的類型包括「數字 (N)」、「逗點 (C)」、「點 (D)」、「科學記號 (S)」、「日期 (A)」、「貨幣 (L)」、「自訂貨幣 (U)」與「字串 (R)」等八種，其中較常使用在量化統計的類型是「數字」與「字串」這兩類。

一旦輸入變項名稱之後，SPSS 會立即給予一個內定的「數字」類型，若要更改變項的類型時，只需將游標移至「類型」儲存格，按一下滑鼠的左鍵，即會出現圖 1-8 的對話窗，此時可將內定的數字更改為資料處理者所需要的類型。

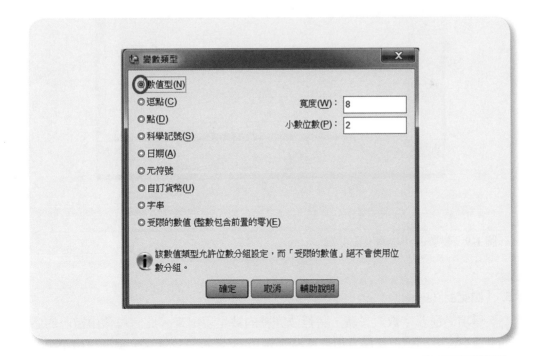

圖 1-8 變數的「類型」對話窗

3. 「寬度」（width）

　　一旦輸入變項名稱後，SPSS 會立即給予一個內定的「寬度」，內定的寬度為 8 個字元。使用者可自行根據自己的需求更改寬度，更改方式只需將游標移至「寬度」儲存格，按一下滑鼠的左鍵，即可調整寬度大小。寬度數值大小，會影響到小數點位數，若小數點設為 2 位，則寬度數值一定要高於 3。

4. 「小數」（decimals）

　　「小數」的功用，主要是讓資料處理者決定數值的呈現，需要採用到幾位的小數點。一旦輸入變項名稱之後，SPSS 會立即給予一個內定的「小數點 2 位」。若要更改小數點的位數，只要將游標移至「小數」的儲存格，按滑鼠左鍵一下，即可更改所需要的小數點，如圖 1-9 所示。一般而言，背景變項與每道題目的得分，大多屬於整數的數值型態，所以可設定在小數點 0 位。

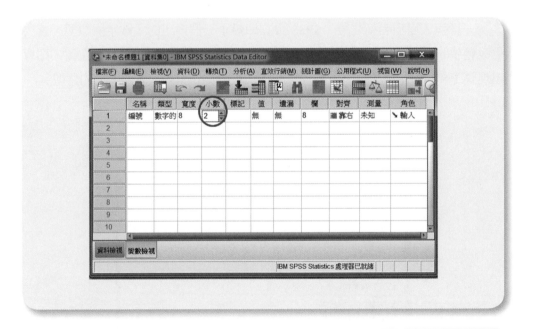

圖 1-9　變數的「小數」對話窗

5. 「標記」（label）

　　變項名稱若字數太長時，將無法完整的被呈現出來，此時可藉由標記的協助，呈現完整的變項名稱。由於標記非屬 SPSS 的內定格式，若要使用標記，必須使用者自己將游標移至「標記」的儲存格，輸入可清楚協助表示變項名稱的文字說明。

　　若使用者未採用標記，在進行統計分析程序時，變項名稱會以使用者所設定的變項名稱出現。例如：進行「次數分配」的統計分析時，若未對第一題進行標記時，則第一題的變項名稱維持原來的「a1」，如圖1-10所示。

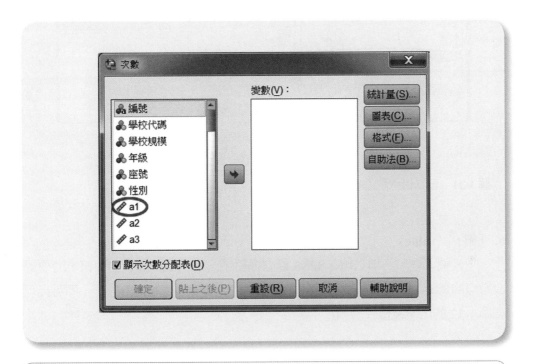

圖 1-10　未進行標記的變項名稱

　　若使用者採用標記，在進行統計分析程序時，變項名稱會自動以標記的文字說明再加上原有的變項名稱。例如：進行「次數分配」的統計分析時，針對第一題進行標記時，以第一題的題目作為標記的內容「我認為數學成績的好壞，與數學天分有絕對的關係」，則第一題的變項名稱會變成「我認為數學成績的好壞，與數學天分有絕對的關係 [a1]」，如圖1-11所示。

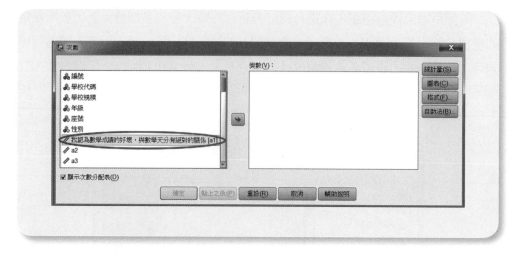

圖 1-11　已進行標記的變項名稱

6. 「值」（value）

一旦輸入變項名稱之後，SPSS 會立即給予一個內定「無」的數值，若要更改數值的意義，只要將游標移至數值的儲存格，並將滑鼠左鍵按一下，即可出現如圖 1-12 的工作視窗。

圖 1-12　變數的「值」對話窗

先在「值 (A)：」的空格中，輸入變項的某個數字，然後在「標記 (L)：」

的空格中，輸入該數字所代表的意義。例如：以「年級」這個變項為例，年級變項中的數字 1 代表國小六年級學生；年級變項中的數字 2 代表國中二年級學生。先在「值(A)：」的空格中，輸入「1」，然後在「標記(L)：」的空格中，輸入「小六」，如圖 1-13 所示。

圖 1-13　變數「數值」的設定步驟 1

接著，按下「新增 (A)」按鈕，即可得到圖 1-14 的結果。

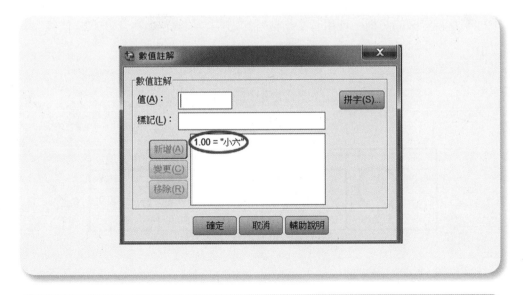

圖 1-14　變數「數值」的設定步驟 2

接續在「值(A)：」的空格中，輸入「2」，然後在「標記(L)：」的空格中，輸入「國二」，再按「新增(A)」，即完成數值標記的工作，如圖 1-15 所示。

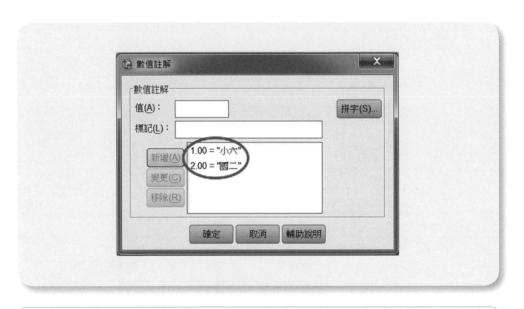

圖 1-15 變數「數值」的設定步驟 3

「數值」的功用在於可讓原本以數字型態呈現的統計結果，改以文字說明的型態呈現，可以讓使用者更清楚瞭解統計的結果。例如：想瞭解年級這個變項各年級學生的分布情形，透過次數分配統計方式，即可得到想要的結果。若沒有進行「數值」的界定，則統計結果如圖 1-16 所示。圖 1-16 的統計結果以「1」與「2」來呈現年級的名稱，使用者必須自行知道「1」代表「小六」，「2」代表「國二」。

年級

		次數	百分比	有效百分比	累積百分比
有效的	1	139	45.1	45.1	45.1
	2	169	54.9	54.9	100.0
	總和	308	100.0	100.0	

圖 1-16 未設定數值意義的統計結果

　　使用者若採用數值標記的功能，則獲得的統計結果如圖 1-17 所示。圖 1-17 直接呈現出「小六」與「國二」的年級變項名稱，可以讓研究結果更清楚。

年級

		次數	百分比	有效百分比	累積百分比
有效的	小六	139	45.1	45.1	45.1
	國二	169	54.9	54.9	100.0
	總和	308	100.0	100.0	

圖 1-17 有設定數值意義的統計結果

　　綜合圖 1-16 與圖 1-17 的統計結果可知，透過「數值」的使用，可讓統計結果更清楚的呈現每個類別的變項名稱。

7.「遺漏值」（missing values）

　　一旦輸入變項名稱之後，SPSS 會立即給予一個內定「無」的遺漏值，若要更改遺漏值，只要將游標移至遺漏值的儲存格，按滑鼠左鍵一下，即可出現如圖 1-18 的工作視窗。

圖 1-18 變數的「遺漏值」對話窗

在進行資料輸入工作時，常遇到受試者漏答了某一道題目，由於無法得知受試者在這道題目的實際填答情形，此道漏答的題目，即被界定為「遺漏值」。

遺漏值的界定，可採用單獨數字表示，或以某一段數字範圍表示。一般而言，使用離散遺漏值時，習慣採用「9」或「99」或「999」來表示。若變項數值大小未超過9時，常採用「9」表示遺漏值，例如：李克特五點量表的數字大小（最大為5）未超過9，即可以「9」作為遺漏值；若變項數值大小超過9時，常採用「99」表示遺漏值；若變項數值大小超過99時，則常以「999」作為遺漏值，例如：成就測驗分數，則以「999」較為合適。

若欲設定遺漏值為9的方式，請先在「變數檢視」對話窗中，點選「遺漏值」對話窗，將遺漏值設定為9，如圖 1-19 所示。

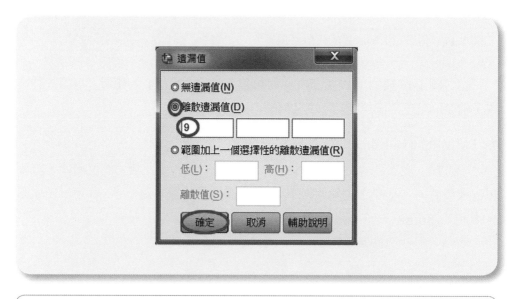

圖 1-19　變數的「遺漏值」設定為 9

請注意：SPSS 在進行變項的四則運算時，若採用每個變項直接進行四則運算時，遇到遺漏值，SPSS 會自動捨去該變項的計算。例如：有兩位受試者，編號分別為 001 與 002，想計算兩位受試者在第一題（a1）與第二題（a2）的總分，如圖 1-20 所示。由於編號 001 號的受試者在第二題為遺漏值（已透過圖 1-19 的方式，將 a1 與 a2 的遺漏值設定為 9），如圖 1-20 所示。

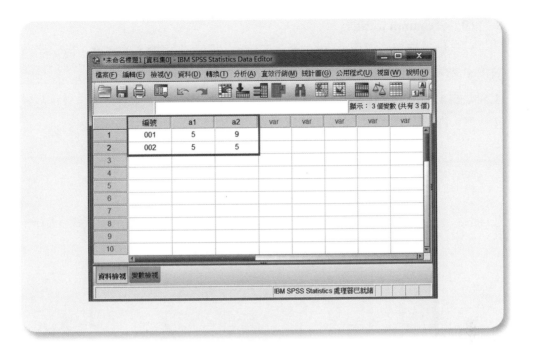

圖 1-20　編號 001 的受試者第二題為遺漏值

　　進行第一題與第二題的分數加總時，編號 001 號的受試者，並無法得到一個總分，因 SPSS 是以內定的遺漏值「.」來表示，如圖 1-21 所示。

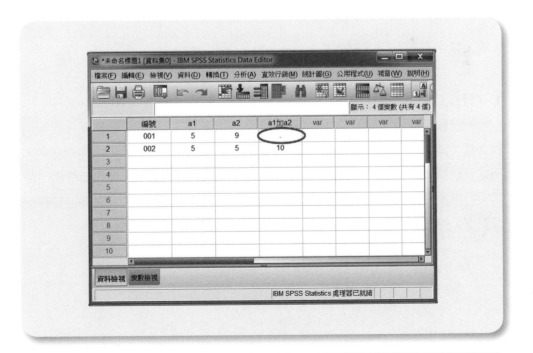

圖 1-21　SPSS 對遺漏值的四則運算處理方式

8. 「欄」（column width）

一旦輸入變項名稱後，SPSS 會立即給予一個內定「欄」的寬度，內定的欄寬為 8 個字元。「欄」的功能在於讓使用者可根據變項名稱字數的多寡，自行調整欄寬的大小。調整欄寬的方式，請將游標移至「欄」的儲存格，並將滑鼠左鍵按一下，即可調整欄的寬度，如圖 1-22 的對話窗。

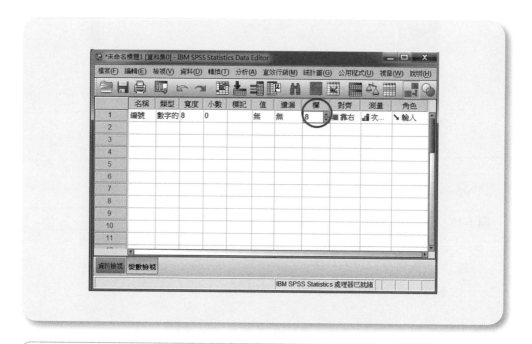

圖 1-22　變數的「欄」對話窗

9. 「對齊」（align）

一旦輸入變項名稱後，SPSS 會立即給予一個內定「對齊」的格式，內定的對齊為「靠右」。「對齊」的功能主要是讓使用者在「資料檢視」工作視窗中，決定資料對齊的格式。SPSS 提供三種資料對齊的格式：靠左、靠右與置中。使用者可根據自己的喜好，調整資料對齊的方式。調整對齊的方式，請將游標移至「對齊」的儲存格，按滑鼠左鍵一下，即可出現圖 1-23 的對話窗。

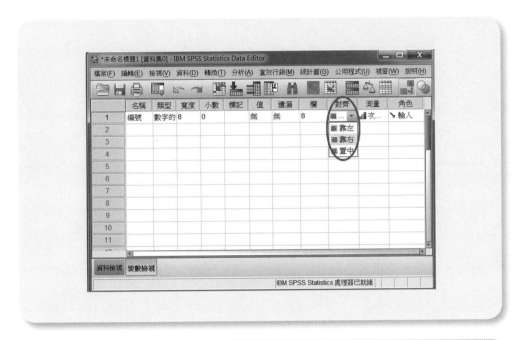

圖 1-23 變數的「對齊」對話窗

10.「測量」（measure）

一旦輸入變項名稱後，SPSS 會立即給予一個內定「測量」的格式，內定的對齊為「尺度」。測量量尺的功能，在於確認變項是屬於哪一種測量量尺？是名義變數？次序變數？等距變數？或是比率變數？SPSS 將等距變數與比率變數合稱為「尺度」，因此，就只有三種測量量尺：名義變數、次序變數與尺度。一般而言，背景變項大多屬於名義變數或是次序變數，每道題目大多屬於尺度。若要更改測量量尺，請將游標移至「量尺」的儲存格，按滑鼠左鍵一下，即可更改所要的量尺類型，如圖 1-24 的對話窗。

圖 1-24　變數的「測量」對話窗

11.「角色」（role）

自 SPSS 18.0 之後，在變數檢視最右邊欄位中，新增一個「角色」欄位。此欄位主要協助進行資料分析時，顯示此變項是自變項或依變項。若此變項爲自變項，則選擇「輸入」（input）；若此變項是依變項，則選擇「目標」（target）；若同時是自變項與依變項，則可選擇「兩者」（both）；若不進行變項的角色分配，則可挑選「無」（none）；若想將此變項作爲區隔不同樣本的變項，則可選擇「分割」（partition）；若變項選擇「分割」（split），在「概化線性混合模式」（generalized linear mixed model）與「自動線性建模」（automatic linear modeling）這兩個統計模式中，將無法出現此變項。SPSS 是以「輸入」爲內定，角色的設定與否，並不會影響統計結果。

若要更改變項的角色，請將游標移至「角色」的儲存格，按滑鼠左鍵一下，即可更改所要的角色類型，如圖 1-25 的對話窗。

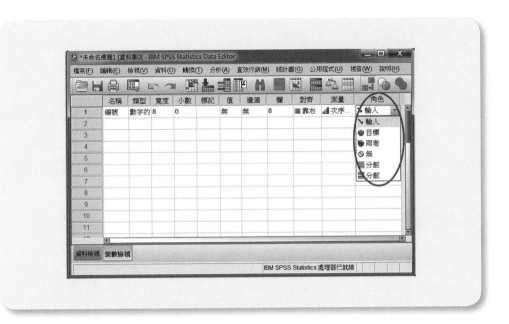

圖 1-25 變數的「角色」對話窗

(二) 資料的輸入

有關 SPSS 的資料輸入，首先在「變數檢視」工作視窗，完成所有變項名稱的輸入工作，如圖 1-26 所示。由圖 1-26 可以清楚看出，前 6 個變項都是屬於背景變項，第 7 個變項之後，則是屬於量表題目。第 1 個變項名稱是「編號」；第 2 個變項名稱是「學校代碼」；第 3 個變項名稱是「學校規模」；第 4 個變項名稱是「年級」；第 5 個變項名稱是「座號」；第 6 個變項名稱是「性別」。第 7 個變項名稱是「a1」，代表「數學知識信念量表」的第 1 題；第 28 個變項名稱是「b1」，代表「數學態度量表」的第 1 題。

接續，將游標點選「資料檢視」工作視窗，由第一筆資料，開始輸入，例如：圖 1-27 為編號 001 受試者（第 1 所學校、學校規模小、六年級、座號 1 號、男生）在前五題的作答情形。

根據編號 001 受試者在圖 1-27 的實際填答資料，我們在 SPSS「資料檢視」工作窗，輸入編號（001）、學校代碼（1）、學校規模（1）、年級（1）、座號（1）、性別（1）、a1（3）、a2（3）、a3（3）、a4（2）、a5（3），如圖 1-28 的資料。

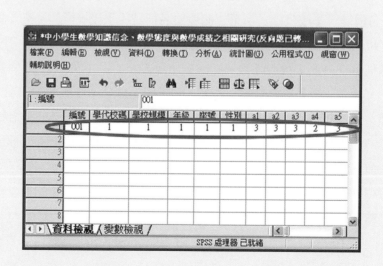

圖 1-26 已完成設定工作的變項名稱格式

圖 1-27 編號 001 受試者的實際填答資料

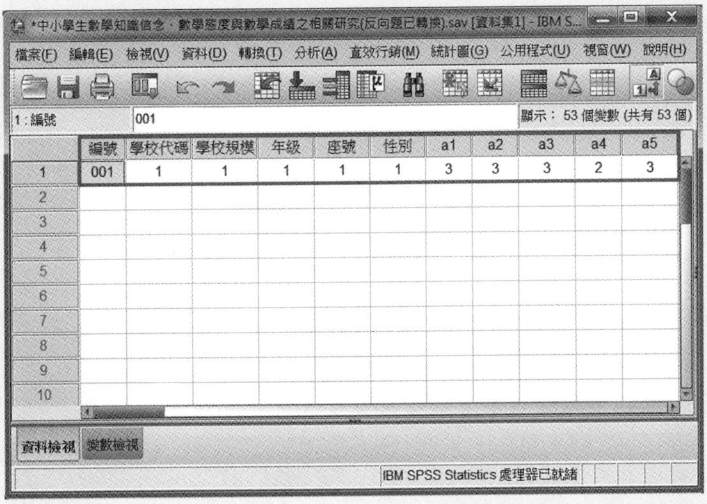

圖 1-28 編號 001 受試者的資料輸入情形

　　每位受試者的資料，按照前面編號 001 的輸入方式進行，當所有 308 位受試者的資料都輸入完成後，即可得到如圖 1-29 的畫面，如此，便完成資料輸入的工作。

圖 1-29 所有 308 位受試者資料輸入完成的情形

二、Excel的輸入方式

Excel 的資料輸入，只需在一個工作視窗作業即可，也因此第一橫列最好輸入每個變項名稱，如圖 1-30 所示。如此，在將 Excel 的資料轉換成 SPSS 的資料時，就不用還得為每個變項命名。Excel 與 SPSS 的「資料檢視」工作視窗一樣，縱行代表一個變數，橫列代表一個人的資料。

圖 1-30 Excel 的資料輸入格式

將 Excel 資料轉換成 SPSS 資料時，請特別注意必須將 Excel 所儲存的資料檔案關掉，才能進行資料的轉換。進行 Excel 資料轉換時，請先打開 SPSS 程式，然後執行如下的步驟，如圖 1-31 所示。

步驟 1：「檔案 (F)」→「開啓」→「資料 (A)」，如下圖所示。

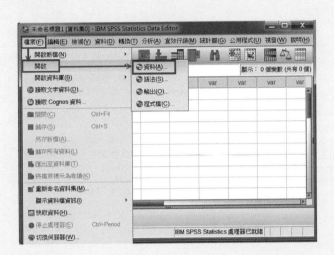

步驟 2：在「開啓檔案」對話窗中，先在下方的「檔案類型：」，將原先內定的「SPSS Statistics (*.sav)」，改爲選取「Excel (*.xls, *.xlsx, *.xlsm)」檔案類型。其次，從上方的「搜尋：」，選取資料所存儲的資料檔位置，例如：此檔案儲存在「桌面」的「第一章：資料的輸入與檢核」資料檔中，則將「搜尋：」的部分，先點選「桌面」，再點選「第一章：資料的輸入與檢核」。最後，點選兩下此檔案「中小學生數學知識信念、數學態度與數學成績之相關研究 .xls」，如下圖所示。

步驟 3：在「開啟 Excel 資料來源」的對話窗中，直接按「確定」。倘若輸入 Excel 的資料時，第一橫列沒有輸入變項的名稱時，則必須取消「□從資料第一列開始讀取變項名稱」，如下圖所示。

步驟 4：經過步驟 3 之後，SPSS 會自動完成資料的轉換，但從 Excel 轉換成 SPSS 的資料時，有關變數的設定格式，可能與 SPSS 內定的格式不同。建議使用者可至「變數檢視」的對話窗，更改所欲設定的變項屬性，如下圖所示。

圖 1-31　將 Excel 資料轉換成 SPSS 資料的操作步驟

　　修改適合使用者的格式之後，點選「資料檢視」工作視窗，即可看到由 Excel 轉檔成功的 SPSS 資料檔，如圖 1-32 所示。

圖 1-32　由 Excel 轉檔成功的 SPSS 資料檔

在進行 SPSS 資料輸入工作時，除了上述可透過 SPSS 與 Excel 的資料輸入外，也可藉由文字檔輸入方式，有關文字檔輸入方式，建議可參考吳明隆（2009）的說明。

參、資料的檢核

進行量化研究，常需要輸入許多資料，在輸入過程中，難免會有發生錯誤的時候，為確保統計資料的正確性，一旦資料輸入完成後，應立即進行資料的檢核工作。

資料檢核只要進行簡單的「次數分配」統計分析，即可確定是否有輸入錯誤的情形。為了讓讀者清楚如何進行資料檢核，特別以「資料檢核練習檔」，提供讀者實際的練習機會。「資料檢核練習檔」包含「編號」、「年級」、「性別」、「a1」、「a2」、「a3」、「a4」、「a5」等八個變項，其中，年級編碼為 1 至 2（1 代表小六，2 代表國二）；性別編碼為 1 至 2（1 代表男生，2 代表女生）；a1 至 a5 代表第 1 題至第 5 題的編碼，由於採用李克特五點量表，故 a1 至 a5 的編碼為 1 至 5（1 代表勾選「非常不同意」，2 代表勾選「不同意」，3

代表勾選「不確定」，4代表勾選「同意」，5代表勾選「非常同意」）。

資料檢核的 SPSS 操作步驟，如圖 1-33 所示。

步驟 1：請點選「分析 (A)」→「敘述統計 (E)」→「次數分配表 (F)」，如下圖所示。

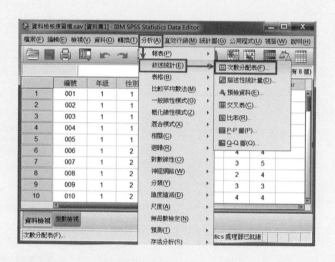

步驟 2：在「次數分配表」對話窗中，將所有變項（年級、性別、a1、a2、a3、a4、a5）由左方變數清單中，移至右邊「變項 (V)」空格中，如下圖所示。

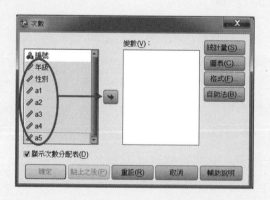

步驟 3：在「次數」對話窗中，按「確定」按鍵，如下圖所示。

圖 1-33 資料檢核的操作步驟

經過圖 1-33 的 SPSS 操作步驟後，即可獲得圖 1-34 的統計結果。

報表 1：在「統計量」報表中，可清楚看出變項「a1」與變項「a2」各有一個遺漏值，其餘的變項沒有任何遺漏值，如下圖所示。

統計量

		年級	性別	a1	a2	a3	a4	a5
個數	有效的	30	30	29	29	30	30	30
	遺漏值	0	0	1	1	0	0	0

報表 2：在「年級」報表中，可看出「6」與「11」的數值各有 1 次，如下圖所示。但背景變項「年級」，是以 1 代表小六，2 代表國二，若有不同於 1 與 2 的數值，即代表輸入錯誤。顯然「6」與「11」是輸入錯誤情形。

年級

		次數	百分比	有效百分比	累積百分比
有效的	1	13	43.3	43.3	43.3
	2	15	50.0	50.0	93.3
	6	1	3.3	3.3	96.7
	11	1	3.3	3.3	100.0
	總和	30	100.0	100.0	

報表3：在「性別」報表中，可看出「5」與「11」的數值各有 1 次，如下圖所示。但背景變項「性別」，是以 1 代表男生，2 代表女生，若有不同於 1 與 2 的數值，即代表輸入錯誤。顯然「5」與「11」是輸入錯誤的情形。

性別

		次數	百分比	有效百分比	累積百分比
有效的	1	19	63.3	63.3	63.3
	2	9	30.0	30.0	93.3
	5	1	3.3	3.3	96.7
	11	1	3.3	3.3	100.0
	總和	30	100.0	100.0	

報表4：在「a1」報表中，可看出「6」與「33」的數值各有 1 次，如下圖所示。但變項「a1」，是李克特五點量表的答題情形，若有不同於 1 至 5 的數值，即代表輸入錯誤。顯然「6」與「33」是輸入錯誤情形。另外，可看到有一個遺漏值「9」，如下圖所示。

a1

		次數	百分比	有效百分比	累積百分比
有效的	1	1	3.3	3.4	3.4
	2	7	23.3	24.1	27.6
	3	10	33.3	34.5	62.1
	4	5	16.7	17.2	79.3
	5	4	13.3	13.8	93.1
	6	1	3.3	3.4	96.6
	33	1	3.3	3.4	100.0
	總和	29	96.7	100.0	
遺漏值	9	1	3.3		
總和		30	100.0		

報表5：在「a2」報表中，可看出受試者填答的資料，只有 2、3、4、5 的數值，未有 1 的數值，顯示沒有任何一位受試者挑選「1」（非常不同意）的選項。另外，有一個遺漏值「9」，如下圖所示。

a2

		次數	百分比	有效百分比	累積百分比
有效的	2	1	3.3	3.4	3.4
	3	8	26.7	27.6	31.0
	4	16	53.3	55.2	86.2
	5	4	13.3	13.8	100.0
	總和	29	96.7	100.0	
遺漏值	9	1	3.3		
總和		30	100.0		

報表 6：在「a3」報表中，可看出「44」的數值有 1 次，如下圖所示。但變項「a3」，是李克特五點量表的答題情形，若有不同於 1 至 5 的數值，即代表輸入錯誤。顯然「44」是輸入錯誤的情形，如下圖所示。

a3

		次數	百分比	有效百分比	累積百分比
有效的	1	1	3.3	3.3	3.3
	2	3	10.0	10.0	13.3
	3	10	33.3	33.3	46.7
	4	12	40.0	40.0	86.7
	5	3	10.0	10.0	96.7
	44	1	3.3	3.3	100.0
	總和	30	100.0	100.0	

報表 7：在「a4」報表中，可看出「34」的數值有 1 次，如下圖所示。但變項「a4」，是李克特五點量表的答題情形，若有不同於 1 至 5 的數值，即代表輸入錯誤。顯然「34」是輸入錯誤的情形，如下圖所示。

a4

		次數	百分比	有效百分比	累積百分比
有效的	2	8	26.7	26.7	26.7
	3	12	40.0	40.0	66.7
	4	7	23.3	23.3	90.0
	5	2	6.7	6.7	96.7
	34	1	3.3	3.3	100.0
	總和	30	100.0	100.0	

報表 8：在「a5」報表中，可看出沒有任何輸入錯誤的數據，如下圖所示。

a5		次數	百分比	有效百分比	累積百分比
有效的	2	3	10.0	10.0	10.0
	3	9	30.0	30.0	40.0
	4	12	40.0	40.0	80.0
	5	6	20.0	20.0	100.0
	總和	30	100.0	100.0	

圖 1-34 資料檢核的統計結果

　　發現變項的資料輸入有錯誤時，例如：圖 1-34 報表 2「年級」、報表 3「性別」、報表 4「a1」、報表 6「a3」、報表 7「a4」等變項，皆出現輸入錯誤情形。我們可透過 SPSS 所提供的搜尋方式，找出輸入錯誤的資料。尋找錯誤資料的步驟，首先，將游標移至輸入錯誤的變項名稱上，此時 SPSS 會將整行以黃色底色標示起來，以「年級」這個輸入錯誤的變項為例，欲找出「年級」輸入錯誤的資料，其 SPSS 操作步驟，如圖 1-35 所示。

步驟 1：請將游標移至「年級」變項名稱上，如下圖所示。

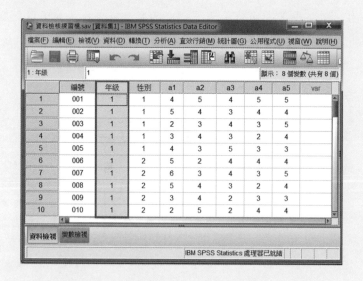

步驟 2：請點選「編輯 (E)」→「尋找 (F)」，如下圖所示。

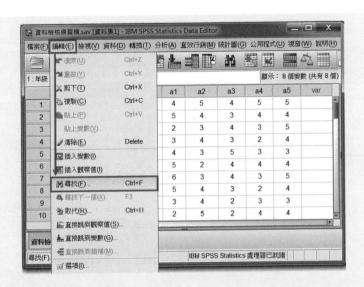

步驟 3：在「在變數中找尋資料年級」對話窗中，輸入所欲尋找的數值（以年級為例，輸入第一筆錯誤的資料6），然後按「找下一筆(F)」按鍵，如下圖所示。

步驟 4：當 SPSS 找到錯誤的輸入資料後，會將錯誤的資料以黃色底色標示起來，如下圖所示。接續，請查看此筆輸入錯誤資料的編號，根據編號找出此份答題的試卷，確定原始正確資料。最後，將錯誤資料更改為正確資料。藉由上述步驟，即可適時更正所輸入的錯誤資料。

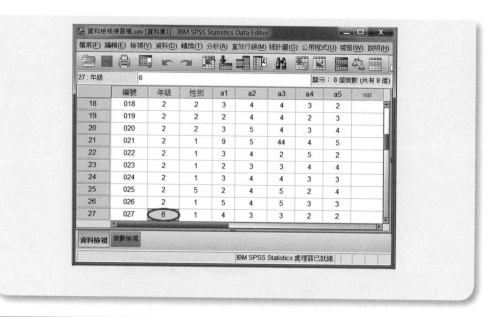

圖 1-35　找尋資料輸入錯誤的操作步驟

　　為確保輸入正確的統計資料，筆者建議讀者在以 SPSS 進行統計分析工作時，務必確實做好上述的資料標記、資料輸入與資料檢核等工作。

Chapter **2**

反向題的轉換

　　量表的試題編製，一般較常採用正向的敘述語句（即所謂的正向題），但有些時候，採用反向的敘述語句（即所謂的反向題），能讓所欲提問的問題更清晰。一份量表的編製，並未規定是否一定需要或不需要反向題，而是由量表編製者自行視題目是否需要決定。因此，可以整個量表都是正向題，也可以整個量表由正向題與反向題共同組成（一般而言，正向題的題數會多於反向題的題數）。

　　例如：在編製「國中學生生活適應量表」時，量表編製者對「國中學生生活適應」所做的操作型定義為「所謂的國中學生生活適應是指受試者在研究者所自編的國中學生生活適應量表得分情形，得分越高代表受試者的生活適應越佳」，根據上述的操作型定義，請判斷表 2-1 的下列 5 道題目，何者是屬於正向題？何者是屬於反向題？

表 2-1

「國中學生生活適應量表」的題目

	非常同意	同意	不確定	不同意	非常不同意
1. 我很喜歡學校老師的上課方式。	☐	☐	☐	☐	☐
2. 我不曾與同學有所爭執。	☐	☐	☐	☐	☐
3. 我常有不想上學的念頭。	☐	☐	☐	☐	☐
4. 我很容易掌握老師的上課重點。	☐	☐	☐	☐	☐
5. 我很討厭忙碌的國中生活。	☐	☐	☐	☐	☐

　　表 2-1 的第 1 題、第 2 題與第 4 題，屬於正向題，受試者若越同意這三題題目的敘述（「我很喜歡學校老師的上課方式」、「我不曾與同學有所爭執」、「我很容易掌握老師的上課重點」），代表其學校生活適應越佳。相對地，第 3 題與第 5 題屬於反向題，受試者若越同意這兩題的敘述（「我常有不想上學的念頭」、「我很討厭忙碌的國中生活」），代表其學校生活適應越差。

　　有些讀者會誤以為只要出現否定的用詞（例如：不、非、否等），就屬於反向題，但題目是屬正向題或反向題的界定，並非以是否出現否定用詞，而是根據研究者所下的操作型定義，來判斷題目的屬性。例如：表 2-1 中的第 2 題，雖然題目中有「不曾」的否定字詞，但整個語意是屬於適應良好的正向題。相對地，表 2-1 中的第 3 題，題目中有「不想」的否定字詞，其整個語意是屬於適應不良

的反向題。

　　前已提及量表或問卷的題目，是屬於正向題或反向題，並不是由量表使用者自行判斷，而是必須依照量表編製者對該量表所採用的操作型定義，以及題目語句敘述方式來決定。根據筆者的經驗，許多研究生常採用自行判斷的方式，來決定量表或問卷的正向題與反向題，因而導致產生許多有問題的統計結果。因此，研究生在採用或改編別人已編好的量表或問卷時，一定要詳細閱讀有關「研究工具」的章節（若是學位論文，通常是在第三章第四節或第三章第五節的「研究工具」），因為在「研究工具」的部分，測驗編製者會將量表或問卷的正向題與反向題清楚交代（若未清楚說明正向題與反向題的量表或問卷，則只能忍痛捨棄不用），並且會詳細說明計分的方式。

　　正向題與反向題的計分方式，兩者恰好完全相反。以表 2-1 的「國中學生生活適應量表」為例，它採用的是李克特五點量表，計分方式即是採 1 至 5 分。由於量表的編製者對國中生生活適應量表所下的操作型定義為：「國中學生生活適應量表得分越高，代表受試者其生活適應越佳」，因此，屬於正向題的第 1 題、第 2 題與第 4 題，受試者若勾選「非常同意」得 5 分、勾選「同意」得 4 分、勾選「不確定」得 3 分、勾選「不同意」得 2 分、勾選「非常不同意」得 1 分。

　　反向題的計分恰好與正向題完全相反，以第 3 題與第 5 題的反向題為例，受試者若勾選「非常同意」得 1 分、勾選「同意」得 2 分、勾選「不確定」得 3 分、勾選「不同意」得 4 分、勾選「非常不同意」得 5 分。

　　李克特五點量表正向題與反向題的計分，如表 2-2 所示。由表 2-2 可知，每個選項中的正向題與反向題的分數加總恰好都等於 6。由此可推論，當量表是屬於李克特的 N 點量表時，若正向題的得分為 1 分時，則反向題的得分為 $(N+1) - 1 = N$ 分；若正向題的得分為 2 分時，則反向題的得分為 $(N+1) - 2 = (N-1)$ 分；以此類推，即可輕易進行正向題與反向題分數的轉換。

表 2-2

李克特五點量表正向題與反向題的計分

題目屬性	非常同意	同意	不確定	不同意	非常不同意
正向題	5	4	3	2	1
反向題	1	2	3	4	5

　　在進行資料輸入工作時，若遇到反向題的資料輸入，有些研究生會採用自行

將分數轉換的方式，將勾選「非常同意」的受試者，給予 1 分、勾選「同意」給 2 分、勾選「不確定」給 3 分、勾選「不同意」給 4 分、勾選「非常不同意」給 5 分。然而此種自行轉換的輸入方式，當輸入資料很龐大時，容易造成正向題計分與反向題計分的轉換錯誤。

在資料輸入時，應避免自行進行反向題的分數轉換，SPSS 統計軟體有一個很簡單的轉換程序，可以將反向題的得分轉換成正向題的得分，因此，在輸入資料時，不論是正向題或反向題，全部統一爲勾選「非常同意」得 5 分、勾選「同意」得 4 分、勾選「不確定」得 3 分、勾選「不同意」得 2 分、勾選「非常不同意」得 1 分。等到所有的資料都輸入完畢之後，再透過 SPSS 的指令，將反向題的得分，重新轉換過來。

爲了讓讀者熟悉反向題的轉換，筆者以表 2-1「國中學生生活適應量表」的 5 道試題爲例，說明如何進行反向題的資料轉換。這 5 道試題的第 3 題與第 5 題是反向題，如圖 2-1 所示。

	編號	a1	a2	a3	a4	a5	var
1	001	4	4	4	5	5	
2	002	5	4	4	4	4	
3	003	2	1	2	2	1	
4	004	5	4	5	5	5	
5	005	4	5	4	4	5	
6	006	4	4	4	4	4	
7	007	4	4	4	5	4	
8	008	1	1	1	1	2	
9	009	5	4	4	4	5	
10	010	4	4	5	4	5	

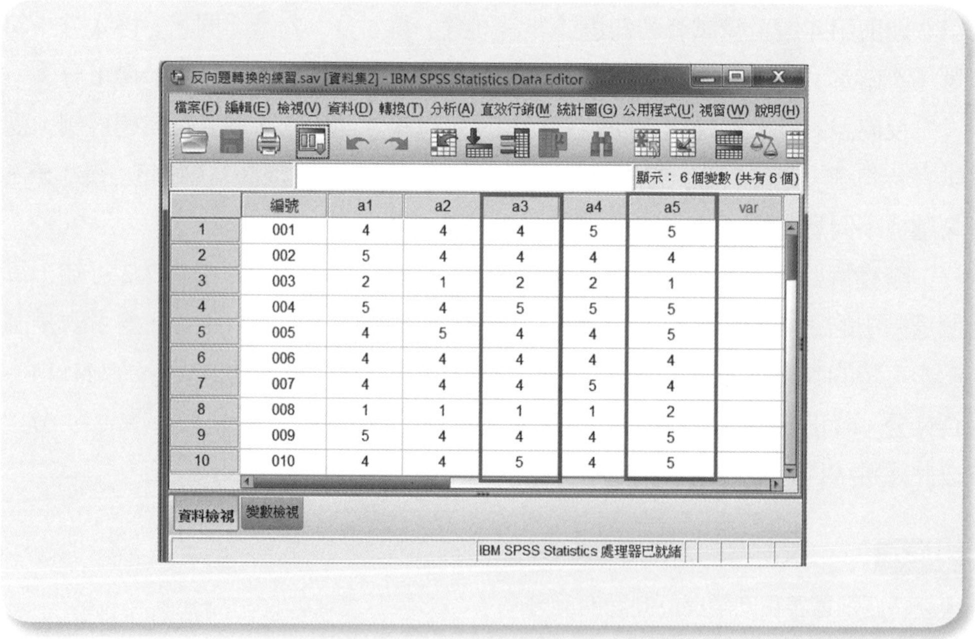

圖 2-1 a3 與 a5 為反向題的資料檔

在進行反向題的計分轉換時，其 SPSS 操作步驟，如圖 2-2 所示。

步驟 1：請點選「轉換 (T)」→「重新編碼成同一變數 (S)」，如下圖所示。

步驟 2：出現「重新編碼成同一變數」對話窗後，將第 3 題（a3）與第 5 題（a5），由左方變數清單中，移至右邊的「變數 (V)：」空格中，如下圖所示。這個步驟允許將所有的反向題，全部一起進行轉換。只要將所有要轉換的反向題，從左方變數清單中，移至右邊的「變數 (V)：」，即可一次完成所有反向題的轉換工作。

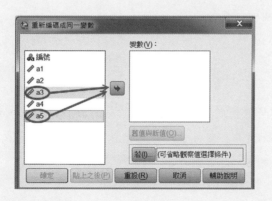

步驟 3：在「重新編碼成同一變數」對話窗，點選「舊值與新值 (O)」，如下圖所示。

步驟4：出現「重新編碼成同一變數：舊值與新值」對話窗後，在左邊「舊值」的「⊙數值 (V)：」的輸入框中輸入「1」，在右邊「新值為」的「⊙數值 (A)：」的輸入框中輸入「5」，再按「新增 (A)」按鍵，如下圖所示。

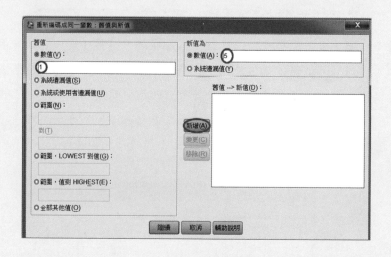

步驟5：在「重新編碼成同一變數：舊值與新值」對話窗，右邊中間「舊值→新值 (D)：」空格中，即會出現「1→5」，代表舊值是1，轉換成新值的5，如下圖所示。

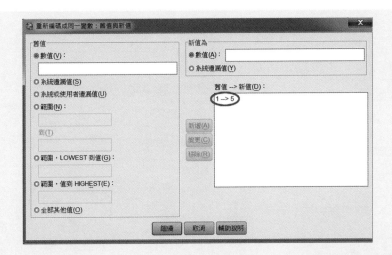

步驟 6：在「重新編碼成同一變數：舊值與新值」對話窗，繼續在左邊「舊值」
的「⊙數值(V)：」的輸入框中輸入「2」，在右邊「新值為」的「⊙
數值(A)：」的輸入框中輸入「4」，最後按下「新增(A)」的按鈕，
如下圖所示。

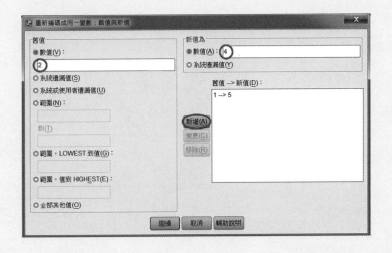

步驟 7：在「重新編碼成同一變數：舊值與新值」對話窗，右邊中間「舊值
→新值(D)：」空格中，即會出現「1→5」與「2→4」，代表舊
值 1 轉換成新值 5，舊值 2 轉換成新值 4，如下圖所示。

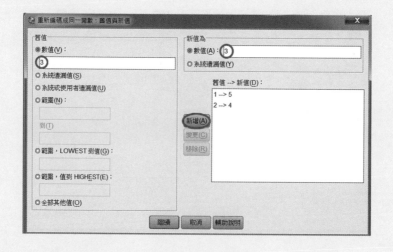

步驟8：在「重新編碼成同一變數：舊值與新值」對話窗，在左邊「舊值」
　　　　的「⊙數值(V)：」輸入框中輸入「3」，在右邊「新值為」的「⊙
　　　　數值(A)：」輸入框中輸入「3」，再按「新增(A)」按鍵，如下圖
　　　　所示。

步驟9：在「重新編碼成同一變數：舊值與新值」對話窗，右邊中間的
　　　　「舊值→新值(D)：」空格中，即會出現「1→5」、「2→4」、
　　　　「3→3」，代表舊值1轉換成新值5，舊值2轉換成新值4，舊值
　　　　3轉換成新值3，如下圖所示。

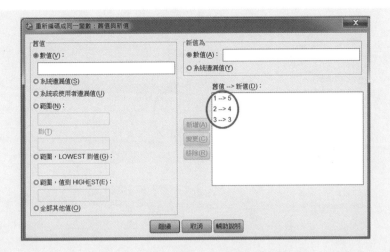

步驟 10：在「重新編碼成同一變數：舊值與新值」對話窗，在左邊「舊值」
　　　　的「◎數值 (V)：」輸入框中輸入「4」，在右邊「新值為」的「◎
　　　　數值 (A)：」輸入框中輸入「2」，再按「新增 (A)」按鍵，如下圖
　　　　所示。

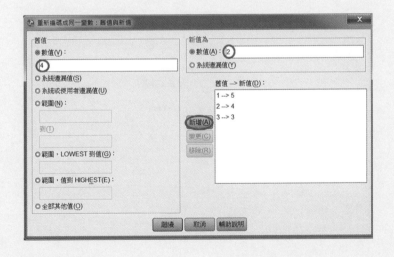

步驟 11：在「重新編碼成同一變數：舊值與新值」對話窗，右邊中間的
　　　　「舊值→新值 (D)：」空格中，即會出現「1→5」、「2→4」、
　　　　「3→3」、「4→2」，代表舊值 1 轉換成新值 5，舊值 2 轉換成
　　　　新值 4，舊值 3 轉換成新值 3，舊值 4 轉換成新值 2，如下圖所示。

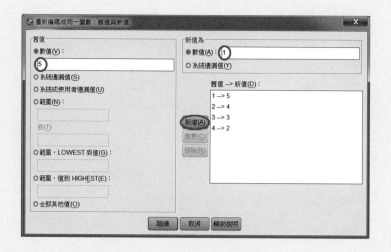

步驟12：在「重新編碼成同一變數：舊值與新值」對話窗，在左邊「舊值」的「⊙數值(V)：」輸入框中輸入「5」，在右邊「新值為」的「⊙數值(A)：」輸入框中輸入「1」，再按「新增(A)」按鍵，如下圖所示。

步驟13：在「重新編碼成同一變數：舊值與新值」對話窗，右邊中間的「舊值→新值(D)：」空格中，即會出現「1→5」、「2→4」、「3→3」、「4→2」、「5→1」，代表舊值1轉換成新值5，舊值2轉換成新值4，舊值3轉換成新值3，舊值4轉換成新值2，舊值5轉換成新值1，再按「繼續」按鍵，即完成所有操作步驟，如下圖所示。

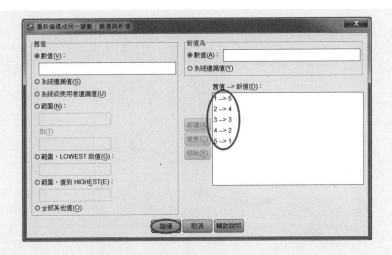

步驟14：在「重新編碼成同一變數」對話窗，按「確定」按鍵，如下圖所示。

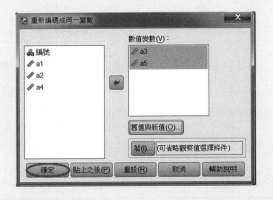

步驟15：點選「資料檢視」工作窗中，即可看到 a3 與 a5 這兩道題目的分數，
　　　　　已經完成反向題轉換的工作了，如下圖所示。

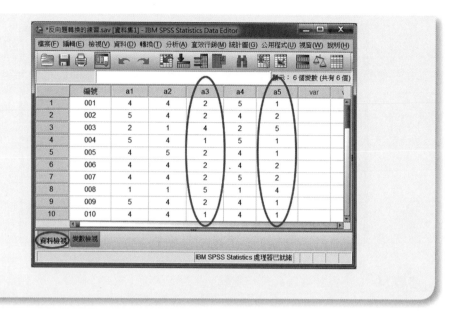

圖 2-2 反向題計分轉換的操作步驟

　　將圖 2-1 的 a3 與 a5 這兩道題目未轉換之前的分數,與圖 2-2 的步驟 15 之 a3 與 a5 這兩道題目轉換後的分數,以表 2-3 作比較,即可看出透過上述幾個步驟,即可輕易將反向題進行轉換。

表 2-3

反向題轉換前與轉換後的得分情形

編號	反向題轉換前的得分		反向題轉換後的得分	
	a3	a5	a3	a5
001	4	5	2	1
002	4	4	2	2
003	2	1	4	5
004	5	5	1	1
005	4	5	2	1
006	4	4	2	2
007	4	4	2	2
008	1	2	5	4
009	4	5	2	1
010	5	5	1	1

　　上述反向題的轉換，採用「重新編碼成同一變數」方式，SPSS 會直接將轉換後的資料，覆蓋在原始的資料檔上。為了保留原始資料檔，以便日後進行資料檢核工作，以筆者自己的經驗，通常進行反向題的轉換後，會立即以「另存新檔」的動作，儲存一個新檔名，並在原始檔案名稱之後，加註一個「（反向題已轉換）」的檔名，例如：若原始檔案名稱為「中小學生數學知識信念、數學態度與數學成績的相關研究（原始檔案）」，則會另存一個名為「中小學生數學知識信念、數學態度與數學成績的相關研究（反向題已轉換）」的新檔。

總量表與分量表的分數加總

壹、「數學知識信念量表」各分量表的分數加總

貳、「數學態度量表」總量表與各分量表的分數加總

　　在進行統計考驗時，我們是以受試者在量表的總分進行統計分析，因此，在經過前面資料檢核與反向題轉換後，接續就須學會如何將總量表與分量表的分數進行加總。

　　在進行總量表與分量表的分數加總前，一定要先確定輸入的資料，已經過「資料的檢核」與「反向題的轉換」的步驟，以確保資料的正確性。其次，要確定總量表與分量表各包含哪些題目，才能進行題目總分的加總。

　　一個量表可以只有一個總量表，而不包含任何分量表，計分時只能得到一個總量表分數，並沒有分量表分數。一個量表也可由一個總量表同時包含幾個分量表。對於包含幾個分量表的總量表，有些情況是可同時得到總量表分數，以及各個分量表分數；有些情況卻只能計算各分量表的分數，而不能計算總量表分數。亦即並非所有量表皆可得到一個總量表分數，端視研究者在研究工具編製歷程中，採用何種取向的因素分析方式，來考驗其建構效度。若在編製歷程中，採用的因素分析，是以所有試題進行因素分析，且得到符合分量表個數的因素，則計分時可同時計算總量表與各分量表分數；倘若將所有試題進行因素分析時，無法得到與原先規劃的分量表個數相同的因素個數，而改採獨自分量表的因素分析，則只能以各分量表分數進行統計分析，並不適合以總量表分數進行統計分析（Streiner, 2003）。

　　以本書採用的「中小學生數學知識信念、數學態度與數學成績之相關研究」為例，「數學知識信念量表」是測量中小學生數學知識信念，「數學態度量表」是測量中小學生數學態度，這兩種量表計分方式，恰好是屬於不同兩種計分方式。

　　「數學知識信念量表」的編製，根據 Schommer（1990）理論所編製而成，Schommer 主張知識信念是一個包含「天生能力」、「快速學習」、「簡單知識」與「確定知識」等多向度構念（multidimensional construct），不適合採用總量表加總計分型態，較適合採用各自分量表計分方式。根據 Schommer 主張，在「數學知識信念量表」編製過程中，對考驗建構效度所採用的因素分析，是將每個分量表題目各自進行因素分析，最後每個分量表恰好都得到一個因素，將這四個因素命名為「天生能力」（6 道試題，$\alpha = .84$）、「快速學習」（4 道試題，$\alpha = .68$）、「簡單知識」（6 道試題，$\alpha = .75$）、「確定知識」（5 道試題，$\alpha = .67$），顯示「數學知識信念量表」具有適切的建構效度，且各分量表皆達可接受的信度。故「數學知識信念量表」便採用「天生能力」、「快速學習」、「簡單知識」與「確定知識」等四個分量表計分方式，而不計算總量表分數。

　　「數學態度量表」的編製，根據數學態度相關文獻顯示，數學態度量表是一個總量表且包含幾個分量表的量表型態。在「數學態度量表」編製過程中，對考驗建構效度所採用的因素分析，是將所有題目一起進行因素分析，結果得到四個因素，最後，將這四個因素命名為「數學學習信心」（5 道試題，$\alpha =$ .87）、「數學焦慮」（7 道試題，$\alpha = .89$）、「數學的實用性」（5 道試題，$\alpha =$ .83）、「數學學習動機」（8 道試題，$\alpha = .86$），數學態度總量表共 25 道試題，$\alpha = .91$，顯示數學態度量表具有適切的建構效度，且總量表與分量表皆有良好的信度。

　　當一個量表包含幾個分量表時，各分量表題目的排列位置，大致可分成兩種方式，一種是採用將相同分量表題目集中在一起，另一種則是將所有分量表題目打散隨機出現。對於這兩種題目的呈現型態，有些研究顯示量表的信度估算會受到題目呈現方式的不同，而產生不同信度的估算結果，但有些研究顯示不同的題目呈現方式，並不會影響信度的估算結果（Sparfeldt, Schilling, & Rost, 2006）。因此，在量表編製歷程中，這兩種題目的排列方式都可以採用。

　　以本書採用「中小學生數學知識信念、數學態度與數學成績之相關研究」為例，「數學知識信念量表」是採用將題目集中在同一個分量表的題目呈現方式，而「數學態度量表」則是採用題目隨機呈現的方式，讀者可參考附錄的題目。

　　茲先以「數學知識信念量表」為例，說明如何透過 SPSS 計算每個分量表的總分，再以「數學態度量表」為例，說明如何透過 SPSS 計算總量表與各分量表的總分。

壹、「數學知識信念量表」各分量表的分數加總

　　本研究的「數學知識信念量表」是根據 Schommer（1990）理論所編製而成，是採用各個分量表計分方式，而非採用總量表計分型態。「數學知識信念量表」包含四個分量表：「天生能力」（1-6 題，共 6 題）、「快速學習」（7-10 題，共 4 題）、「簡單知識」（11-16 題，共 6 題）、「確定知識」（17-21 題，共 5 題）。在計算各分量表總分時，在「天生能力」分量表總分即是將第 1 題至第 6 題的分數加總即可；「快速學習」分量表總分即是將第 7 題至第 10 題的分數加總；「簡單知識」分量表總分即是將第 11 題至第 16 題的分數加總；「確定知識」分量表總分即是將第 17 題至第 21 題的分數加總。

　　分量表加總的 SPSS 操作步驟，如圖 3-1 所示。

步驟1：請點選「轉換(T)」→「計算變數(C)」，如下圖所示。

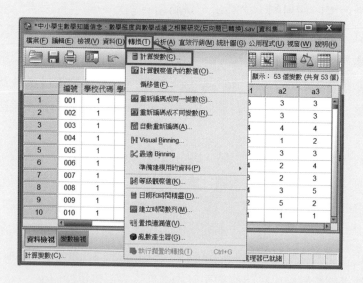

步驟2：出現「計算變數」對話窗後，在左方「目標變數(T)：」空格中，輸入你所希望的變數名稱，通常是以分量表的名稱命名。例如：第一個分量表的名稱是「天生能力」，就在「目標變數(T)：」空格中，輸入「天生能力」，如下圖所示。

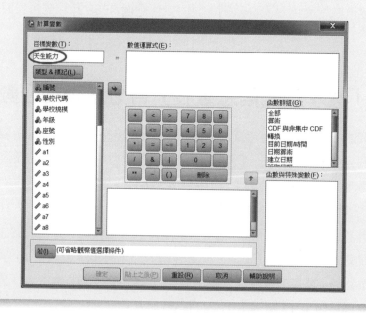

步驟 3：在「計算變數」對話窗，右邊「數值運算式 (E)：」空格中，輸入
　　　　所要加總的題目，輸入「sum(a1 to a6)」，代表從第 1 題 (a1)，一
　　　　直連加到第 6 題 (a6)，再按「確定」按鍵，如下圖所示。
　　　請注意：「sum(a1 to a6)」中的 to，前後都必須至少空一個空格，
　　　　　　　否則 SPSS 無法判讀是從第 1 題連加到第 6 題。

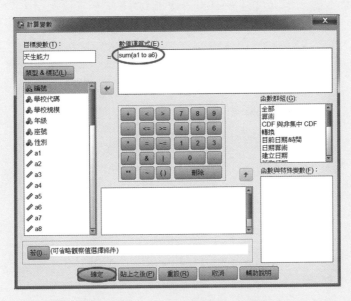

步驟 4：將游標移至「資料檢視」工作視窗最右邊欄位，即可看到新增加的
　　　　「天生能力」變數，且已計算好第 1 題至第 6 題的總分，如下圖所示。

	b23	b24	b25	數學成績	天生能力	var	var
1	3	3	2	57	16.00		
2	3	1	2	35	15.00		
3	4	4	3	41	23.00		
4	1	5	3	65	11.00		
5	3	5	1	46	18.00		
6	3	3	3	41	15.00		
7	3	3	3	36	16.00		
8	4	4	4	43	23.00		
9	3	2	1	44	15.00		
10	5	2	2	66	6.00		

圖 3-1　「天生能力」分量表總分加總的操作步驟（方法 1）

　　對於分量表的分數加總，除了可透過圖 3-1 的「sum(a1 to a6)」加總外，也可採用直接計算每道題目相加的「a1 + a2 + a3 + a4 + a5 + a6」方式，如圖 3-2 所示。

步驟 1：請點選「轉換 (T)」→「計算變數 (C)」，如下圖所示。

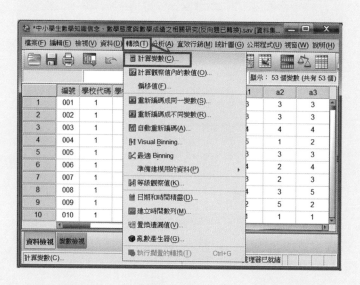

步驟 2：出現「計算變數」對話窗後，在左方「目標變數 (T)：」空格中，輸入第一個分量表的名稱「天生能力」，如下圖所示。

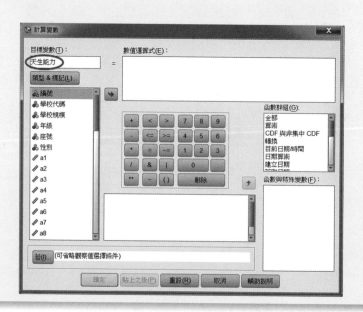

步驟 3：在「計算變數」對話窗，右邊「數值運算式 (E)：」空格中，輸入所要加總的題目「a1＋a2＋a3＋a4＋a5＋a6」，代表從第 1 題 (a1)，一直連加到第 6 題 (a6)。再按「確定」按鍵，如下圖所示。

步驟 4：將游標移至「資料檢視」工作視窗最右邊欄位，可看到新增加的「天生能力」變數，且已計算好第 1 題至第 6 題的總分，如下圖所示。

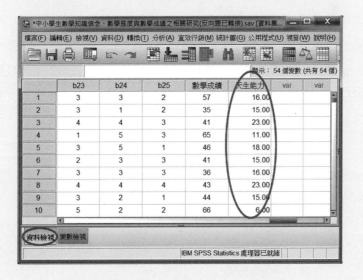

圖 3-2　「天生能力」分量表總分加總的操作步驟（方法 2）

以編號 001 受試者為例，其第 1 題至第 6 題的總分為 3+3+3+2+3+2=16，如圖 3-3 所示。透過圖 3-1 操作步驟 3，受試者 001 獲得「天生能力」分數為 16，與透過圖 3-2 操作步驟 3，受試者 001「天生能力」分數同樣為 16。

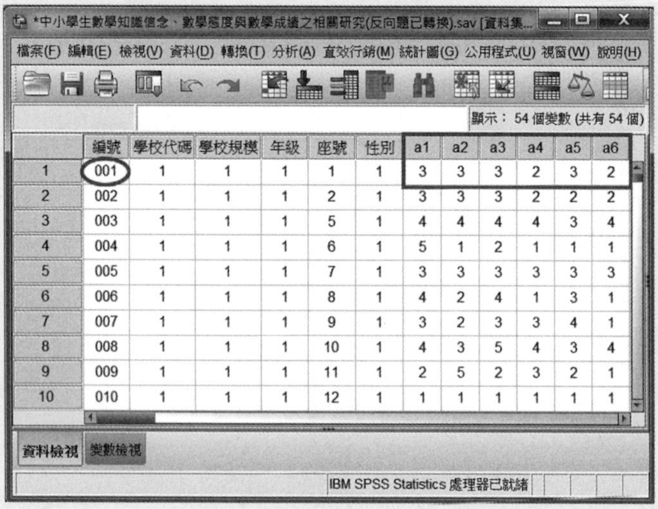

圖 3-3　受試者 001 的第 1 題至第 6 題「天生能力」分數

至於其他三個分量表「快速學習」（可採用「sum(a7 to a10)」加總方式）、「簡單知識」（可採用「sum(a11 to a16)」加總方式）、「確定知識」（可採用「sum(a17 to a21)」加總方式），如同圖 3-1 操作方式，即可得到如圖 3-4 各分量表分數。

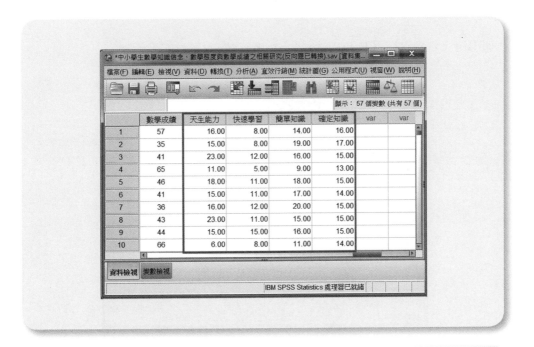

圖 3-4　四個分量表的總分加總

貳、「數學態度量表」總量表與各分量表的分數加總

本研究的「數學態度量表」是採用總量表與各個分量表的計分方式，它包含四個分量表：「數學學習信心」（包含 2, 5, 8, 13, 19 題，共 5 題）、「數學焦慮」（包含 1, 9, 11, 14, 17, 20, 24 題，共 7 題）、「數學的實用性」（包含 3, 6, 10, 15, 21 題，共 5 題）、「數學學習動機」（包含 4, 7, 12, 16, 18, 22, 23, 25 題，共 8 題），數學態度總量表共 25 道試題。在計算各分量表總分時，在「數學學習信心」分量表總分即是將第 2、5、8、13、19 題，這 5 題分數加總即可；「數學焦慮」分量表總分即是將第 1、9、11、14、17、20、24 題，這 7 題分數加總；「數學的實用性」分量表總分即是將第 3、6、10、15、21 題，這 5 題分數加總；「數學學習動機」分量表總分即是將第 4、7、12、16、18、22、23、25 題，這 8 題分數加總。

針對分量表題目屬於未連續性排列的題目，其 SPSS 的分量表加總操作步驟，如圖 3-5 所示。

步驟 1：請點選「轉換 (T)」→「計算變數 (C)」，如下圖所示。

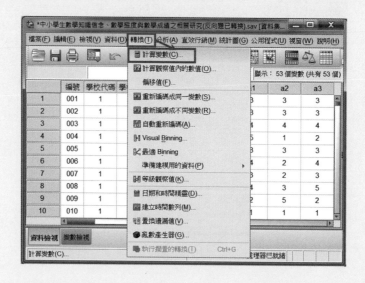

步驟 2：出現「計算變數」對話窗後，在左方「目標變數 (T)：」空格中，輸入數學態度量表第一個分量表名稱「數學學習信心」，如下圖所示。

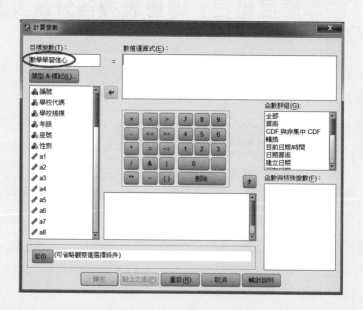

步驟 3：在「計算變數」對話窗，右邊「數值運算式 (E)：」空格中，輸入所要加總的題目，「b2 + b5 + b8 + b13 + b19」，代表將 b2、b5、

b8、b13 與 b19 這 5 題加總起來。再按「確定」按鍵，如下圖所示。

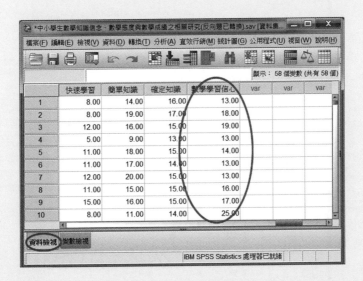

步驟 4：將游標移至「資料檢視」工作視窗最右邊欄位，即可看到新增加的
　　　　「數學學習信心」變數，並且已計算好第 2 題、第 5 題、第 8 題、
　　　　第 13 題與第 19 題等 5 題的總分，如下圖所示。

圖 3-5　「數學學習信心」分量表總分加總的操作步驟（方法 1）

　　針對分量表題目屬於未連續性排列的題目，除了可透過圖 3-5 採用逐題加總的方式外，也可採用圖 3-6 操作方式，先在「變數檢視」工作視窗，將這些題目調整成集中在一起的操作方式。

步驟 1：請點選「變數檢視」工作視窗，將游標移至最左邊，並點選 b5 的題目，如下圖所示。

步驟 2：在「變數檢視」工作視窗，游標點選 b5 後，按住滑鼠左鍵，將 b5 這題往上移動到 b2 的下方，如下圖所示。

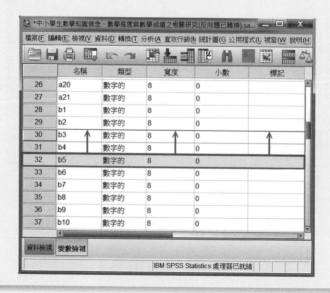

步驟 3：在「變數檢視」工作視窗，游標點選 b8 後，按住滑鼠左鍵，將 b8 這題往上移動到 b5 的下方，如下圖所示。

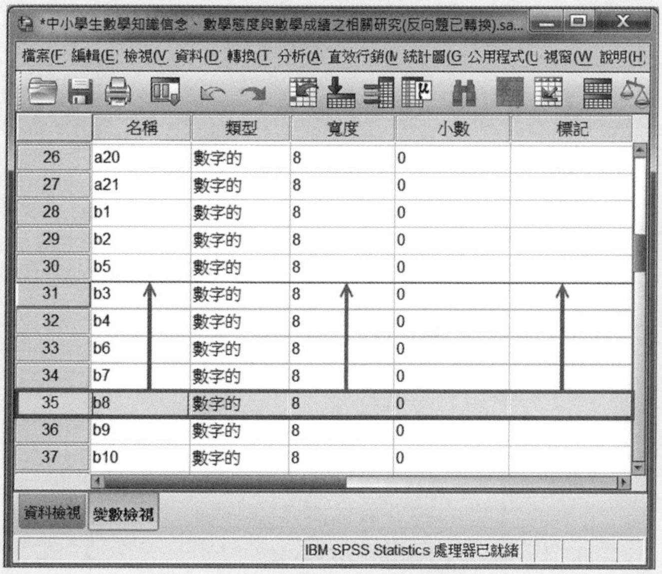
*中小學生數學知識信念、數學態度與數學成績之相關研究(反向題已轉換).sa...
檔案(F) 編輯(E) 檢視(V) 資料(D) 轉換(T) 分析(A) 直效行銷(M) 統計圖(G) 公用程式(U) 視窗(W) 說明(H)
名稱 類型 寬度 小數 標記
26 a20 數字的 8 0
27 a21 數字的 8 0
28 b1 數字的 8 0
29 b2 數字的 8 0
30 b5 數字的 8 0
31 b3 數字的 8 0
32 b4 數字的 8 0
33 b6 數字的 8 0
34 b7 數字的 8 0
35 b8 數字的 8 0
36 b9 數字的 8 0
37 b10 數字的 8 0
資料檢視 變數檢視
IBM SPSS Statistics 處理器已就緒

步驟 4：在「變數檢視」工作視窗，游標點選 b13 後，按住滑鼠左鍵，將 b13 這題往上移動到 b8 的下方，如下圖所示。

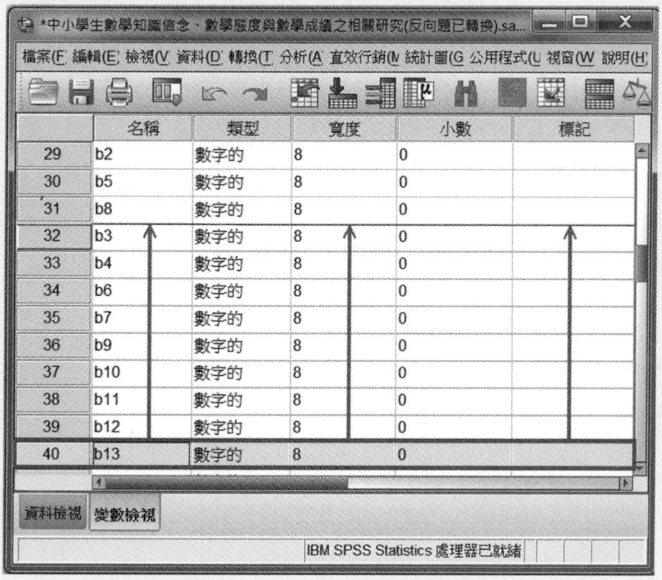
*中小學生數學知識信念、數學態度與數學成績之相關研究(反向題已轉換).sa...
檔案(F) 編輯(E) 檢視(V) 資料(D) 轉換(T) 分析(A) 直效行銷(M) 統計圖(G) 公用程式(U) 視窗(W) 說明(H)
名稱 類型 寬度 小數 標記
29 b2 數字的 8 0
30 b5 數字的 8 0
31 b8 數字的 8 0
32 b3 數字的 8 0
33 b4 數字的 8 0
34 b6 數字的 8 0
35 b7 數字的 8 0
36 b9 數字的 8 0
37 b10 數字的 8 0
38 b11 數字的 8 0
39 b12 數字的 8 0
40 b13 數字的 8 0
資料檢視 變數檢視
IBM SPSS Statistics 處理器已就緒

步驟 5：在「變數檢視」工作視窗，游標點選 b19 後，按住滑鼠左鍵，將
　　　　 b19 這題往上移動到 b13 的下方，如下圖所示。

步驟 6：點選「資料檢視」工作視窗，點選「轉換 (T)」→「計算變數 (C)」，
　　　　 請注意 b2、b5、b8、b13 與 b19 這 5 題是調整成緊鄰在一起的變數，
　　　　 如下圖所示。

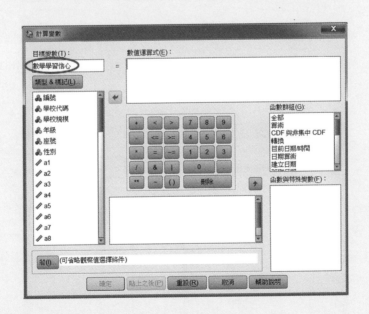

步驟 7：出現「計算變數」對話窗後，在左方「目標變數 (T)：」空格中，
輸入第一個分量表的名稱「數學學習信心」，如下圖所示。

步驟 8：在「計算變數」對話窗，右邊「數值運算式 (E)：」空格，輸入所
要加總的題目「sum(b2 to b19)」，代表將 b2、b5、b8、b13 與 b19
這 5 題加總起來。再按「確定」按鈕，如下圖所示。

請注意：若要採用「sum(b2 to b19)」的加總方式，一定要先完成步驟1到步驟5的動作，如此這5道題目才會排列在一起，才可採用 sum 的連加方式。

步驟9：將游標移至「資料檢視」工作視窗最右邊欄位，即可看到新增加的一個變項「數學學習信心」，且已計算好 b2、b5、b8、b13 與 b19 這5題的總分，如下圖所示。

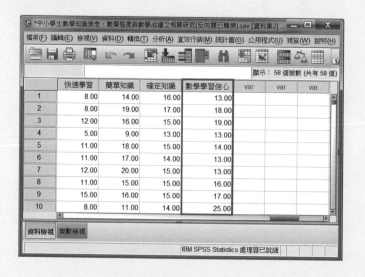

圖 3-6　「數學學習信心」分量表總分加總的操作步驟（方法 2）

以編號 001 受試者爲例，其中 b2 題得分爲 3，b5 題得分爲 3，b8 題得分爲 3，b13 題得分爲 2，b19 題得分爲 2，這 5 題總分爲 3 + 3 + 3 + 2 + 2 = 13，如圖 3-7 所示。透過如圖 3-5 步驟 3，受試者 001 的「數學學習信心」分數爲 13，與透過圖 3-6 的步驟 9，受試者 001 分數同樣爲 13。

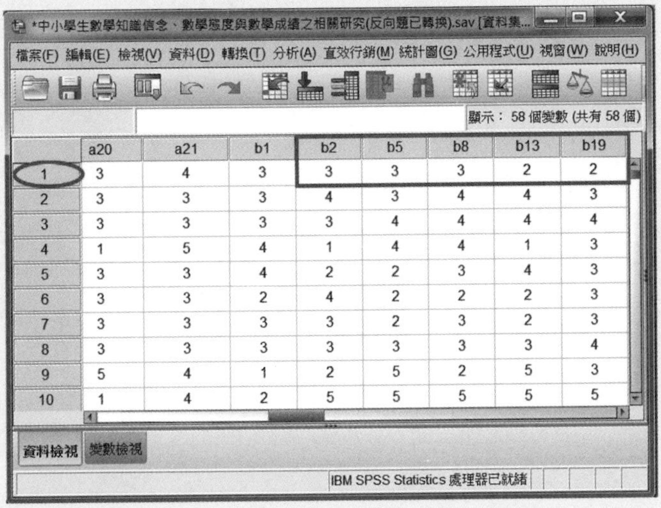

	a20	a21	b1	b2	b5	b8	b13	b19
1	3	4	3	3	3	3	2	2
2	3	3	3	4	3	4	4	3
3	3	3	3	3	4	4	4	4
4	1	5	4	1	4	4	1	3
5	3	3	4	2	2	3	4	3
6	3	3	2	4	2	2	2	3
7	3	3	3	3	2	3	2	3
8	3	3	3	3	3	3	3	4
9	5	4	1	2	5	2	5	3
10	1	4	2	5	5	5	5	5

圖 3-7　受試者 001 的 5 題「數學學習信心」分數

其他三個分量表（「數學焦慮」、「數學的實用性」、「數學學習動機」）的總分計算，也可採用如圖 3-5 或圖 3-6 操作方式，可獲得如圖 3-8 各分量表總分。

SPSS與量化研究

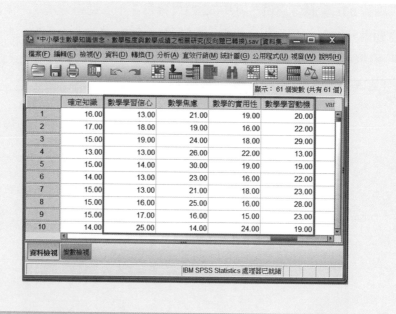

圖 3-8　四個分量表的總分加總

Chapter

4

組別的整併與分割

完成總量表與分量表的分數加總後，接著必須要考慮將組別進行整併或分割的動作，茲介紹「組別的整併」與「組別的分割」這兩個部分。

壹、組別的整併

調查資料回收後，針對人數差距過大的組別，進行組別整併，是一項相當重要的工作。根據筆者的經驗，許多研究生常忽略各組人數差距過大的問題，直接採用原先規劃好的組別，進行統計分析。然而當各組人數差距過大時，易造成出現較大的統計誤差，導致錯誤的統計推論。

在規劃背景變項的組別時，許多研究者常會採用某個分類標準，並希望每個組別的人數最好不要差異太大，然而在實際抽樣過程中，往往因無法採用隨機抽樣，導致抽樣的結果，人數最多的組別與人數最少的組別，存在人數差異過大的情形（例如：人數最多組別是人數最少組別的 10 倍以上），或是人數最少的組別，只有少數幾個人。遇到這些狀況時，最好進行組別整併，讓各組人數的差距不要過大，或是人數最少的組別不至於人數過少。

組別整併包括兩個主要歷程：進行組別整併，以及更改整併後組別的編碼方式，底下就針對這兩個部分進行說明。

一、進行組別的整併

為了讓讀者熟悉組別整併的操作方式，以「國民中學教師專業成長與教學效能之相關研究」為例（檔案資料為「各組資料的整併練習檔」）：某位研究者綜合相關研究文獻的探討後，提出不同性別、不同學歷、不同任教年資與不同行政經歷等變項，會影響國中教師專業成長與教學效能的假設。該研究者根據抽樣理論，選取了 655 名國中教師，考驗不同背景變項是否會影響其專業成長與教學效能。資料回收整理後，得到不同背景變項的組別人數，如表 4-1 所示。

進行組別整併常是為了避免某個組別人數過少，但整併過程，必須根據某個標準，而非任意的合併。將人數過少的組別整併到其他組別時，必須整併在一起的組別，能產生一個合理且明確的組別。否則可考慮對於人數過少的組別，不進行統計考驗分析。

表 4-1

不同背景變項的研究樣本分布情形

背景變項	組別	人數	百分比	累積百分比
性別	男生	302	46.11%	46.11%
	女生	353	53.90%	100%
學歷	學士	442	67.48%	67.48%
	碩士	198	30.23%	97.71%
	博士	15	2.29%	100%
服務年資	5 年以下	23	3.51%	3.51%
	6 至 10 年	197	30.08%	33.59%
	11 至 20 年	287	43.82%	77.40%
	21 年以上	148	22.60%	100%
行政經驗	導師	389	59.39%	59.39%
	科任	162	24.73%	84.12%
	兼組長	85	13.98%	97.10%
	兼主任	19	2.90%	100%

　　表 4-1 背景變項的「學歷」，其中「博士」組別只有 15 人，只占總人數 655 人的 2.29%，因人數過少，若單獨為一個組別，易導致統計偏誤。由於「碩士」與「博士」皆屬於研究所的學歷，因而將「碩士」與「博士」兩組，合併成「碩士以上」組別，是一個合理的合併方式。

　　「服務年資」的「5 年以下」只有 23 人，占總人數 655 人的 3.51%，同樣會有因人數過少而產生偏誤的統計結果，因此，將「5 年以下」與「6 至 10 年」這兩組，合併成「10 年以下」組別。

　　「行政經驗」的「兼主任」只有 19 人，占總人數 655 人的 2.90%。由於「兼組長」與「兼主任」同屬兼任行政工作的類別，因而將「兼組長」與「兼主任」這兩組，合併成「兼行政工作」組別。

　　由於上述三個變項的組別合併後，都能得到合理且明確的組別，因此，三個變項都進行組別合併，合併後的資料如表 4-2 所示。由表 4-2 可知，不同變項的人數分布，並沒有差距過大的情形。

表 4-2

合併組別後的研究樣本分布情形

背景變項	組別	人數	百分比	累積百分比
性別	男生	302	46.11%	46.11%
	女生	353	53.89%	100%
學歷	學士	442	67.48%	67.48%
	碩士以上	213	32.52%	100%
服務年資	10 年以下	220	33.59%	33.59%
	11 至 20 年	287	43.82%	77.41%
	21 年以上	148	22.59%	100%
行政經驗	導師	389	59.39%	59.39%
	科任	162	24.73%	84.12%
	兼行政工作	104	15.88%	100%

二、更改整併後組別的編碼方式

組別合併確定後，有些組別已經不復存在，因此，須將其原先代碼，更改爲合併後組別的代碼。

例如：在「學歷」這個變項，原先包含「學士」、「碩士」與「博士」三個組別，「學士」代碼 1，「碩士」代碼 2，「博士」代碼 3，現在把原本三組更改爲兩組後，「學士」代碼維持 1，「碩士以上」代碼爲 2，既然原先「碩士」代碼是 2，此部分便不用更動，但「博士」代碼 3 就必須更改爲 2。

將「博士」代碼由 3 更改爲 2 的 SPSS 操作步驟，如圖 4-1 所示。

步驟 1：請點選「轉換 (T)」→「重新編碼成不同變數 (R)」，如下圖所示。

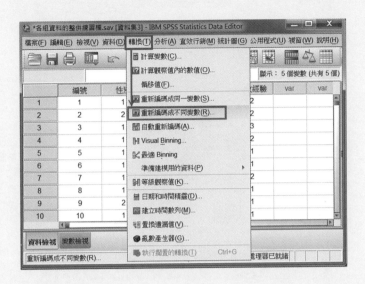

步驟 2：在「重新編碼成不同變數」對話窗，將「學歷」這個變項由左方變數清單中，移至右邊「輸入變項 (V)→輸出變數：」方格，如下圖所示。

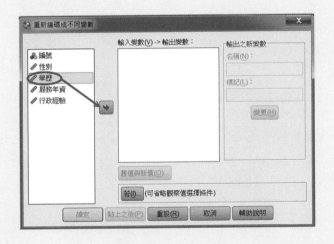

步驟 3：在「重新編碼成不同變數」對話窗，在右邊「輸出之新變數」中「名稱 (N)：」空格中，輸入所要的新變項名稱，例如：可以將學歷更改為「新學歷」，並按「變更 (H)」按鍵，如下圖所示。

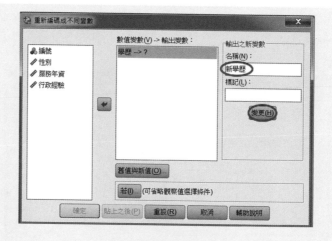

步驟 4：在「重新編碼成不同變數」對話窗，點選「舊值與新值(O)」按鍵，如下圖所示。

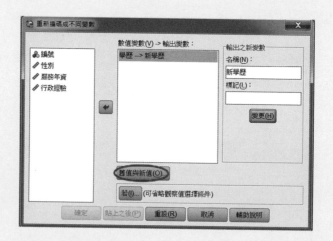

步驟 5：在「重新編碼成不同變數：舊值與新值」對話窗，將左邊「舊值」的「⊙數值(V)：」輸入框中輸入「1」，在右邊「新值為」的「⊙數值(A)：」的輸入框中輸入「1」，並按「新增(A)」按鍵，如下圖所示。

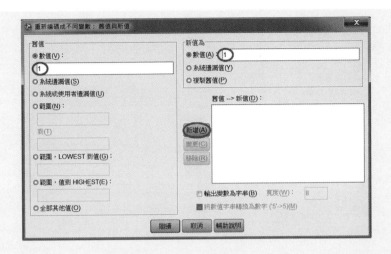

步驟 6：在「重新編碼成不同變數：舊值與新值」對話窗，右邊中間「舊值
→ 新值 (D)：」方框中，即會出現「1 → 1」，代表舊值是 1，轉換
成新值的 1，如下圖所示。

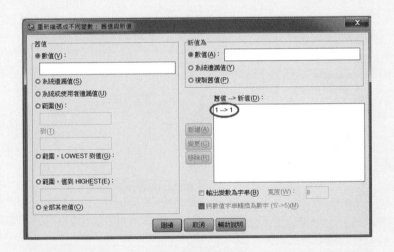

步驟 7：在「重新編碼成不同變數：舊值與新值」對話窗，將左邊「舊值」
的「⊙數值 (V)：」的輸入框中輸入「2」，在右邊「新值為」的「⊙
數值 (A)：」的輸入框中輸入「2」，按下「新增 (A)」按鍵，如下
圖所示。

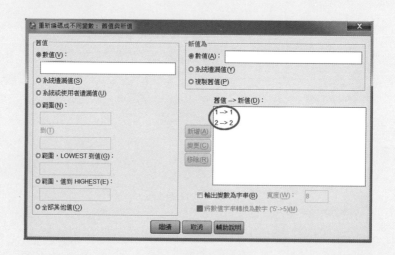

步驟8：在「重新編碼成不同變數：舊值與新值」對話窗，右邊中間的「舊值→新值 (D)：」方框中，即會出現「1→1」與「2→2」，代表舊值1轉換成新值1，舊值2轉換成新值2，如下圖所示。

步驟9：在「重新編碼成不同變數：舊值與新值」對話窗，將左邊「舊值」的「⊙數值 (V)：」的輸入框中輸入「3」，在右邊「新值為」的「⊙數值 (A)」的輸入框中輸入「2」，並按「新增 (A)」按鍵，如下圖所示。

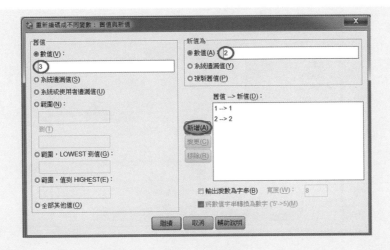

步驟 10：在「重新編碼成不同變數：舊值與新值」對話窗，右邊的「舊值
→新值(D)」方框中，即會出現「1→1」、「2→2」與「3→2」，
代表舊值 1 轉換成新值 1，舊值 2 轉換成新值 2，舊值 3 轉換成新
值 2，並按「繼續」按鍵，如下圖所示。

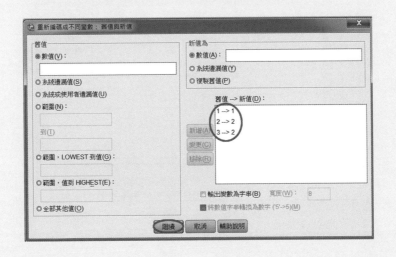

步驟 11：在「重新編碼成不同變數」對話窗，按下「確定」按鍵，如下圖
所示。

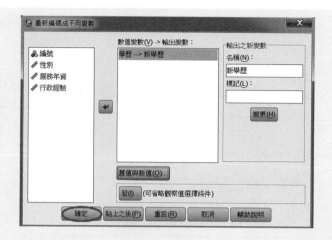

步驟 12：在「資料檢視」工作視窗，可見到「學歷」原先代碼為 3，已轉換「新學歷」的代碼 2，如下圖所示。

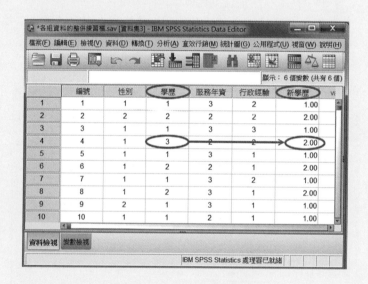

圖 4-1 更改組別代碼的操作步驟

貳、組別的分割

　　研究者在進行統計分析時，常會根據文獻探討結果，將某個連續變項，切割成類別變項，以進行不同組別的差異性考驗。例如：以「中小學生數學知識信

念、數學態度與數學成績之相關研究」為例，研究者根據文獻探討結果，提出不同背景變項（性別、年級、學校規模）與不同數學知識信念組別的學生，其數學成績會有顯著交互作用之假設，研究者決定採用雙因子變異數分析，考驗此假設是否受到支持。

採用雙因子變異數分析，兩個自變項都必須屬於類別變項，其中的背景變項（性別、年級、學校規模）都屬於類別變項，但不同數學知識信念屬於連續變項，必須將不同數學知識信念從連續變項切割成屬於類別變項的不同數學知識信念組別，才能進行雙因子變異數分析。一般而言，將連續變項切割成類別變項時，是以每位受試者在連續變項的總分高低，作為分類的依據。通常會根據受試者總分高低，分割成高分組、中分組與低分組三組。因此，本研究打算將依據受試者在數學知識信念得分高低，分割成數學知識信念高分組、數學知識信念中分組與數學知識信念低分組等三組。

決定區分成高分組、中分組與低分組三組後，便要決定高分組、中分組與低分組的人數比例。由於人類認知能力分布情形較偏向常態分配，亦即高認知能力與低認知能力的人數比例，低於中認知能力的人數。因而有關數學知識信念高分組、數學知識信念中分組與數學知識信念低分組的人數比例分配，也是配合常態分配的分法，一般採用得分情形高於平均數以上 0.5 個標準差為高分組，得分情形低於平均數以下 0.5 個標準差為低分組，介於平均數上下 0.5 個標準差的受試者為中分組，亦即高、中、低三組人數比大約為 31：38：31。有些研究者為了取捨的方便性，會將高、中、低三組的分組人數採用 30：40：30 的比例，這兩種分類的方法都可考慮採用。

底下就以本書採用的「中小學生數學知識信念、數學態度與數學成績之相關研究」為例，說明如何將連續變項的數學知識信念，分割成數學知識信念高分組、數學知識信念中分組與數學知識信念低分組。由於「數學知識信念量表」是採用各自的四個分量表，因此，在區分高、中、低組別的時候，也是以四個分量表各自分割的方式處理。對於高、中、低三組的人數比例，本研究決定採用平均數上下各 0.5 個標準差，作為分割的界線，因此，高、中、低三組人數比為 31：38：31。

採用 SPSS 進行組別分割的步驟，如圖 4-2、圖 4-3、圖 4-4 所示。

步驟 1：請點選「分析 (A)」→「敘述統計 (E)」→「次數分配表 (F)」，如
下圖所示。

步驟 2：在「次數」對話窗中，將「天生能力」這個變項由左方變數清單中，
移至右邊的「變數 (V)：」空格，如下圖所示。

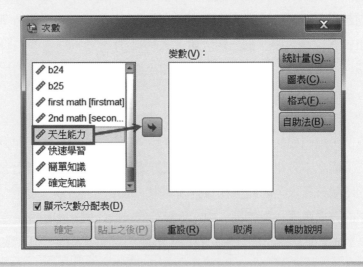

步驟 3：在「次數」對話窗中，點選「統計量 (S)」按鍵，如下圖所示。

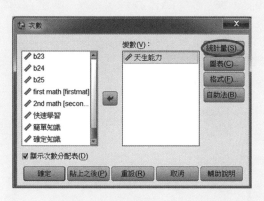

步驟 4：在「次數分配表：統計量」對話窗，勾選左方「百分位數值」中的「百分位數 (P)：」，並在「百分位數 (P)：」右方空格，輸入「31」，並按「新增 (A)」按鍵，如下圖所示。

步驟5：在「次數分配表：統計量」對話窗，在「百分位數(P)：」右方空格，
　　　　輸入「69」，按「新增(A)」按鍵，再按「繼續」按鍵，如下圖所示。

步驟6：在「次數」對話窗，按「確定」按鍵，如下圖所示。

圖 4-2　進行組別分割的操作步驟 1

經過圖 4-2 的 SPSS 操作步驟，即可獲得圖 4-3 的統計報表。

報表1：在「統計量」報表，可看到百分位數 31 的原始分數為 11 分，百分
　　　　位數 69 的原始分數為 15 分。將這兩個百分位數的原始分數記下，
　　　　以便根據這兩個原始分數的高低，進行高、中、低三組別的分割動
　　　　作。我們先將原始得分介於 11 至 15 分的受試者歸類為中分組，且

以代碼 2 表示中分組；原始分數 10 分以下的受試者界定為低分組，且以代碼 1 表示低分組；原始分數高於 16 分的受試者界定為高分組，且以代碼 3 表示高分組，如下圖所示。

統計量

天生能力

個數	有效的	308
	遺漏值	0
百分位數	31	11.00
	69	15.00

報表 2：在「天生能力」報表，可看到每個數值的次數分配、百分比、有效百分比、累積百分比等統計結果，例如：有 20 位受試者的分數為 6 分，占全體受試者 308 位的 6.5%，如下圖所示。

天生能力

		次數	百分比	有效百分比	累積百分比
有效的	6	20	6.5	6.5	6.5
	7	9	2.9	2.9	9.4
	8	12	3.9	3.9	13.3
	9	22	7.1	7.1	20.5
	10	25	8.1	8.1	28.6
	11	26	8.4	8.4	37.0
	12	26	8.4	8.4	45.5
	13	18	5.8	5.8	51.3
	14	36	11.7	11.7	63.0
	15	22	7.1	7.1	70.1
	16	17	5.5	5.5	75.6
	17	17	5.5	5.5	81.2
	18	14	4.5	4.5	85.7
	19	5	1.6	1.6	87.3
	20	9	2.9	2.9	90.3
	21	4	1.3	1.3	91.6
	22	7	2.3	2.3	93.8
	23	5	1.6	1.6	95.5
	24	2	.6	.6	96.1
	25	6	1.9	1.9	98.1
	26	2	.6	.6	98.7
	27	3	1.0	1.0	99.7
	30	1	.3	.3	100.0
	總和	308	100.0	100.0	

圖 4-3　進行組別分割的統計結果 1

　　記下「天生能力」分量表的百分位數 31 之原始分數為 11 分，百分位數 69 的原始分數為 15 分後，繼續進行圖 4-4 的 SPSS 操作步驟。

步驟 1：請點選「轉換 (T)」→「重新編碼成不同變數 (R)」，如下圖所示。

步驟 2：在「重新編碼成不同變數」對話窗，將「天生能力」這個變項由左方變數清單中，移至右邊「輸入變項 (V)→輸出變數：」空格，如下圖所示。

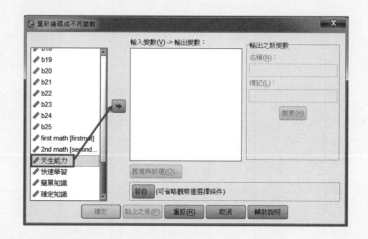

步驟 3：在「重新編碼成不同變數」對話窗，右邊「輸出之新變數」中的「名稱 (N)：」空格，輸入所要的新變項名稱，例如：可以將「天生能

力」更改為「新天生能力組」，並按「變更(H)」按鍵，如下圖所示。

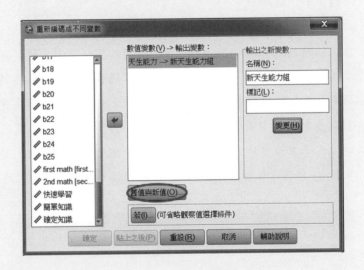

步驟 4：在「重新編碼成不同變數」對話窗，點選下方「舊值與新值 (O)」
　　　　按鍵，如下圖所示。

步驟 5：在「重新編碼成不同變數：舊值與新值」對話窗，將左邊「舊值」
　　　　原先內定的「⊙數值 (V)：」，改為點選「⊙範圍 (N)：」，如下圖
　　　　所示。

步驟6：在「重新編碼成不同變數：舊值與新值」對話窗，在選「⊙範圍
　　　　(N)：」上方空格輸入「11」，下方空格輸入「15」，且右邊「新
　　　　值為」的「⊙數值 (A)」空格中，輸入「2」，最後按「新增 (A)」
　　　　按鍵，如下圖所示。

此步驟主要是根據圖 4-3 的報表 1，得到區分高、中、低三組的兩
個區隔分數 11 分與 15 分，根據受試者的得分情形，將受試者區分
成高、中、低三組。在這個步驟的操作過程中，有一點要特別注意
的是，在切割過程中，低分組與中分組，或是中分組與高分組的切
割點分數，常會有許多受試者同分的情形，因此，在設定各組別
時，為了維持中分組人數比例高於低分組和高分組人數，要將百分
位數 31 與百分位數 69 所獲得的原始分數，設定為中分組的組距。

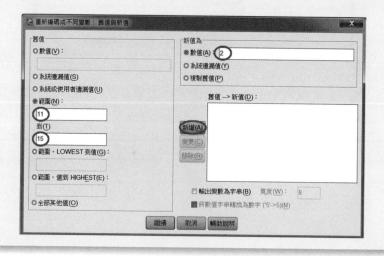

步驟 7：在「重新編碼成不同變數：舊值與新值」對話窗，將左邊「舊值」
步驟 5 點選的「⊙範圍 (N)：」，更改為「⊙範圍，LOWEST 到值
(G)：」，在其下方空格中輸入「10」。且在右邊「新值為」的「⊙
數值 (A)」的空格中輸入「1」，最後按「新增 (A)」按鍵，如下圖
所示。

此步驟主要是根據圖4-3的報表1，界定低分組是指分數10分以下。

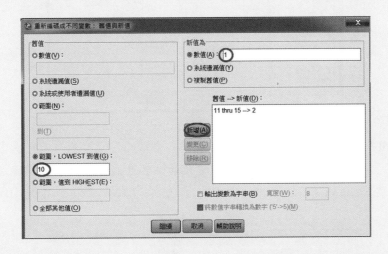

步驟 8：在「重新編碼成不同變數：舊值與新值」對話窗，將左邊「舊值」
步驟 6 點選的「⊙範圍，LOWEST 到值 (G)：」，更改為「⊙範圍，
值到 HIGHEST (E)：」，在其下方空格中輸入「16」。在右邊「新
值為」的「⊙數值 (A)」空格中輸入「3」，按下「新增 (A)」按鍵，
再按下方「繼續」按鍵，如下圖所示。

此步驟主要是根據圖4-3的報表1，界定高分組是指分數16分以上。

步驟9：在「重新編碼成不同變數」對話窗，按下「確定」按鍵，如下圖所示。

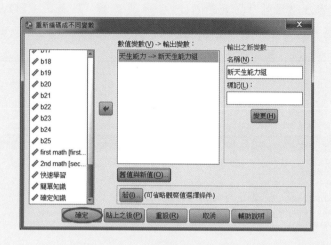

步驟10：在「資料檢視」工作視窗的最右邊欄位，即可見到「新天生能力組」，代表原本屬於連續變項的「天生能力」，已經轉換成類別變項的「新天生能力組」，如下圖所示。

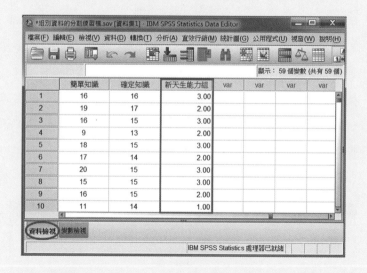

步驟11：為了確定所分割的高、中、低三個組別的人數比例，與原先設定的 31：38：31 比例，是否有差距太大的情形，接著透過「次數分配」統計方法，來確定最後實際分類的比例。進行次數分配前，先將「新天生能力組」的數值進行「值」的設定。

先點選「變數檢視」工作視窗中，將游標移至「新天生能力組」這
個變項「值」選項中，如下圖所示。

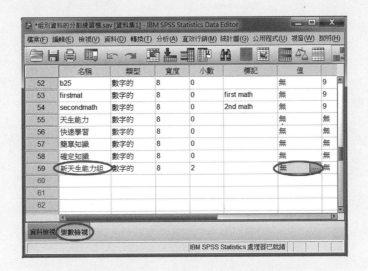

步驟 12：在「數值註解」對話窗，先在「值 (A)：」空格中，輸入「1」，
然後在「標記 (L)：」空格中，輸入「天生能力組低分組」，並按
「新增 (A)」按鍵，如下圖所示。

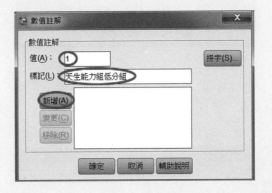

步驟 13：在「數值註解」對話窗，接續在「值 (A)：」空格中，輸入「2」，
然後在「標記 (L)：」空格中，輸入「天生能力組中分組」，並按
「新增 (A)」按鍵，如下圖所示。

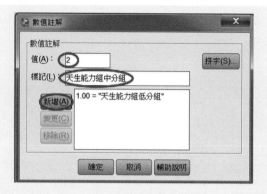

步驟 14：在「數值註解」對話窗，接續在「值 (A)：」空格中，輸入「3」，
然後在「標記 (L)：」空格中，輸入「天生能力組高分組」，並按
「新增 (A)」按鍵，最後按「確定」按鍵，如下圖所示。

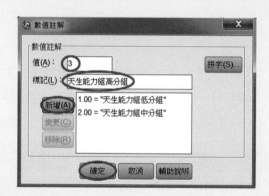

步驟 15：請點「資料檢視」工作視窗的最右邊，即可看到「新天生能力組」
的數值註解情形，如下圖所示。

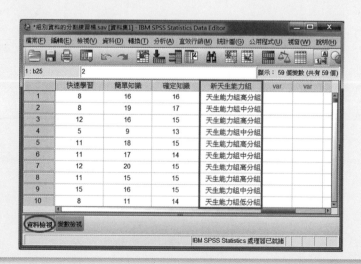

步驟 16：在「資料檢視」工作視窗，若讀者不習慣「資料檢視」工作視窗
出現標註文字而非數字的情形，則請點選「新天生能力組」變項，
再點選工具列上「數字與文字相互轉換」按鍵，如下圖所示。

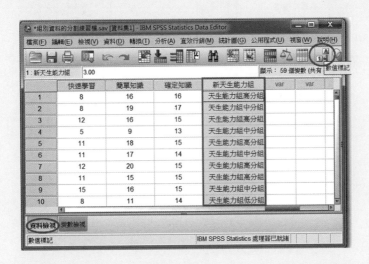

步驟 17：在「資料檢視」工作視窗，即可看到「新天生能力組」變項，轉
換成數字的呈現方式，如下圖所示。

步驟 18：在「次數」對話窗中，將之前圖 4-2 操作步驟 2 所分析的變項「天
生能力」，由右邊「變數(V)：」空格，移回左邊變數清單中，如
下圖所示。

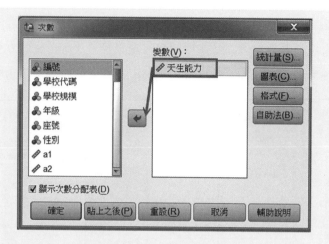

步驟 19：在「次數」對話窗中，將「新天生能力組」這個變項由左方變數
清單中，移至右邊「變項 (<u>V</u>)：」空格，如下圖所示。

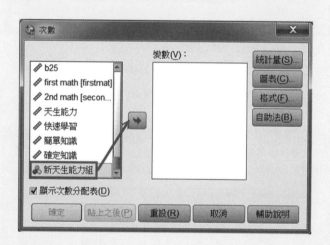

步驟 20：在「次數」對話窗中，按「確定」按鍵，如下圖所示。

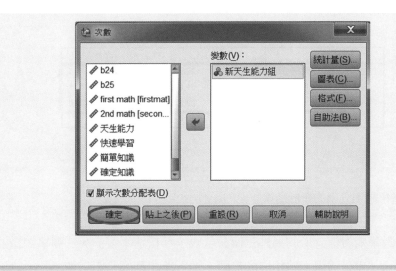

圖 **4-4**　進行組別分割的操作步驟 2

　　經過圖 4-4 的 SPSS 操作步驟，即可獲得圖 4-5 的統計報表。

報表 1：在「統計量」報表，可看到有效的樣本數爲 308，遺漏值爲 0，如下圖所示。

統計量

新天生能力組

個數	有效的	308
	遺漏值	0
百分位數	31	2.0000
	69	2.0000

報表 2：在「新天生能力組」報表，可看到在總人數 308 人中，「天生能力低分組」占 88 人，比例爲 28.6%；「天生能力中分組」占 128 人，比例爲 41.6%；「天生能力高分組」占 92 人，比例爲 29.9%，高、中、低三組的實際人數比例 29：42：30，與我們所希望的 31：38：31 很接近，顯示如此分組方式是適切，如下圖所示。

新天生能力組					
		次數	百分比	有效百分比	累積百分比
有效的	天生能力組低分組	88	28.6	28.6	28.6
	天生能力組中分組	128	41.6	41.6	70.1
	天生能力組高分組	92	29.9	29.9	100.0
	總和	308	100.0	100.0	

圖 4-5 進行組別分割的統計結果 2

　　有關「數學知識信念」的另外三個分量表,「快速學習」、「簡單知識」與「確定知識」,也是透過上述相同的步驟,進行新組別的分組工作。

Z分數與T分數的計算

　　當研究變項是受試者學業成績，且學業成績是直接採用學校的學期成績，未採用標準化成就測驗，為避免因不同學校或不同班級的評分標準不一，若採用各班原始成績，易造成不公平現象。例如：甲校段考考卷較簡單，乙校段考考卷較困難，若採用原始分數，易產生甲校大部分學生原始分數，高於乙校大部分學生原始分數。

　　為解決原始分數易受不同試題難度影響，進行學業成績分析時，最好將各班原始成績各自轉換成標準分數 Z 分數或 T 分數。在換成標準分數時，一定要以各班原始分數各自轉換成標準分數，不能以所有班級受試者的原始分數，一起進行標準分數轉換。倘若將所有班級受試者一起進行標準化分數轉換，如此轉換成標準分數，則標準分數相對位置與原始分數相對位置是一樣，並未達到欲降低評分不公的目的。

　　將原始分數轉換成 Z 分數的公式，如公式 5-1，亦即將原始分數減掉平均數後，再除以標準差，即可得到 Z 分數。

$$Z = \frac{(X - \overline{X})}{S_X} \qquad （公式 5-1）$$

　　公式 5-1 的 Z 表示 Z 分數，X 表示某位受試者分數，$\overline{X}$ 表示該位受試者所隸屬團體的平均數，S_X 表示該位受試者所隸屬團體的標準差。為讓讀者更清楚 Z 分數的意義，茲舉例說明 Z 分數計算方式與意涵。假設有個班級歷史成績呈現常態分配，該班歷史平均數是 80 分，標準差是 5，該班 A 同學歷史成績 85 分；該班 B 同學歷史成績 70 分。則 A 生 Z 分數的算法，將 $X = 85$，$\overline{X} = 80$，$S_X = 5$ 等數據代入公式 5-1，即可獲得 A 生 Z 分數為 1。B 生 Z 分數的計算，則將 X = 70，$\overline{X} = 80$，$S_X = 5$ 等數據代入公式 5-1，即可獲得 B 生 Z 分數為 –2。

$$Z_{A生} = \frac{(X - \overline{X})}{S_X} = \frac{(85 - 80)}{5} = 1$$

$$Z_{B生} = \frac{(X - \overline{X})}{S_X} = \frac{(70 - 80)}{5} = -2$$

　　獲得 Z 分數後，還必須搭配常態分配，才能清楚 Z 分數的意涵。A 生 Z 分數為 1，表示其分數可贏過約 84.13% 的該班學生，如圖 5-1 所示。

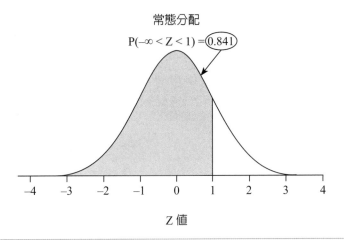

圖 5-1　A 生 Z 分數為 1 的相對地位

相對地，B 生 Z 分數為 –2，表示其分數可贏過約 2.28% 的該班學生，如圖 5-2 所示。

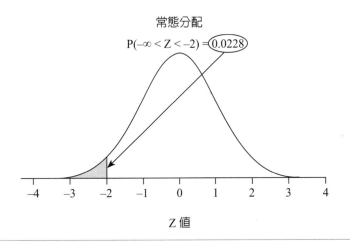

圖 5-2　B 生 Z 分數為 –2 的相對地位

想瞭解 Z 分數的相對地位，可透過 Excel 獲得。以 A 生 Z 分數 1 與 B 生 Z 分數 –2 為例，透過如圖 5-3 的 Excel 操作方式，即可得知 A 生 Z 分數為 1，表示其分數可贏過約 84.13% 的該班學生；B 生 Z 分數為 –2，表示其分數可贏過約 2.28% 的該班學生。

步驟 1：請將游標點選某個欄位，例如：點選 A1 欄位，如下圖所示。

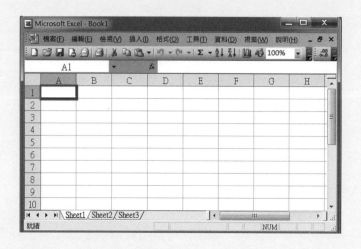

步驟 2：將游標改點選「*fx*」右邊的空格，輸入「=NORMSDIST(1)」，再按下鍵盤的「Enter」鍵，如下圖所示。

　　　　請注意：「=」代表等號，在 Excel 中，若想進行數字的運算，一定要先出現等號 =，若一開始未輸入等號 =，則 Excel 會當成字串來處理。「NORMSDIST(1)」表示 Z 分數為 1 的標準化常態分配的累加分配，所以括號中的 1，即表示求 Z 分數 1 的相對地位。

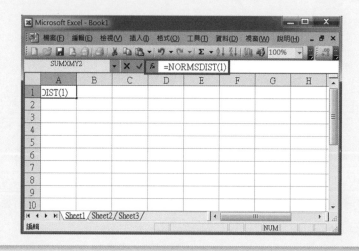

步驟 3：在 A1 欄位，即可見到「0.8413」，表示：Z 分數為 1 的相對地位，約贏過 84.13% 的全體受試者，如下圖所示。

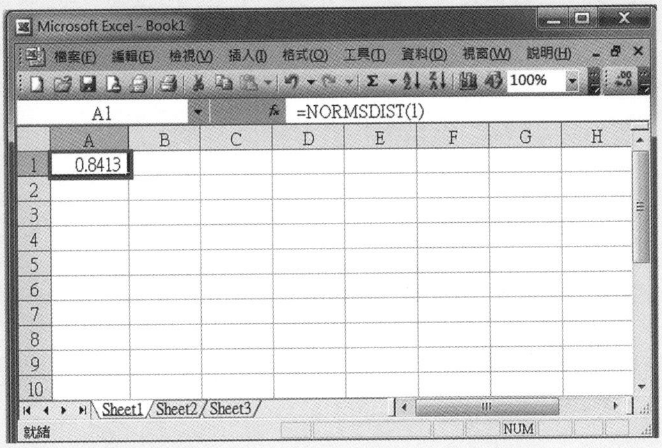

步驟 4：再將游標點選 B1 欄位，如下圖所示。

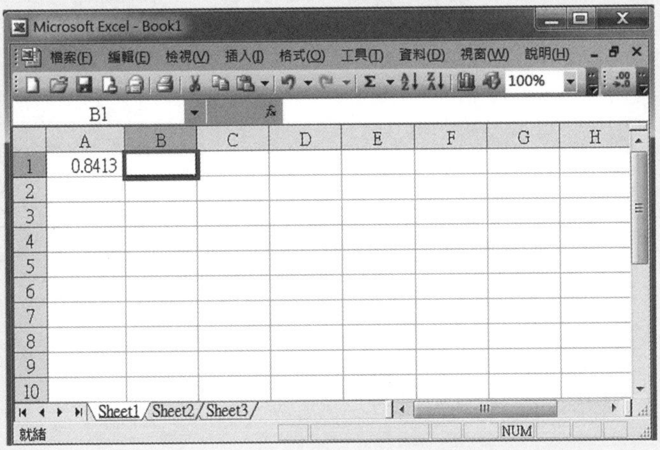

步驟 5：將游標改點選「*fx*」右邊的空格，輸入「=NORMSDIST(–2)」，再按下鍵盤的「Enter」鍵，如下圖所示。

　　　　請注意：「=」代表等號，在 Excel 中，若想進行數字的運算，一定要先出現等號 =，若一開始未輸入等號 =，則 Excel 會當成字串來處理。「NORMSDIST(–2)」表示 Z 分數為 –2 的標準化常態分配的累加分配，所以括號中的 –2，即表示求 Z 分數 –2 的相對地位。

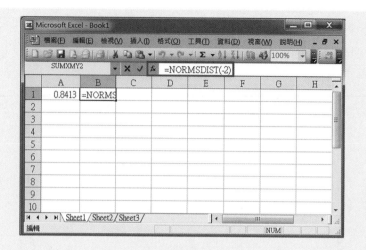

步驟 6：在 B1 欄位，即可見到「0.0228」，表示 Z 分數為 –2 的相對地位，約贏過 2.28% 的全體受試者，如下圖所示。

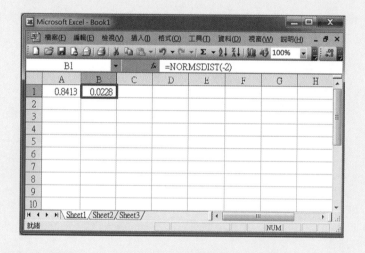

圖 **5-3**　計算 Z 分數相對地位的方式

　　由於 Z 分數較常出現的範圍值為 –3 至 3 之間，礙於若 Z 分數為負數時，易造成解釋上困擾。故計算出 Z 分數時，常藉由公式 5-2 轉換成 T 分數，亦即將 Z 分數乘以 10，再加上 50，即可得到 T 分數。如此轉換可讓 T 分數的一般範圍值落在 20 至 80 之間，由於 T 分數通常會呈現正的分數，較利於分數解釋。因此，探究不同班級受試者學業成績時，較常將各班原始分數，轉換成 T 分數。

$$T = 10 \times Z + 50 \qquad\qquad （公式 5-2）$$

　　將 A 生 Z 分數 1 與 B 生 Z 分數 –2，透過公式 5-2 轉換，即可獲得 A 生 T 分數爲 60，B 生 T 分數爲 30。

$$T_{A生} = 10 \times Z + 50 = 10 \times 1 + 50 = 60$$
$$T_{B生} = 10 \times Z + 50 = 10 \times {-2} + 50 = 30$$

　　在 SPSS 統計軟體中，可透過簡單步驟，先將原始分數轉換成 Z 分數，再將 Z 分數轉換成 T 分數。在將原始分數轉換成 Z 分數與 T 分數時，如前面所提及，若將所有班級受試者一同由原始分數轉換成 Z 分數，則轉換後的 Z 分數，其相對地位排序與原始分數排序是一樣，因此，並無法達到降低因各班評分標準不一所造成的不公平現象。

　　在進行標準分數轉換時，有一點需要特別注意，即不論是 Z 分數或 T 分數，它們分配皆屬常態分配。故，原始分數必須是常態分配時，才可透過底下 SPSS 操作，直接進行線性轉換方式。假設原始分數不具常態分配性質，則需採非線性轉換，有關非線性 T 分數轉換，建議參考林清山（2003）第六章「常態分配」相關說明。有關原始資料是否符合常態分配，其檢驗方法，可透過 SPSS 操作來判斷，相關說明請參考第六章內容。

　　在對每個班級獨自進行 Z 分數與 T 分數轉換過程，可採用一個班級接續一個班級獨自轉換，另一種方式是透過 SPSS「分割檔案」操作方式，就可一次對所有班級進行分數轉換。爲了讓讀者瞭解這兩種轉換方式，底下就介紹一個班級與所有班級原始分數轉換成 Z 分數與 T 分數操作方式。

壹、 一個班級原始分數轉換成Z分數與T分數

　　採用 SPSS 進行原始分數轉換成 Z 分數與 T 分數的步驟，如下圖 5-4 所示。

步驟1：請點選「分析 (A)」→「敘述統計 (E)」→「描述性統計量 (D)」，
如下圖所示。

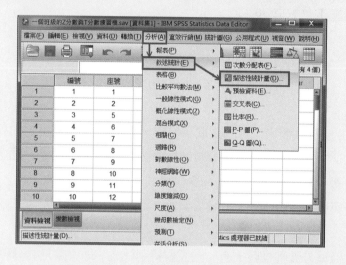

步驟2：在「描述性統計量」對話窗中，將「數學原始成績」這個變項由左
方變數清單中，移至右邊的「變項 (V)：」空格，如下圖所示。

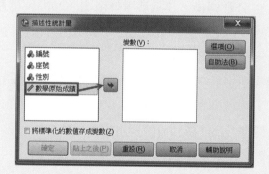

步驟3：在「描述性統計量」對話窗中，請勾選下方的「將標準化的數值存
成變數 (Z)」，並按「確定」按鍵，如下圖所示。

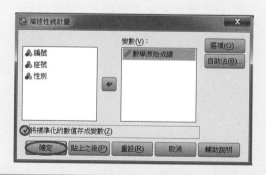

步驟 4：請點選「資料檢視」工作窗，在最右邊欄位，會出現 SPSS 命名「Z 數學原始成績」的變數，如下圖所示。這個新變數即是已經轉換好的 Z 分數。SPSS 在命名時，是以原始分數的變項名稱，在前面加上一個「Z」。

步驟 5：接下來進行 T 分數轉換，請點選「轉換 (T)」→「計算變數 (C)」，如下圖所示。

步驟6：在「計算變數」對話窗中，在左上方「目標變數 (T)：」空格中，
輸入你所希望的變項名稱，例如：可輸入清楚易懂的「T分數」，
如下圖所示。

步驟7：在「計算變數」對話窗中，將左下方變數清單中的「Z分數（數學
原始成績）」變項，移轉到右邊「數值運算式 (E)：」空格中，如
下圖所示。

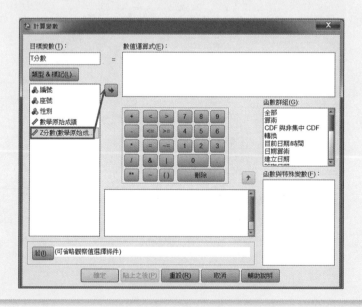

步驟 8：在「計算變數」對話窗中，在右邊「數值運算式 (E)：」空格，再
　　　　輸入乘以 10 加 50，亦即形成「Z 數學原始成績 *10+50」算式，並
　　　　按「確定」按鍵，如下圖所示。

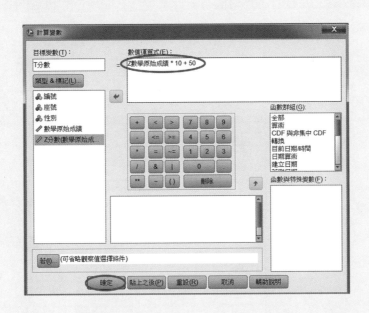

步驟 9：點選「資料檢視」工作視窗，在最右邊欄位，即可見到新變項「T
　　　　分數」，亦即完成 T 分數轉換工作，如下圖所示。

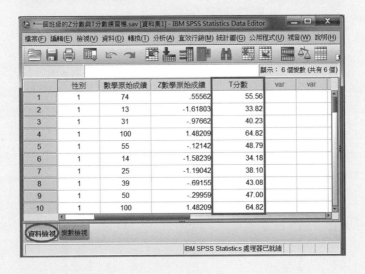

圖 5-4　一個班級 Z 分數與 T 分數轉換的操作步驟

貳、所有班級原始分數各自轉換成Z分數與T分數

當進行所有班級原始分數轉換成 Z 分數與 T 分數時，並不需要一個班級接續一個班級轉換，可透過「分割檔案」方式，一次完成所有班級的各自轉換工作。其 SPSS 操作步驟，如圖 5-5 所示。

步驟1：請點選「資料 (D)」→「分割檔案 (F)」，如下圖所示。

步驟2：在「分割檔案」對話窗中，將內定「⊙分析所有觀察值，勿建立群組 (A)」，改為勾選「⊙依群組組織輸出 (O)」，如下圖所示。

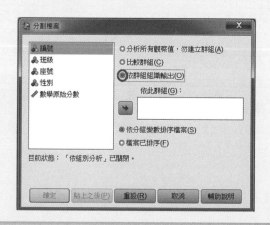

步驟3：在「分割檔案」對話窗中，將「班級」這個變項由左方變數清單，
移至右邊「依此群組(G)：」空格中，如下圖所示。

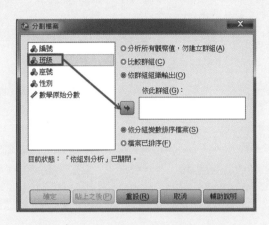

步驟4：在「分割檔案」對話窗中，按「確定」按鍵，如下圖所示。

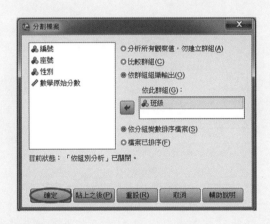

步驟5：請點選「分析(A)」→「敘述統計(E)」→「描述性統計量(D)」，
如下圖所示。

SPSS與量化研究

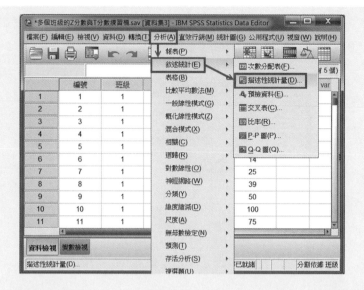

步驟6：在「描述性統計量」對話窗中，將「數學原始成績」這個變項由左
方變數清單中，移至右邊的「變項(V)：」空格中，如下圖所示。

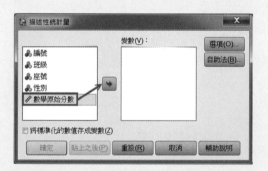

步驟7：在「描述性統計量」對話窗中，請勾選下方的「將標準化的數值存
成變數(Z)」，並按「確定」按鍵，如下圖所示。

步驟8：請點選「資料檢視」工作窗，在最右邊欄位，會出現 SPSS 命名「Z 數學原始成績」的變數，如下圖所示。這個新變數即是已經轉換好的 Z 分數。SPSS 在命名時，是以原始分數的變項名稱，在前面加上一個「Z」。

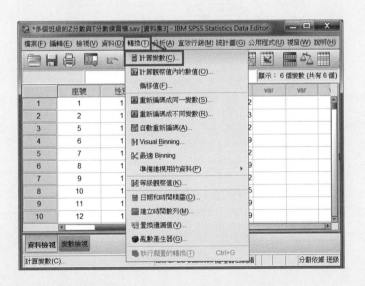

步驟9：請點選「轉換(T)」→「計算變數(C)」，如下圖所示。

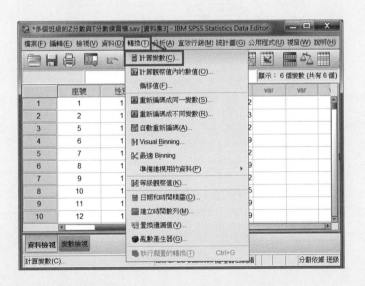

步驟10：在「計算變數」對話窗中，在左上方「目標變數(T)：」空格中，輸入你所希望的變項名稱，例如：可輸入清楚易懂的「T分數」，如下圖所示。

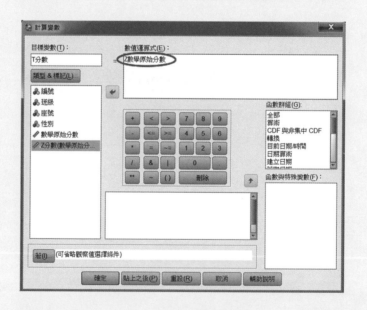

步驟 11：在「計算變數」對話窗中，將左下方變數清單中的「Z分數（數學原始分數）」變項，移轉到右邊「數值運算式(E)：」空格中，如下圖所示。

步驟 12：在「計算變數」對話窗中，在右邊「數值運算式(E)：」空格中，再輸入乘以 10 加 50，亦即形成「Z 數學原始分數 *10+50」算式，並按「確定」按鍵，如下圖所示。

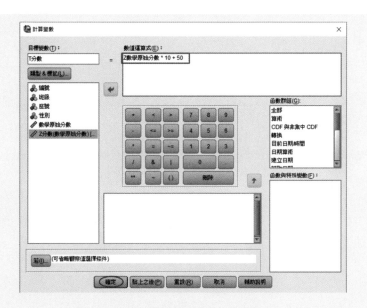

步驟 13：點選「資料檢視」工作視窗，在最右邊欄位，即可見到新變項「T
　　　　分數」，亦即完成 T 分數轉換工作，如下圖所示。

圖 5-5　多個班級 Z 分數與 T 分數轉換的操作步驟

透過上述 SPSS 操作步驟，即可輕鬆將原始分數轉換成標準化 Z 分數與 T 分
數。當使用原始分數會造成不公平現象時，最好將原始分數轉換成 T 分數。

現況分析的敘述統計

前面五章主要介紹如何將回收資料，透過檢核、整併方式，正確輸入到統計軟體 SPSS。接續幾章開始將介紹所輸入資料，如何進行統計分析。

在進行推論統計前，研究者通常會想瞭解樣本敘述統計。另外，常態分配是許多推論統計的基本假定，因此，進行推論統計分析時，最好先檢查資料是否符合常態分配。對現況分析的敘述統計，大致可分成背景變項的敘述統計，以及研究變項的敘述統計兩個部分，底下就針對背景變項敘述統計、研究變項敘述統計，以及常態分配檢定等三個部分介紹。

一、背景變項的敘述統計

一般而言，背景變項的敘述統計，最常使用到各組人數的分布情形，透過 SPSS「次數分配表」操作程序，即可瞭解各組人數分布情形。底下將針對 SPSS 操作步驟、SPSS 結果報表解釋，以及統計表格呈現等三個部分做說明。

(一) 背景變項的敘述統計之SPSS操作步驟

採用 SPSS 進行背景變項的敘述統計分析步驟，如圖 6-1 所示。

步驟 1：請點選「分析 (A)」→「敘述統計 (E)」→「次數分配表 (F)」，如下圖所示。

步驟 2：在「次數分配表」對話窗中，將左邊選單的背景變項，移至右邊「變數 (V)：」空格中（可一次將所要分析的背景變項，全部移至右邊

空格），例如：將「學校規模」、「年級」與「性別」一次全部移
至右邊空格，而「編號」、「學校代碼」與「座號」只是標記作用，
不屬於研究的背景變項，故不用移至右邊「變數 (V)：」空格，如
下圖所示。

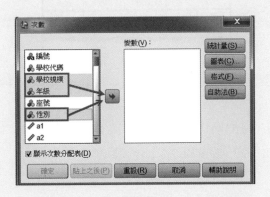

步驟 3：在「次數分配表」對話窗中，再按「確定」按鍵，如下圖所示。

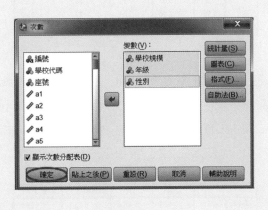

圖 6-1　分析背景變項敘述統計的操作步驟

(二) 背景變項的敘述統計之SPSS結果報表解釋

　　透過上述圖 6-1 的 SPSS 操作步驟後，即可得到如圖 6-2 統計結果。由於我
們一次同時進行「學校規模」、「年級」與「性別」等三個背景變項的次數分配，
所以圖 6-2 同時呈現這三個背景變項的統計結果。

報表 1：在「統計量」報表，可看到「學校規模」、「年級」與「性別」這
三個變項的有效樣本數皆為 308，遺漏值皆為 0，如下圖所示。

統計量

		學校規模	年級	性別
個數	有效的	308	308	308
	遺漏值	0	0	0

報表 2：在「學校規模」報表，可看到「學校規模」這個背景變項包括「小
型」、「中型」與「大型」等三類學校類型，每種類型學生抽樣人
數為 105、103、100，這三類學校類型人數占抽樣總人數的百分比
為 34.1%、33.4%、32.5%，如下圖所示。

學校規模

		次數	百分比	有效百分比	累積百分比
有效的	小型	105	34.1	34.1	34.1
	中型	103	33.4	33.4	67.5
	大型	100	32.5	32.5	100.0
	總和	308	100.0	100.0	

報表 3：在「年級」報表，可看到「年級」這個背景變項包括「小六」與「國
二」等兩類年級，每類年級學生抽樣人數為 139、169，這兩類年級
人數占抽樣總人數的百分比為 45.1%、54.9%，如下圖所示。

年級

		次數	百分比	有效百分比	累積百分比
有效的	小六	139	45.1	45.1	45.1
	國二	169	54.9	54.9	100.0
	總和	308	100.0	100.0	

報表 4：在「性別」報表，可看到「性別」這個背景變項包括「男生」與「女
生」等兩類性別，男女學生抽樣人數為 151、157，這兩類年級人數
占抽樣總人數的百分比為 49.0%、51.0%，如下圖所示。

		次數	百分比	有效百分比	累積百分比
有效的	男生	151	49.0	49.0	49.0
	女生	157	51.0	51.0	100.0
	總和	308	100.0	100.0	

性別

圖 6-2 分析背景變項敘述統計的統計報表

　　圖 6-2 統計結果，每個背景變項都有五個欄位的資料。最左邊欄位顯示每個背景變項所包含的組別，例如：「學校規模」這個背景變項包括「小型」、「中型」與「大型」等三類學校類型；左邊第二欄位為「次數」欄位，主要呈現各組相對應人數，例如：「小型」學校人數為 105 人；左邊第三欄位為「百分比」欄位，主要呈現各組人數占總人數百分比，例如：「小型」學校人數為所有受試者的 34.1%。

(三) 背景變項敘述統計的統計表格呈現

　　由於 SPSS 所呈現的統計結果，並非每一項都是研究者所需要，因此，對統計結果呈現，必須將 SPSS 統計結果經過適當整理，才能呈現符合研究目的之統計表格。

　　背景變項的敘述統計，其統計表格呈現方式如表 6-1 格式。表 6-1 最左邊欄位為背景變項的名稱；左邊第二欄位為背景變項的各組別名稱；左邊第三欄位為各組別相對應的人數；最右邊的欄位為各組別所占的百分比。

表 6-1

不同背景變項的敘述統計資料

背景變項	組別	人數	百分比
學校規模	小型	105	34.1%
	中型	103	33.4%
	大型	100	32.5%
年級	小六	139	45.1%
	國二	169	54.9%
性別	男生	151	49.0%
	女生	157	51.0%

　　由表 6-1 可知,在「學校規模」這個背景變項中,共有「小型」、「中型」與「大型」等三組別,所有受試者共有 308 位,其中「小型」學校人數有 105 人,占所有受試者的 34.1%;「中型」學校人數有 103 人,占所有受試者的 33.4%;「大型」學校人數有 100 位,占所有受試者的 32.5%。由上述資料可知,在「學校規模」這個變項中,三組受試者人數分布相當接近。

　　同樣的,在「年級」這個背景變項中,共有「小六」與「國二」兩組別,「小六」人數有 139 位,占所有受試者的 45.1%;「國二」人數有 169 人,占所有受試者的 54.9%。由上述數據可知,在「年級」這個背景變項中,兩組受試者人數分布也很接近。

　　在「性別」這個背景變項中,共有「男生」與「女生」兩組別,「男生」人數有 151 人,占所有受試者的 49%;「女生」人數有 157 人,占所有受試者的 51%。由上述資料可知,在「性別」這個變項中,兩組受試者人數也相當接近。

　　進行背景資料的敘述統計分析後,應特別注意各組人數分布,是否有人數比例差距過大情形,例如:某個組別人數過少,或某個組別人數過多情形,倘若有此情形,必須考慮進行組別合併。否則後續所進行的統計分析,若有組別人數過多或過少的情形,易造成統計結果有較大誤差。有關組別整併,請複習前面第四章的內容。

二、研究變項的敘述統計

　　有關研究變項的敘述統計,一般最想瞭解每道題目的敘述統計,以及每個分量表的敘述統計兩類。這兩類敘述統計較常使用到個數、最小值、最大值、平均數、標準差等統計數值,透過 SPSS「描述性統計量」操作程序,即可獲得上述統計數值。底下將針對 SPSS 操作步驟、SPSS 結果報表解釋,以及統計表格呈現等三個部分做說明。

(一) 研究變項的敘述統計之SPSS操作步驟

　　採用 SPSS 進行每道題目或每個分量表的敘述統計步驟,如圖 6-3 所示。

步驟 1：請點選「分析 (A)」→「敘述統計 (E)」→「描述性統計量 (D)」，
如下圖所示。

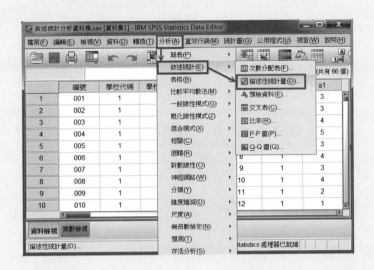

步驟 2：在「描述性統計量」對話窗中，將左邊選單的研究變項，移至右
邊「變數 (V)：」空格中（可一次將所要分析的研究變項，全部移
至右邊空格），例如：將「數學知識信念量表」的 21 道試題（a1-
a21）、「數學態度量表」的 25 道試題（b1-b25）、「數學知識信念量
表」四個分量表，以及「數學態度量表」四個分量表與總量表，一
次全部移至右邊空格，如下圖所示。

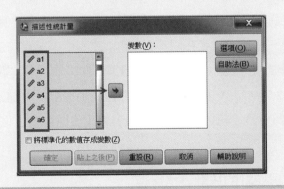

步驟 3：在「描述性統計量」對話窗中，按「確定」按鍵，如下圖所示。

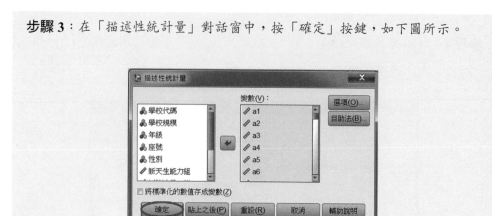

圖 6-3　分析研究變項敘述統計的操作步驟

(二) 研究變項的敘述統計之SPSS結果報表解釋

透過上述圖 6-3 的 SPSS 操作步驟後，即可得到如圖 6-4 統計報表。

圖 6-4 統計結果，每道題目與每個分量表都有六個欄位的資料。最左邊欄位顯示每道題目代號，例如：「天生能力」分量表第 1 道題目代碼為「a1」，「天生能力」分量表代碼為「天生能力」；左邊第二欄位為「個數」欄位，此欄位呈現每道題目答題人數，例如：第 1 題「a1」有 306 位受試者填答，「天生能力」這個分量表有 308 位受試者填答；左邊第三欄位為「最小值」欄位，例如：第 1 題最小值為 1，顯示受試者在回答第 1 題同意程度上，有勾選「非常不同意」，「天生能力」這個分量表最小值為 6；左邊第四欄位為「最大值」欄位，例如：第 1 題最大值為 5，顯示受試者在回答第 1 題同意程度上，有勾選「非常同意」，「天生能力」這個分量表最大值為 30；左邊第五欄位為「平均數」欄位，例如：第 1 題平均數為 2.79，「天生能力」這個分量表平均數為 13.62；最右邊欄位為「標準差」，例如：第 1 題標準差為 1.162，「天生能力」這個分量表標準差為 4.895。

(三) 研究變項敘述統計的統計表格呈現

每道題目的敘述統計，其統計表格呈現方式如表 6-2 格式。表 6-2 最左邊欄位為每道題目的變項；左邊第二欄位為每道題目受試者的個數（填答人數）；左邊第三欄位為每道題目的最小值；左邊第四欄位為每道題目的最大值；左邊第五欄位為每道題目的平均數；最右邊的欄位為每道題目的標準差。

報表： 在「敘述統計」報表，可看到每道題目與每個分量表皆包括「變項名
稱」、「個數」、「最小值」、「最大值」、「平均數」、「標準
差」等六個欄位的資料，如下圖所示。

敘述統計

	個數	最小值	最大值	平均數	標準差
a1	306	1	5	2.79	1.162
a2	307	1	5	2.00	1.103
a3	308	1	5	2.71	1.190
a4	308	1	5	2.30	1.179
a5	307	1	5	1.82	1.017
a6	307	1	5	2.00	1.127
a7	308	1	5	2.04	1.088
a8	307	1	5	1.90	.880
a9	307	1	5	2.07	1.085
a10	308	1	5	2.03	1.055
a11	308	1	5	1.94	.827
a12	308	1	5	2.01	.984
a13	307	1	5	2.10	.978
a14	307	1	5	2.16	1.110
a15	306	1	5	1.87	1.037
a16	307	1	5	1.90	.913
a17	307	1	5	2.30	1.109
a18	308	1	5	2.75	.936
a19	308	1	5	2.74	1.072
a20	308	1	5	2.32	1.055
a21	307	1	5	3.41	1.221
b1	307	1	5	2.71	1.209
b2	307	1	5	2.91	1.169
b3	308	1	5	3.47	1.016
b4	308	1	5	3.45	1.037
b5	308	1	5	3.30	.993
b6	308	1	5	3.72	1.055
b7	308	1	5	2.89	1.135
b8	308	1	5	3.12	1.134
b9	308	1	5	2.39	1.220
b10	308	1	5	3.69	1.021
b11	308	1	5	3.21	1.413
b12	308	1	5	3.05	1.060
b13	308	1	5	3.02	1.157
b14	308	1	5	2.88	1.286
b15	308	1	5	3.79	.990
b16	307	1	5	3.27	1.186
b17	307	1	5	2.44	1.226
b18	308	1	5	3.12	1.030
b19	308	1	5	3.39	1.109
b20	307	1	5	2.59	1.234
b21	308	1	5	3.81	1.005
b22	308	1	5	3.26	1.088
b23	308	1	5	3.28	1.116
b24	305	1	5	2.66	1.299
b25	308	1	5	3.58	1.102
天生能力	308	6	30	13.62	4.895
快速學習	308	4	16	8.05	2.683
簡單知識	308	6	26	11.99	3.713
確定知識	308	5	25	13.54	3.604
數學學習信心	308	5	25	15.74	4.529
數學焦慮	308	7	35	18.86	6.484
數學的實用性	308	7	25	18.48	3.507
數學學習動機	308	8	40	25.90	6.085
數學態度總量表	308	50	117	78.98	9.627
有效的 N (完全排除)	287				

圖 6-4　分析研究變項敘述統計的統計報表

表 6-2

研究變項「天生能力」分量表的敘述統計資料

變項	個數	最小值	最大值	平均數	標準差
第 1 題	306	1	5	2.79	1.16
第 2 題	307	1	5	2.00	1.10
第 3 題	308	1	5	2.71	1.19
第 4 題	308	1	5	2.30	1.18
第 5 題	307	1	5	1.82	1.02
第 6 題	307	1	5	2.00	1.13
「天生能力」分量表	308	6	30	13.62	4.90

　　由表 6-2 可知，第 1 題有 306 位受試者填答，因受試者總人數為 308 位，故第 1 題有 2 個遺漏值，第 2、第 5 與第 6 題這三題皆有 1 個遺漏值，第 3 與第 4 題則是所有受試者皆有填答。

　　就每道題目同意程度，每道題目都有人勾選「非常不同意」，故最小值為 1 分；同樣地，每道題目也都有人勾選「非常同意」，故最大值為 5 分。而「天生能力」這個分量表最小值為 6，最大值為 30。

　　就平均數而言，每道題目平均數都較低，以第 5 題平均數（$M = 1.82$）最低，以第 1 題平均數（$M = 2.79$）最高；而「天生能力」這個分量表平均數為 $M = 13.62$。就標準差而言，每題標準差很接近，以第 5 題標準差（$SD = 1.02$）最低，以第 3 題標準差（$SD = 1.19$）最高。而「天生能力」這個分量表標準差為 $SD = 4.90$。

三、常態分配的檢定

　　常態分配是許多統計方法的基本假定，另外，在第五章所提及的 Z 分數與 T 分數，在將原始分數轉換成 Z 分數或 T 分數時，原始分數分布情形也須符合常態分配假定。因此，在採用推論統計前，最好先針對依變項進行常態分配檢定。底下就以一個班級 35 位同學數學成績為例，說明如何透過 SPSS 操作，來檢核數學成績分布是否符合常態分配，如圖 6-5 所示。

步驟 1：請點選「分析 (A)」→「敘述統計 (E)」→「預檢資料 (E)」，如下
圖所示。

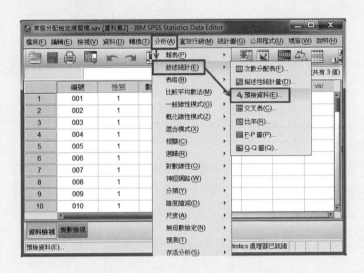

步驟 2：在「預檢資料」對話窗中，將左邊選單的數學成績，移至右邊「依
變數清單 (D)：」空格，如下圖所示。

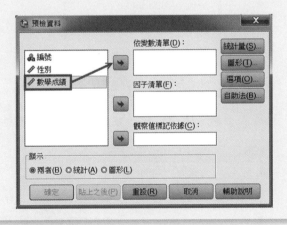

步驟 3：在「預檢資料」對話窗中，按「圖形 (T)」按鍵，如下圖所示。

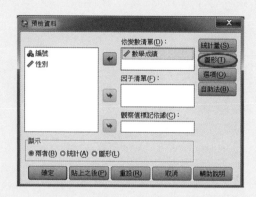

步驟 4：在「預檢資料：圖形」對話窗中，按「□常態機率圖附檢定 (O)」，以及「描述性統計量」的「□直方圖 (H)」，並按「繼續」按鍵，如下圖所示。

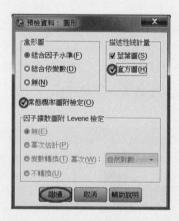

步驟 5：在「預檢資料」對話窗中，按「確定」按鍵，如下圖所示。

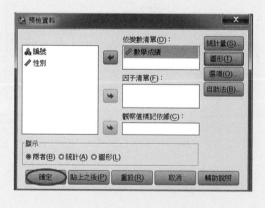

圖 6-5　常態分配檢定的步驟

透過上述圖 6-5 的 SPSS 操作步驟後，即可得到「觀察值處理摘要」、「描述性統計量」、「常態檢定」、「直方圖」、「數學成績 Stem-and-Leaf Plot」、「數學成績的常態 Q-Q 圖」、「數學成績的去除趨勢常態 Q-Q 圖」與「盒鬚圖」等八個統計圖表，如圖 6-6 統計結果。

報表 1：在「觀察值處理摘要」報表，可看到「數學成績」這個變項有效樣本數為 35，遺漏值 0 個，如下圖所示。

觀察值處理摘要

	觀察值					
	有效的		遺漏值		總和	
	個數	百分比	個數	百分比	個數	百分比
數學成績	35	100.0%	0	0.0%	35	100.0%

報表 2：在「描述性統計量」報表，可看到「數學成績」這個變項的「平均數」（69.43）、「平均數的 95% 信賴區間」（[65.06, 73.80]）、「刪除兩極端各 5% 觀察值之平均數」（69.48）、「中位數」（68.00）、「變異數」（161.664）、「標準差」（12.715）、「最小值」（44）、「最大值」（94）、「範圍」（50）、「四分位全距」（18）、「偏態」（.072）與「峰度」（-.646）等十二項統計數據，如下圖所示。

描述性統計量

		統計量	標準誤
數學成績	平均數	69.43	2.149
	平均數的 95% 信賴區間　下限	65.06	
	上限	73.80	
	刪除兩極端各 5% 觀察值之平均數	69.48	
	中位數	68.00	
	變異數	161.664	
	標準差	12.715	
	最小值	44	
	最大值	94	
	範圍	50	
	四分位全距	18	
	偏態	.072	.398
	峰度	-.646	.778

報表 3：在「常態檢定」報表，可看到「Kolmogorov-Smirnov 檢定」與「Shapiro-Wilk 常態性檢定」兩種檢定，如下圖所示。根據 Coakes 與 Steed（2005）建議，人數低於 100 人，採用 Shapiro-Wilk 常態性檢定較適合。當 Kolmogorov-Smirnov 檢定顯著性 p 值大於 .05，則顯示符合常態分配的假定，同樣地，若 Shapiro-Wilk 常態性檢定顯著性 p 值大於 .05，也是顯示符合常態分配假定。本例子探討 35 位同學數學成績，由於人數低於 100 人，採用 Shapiro-Wilk 常態性檢定較適合，由下圖可知，Shapiro-Wilk 常態性檢定 p 值為 .807，故得知 35 位同學數學成績符合常態分配假定。

常態檢定

	Kolmogorov-Smirnov檢定[a]			Shapiro-Wilk 常態性檢定		
	統計量	自由度	顯著性	統計量	自由度	顯著性
數學成績	.079	35	.200	.981	35	.807

*. 此為真顯著性的下限。
a. Lilliefors 顯著性校正

報表 4：在「直方圖」報表，可讓我們粗略地判斷直方圖是否符合常態分配。以數學成績分布的「直方圖」而言，約略符合常態分配，如下圖所示。

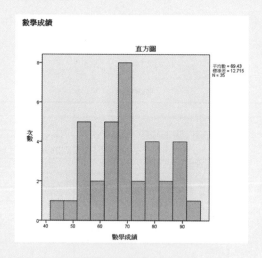

報表 5：在「數學成績 Stem-and-Leaf Plot」報表，也可讓我們粗略地判斷直方圖是否符合常態分配。以數學成績分布的「莖葉圖」而言，大致符合常態分配，如下圖所示。

```
數學成績 Stem-and-Leaf Plot

 Frequency    Stem &  Leaf

     2.00       4 .  48
     6.00       5 .  235667
    10.00       6 .  1234567778
     9.00       7 .  011125789
     6.00       8 .  123799
     2.00       9 .  04

 Stem width:        10
 Each leaf:      1 case(s)
```

報表 6：在「數學成績的常態 Q-Q 圖」報表，倘若觀察值（以小圓圈表示）的分布，恰好分布在常態 Q-Q 圖斜線上，則屬於常態分配。Q-Q 圖是「分位－分位圖」（quantile-quantile plot）簡稱，是以樣本「分位數」（quantile）來繪製的資料圖。由下圖數學成績分布，可以看出受試者數學成績分布，大致分布在斜線上，如下圖所示。

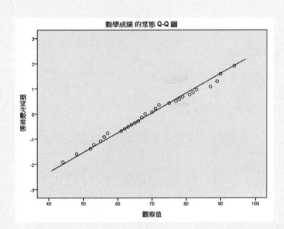

報表 7：在「數學成績的去除趨勢常態 Q-Q 圖」報表，去除趨勢常態 Q-Q 圖的小圓圈，是以觀察分位數減掉期望分位數，從下圖可知各圓圈分布情形，並未出現特定型態，且分別分布在誤差值為 0 該條線的上下方，如下圖所示。

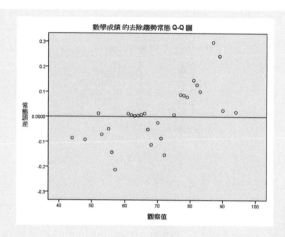

報表8：在「盒鬚圖」報表，可知最小值為 44，最大值為 94，第 1 四分位
數為 61，中位數為 68，第 3 四分位數為 79，如下圖所示。

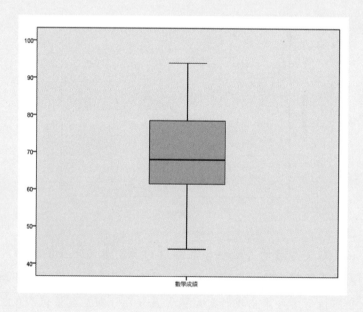

圖 6-6　常態分配檢定的統計報表

Chapter

7

以 t 考驗進行兩個平均數
差異情形的檢定

使用 *t* 考驗時機，大致有三種狀況：第一種情況是以 *t* 考驗探討兩個不同組別受試者在某個變項得分差異情形，此種 *t* 考驗稱為獨立樣本 *t* 考驗（independent-sample t test）；第二種情況是以 *t* 考驗探討同一組別受試者，在兩個不同變項得分差異情形，此種 *t* 考驗稱為成對樣本 *t* 考驗（paired-sample t test）；第三種情況是 *t* 考驗探討某一群受試者在某個變項得分，與該變項母群已知平均數是否有顯著性差異，此種 *t* 考驗稱為單一樣本 *t* 考驗（one-sample *t* test）。這三種 *t* 考驗的使用情形，獨立樣本 *t* 考驗是較常被使用。

進行統計推論時，我們常會想要探討兩個不同組別，在某一個研究變項的總分是否有顯著差異。此時，必須採用獨立樣本 *t* 考驗來檢定兩組別得分情形是否有顯著性差異。例如：有關數學能力文獻顯示，男女生數學能力是不同，我們可根據這樣文獻資料，選擇一個特定研究對象，例如：國小六年級學生，探討國小六年級男女生數學能力是否有所不同。此時，我們便需要以獨立樣本 *t* 考驗的統計方法，來考驗國小六年級男女生這兩個組別學生，在數學能力得分上，是否有顯著性差異。

當同一個組別所有受試者，都獲得兩個不同變項分數，我們會想要探討受試者在這兩次得分情形，是否有達到顯著性差異。此時，必須採用成對樣本 *t* 考驗來檢定兩變項得分情形是否有顯著性差異。例如：某國中教務主任針對該校去年 85 位國三學生，參加兩次國中基本學力測驗，想探討第一次國中基測成績與第二次國中基測成績是否有顯著性差異。

當研究者想探討由某個樣本獲得某個變項平均數，是否與該變項母群平均數有所差異時，則可透過單一樣本 *t* 考驗。例如：某位高中一年級導師拿一份出版社所出版「高一標準化英文成就測驗」，對該班 42 位同學施測，已知「高一標準化英文成就測驗」母群平均數是 78 分，現在這位導師想探討該班學生平均分數是否顯著不同於母群平均數 78 分。底下就分別介紹獨立樣本 *t* 考驗、成對樣本 *t* 考驗與單一樣本 *t* 考驗等三種 *t* 考驗的 SPSS 操作步驟。

壹、獨立樣本 *t* 考驗的基本概念

獨立樣本 *t* 考驗適用時機，主要考驗兩個不同組別受試者，在某個變項數值是否有顯著性差異。獨立樣本 *t* 考驗有兩個基本假定：「常態分配」（normality）與「變異數同質性」（homogeneity of variance）。在進行獨立樣本 *t* 考驗時，應先確定所蒐集資料，是否符合上述兩個基本假定。常態分配假定可

透過第六章第三部分「常態分配的檢定」，來判斷資料是否符合常態分配。所謂「變異數同質性」是指兩個組別變異數相等，若兩個組別變異數不相等，則表示不符合「變異數同質性」基本假定。

(一) 獨立樣本 t 考驗的變異數同質性考驗

SPSS 對於「變異數同質性」的考驗，是採用 Levene（1960）所提出的檢定方式，如公式 7-1 所示。

$$F = \frac{(N-k) \times \sum\limits_{i=1}^{k} n_i \times (Z_i. - Z..)^2}{(k-1) \times \sum\limits_{i=1}^{k} \sum\limits_{j=1}^{n_i} (Z_{ij} - Z_i.)^2} \qquad （公式 7-1）$$

公式 7-1 的 F 表示 Levene「變異數同質性」檢定值；N 表示所有人數；k 表示組數；n_i 表示第 i 組的人數；Z_{ij} 表示第 i 組第 j 個人的離均差之絕對值，其計算方式為公式 7-2；$Z_i.$ 表示第 i 組的 Z_{ij} 之平均數，其計算方式為公式 7-3；$Z..$ 表示所有人的 Z_{ij} 之平均數，其計算方式為公式 7-4。

$$Z_{ij} = \left| Y_{ij} - Y_i. \right| \qquad （公式 7-2）$$

$$Z_i. = \frac{1}{n_i} \sum_{j=1}^{n_i} Z_{ij} \qquad （公式 7-3）$$

$$Z.. = \frac{1}{N} \sum_{i=1}^{k} \sum_{j=1}^{n_i} Z_{ij} \qquad （公式 7-4）$$

公式 7-2 的 Y_{ij} 表示第 i 組第 j 個人的數值；$Y_i.$ 表示第 i 組的平均數。

公式 7-1 對於「變異數同質性」考驗，其虛無假設（null hypothesis）與對立假設（alternative hypothesis），分別如下：

$$H_0 : \sigma_1^2 = \sigma_2^2$$
$$H_1 : \sigma_1^2 \neq \sigma_2^2$$

「虛無假設」為第 1 組變異數等於第 2 組變異數，相對地，「對立假設」為第 1 組變異數不等於第 2 組變異數。判斷虛無假設被接受或被拒絕的方式，

是以統計考驗的顯著性（significance）大小來判斷。美國心理學會（American Psychological Association [APA]）所訂定的寫作格式，將統計考驗顯著性，以小寫且斜體的英文字母 p 來表示。

　　當顯著性 p 值小於 .05（$p < .05$），則拒絕 H_0；相反地，顯著性 p 值大於 .05（$p \geq .05$），則接受 H_0，如圖 7-1 所示。由於虛無假設與對立假設是處於對立面，故統計考驗結果若拒絕 H_0，亦即表示接受 H_1；若統計考驗結果接受 H_0，亦即表示拒絕 H_1。

$p \geq .05$
接受 H_0

$p < .05$
拒絕 H_0

圖 7-1　判斷接受或拒絕虛無假設的方式

　　欲計算公式 7-1 顯著性 p 值，除需知道公式 7-1 的 F 值外，還需知道 F 值對應的兩個自由度（degree of freedom [df]），其中組間自由度 df 為（$K - 1$），組內自由度 df 為（$N - K$）。假設 F 值為 3，N 為 30，K 為 2，則組間自由度 df 為（$K - 1 = 2 - 1 = 1$），組內自由度 df 為（$N - K = 30 - 2 = 28$），將這些數據代入 Excel，即可獲得顯著性 p 值為 .0943，如圖 7-2 所示。

步驟 1：請將游標點選某個欄位，例如：點選 A1 欄位，如下圖所示。

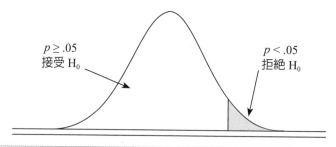

步驟 2：將游標改點選「fx」右邊的空格，輸入「=FDIST(3,1,28)」，再按下
鍵盤「Enter」鍵，如下圖所示。FDIST() 括號中的第一個數值要輸
入 F 值，第二個數值要輸入組間自由度，第三個數值要輸入組內自
由度。

請注意：「=」代表等號，在 Excel 中，若想進行數字運算，一定
要先出現等號 = ，若一開始未輸入等號 =，則 Excel 會當
成字串來處理。「FDIST(3,1,28)」表示 F 值為 3，組間自
由度為 1，組內自由度為 28 的 F 機率分配，即為顯著性 p
值。

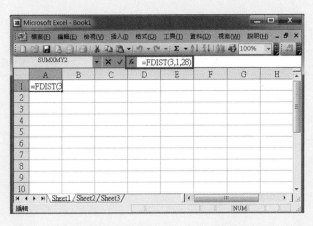

步驟 3：在 A1 欄位，即可見到「0.0943」，表示顯著性 p 值為 .0943，由於
p 值大於 .05，表示接受虛無假設，亦即兩組別變異數是相等，也就
是符合變異數同質性基本假定，如下圖所示。

圖 7-2　透過 Excel 計算 Levene「變異數同質性」考驗的顯著性 p 值

　　茲分別提供一個兩組變異數同質與一個兩組變異數不同質的範例，說明如何透過公式 7-1 來檢視進行獨立樣本 t 考驗時，是否符合「變異數同質」基本假定。

1. 具變異數同質性的範例

　　某國小六年級老師，想瞭解該校 320 位國小六年級男女生，對流行音樂喜愛程度是否有所不同。他隨機抽取 12 位國小六年級男生與 10 位國小六年級女生，讓這 22 位同學接受一份含有 10 道李克特五點量表的「流行音樂喜愛程度」問卷調查，調查結果如表 7-1 所示。該老師可透過獨立樣本 t 考驗，來探究該校六年級男女生對流行音樂喜愛程度是否有所不同。

表 7-1

小六男女生的流行音樂喜愛程度之得分情形

序號	男生分數	女生分數
1	46	50
2	30	34
3	39	41
4	45	43
5	44	39
6	50	47
7	48	43
8	42	46
9	37	46
10	23	39
11	49	
12	37	

　　茲以表 7-1 資料為例，進行 Levene 變異數同質性考驗，其計算過程如表 7-2 所示，其虛無假設與對立假設，分別如下：

$$H_0 : \sigma^2_{男生} = \sigma^2_{女生}$$
$$H_1 : \sigma^2_{男生} \neq \sigma^2_{女生}$$

　　「虛無假設」為男生（第 1 組）流行音樂喜愛程度分數之變異數等於女生（第

2 組）流行音樂喜愛程度分數之變異數；相對地，「對立假設」為男生（第 1 組）流行音樂喜愛程度分數之變異數不等於女生（第 2 組）流行音樂喜愛程度分數之變異數。

表 7-2

小六男女生的流行音樂喜愛程度之得分摘要

男生（第 1 組）分數				女生（第 2 組）分數			
編號	Y	Z_{1j}	$(Z_{1j} - Z_{1.})^2$	編號	Y	Z_{2j}	$(Z_{2j} - Z_{2.})^2$
1	46	5.17	1.43	1	50	7.20	12.67
2	30	10.83	20.00	2	34	8.80	26.63
3	39	1.83	20.50	3	41	1.80	3.39
4	45	4.17	4.82	4	43	0.20	11.83
5	44	3.17	10.20	5	39	3.80	0.03
6	50	9.17	7.87	6	47	4.20	0.31
7	48	7.17	0.65	7	43	0.20	11.83
8	42	1.17	26.98	8	46	3.20	0.19
9	37	3.83	6.39	9	46	3.20	0.19
10	23	17.83	131.61	10	39	3.80	
11	49	8.17	3.26				
12	37	3.83	6.39				
總和	490	76.34	240.10	總和	428	36.40	67.07
平均	40.83	6.36		平均	42.80	3.64	
標準差	8.12			標準差	4.71		
變異數	65.97			變異數	22.18		

　　根據表 7-2 數據，可知 12 位男生（第 1 組）平均分數為 40.83，10 位女生（第 2 組）平均分數為 42.80，其計算方式如下：

$$Y_{1.} = \frac{490}{12} = 40.83 \qquad Y_{2.} = \frac{428}{10} = 42.80$$

　　第一位男生的 Z_{11} 為 5.17，第一位女生的 Z_{21} 為 7.20，其計算方式如下：

$$Z_{11} = \left| Y_{11} - Y_{1}. \right| = \left| 46 - 40.83 \right| = 5.17 \qquad Z_{21} = \left| Y_{21} - Y_{2}. \right| = \left| 50 - 42.80 \right| = 7.20$$

男生的 Z_{ij} 之平均數為 6.36，女生的 Z_{ij} 之平均數為 3.64，所有受試者的 Z_{ij} 之平均數為 5.12，其計算方式如下：

$$Z_{1}. = \frac{1}{n_1} \sum_{j=1}^{n_1} Z_{ij} = \frac{1}{12} \sum_{j=1}^{12} Z_{ij} = \frac{1}{12} \times 76.34 = 6.36$$

$$Z_{2}. = \frac{1}{n_2} \sum_{j=1}^{n_2} Z_{ij} = \frac{1}{10} \sum_{j=1}^{10} Z_{ij} = \frac{1}{10} \times 36.4 = 3.64$$

$$Z.. = \frac{1}{N} \sum_{i=1}^{k} \sum_{j=1}^{n_i} Z_{ij} = \frac{1}{22} (\sum_{j=1}^{n_1} Z_{ij} + \sum_{j=1}^{n_2} Z_{ij})$$
$$= \frac{1}{22} (76.34 + 36.40) = 5.12$$

公式 7-1 的分子之 $\sum_{i=1}^{k} n_i \times (Z_i. - Z..)^2$ 等於 40.40，其計算方式如下：

$$(Z_1. - Z..)^2 = (6.36 - 5.12)^2 = 1.53$$
$$(Z_2. - Z..)^2 = (3.64 - 5.12)^2 = 2.20$$
$$\sum_{i=1}^{k} n_i \times (Z_i. - Z..)^2 = n_1 \times (Z_1. - Z..)^2 + n_2 \times (Z_2. - Z..)^2$$
$$= 12 \times 1.53 + 10 \times 2.20 = 40.40$$

公式 7-1 的分母之 $\sum_{i=1}^{k} \sum_{j=1}^{n_i} (Z_{ij} - Z_i.)^2$ 等於 307.17，其計算方式如下：

$$\sum_{i=1}^{k} \sum_{j=1}^{n_i} (Z_{ij} - Z_i.)^2 = \sum_{j=1}^{12} (Z_{1j} - Z_1.)^2 + \sum_{j=1}^{10} (Z_{2j} - Z_2.)^2$$
$$= 240.10 + 67.07 = 307.17$$

$$F = \frac{(N-K) \times \sum_{i=1}^{k} n_i \times (Z_i. - Z..)^2}{(K-1) \times \sum_{i=1}^{k} \sum_{j=1}^{n_i} (Z_{ij} - Z_i.)^2}$$
$$= \frac{(22-2) \times 40.40}{(2-1) \times 307.17} = \frac{808}{307.17} = 2.63$$

　　計算出 *F* 值為 2.63 後，接續求顯著性 *p* 值，以判斷接受或拒絕虛無假設。在透過 Excel 計算顯著性 *p* 值時，除需要 *F* 值外，還需要組間自由度 *df* 為（*K* – 1 = 2 – 1 = 1），組內自由度 *df* 為（*N* – *K* = 22 – 2 = 20），將這些數據代入 Excel，即可獲得顯著性 *p* 值為 .1205，如圖 7-3 所示。

步驟 1：請將游標點選某個欄位，例如：點選 A1 欄位，如下圖所示。

步驟 2：將游標改點選「*fx*」右邊的空格，輸入「=FDIST(2.63,1,20)」，再按下鍵盤「Enter」鍵，如下圖所示。FDIST() 括號中的第一個數值要輸入 *F* 值，第二個數值要輸入組間自由度，第三個數值要輸入組內自由度。

　　請注意：「=」代表等號，在 Excel 中，若想進行數字的運算，一定要先出現等號 =，若一開始未輸入等號 =，則 Excel 會當成字串來處理。「FDIST(2.63,1,20)」表示 *F* 值為 2.63，組間自由度為 1，組內自由度為 20 的 *F* 機率分配，即為顯著性 *p* 值。

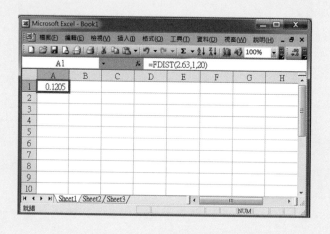

步驟3：在 A1 欄位，即可見到「0.1205」，表示顯著性 p 值為 .1205，由於 p 值大於 .05，表示接受虛無假設，亦即男女生兩組別變異數是相等，也就是符合變異數同質性基本假定，如下圖所示。

圖7-3　透過 Excel 計算 Levene「變異數同質性」考驗的顯著性 p 值

　　上面透過公式 7-1 計算 Levene「變異數同質性」考驗的 F 值，以及透過圖 7-3 採用 Excel 計算的顯著性 p 值，與透過執行 SPSS 的獨立樣本 t 考驗，所獲得 Levene「變異數同質性」考驗結果是一樣的，如圖 7-4 所示。

獨立樣本檢定

		變異數相等的 Levene 檢定		平均數相等的 t 檢定					差異的 95% 信賴區間	
		F 檢定	顯著性	t	自由度	顯著性 (雙尾)	平均差異	標準誤差異	下界	上界
流行音樂喜歡程度	假設變異數相等	2.629	.121	-.675	20	.507	-1.967	2.912	-8.042	4.108
	不假設變異數相等			-.708	18.071	.488	-1.967	2.778	-7.801	3.867

圖 7-4　SPSS 的 Levene「變異數同質性」統計報表

2. 不具變異數同質性的範例

　　某研究者將參加樂齡大學的學員，根據年齡分成「55 歲至 65 歲」與「66 歲以上」兩組。然後從「55 歲至 65 歲」組學員中，隨機抽取 12 位，從「66 歲以上」組學員中，隨機抽取 15 位。讓這 27 位學員填答一份含有 15 道李克特五點量表的「行動載具使用動機量表」，調查結果如表 7-3 所示。該研究者透過獨立樣本 *t* 考驗，來探究不同年齡組別的樂齡大學學員，對行動載具使用動機是否有所不同。

表 7-3

不同年齡的樂齡大學學員，其在行動載具使用動機量表得分情形

序號	「55 歲至 65 歲」分數	「66 歲以上」分數
1	36	48
2	55	51
3	48	49
4	72	57
5	44	41
6	50	48
7	57	50
8	75	46
9	49	54
10	62	50
11	61	58
12	62	36
13		46
14		49
15		46

茲以表 7-3 資料為例，進行 Levene 的變異數同質性考驗，其計算過程如表 7-4 所示，其虛無假設與對立假設，分別如下：

$$H_0 : \sigma^2_{55歲至65歲} = \sigma^2_{66歲以上}$$
$$H_1 : \sigma^2_{55歲至65歲} \neq \sigma^2_{66歲以上}$$

「虛無假設」為「55 歲至 65 歲」（第 1 組）行動載具使用動機量表得分之變異數等於「66 歲以上」（第 2 組）行動載具使用動機量表得分之變異數；相

表 7-4

不同年齡的樂齡大學學員，在行動載具使用動機量表之得分摘要

「55 歲至 65 歲」（第 1 組）分數				「66 歲以上」（第 2 組）分數			
編號	Y	Z_{1j}	$(Z_{1j} - Z_1.)^2$	編號	Y	Z_{2j}	$(Z_{2j} - Z_2.)^2$
1	36	19.92	121.00	1	48	0.60	10.85
2	55	0.92	64.00	2	51	2.40	2.23
3	48	7.92	1.00	3	49	0.40	12.20
4	72	16.08	51.36	4	57	8.40	20.31
5	44	11.92	9.00	5	41	7.60	13.74
6	50	5.92	9.00	6	48	0.60	10.85
7	57	1.08	61.36	7	50	1.40	6.22
8	75	19.08	103.36	8	46	2.60	1.67
9	49	6.92	4.00	9	54	5.40	2.27
10	62	6.08	8.03	10	50	1.40	6.22
11	61	5.08	14.69	11	58	9.40	30.32
12	62	6.08	8.03	12	36	12.60	75.81
				13	46	2.60	1.67
				14	49	0.40	12.20
				15	46	2.60	1.67
總和	671	107	454.83	總和	729	58.4	208.23
平均	55.92	8.92		平均	48.60	3.89	
標準差	11.32			標準差	5.58		
變異數	128.08			變異數	31.11		

對地,「對立假設」為「55 歲至 65 歲」(第 1 組)行動載具使用動機量表得分之變異數不等於「66 歲以上」(第 2 組)行動載具使用動機量表得分之變異數。

根據表 7-4 數據,可知 12 位「55 歲至 65 歲」(第 1 組)平均分數為 55.92,15 位「66 歲以上」(第 2 組)平均分數為 48.60,其計算方式如下:

$$Y_1. = \frac{671}{12} = 55.92 \qquad Y_2. = \frac{729}{15} = 48.60$$

第一位「55 歲至 65 歲」學員的 Z_{11} 為 19.92,第一位「66 歲以上」學員的 Z_{21} 為 0.60,其計算方式如下:

$$Z_{11} = |Y_{11} - Y_1.| = |36 - 55.92| = 19.92 \qquad Z_{21} = |Y_{21} - Y_2.| = |48 - 48.60| = 0.60$$

「55 歲至 65 歲」的 Z_{ij} 之平均數為 8.92,「66 歲以上」的 Z_{ij} 之平均數為 3.89,所有受試者的 Z_{ij} 之平均數為 6.13,其計算方式如下:

$$Z_1. = \frac{1}{n_1} \sum_{j=1}^{n_1} Z_{ij} = \frac{1}{12} \sum_{j=1}^{12} Z_{ij} = \frac{1}{12} \times 107 = 8.92$$

$$Z_2. = \frac{1}{n_2} \sum_{j=1}^{n_2} Z_{ij} = \frac{1}{15} \sum_{j=1}^{15} Z_{ij} = \frac{1}{15} \times 58.4 = 3.89$$

$$Z.. = \frac{1}{N} \sum_{i=1}^{k} \sum_{j=1}^{n_i} Z_{ij} = \frac{1}{27} (\sum_{j=1}^{n_1} Z_{ij} + \sum_{j=1}^{n_2} Z_{ij})$$

$$= \frac{1}{27} (107 + 58.4) = 6.13$$

公式 7-1 的分子之 $\sum_{i=1}^{k} n_i \times (Z_i. - Z..)^2$ 等於 168.66,其計算方式如下:

$$(Z_1. - Z..)^2 = (8.92 - 6.13)^2 = 7.78$$

$$(Z_2. - Z..)^2 = (3.89 - 6.13)^2 = 5.02$$

$$\sum_{i=1}^{k} n_i \times (Z_i. - Z..)^2 = n_1 \times (Z_1. - Z..)^2 + n_2 \times (Z_2. - Z..)^2$$

$$= 12 \times 7.78 + 15 \times 5.02 = 168.66$$

公式 7-1 的分母之 $\sum\limits_{i=1}^{k}\sum\limits_{j=1}^{n_i}(Z_{ij}-Z_{i.})^2$ 等於 663.06，其計算方式如下：

$$\sum_{i=1}^{k}\sum_{j=1}^{n_i}(Z_{ij}-Z_{i.})^2 = \sum_{j=1}^{12}(Z_{1j}-Z_{1.})^2 + \sum_{j=1}^{15}(Z_{2j}-Z_{2.})^2$$
$$= 454.83 + 208.23 = 663.06$$

$$F = \frac{(N-K)\times\sum\limits_{i=1}^{k}n_i\times(Z_{i.}-Z_{..})^2}{(K-1)\times\sum\limits_{i=1}^{k}\sum\limits_{j=1}^{n_i}(Z_{ij}-Z_{i.})^2}$$
$$= \frac{(27-2)\times168.66}{(2-1)\times663.06} = \frac{4216.50}{663.06} = 6.36$$

　　計算出 F 值為 6.36 後，接續求顯著性 p 值，以判斷接受或拒絕虛無假設。在透過 Excel 計算顯著性 p 值時，除需要 F 值外，還需要組間自由度 df 為（$K-1=2-1=1$），組內自由度 df 為（$N-K=27-2=25$），將這些數據代入 Excel，即可獲得顯著性 p 值為 .0184，如圖 7-5 所示。

步驟 1：請將游標點選某個欄位，例如：點選 A1 欄位，如下圖所示。

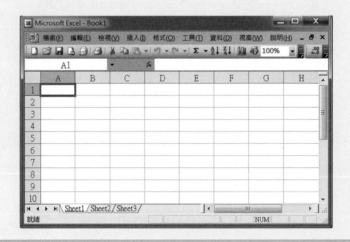

步驟 2：將游標改點選「*fx*」右邊的空格，輸入「=FDIST(6.36,1,25)」，再按下鍵盤的「Enter」鍵，如下圖所示。FDIST() 括號中的第一個數值要輸入 F 值，第二個數值要輸入組間自由度，第三個數值要輸入組內自由度。

　　　　請注意：「=」代表等號，在 Excel 中，若想進行數字的運算，一定要先出現等號 = ，若一開始未輸入等號 =，則 Excel 會當成字串來處理。「FDIST(6.36,1,25)」表示 F 值為 6.36，組間自由度為 1，組內自由度為 25 的 F 機率分配，即為顯著性 p 值。

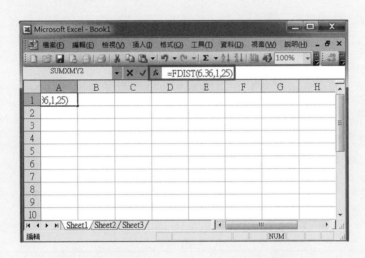

步驟 3：在 A1 欄位，即可見到「0.0184」，表示顯著性 p 值為 .0184，由於 p 值小於 .05，表示拒絕虛無假設，亦即「55 歲至 65 歲」與「66 歲以上」兩組別的變異數是不相等，也就是不符合變異數同質性基本假定，如下圖所示。

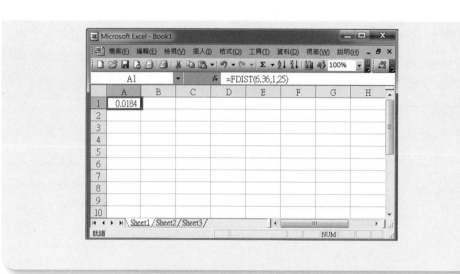

圖 7-5 透過 Excel 計算 Levene「變異數同質性」考驗的顯著性 p 值

上面透過公式 7-1 計算 Levene「變異數同質性」考驗的 F 值，以及透過圖 7-5 採用 Excel 計算顯著性 p 值，與透過執行 SPSS 獨立樣本 t 考驗，所獲得的 Levene「變異數同質性」考驗結果是相近的（因四捨五入的緣故，造成統計結果有一點小差異），如圖 7-6 所示。

圖 7-6 SPSS 的 Levene「變異數同質性」統計報表

(二) 獨立樣本 t 考驗的統計分析方式

1. 變異數同質的 t 考驗公式

透過公式 7-1 的 Levene「變異數同質性」檢定，若顯示兩組的變異數同質，則可以採用 Gosset 以筆名 Student（1908）所提出的 t 考驗公式，如公式 7-5 所示。

$$t = \frac{\overline{X}_1 - \overline{X}_2}{\sqrt{s_p^2 \times (\frac{1}{n_1} + \frac{1}{n_2})}}$$

（公式 7-5）

公式 7-5 的 t 表示 t 考驗的考驗值；$\overline{X}_1$ 表示第一組受試者平均數；$\overline{X}_2$ 表示第二組受試者平均數；n_1 表示第一組人數；n_2 表示第二組人數；s_p^2 表示「合併變異數」（pooled variance），其計算方式為公式 7-6。

$$s_p^2 = \frac{(n_1 - 1) \times s_{X_1}^2 + (n_2 - 1) \times s_{X_2}^2}{n_1 + n_2 - 2}$$

（公式 7-6）

公式 7-6 的 s_p^2 表示併組變異數；$s_{X_1}^2$ 表示第一組受試者變異數；$s_{X_2}^2$ 表示第二組受試者變異數；n_1 表示第一組人數；n_2 表示第二組人數。

採用公式 7-5 進行 t 考驗時，其自由度（df）即為公式 7-6 的分母部分（$n_1 + n_2 - 2$）。

茲以表 7-1 例子，說明如何進行兩組別具變異數同質性的獨立樣本 t 考驗，其平均數考驗之虛無假設與對立假設，分別如下：

$$H_0 : \mu_{男生} = \mu_{女生}$$
$$H_1 : \mu_{男生} \neq \mu_{女生}$$

「虛無假設」為男生（第 1 組）流行音樂喜愛程度分數之平均數等於女生（第 2 組）流行音樂喜愛程度分數之平均數；相對地，「對立假設」為男生（第 1 組）流行音樂喜愛程度分數之平均數不等於女生（第 2 組）流行音樂喜愛程度分數之平均數。

表 7-1 資料，透過公式 7-1 的 Levene「變異數同質性」檢定，顯示兩組別變異數符合同質性，接續以公式 7-5，進行獨立樣本 t 考驗。先透過公式 7-6 計算

「合併變異數」，結果獲得 $s_p^2 = 46.26$。

$$s_p^2 = \frac{(n_1 - 1) \times s_{X_1}^2 + (n_2 - 1) \times s_{X_2}^2}{n_1 + n_2 - 2} = \frac{(12 - 1) \times 65.97 + (10 - 1) \times 22.18}{12 + 10 - 2} = 46.26$$

接續，將 $s_p^2 = 46.26$ 代入公式 7-5，即可獲得 $t = -0.676$，而 $df = 12 + 10 - 2 = 20$。

$$t = \frac{\overline{X}_1 - \overline{X}_2}{\sqrt{s_p^2 \times (\frac{1}{n_1} + \frac{1}{n_2})}} = \frac{40.83 - 42.80}{\sqrt{46.26 \times (\frac{1}{12} + \frac{1}{10})}} = -0.676$$

計算出 t 值為 -0.676 後，接續求顯著性 p 值，以判斷接受或拒絕虛無假設。在透過 Excel 計算顯著性 p 值時，除需要 t 值外，還需要獨立樣本 t 考驗自由度 $df = n_1 + n_2 - 2 = 12 + 10 - 2 = 20$，將這些數據代入 Excel，即可獲得顯著性 p 值為 .5068，如圖 7-7 所示。

步驟 1：請將游標點選某個欄位，例如：點選 A1 欄位，如下圖所示。

步驟 2：將游標改點選「*fx*」右邊的空格，輸入「=TDIST(0.676,20,2)」，再按下鍵盤的「Enter」鍵，如下圖所示。TDIST () 括號中的第一個數值要輸入 t 值（請注意 t 值只能輸入正數，若遇到 t 值是負數時，請直接捨去負號即可，故 t 值原本為 -0.676，但只能輸入 0.676），

第二個數值要輸入自由度，第三個數值要輸入 2 表示是進行雙尾考驗，若要進行單尾考驗，則須輸入 1。由於範例 7-1 的假設考驗是採用雙尾考驗，故須輸入 2。

請注意：「=」代表等號，在 Excel 中，若想進行數字的運算，一定要先出現等號 = ，若一開始未輸入等號 =，則 Excel 會當成字串來處理。「TDIST(0.676,20,2)」表示 *t* 值為 0.676，自由度為 20，雙尾考驗的 *t* 機率分配，即為顯著性 *p* 值。

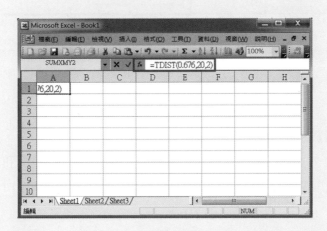

步驟 3：在 A1 欄位，即可見到「0.5068」，表示顯著性 *p* 值為 .5068，由於 *p* 值高於 .05，表示接受虛無假設，亦即男女生兩組別的平均數是相等，如下圖所示。

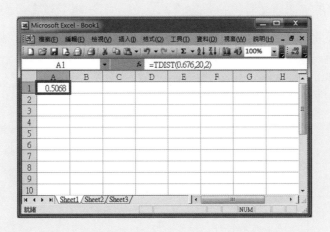

圖 7-7 透過 Excel 計算獨立樣本 *t* 考驗的顯著性 *p* 值

上面透過公式 7-5 與公式 7-6 計算獨立樣本 t 考驗的 t 值，以及透過圖 7-7 採用 Excel 計算的顯著性 p 值，與透過執行 SPSS 獨立樣本 t 考驗，所獲得的獨立樣本 t 考驗結果是一樣，如圖 7-8 所示。

獨立樣本檢定

		變異數相等的 Levene 檢定		平均數相等的 t 檢定						
									差異的 95% 信賴區間	
		F 檢定	顯著性	t	自由度	顯著性 (雙尾)	平均差異	標準誤差異	下界	上界
流行音樂喜歡程度	假設變異數相等	2.629	.121	-.675	20	.507	-1.967	2.912	-8.042	4.108
	不假設變異數相等			-.708	18.071	.488	-1.967	2.778	-7.801	3.867

圖 7-8　SPSS 的獨立樣本 t 考驗統計報表

2. 變異數不同質的 t 考驗公式

透過公式 7-1 的 Levene「變異數同質性」檢定，若顯示兩組的變異數不同質，則應該改用 Welch（1938）所提出的 t' 考驗公式，如公式 7-7 所示。

$$t' = \frac{\overline{X}_1 - \overline{X}_2}{\sqrt{\dfrac{s_{X_1}^2}{n_1} + \dfrac{s_{X_2}^2}{n_2}}}$$ （公式 7-7）

公式 7-7 的 t' 表示 t 考驗的考驗值；$\overline{X}_1$ 表示第一組受試者平均數；$\overline{X}_2$ 表示第二組受試者平均數；$s_{X_1}^2$ 表示第一組受試者變異數；$s_{X_2}^2$ 表示第二組受試者變異數；n_1 表示第一組人數；n_2 表示第二組人數。

採用公式 7-7 進行獨立樣本 t 考驗時，其自由度 df 不再是（$n_1 + n_2 - 2$），而是公式 7-8。

$$df = \frac{(\dfrac{s_{X_1}^2}{n_1} + \dfrac{s_{X_2}^2}{n_2})^2}{\dfrac{(\dfrac{s_{X_1}^2}{n_1})^2}{n_1 - 1} + \dfrac{(\dfrac{s_{X_2}^2}{n_2})^2}{n_2 - 1}}$$ （公式 7-8）

公式 7-8 的 df 表示獨立樣本 t 考驗自由度；$s_{X_1}^2$ 表示第一組受試者變異數；$s_{X_2}^2$ 表示第二組受試者變異數；n_1 表示第一組人數；n_2 表示第二組人數。

　　茲以表 7-3 的範例，說明如何進行兩組別不具變異數同質性的獨立樣本 t 考驗，其虛無假設與對立假設，分別如下：

$$H_0 : \mu_{55\,歲至\,65\,歲} = \mu_{66\,歲以上}$$

$$H_1 : \mu_{55\,歲至\,65\,歲} \neq \mu_{66\,歲以上}$$

　　「虛無假設」為「55 歲至 65 歲」（第 1 組）行動載具使用動機量表得分之平均數等於「66 歲以上」（第 2 組）行動載具使用動機量表得分之平均數；相對地，「對立假設」為「55 歲至 65 歲」（第 1 組）行動載具使用動機量表得分之平均數不等於「66 歲以上」（第 2 組）行動載具使用動機量表得分之平均數。

　　表 7-3 資料，透過公式 7-1 的 Levene「變異數同質性」檢定，顯示兩個組別變異數不符合同質性，則接續以公式 7-7，進行獨立樣本 t 考驗，即可獲得 t =2.05。

$$t' = \frac{\overline{X}_1 - \overline{X}_2}{\sqrt{\dfrac{s_{X_1}^2}{n_1} + \dfrac{s_{X_2}^2}{n_2}}} = \frac{55.92 - 48.60}{\sqrt{\dfrac{128.08}{12} + \dfrac{31.11}{15}}} = \frac{7.32}{3.57} = 2.05$$

　　接續，透過公式 7-8 計算自由度 df，獲得自由度為 15.23，將自由度四捨五入到整數位的 15。

$$df = \frac{\left(\dfrac{s_{X_1}^2}{n_1} + \dfrac{s_{X_2}^2}{n_2}\right)^2}{\dfrac{\left(\dfrac{s_{X_1}^2}{n_1}\right)^2}{n_1 - 1} + \dfrac{\left(\dfrac{s_{X_2}^2}{n_2}\right)^2}{n_2 - 1}} = \frac{\left(\dfrac{128.08}{12} + \dfrac{31.11}{15}\right)^2}{\dfrac{\left(\dfrac{128.08}{12}\right)^2}{12-1} + \dfrac{\left(\dfrac{31.11}{15}\right)^2}{15-1}} = \frac{(10.67 + 2.07)^2}{\dfrac{(10.67)^2}{11} + \dfrac{(2.07)^2}{14}} = \frac{162.31}{10.66} = 15.23$$

　　計算出 t' 值為 2.05 後，接續求顯著性 p 值，以判斷接受或拒絕虛無假設。在透過 Excel 計算顯著性 p 值時，除了需要 t' 值外，還需要獨立樣本 t 考驗自由度 $df = 15$，將這些數據代入 Excel，即可獲得顯著性 p 值為 .0583，如圖 7-9 所示。

步驟 1：請將游標點選某個欄位，例如：點選 A1 欄位，如下圖所示。

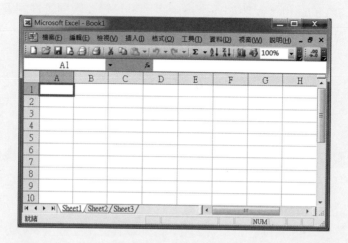

步驟 2：將游標改點選「*fx*」右邊的空格，輸入「=TDIST(2.05,15,2)」，再按下鍵盤的「Enter」鍵，如下圖所示。TDIST() 括號中的第一個數值要輸入 *t* 值（請注意 *t* 值只能輸入正數，若遇到 *t* 值是負數時，請直接捨去負號即可），第二個數值要輸入自由度，第三個數值要輸入 2 表示是進行雙尾考驗，若要進行單尾考驗，則須輸入 1。由於範例 7-2 的假設考驗是採用雙尾考驗，故須輸入 2。

請注意：「=」代表等號，在 Excel 中，若想進行數字的運算，一定要先出現等號 =，若一開始未輸入等號 =，則 Excel 會當成字串來處理。「TDIST(2.05,15,2)」表示 *t* 值為 2.05，自由度為 15，雙尾考驗的 *t* 機率分配，即為顯著性 *p* 值。

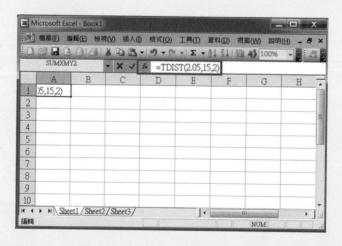

步驟 3：在 A1 欄位，即可見到「0.0583」，表示顯著性 p 值為 .0583，由於
p 值高於 .05，表示接受虛無假設，亦即「55 歲至 65 歲」與「66 歲
以上」兩組別平均數是相等，如下圖所示。

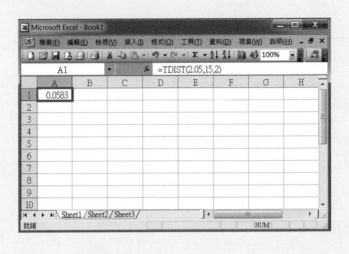

圖 7-9 透過 Excel 計算獨立樣本 t 考驗的顯著性 p 值

上面透過公式 7-7 與公式 7-8 計算獨立樣本 t 考驗的 t' 值，以及透過圖 7-9
採用 Excel 計算顯著性 p 值，與透過執行 SPSS 獨立樣本 t 考驗，所獲得獨立樣
本 t 考驗結果是一樣，如圖 7-10 所示。

獨立樣本檢定

| | | 變異數相等的 Levene 檢定 | | 平均數相等的 t 檢定 | | | | | | |
		F 檢定	顯著性	t	自由度	顯著性 (雙尾)	平均差異	標準誤差異	差異的 95% 信賴區間 下界	上界
行動載具使用動機	假設變異數相等	6.343	.019	2.199	25	.037	7.317	3.327	.465	14.168
	不假設變異數相等			2.049	15.239	.058	7.317	3.570	-.283	14.916

圖 7-10 SPSS 的獨立樣本 t 考驗統計報表

當兩組人數相等時（$n_1 = n_2 = n$），則公式 7-5 的 Student 之 t 值會與公式 7-7
Welch 的 t' 值相等，其原因如下：由於兩組人數相等，則公式 7-6 合併變異數，
將簡化成兩組變異數之平均，如公式 7-9 所示。將公式 7-9 合併變異數，代入公

式 7-5，則公式 7-5 的 t 值將簡化成公式 7-10。並且公式 7-7 的 t' 值，將簡化成公式 7-11，可以很清楚看出公式 7-10 等於公式 7-11，亦即當兩組別人數相等時，則公式 7-5 的 t 值等於公式 7-7 的 t' 值。

$$s_p^2 = \frac{(n_1-1) \times s_{X_1}^2 + (n_2-1) \times s_{X_2}^2}{n_1+n_2-2} = \frac{(n-1) \times s_{X_1}^2 + (n-1) \times s_{X_2}^2}{n+n-2} \qquad （公式 7-9）$$

$$= \frac{(n-1) \times (s_{X_1}^2 + s_{X_2}^2)}{2(n-1)} = \frac{(s_{X_1}^2 + s_{X_2}^2)}{2}$$

$$t = \frac{\overline{X}_1 - \overline{X}_2}{\sqrt{s_p^2 \times (\frac{1}{n_1} + \frac{1}{n_2})}} = \frac{\overline{X}_1 - \overline{X}_2}{\sqrt{\frac{(s_{X_1}^2 + s_{X_2}^2)}{2} \times (\frac{1}{n} + \frac{1}{n})}} = \frac{\overline{X}_1 - \overline{X}_2}{\sqrt{\frac{s_{X_1}^2 + s_{X_2}^2}{n}}} \qquad （公式 7-10）$$

$$t' = \frac{\overline{X}_1 - \overline{X}_2}{\sqrt{\frac{s_{X_1}^2}{n_1} + \frac{s_{X_2}^2}{n_2}}} = \frac{\overline{X}_1 - \overline{X}_2}{\sqrt{\frac{s_{X_1}^2}{n} + \frac{s_{X_2}^2}{n}}} = \frac{\overline{X}_1 - \overline{X}_2}{\sqrt{\frac{s_{X_1}^2 + s_{X_2}^2}{n}}} \qquad （公式 7-11）$$

當兩組人數相等時（$n_1 = n_2 = n$），則公式 7-5 Student 的 t 值之自由度變成（$n_1 + n_2 - 2$）=（$n + n - 2$）= 2（$n - 1$）。而公式 7-7 的 t' 值之自由度變成公式 7-12，故公式 7-5 的 t 值之自由度將不等於公式 7-7 的 t' 值之自由度。

$$df = \frac{(\frac{s_{X_1}^2}{n_1} + \frac{s_{X_2}^2}{n_2})^2}{\frac{(\frac{s_{X_1}^2}{n_1})^2}{n_1 - 1} + \frac{(\frac{s_{X_2}^2}{n_2})^2}{n_2 - 1}} = \frac{(\frac{s_{X_1}^2}{n} + \frac{s_{X_2}^2}{n})^2}{\frac{(\frac{s_{X_1}^2}{n})^2}{n - 1} + \frac{(\frac{s_{X_2}^2}{n})^2}{n - 1}}$$

$$= \frac{(\frac{s_{X_1}^2 + s_{X_2}^2}{n})^2}{\frac{(\frac{s_{X_1}^2}{n})^2 + (\frac{s_{X_2}^2}{n})^2}{n - 1}} = \frac{(n-1)(s_{X_1}^2 + s_{X_2}^2)^2}{(s_{X_1}^2)^2 + (s_{X_2}^2)^2} \qquad （公式 7-12）$$

進行獨立樣本 t 考驗時，務必要先檢查兩組變異數是否符合變異數同質性假定，若符合變異數同質性假定，則採用公式 7-5 的 Student 之 t 值與自由度；相對地，若不符合變異數同質性假定，則採用公式 7-7 的 Welch 之 t' 值與自由度，如表 7-5 所示。

表 7-5

進行獨立樣本 t 考驗的兩種統計公式運用時機

變異數是否同質	變異數同質	變異數不同質
適合的 t 考驗公式	$t = \dfrac{\overline{X}_1 - \overline{X}_2}{\sqrt{s_p^2 \times (\dfrac{1}{n_1} + \dfrac{1}{n_2})}}$ $s_p^2 = \dfrac{(n_1 - 1) \times s_{X_1}^2 + (n_2 - 1) \times s_{X_2}^2}{n_1 + n_2 - 2}$	$t' = \dfrac{\overline{X}_1 - \overline{X}_2}{\sqrt{\dfrac{s_{X_1}^2}{n_1} + \dfrac{s_{X_2}^2}{n_2}}}$
t 考驗的自由度	$df = (n_1 + n_2 - 2)$	$df = \dfrac{(\dfrac{s_{X_1}^2}{n_1} + \dfrac{s_{X_2}^2}{n_2})^2}{\dfrac{(\dfrac{s_{X_1}^2}{n_1})^2}{n_1 - 1} + \dfrac{(\dfrac{s_{X_2}^2}{n_2})^2}{n_2 - 1}}$

　　獨立樣本 t 考驗的分析摘要表，可採用如表 7-6 或表 7-7 兩種不同格式的呈現。表格 7-6 呈現方式，包含不同組別個數、平均數、標準差與 t 值。

表 7-6

獨立樣本 t 考驗的分析摘要表格式 1

組別	個數	平均數	標準差	t 值
組別 1				
組別 2				

　　表 7-7 是根據美國心理學會（APA）所訂定的寫作格式，最新版 APA 第六版的呈現格式，將組別名稱擺放在表的上方，而變項名稱則是呈現在表的左方。由於 APA 格式第六版非常強調呈現研究結果的信賴區間（confidence interval）、效果值（effect size）與真正 p 值大小（若統計軟體的 p 值呈現 .000 的結果時，則改採 $p < .001$ 的作法），因此，表 7-7 比表 7-6 多呈現平均數差異的 95% 信賴區間（95% CI）、效果值的 Cohen's d 與 p 值等三個欄位。另外，由於越來越多統計學者（Cohen, 1988）建議研究結果應該呈現統計考驗力（power of test），因此，表 7-7 也多一個呈現統計考驗力的（$1-\beta$）的欄位。雖然表 7-6 與表 7-7 都是獨立樣本 t 考驗的分析摘要表呈現方式，但筆者推薦採用表 7-7 格式，透過表 7-7 呈現，可以清楚瞭解獨立樣本 t 考驗的信賴區間、效果值與統計考驗力。

表 7-7

獨立樣本 *t* 考驗的分析摘要表格式 2

	組別 1 (*n* =)		組別 2 (*n* =)				平均數差異的 95% CI			
變項	*M*	*SD*	*M*	*SD*	*t* 值	*p* 值	*LL*	*UL*	Cohen's d	1-*β*
變項名稱										

貳、獨立樣本 *t* 考驗的統計軟體操作

茲以「中小學生數學知識信念、數學態度與數學成績之相關研究」為例，假設 2-1 想探討不同性別中小學生，在「數學態度量表」得分是否有顯著性差異，由於性別是男女生兩個不同組別，因此，假設 2-1 統計考驗即是採用獨立樣本 *t* 考驗。

底下將針對 SPSS 操作步驟、SPSS 結果報表解釋，以及統計表格呈現等三個部分，說明如何透過獨立樣本 *t* 考驗，來考驗是否支持假設 2-1「不同性別的中小學生，其數學態度有顯著差異」。

(一) 獨立樣本 *t* 考驗的SPSS操作步驟

獨立樣本 *t* 考驗 SPSS 操作步驟，如圖 7-11 所示。

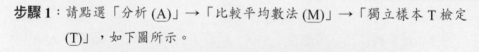

步驟 1：請點選「分析 (A)」→「比較平均數法 (M)」→「獨立樣本 T 檢定 (T)」，如下圖所示。

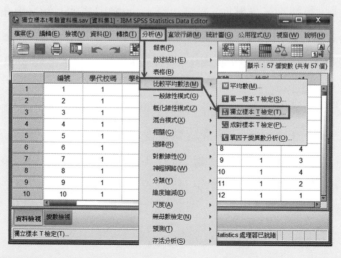

步驟 2：在「獨立樣本 T 檢定」對話窗中，將「數學態度」四個分量表「數學學習信心」、「數學焦慮」、「數學的實用性」與「數學學習動機」等四個變項，以及總量表「數學態度總量表」等五個依變項（可將所要考驗的變項，全部一起進行考驗），從左方變數清單中，移至右上方「檢定變項 (T)：」空格，如下圖所示。

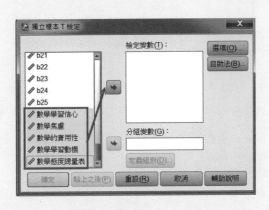

步驟 3：在「獨立樣本 T 檢定」對話窗中，將「性別」這個自變項從左方變數清單中，移至右下方「分組變數 (G)：」，如下圖所示。

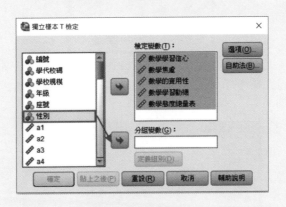

步驟 4：在「獨立樣本 T 檢定」對話窗中，按「分組變數 (G)：」下方的按鍵「定義組別 (D)」，如下圖所示。

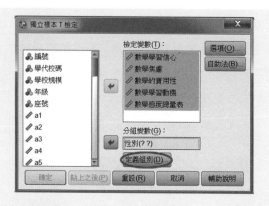

步驟5：在「定義組別」對話窗中，在「組別 1(1)：」右方空格填入「1」，
在「組別 2(2)：」右方空格填入「2」，並按「繼續」按鍵，如下
圖所示。在「定義組別」對話窗中，所填入的1與2分別代表在「性
別」這個變項中，1代表男生，2代表女生。

步驟6：在「獨立樣本T檢定」對話窗中，按「確定」按鍵，如下圖所示。

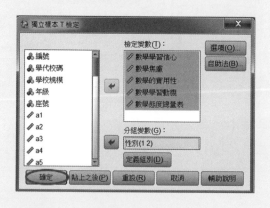

圖 7-11 獨立樣本 *t* 考驗的 SPSS 操作步驟

(二) 獨立樣本 *t* 考驗的SPSS結果報表解釋

經過圖 7-11 的 SPSS 操作步驟之後，即可獲得 SPSS 統計報表，如圖 7-12 所示。

報表 1：在「組別統計量」報表，可看到「依變數／組別」、「個數」、「平均數」、「標準差」與「平均數的標準誤」等五個欄位的資料，如下圖所示。

組別統計量

	性別	個數	平均數	標準差	平均數的標準誤
數學學習信心	男生	151	17.00	4.294	.349
	女生	157	14.52	4.428	.353
數學焦慮	男生	151	17.06	6.179	.503
	女生	157	20.59	6.313	.504
數學的實用性	男生	151	18.56	3.465	.282
	女生	157	18.40	3.555	.284
數學學習動機	男生	151	25.46	6.645	.541
	女生	157	26.32	5.481	.437
數學態度總量表	男生	151	78.08	10.694	.870
	女生	157	79.84	8.419	.672

報表 2：在「獨立樣本檢定」報表，可看到三個主要的欄位，包括「依變數名稱、假設變異數相等（不假設變異數相等）」欄位、「變異數相等的 Levene 檢定」與「平均數相等的 *t* 檢定」。其中，「變異數相等的 Levene 檢定」欄位又可以分成「*F* 檢定」與「顯著性」等兩個次欄位；「平均數相等的 *t* 檢定」又可以分成「*t*」、「自由度」、「顯著性（雙尾）」、「平均差異」、「標準誤差異」、「差異的95% 信賴區間」等六個次欄位，如下圖所示。

獨立樣本檢定

		變異數相等的 Levene 檢定		平均數相等的 t 檢定						
									差異的 95% 信賴區間	
		F 檢定	顯著性	t	自由度	顯著性 (雙尾)	平均差異	標準誤差異	下界	上界
數學學習信心	假設變異數相等	.110	.740	4.982	306	.000	2.478	.497	1.499	3.456
	不假設變異數相等			4.985	305.979	.000	2.478	.497	1.500	3.456
數學焦慮	假設變異數相等	.032	.858	-4.961	306	.000	-3.533	.712	-4.934	-2.131
	不假設變異數相等			-4.963	305.906	.000	-3.533	.712	-4.933	-2.132
數學的實用性	假設變異數相等	.622	.431	.387	306	.699	.155	.400	-.633	.943
	不假設變異數相等			.388	305.944	.699	.155	.400	-.632	.942
數學學習動機	假設變異數相等	3.843	.051	-1.243	306	.215	-.861	.693	-2.225	.502
	不假設變異數相等			-1.238	290.803	.217	-.861	.696	-2.230	.508
數學態度總量表	假設變異數相等	4.484	.035	-1.609	306	.109	-1.761	1.094	-3.915	.392
	不假設變異數相等			-1.602	284.913	.110	-1.761	1.099	-3.925	.403

圖 7-12　獨立樣本 t 考驗的 SPSS 統計報表

　　從圖 7-12 報表 1「組別統計量」統計表格中，我們需要擷取如表 7-6 或表 7-7 獨立樣本 t 考驗分析摘要表中所需的「組別」、「個數」、「平均數」與「標準差」等四個欄位的資料。

　　圖 7-12 報表 1「組別統計量」這個統計表格中，共有五個欄位，最左邊欄位為「依變項與組別」，顯示每個依變項名稱，以及各組別名稱，例如：第一個分量表依變項為「數學學習信心」，共有「男生」與「女生」兩個組別；左邊第二欄位為「個數」，呈現每個組別人數，例如：「男生」人數有 151 人，女生人數有 157 人；左邊第三欄位為「平均數」，呈現各組別平均數，例如：男生平均數為 17，女生平均數為 14.52；左邊第四個欄位為「標準差」，呈現各組別標準差，例如：男生標準差為 4.29（採四捨五入至小數點第二位），女生標準差為 4.43（採四捨五入至小數點第二位）；最右邊欄位為「平均數的標準誤」，呈現各組別平均數的標準誤，例如：男生平均數的標準誤為 .35，女生平均數的標準誤為 .35。

　　從圖 7-12 報表 2「獨立樣本檢定」統計表格，我們需要擷取如表 7-6 和表 7-7 獨立樣本 t 考驗分析摘要表中所需的「t 值」與「p 值」等二個欄位資料，另外，表 7-7 還需要擷取「95% CI」這個欄位資料。

　　在解讀圖 7-12 報表 2「獨立樣本檢定」統計表格時，要先觀看「變異數相等的 Levene 檢定」這個欄位的資訊，因為這個欄位是進行變異數同質性考驗，如圖 7-13 所示。圖 7-13 想探討不同性別中小學生，在「數學態度量表」得分是否有顯著性差異，其變異數同質性考驗的虛無假設與對立假設，分別如下：

$$H_0 : \sigma^2_{男生} = \sigma^2_{女生}$$

$$H_1 : \sigma^2_{男生} \neq \sigma^2_{女生}$$

「虛無假設」為男生（第 1 組）數學態度量表得分之變異數等於女生（第 2 組）數學態度量表得分之變異數，相對地，「對立假設」為男生（第 1 組）數學態度量表得分之變異數不等於女生（第 2 組）數學態度量表得分之變異數。

獨立樣本檢定

		變異數相等的 Levene 檢定		平均數相等的 t 檢定						
									差異的 95% 信賴區間	
		F 檢定	顯著性	t	自由度	顯著性(雙尾)	平均差異	標準誤差異	下界	上界
數學學習信心	假設變異數相等	.110	.740	4.982	306	.000	2.478	.497	1.499	3.456
	不假設變異數相等			4.985	305.979	.000	2.478	.497	1.500	3.456
數學焦慮	假設變異數相等	.032	.858	-4.961	306	.000	-3.533	.712	-4.934	-2.131
	不假設變異數相等			-4.963	305.906	.000	-3.533	.712	-4.933	-2.132
數學的實用性	假設變異數相等	.622	.431	.387	306	.699	.155	.400	-.633	.943
	不假設變異數相等			.388	305.944	.699	.155	.400	-.632	.942
數學學習動機	假設變異數相等	3.843	.051	-1.243	306	.215	-.861	.693	-2.225	.502
	不假設變異數相等			-1.238	290.803	.217	-.861	.696	-2.230	.508
數學態度總量表	假設變異數相等	4.484	.035	-1.609	306	.109	-1.761	1.094	-3.915	.392
	不假設變異數相等			-1.602	284.813	.110	-1.761	1.099	-3.925	.403

圖 7-13 Levene 變異數同質性考驗統計報表

由圖 7-13 的 Levene 變異數同質性考驗統計報表可知，Levene 變異數同質性考驗的 *F* 值為 0.11，顯著性 *p* 值為 .74，由於 *p* 值高於 .05，顯示應接受虛無假設，亦即男生（第 1 組）數學態度量表得分之變異數等於女生（第 2 組）數學態度量表得分之變異數。

由於男女生兩組在數學態度量表得分之變異數同質，故接續要從圖 7-12 報表 2「獨立樣本檢定」統計表格，觀看「平均數相等的 *t* 檢定」的欄位，如圖 7-14 所示。圖 7-14 是想探討不同性別中小學生，在「數學態度量表」得分是否有顯著性差異，其平均數考驗的虛無假設與對立假設，分別如下：

$$H_0 : \mu_{男生} = \mu_{女生}$$

$$H_1 : \mu_{男生} \neq \mu_{女生}$$

「虛無假設」為男生（第 1 組）數學態度量表得分之平均數等於女生（第 2

組）數學態度量表得分之平均數，相對地，「對立假設」為男生（第 1 組）數學態度量表得分之平均數不等於女生（第 2 組）數學態度量表得分之平均數。

獨立樣本檢定

		變異數相等的 Levene 檢定		平均數相等的 t 檢定						
									差異的 95% 信賴區間	
		F 檢定	顯著性	t	自由度	顯著性（雙尾）	平均差異	標準誤差異	下界	上界
數學學習信心	假設變異數相等	.110	.740	4.982	306	.000	2.478	.497	1.499	3.456
	不假設變異數相等			4.985	305.979	.000	2.478	.497	1.500	3.456
數學焦慮	假設變異數相等	.032	.858	-4.961	306	.000	-3.533	.712	-4.934	-2.131
	不假設變異數相等			-4.963	305.906	.000	-3.533	.712	-4.933	-2.132
數學的實用性	假設變異數相等	.622	.431	.387	306	.699	.155	.400	-.633	.943
	不假設變異數相等			.388	305.944	.699	.155	.400	-.632	.942
數學學習動機	假設變異數相等	3.843	.051	-1.243	306	.215	-.861	.693	-2.225	.502
	不假設變異數相等			-1.238	290.803	.217	-.861	.696	-2.230	.508
數學態度總量表	假設變異數相等	4.484	.035	-1.609	306	.109	-1.761	1.094	-3.915	.392
	不假設變異數相等			-1.602	284.813	.110	-1.761	1.099	-3.925	.403

圖 7-14　獨立樣本 t 考驗的統計報表

　　從圖 7-14 報表 2 的「平均數相等的 t 檢定」的欄位中，我們最感興趣的欄位是「t」、「自由度」、「顯著性（雙尾）」、「差異的 95% 信賴區間」等四個欄位。其中「顯著性（雙尾）」這個欄位即是所謂的「p 值」，若 $p > .05$，即顯示兩個組別平均數沒有達到顯著性差異；若 $p < .05$，即顯示兩個組別平均數有達到 .05 顯著性差異；若 $p < .01$，即顯示兩個組別平均數有達到 .01 顯著性差異；若 $p < .001$，即顯示兩個組別平均數有達到 .001 顯著性差異。

　　當我們要擷取「t」、「自由度」、「顯著性（雙尾）」、「差異的 95% 信賴區間」等四個欄位的資料時，會發現每個依變項都有兩列的數據，其中一列為「假設變異數相等」時的數據，另一列為「不假設變異數相等」時的數據，亦即統計結果會因各組的變異數是否相等，而有兩列不同的數值，以圖 7-12 報表 2 的「獨立樣本檢定」為例，在「數學學習信心」這個依變項中，t 值有 4.982 與 4.985 兩個數值，自由度有 306 與 305.979，顯著性（雙尾）兩列的數值恰好都是 .000。

　　因此，在選擇「t」、「自由度」與「顯著性（雙尾）」等三個欄位的資料時，必須先確定各組的變異數是相等或不相等，才能讀取正確的數據。至於判斷變異數是否相同的方法，我們必須透過「變異數相等的 Levene 檢定」這個欄位的資料，來判斷是要挑選「假設變異數相等」或「不假設變異數相等」的數據。

由於變異數相等 Levene 檢定的虛無假設為各組變異數相等，亦即「H_0：兩組變異數相等」，因此，若顯著性 p 值大於 .05，顯示無法拒絕虛無假設，也就是接受各組變異數相等虛無假設；相對地，若顯著性 p 值小於 .05，顯示必須拒絕虛無假設，也就是各組變異數不相等。

根據上面的說明可知，在判斷各組的變異數是否相等時，請根據「變異數相等的 Levene 檢定」這個欄位的次欄位「顯著性」，「顯著性」這個欄位提供的數據就是所謂 p 值，若「顯著性」欄位的數值大於 .05，則挑選「假設變異數相等」這一列的「t」、「顯著性（雙尾）」、「差異的 95% 信賴區間」等三個欄位的資料，由圖 7-13 的「數學學習信心」這個分量表的 Levene 變異數檢定其顯著性為 .740，因為大於 .05，故應該選擇「假設變異數相等」這一列的數據。接續從圖 7-14，擷取「假設變異數相等」這一列的 t 值、p 值與差異的 95% 信賴區間，可知 t(306) = 4.98、p < .001、95% CI [1.50, 3.46]，其中，95% CI [1.50, 3.46] 代表 95% 信賴區間的下界為 1.50，上界為 3.46。由於顯著性 p 值小於 .05，故拒絕虛無假定，亦即男女生在「數學學習信心」分量表得分有顯著性差異，男生「數學學習信心」分量表得分（M = 17.00）顯著高於女生「數學學習信心」分量表得分（M = 14.52）。

相對地，若「顯著性」欄位的數值小於 .05，則挑選「不假設變異數相等」這一列「t」、「顯著性（雙尾）」與「差異的 95% 信賴區間」等三個欄位資料，如圖 7-14「數學態度總量表」這個總量表的 Levene 變異數檢定其顯著性為 .035，因為小於 .05，故應該選擇「不假設變異數相等」這一列的數據，t(285) = –1.60、p = .11、95% CI [–3.93, 0.40]。由於顯著性 p 值高於 .05，故接受虛無假定，亦即男女生在「數學態度總量表」得分沒有顯著性差異，男生「數學態度總量表」得分（M = 78.08）沒有顯著低於女生「數學態度總量表」得分（M = 79.84）。

(三) 獨立樣本 t 考驗的統計表格呈現

根據 SPSS 所得到統計結果，若想採用表 7-6 獨立樣本 t 考驗分析摘要表格式，則可將圖 7-12 統計資料，整理成表 7-8 獨立樣本 t 考驗摘要表。

表 7-8 獨立樣本 t 考驗摘要表共有六個欄位，最左邊欄位是「變項」欄位，呈現每個變項名稱，例如：第一個分量表名稱為「數學學習信心」。

左邊第二欄位為「組別」欄位，呈現每個組別名稱，例如：「數學學習信心」這個變項性別有「男生」與「女生」兩組。

表 7-8

不同性別的受試者在數學態度量表的獨立樣本 *t* 考驗摘要表

變項	組別	個數	平均數	標準差	*t* 值
數學學習信心	男生	151	17.00	4.29	4.98 ***
	女生	157	14.52	4.43	
數學焦慮	男生	151	17.06	6.18	−4.96***
	女生	157	20.59	6.31	
數學的實用性	男生	151	18.56	3.47	0.39
	女生	157	18.40	3.56	
數學學習動機	男生	151	25.46	6.65	−1.24
	女生	157	26.32	5.48	
數學態度總量表	男生	151	78.08	10.69	−1.60
	女生	157	79.84	8.42	

*** *p* < .001.

　　左邊第三欄位為「個數」，顯示每個組別人數，例如：「數學學習信心」這個變項的男生有 151 人，女生有 157 人。

　　左邊第四欄位為「平均數」，顯示每個組別平均數，例如：「數學學習信心」這個變項的男生平均數為 17，女生平均數為 14.52。

　　左邊第五欄位為「標準差」，顯示每個組別標準差，例如：「數學學習信心」這個變項男生標準差為 4.29，女生標準差為 4.43。最右邊欄位為「*t* 值」，例如：「數學學習信心」這個變項的 *t* 值為 4.98。

　　在表 7-8 各欄位數值大小的呈現，通常「個數」以整數型態；「平均數」、「標準差」與「*t* 值」則同樣以四捨五入的方式，呈現至小數點第 2 位。

　　在將圖 7-12 統計結果，轉化為表 7-8 獨立樣本 *t* 考驗摘要表時，由於表 7-8 獨立樣本 *t* 考驗摘要表，並沒有一個欄位用來呈現顯著性 *p* 值，因此，研究者需要自行將圖 7-12「顯著性（雙尾）」這個欄位數值，根據下列判斷方式，改用「*」的方式，呈現在「*t* 值」這個欄位。

　　若 *p* 值大於 .05，則不用在「*t* 值」這個欄位的數值後面加任何符號；當 *p* 值小於 .05，則在「*t* 值」這個欄位數值後面加上一個「*」；若 *p* 值小於 .01，則在「*t* 值」這個欄位數值後面加上兩個「**」；當 *p* 值小於 .001，則在「*t* 值」這個欄位的數值後面加上三個「***」，例如：「數學學習信心」這個分量表，在圖 7-12

「顯著性（雙尾）」這個欄位的數值為「.000」，由於「.000 < .001」，因此，研究者自行在表 7-8 的「*t* 值」這個欄位的數值 4.98 之後，加上三個「***」。

　　若表 7-8 獨立樣本 *t* 考驗摘要表的「*t* 值」這個欄位有出現「*」的符號，則需在該表下方，註記相對應說明。例如：有出現一個「*」時，則在該表的下方出現「* *p* < .05」；出現兩個「**」時，則在該表下方出現「** *p* < .01」；出現三個「***」時，則在該表下方出現「*** *p* < .001」；若同時有幾種不同星號出現時，習慣上以「* *p* < .05 ** *p* < .01 *** *p* < .001」排列方式呈現；若都未出現任何的「*」，則無須在該表的下方呈現任何的註記說明。

　　有一點要非常注意的事項，在判斷是否有達顯著性的差異時，是要根據「平均數相等的 *t* 檢定」的次欄位「顯著性（雙尾）」，但有許多研究生卻常誤用「變異數相等 Levene 檢定」這個欄位的次欄位「顯著性」，作為判斷是否達顯著性的標準，因而常造成許多的錯誤。

　　一個判斷兩組別平均數是否達顯著性的簡單判斷方式：當總人數約為 100 人時，*t* 值的絕對值大小至少要高於 1.99 以上才會達到 .05 的顯著性差異；當總人數約為 200 人時，*t* 值的絕對值大小至少要高於 1.98 以上才會達到 .05 的顯著性差異；當總人數大於 300 人以上時，*t* 值的絕對值大小至少要高於 1.97 以上才會達到 .05 的顯著性差異。

　　由表 7-8「*t* 值」這個欄位是否出現星號「*」，即可判斷「男生」與「女生」這兩個組別是否有達顯著性差異。例如：「數學學習信心」與「數學焦慮」這兩個分量表平均數，男女生有達顯著性的差異；「數學的實用性」、「數學學習動機」與「數學態度總量表」這三個變項，男女生的平均數未達顯著性的差異。

　　當兩組別平均數有達顯著性差異時，可由兩組別平均數大小，判斷出哪一個組別的得分較高，例如：「數學學習信心」這個分量表，男女生有達顯著性的差異，男生在「數學學習信心」這個分量表得分（*M* = 17.00）顯著高於女生得分（*M* = 14.52）。

　　另外有一點要特別注意的事項，是在呈現 *t* 考驗的統計結果時，根據 APA 第六版格式，除了呈現 *t* 值大小外，也必須同時呈現自由度（*df*）與 95% 信賴區間，這是許多研究生忽略的地方。例如：男女生在「數學學習信心」分量表的獨立樣本 *t* 考驗達顯著性的差異，*t*(306) = 4.98, *p* < .001, 95% CI [1.50, 3.46]，男生的得分（*M* = 17.00）顯著高於女生的得分（*M* = 14.52）。

(四) 獨立樣本 *t* 考驗效果值與統計考驗力的操作步驟

　　若要採用表 7-7 獨立樣本 *t* 考驗分析摘要表格式，則還需計算效果值與統計考驗力（1-β）兩個統計資料。在獨立樣本 *t* 考驗的效果值部分，比較常用 Cohen's d 或 η^2 兩種，由於 η^2 由樣本推估母群的效果值時，會比較容易產生偏誤的情形（Gardinal & Aitken, 2006），故獨立樣本 *t* 考驗的效果值採用 Cohen's d 會比較合適。但 SPSS 並未提供計算 Cohen's d 的統計程序（SPSS 28.0 版本有提供 Cohen's d 的統計程序），可採用筆者以 Excel 所寫的「Cohen's d」程式。

　　有關獨立樣本 *t* 考驗的 η^2 與統計考驗力（1-β）這兩個數據的計算，需要透過一般線性模式（general linear model）的操作，其 SPSS 操作步驟，如圖 7-15 所示。

步驟 1：請點選「分析 (A)」→「一般線性模式 (G)」→「單變量 (U)」，如下圖所示。

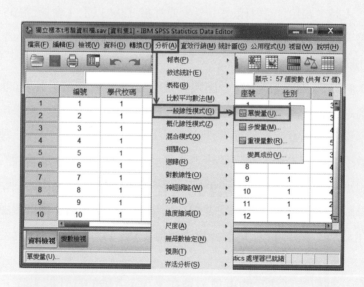

步驟 2：在「單變量」對話窗中，將「數學學習信心」這個變項，從左方變數清單中，移至右上方「依變項 (D)：」，如下圖所示。

步驟 3：在「單變量」對話窗中，將「性別」這個變項，從左方變數清單中，
移至右上方「固定因子 (F)：」，並按右下方「選項 (O)」按鍵，如
下圖所示。

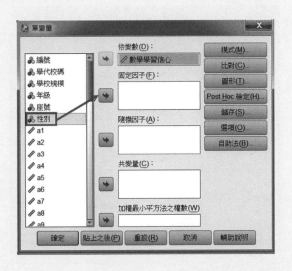

步驟 4：在「單變量：選項」對話窗中，勾選「顯示」方框下的「敘述統計
(D)」、「效果大小估計值 (E)」、「觀察的檢定能力 (B)」與「同
質性檢定 (H)」等四個選項，並按下方「繼續」按鍵，如下圖所示。

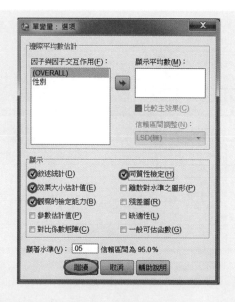

步驟 5：在「單變量」對話窗中，按「確定」按鍵，如下圖所示。

圖 7-15　獨立樣本 t 考驗效果值與統計考驗力的 SPSS 操作步驟

(五) 獨立樣本 t 考驗效果值與統計考驗力的報表解釋

經過圖 7-15 的 SPSS 操作步驟之後，即可獲得 SPSS 統計報表，如圖 7-16 所示。

報表 1：在「受試者間因子」報表，可看到「性別」人數資料，男生有 151
位，女生有 157 位，如下圖所示。

		數值註解	個數
性別	1	男生	151
	2	女生	157

受試者間因子

報表 2：在「敘述統計」報表，可看到「性別」、「平均數」、「標準
離差」、「個數」等四個欄位的資料。男生有 151 位、平均數
17.00、標準差 4.294；女生有 157 位、平均數 14.52、標準差 4.428，
如下圖所示。

敘述統計

依變數：數學學習信心

性別	平均數	標準離差	個數
男生	17.00	4.294	151
女生	14.52	4.428	157
總數	15.74	4.529	308

報表 3：在「誤差變異量的 Levene 檢定等式[a]」報表，可看到「數學學習信心」
分數的 Levene 變異數同質性考驗：$F(1, 306) = 0.11, p = .74$，由於
顯著性 p 值大於 .05，表示接受虛無假設，亦即男女生在「數學學
習信心」分數的變異數相同，如下圖所示。此結果與圖 7-12 報表 2
的統計結果是一樣的。

誤差變異量的 Levene 檢定等式[a]

依變數：數學學習信心

F	df1	df2	顯著性
.110	1	306	.740

檢定各組別中依變數誤差變異量的虛無假設是
相等的。

a. Design: 截距 + 性別

報表 4：在「受試者間效應項的檢定」報表，可看到我們要關注的是最左邊
欄位「來源」、右邊第三個欄位的「淨相關 Eta 平方」，以及最右
邊欄位的「觀察的檢定能力[b]」等三個欄位。從「來源」這個欄位

中，找尋「性別」，然後對照相對應的「淨相關 Eta 平方」的位置，可以發現「.075」，此即為「η^2」。同樣地，從「來源」這個欄位中，找尋「性別」，然後對照相對應的「觀察的檢定能力[b]」的位置，可以發現「.999」，此即為「$1-\beta$」，如下圖所示。

受試者間效應項的檢定

依變數：數學學習信心

來源	型 III 平方和	df	平均平方和	F	顯著性	淨相關 Eta 平方	Noncent. 參數	觀察的檢定能力[b]
校正後的模式	472.526[a]	1	472.526	24.822	.000	.075	24.822	.999
截距	76482.396	1	76482.396	4017.669	.000	.929	4017.669	1.000
性別	472.526	1	472.526	24.822	.000	.075	24.822	.999
誤差	5825.172	306	19.037					
總數	82575.000	308						
校正後的總數	6297.698	307						

a. R 平方 = .075 (調過後的 R 平方 = .072)

b. 使用 alpha = .05 計算

圖 7-16　獨立樣本 t 考驗 SPSS 的效果值與統計考驗力

由於 SPSS 未提供進行獨立樣本 t 考驗效果值 Cohen's d 的統計程序，故改採筆者以 Excel 所寫的「獨立樣本 t 考驗 Cohen's d」程式，其操作步驟如圖 7-17 所示。

步驟 1：請開啟「獨立樣本 t 考驗 Cohen's d.xls」Excel 程式，並將游標點選 I1 欄位，最後輸入圖 7-12 報表 1 或圖 7-16 報表 2，有關男生（第 1 組）「數學學習信心」的平均數 17.00，如下圖所示。

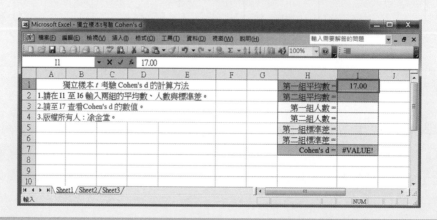

步驟 2：將游標點選 I2 欄位，最後輸入圖 7-12 報表 1 或圖 7-16 報表 2，有
關女生（第 2 組）「數學學習信心」的平均數 14.52，如下圖所示。

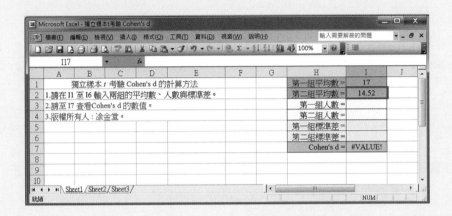

步驟 3：請將游標點選 I3 欄位，最後輸入圖 7-12 報表 1 或圖 7-16 報表 2，
有關男生（第 1 組）「數學學習信心」人數 151，如下圖所示。

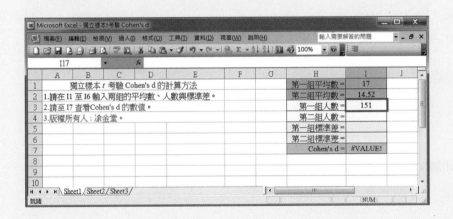

步驟 4：請將游標點選 I4 欄位，最後輸入圖 7-12 報表 1 或圖 7-16 報表 2，
有關女生（第 2 組）「數學學習信心」人數 157，如下圖所示。

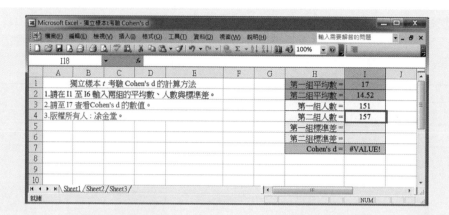

步驟 5：請將游標點選 I5 欄位，最後輸入圖 7-12 報表 1 或圖 7-16 報表 2，
有關男生（第 1 組）「數學學習信心」標準差 4.29，如下圖所示。

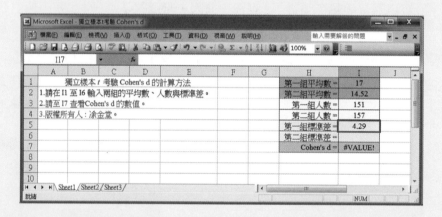

步驟 6：請將游標點選 I6 欄位，最後輸入圖 7-12 報表 1 或圖 7-16 報表 2，
有關女生（第 2 組）「數學學習信心」標準差 4.43，如下圖所示。

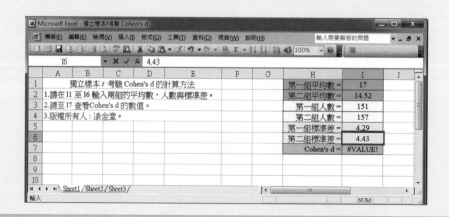

步驟 7：在 I7 欄位，即可看到獨立樣本 *t* 考驗的效果值 Cohen's d 爲 0.57，如下圖所示。

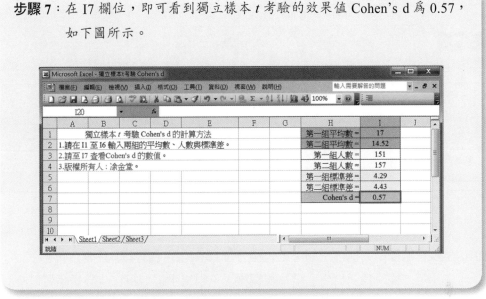

圖 **7-17**　透過 Excel 計算獨立樣本 *t* 考驗的效果值 Cohen's d

由圖 7-17 可知，「數學學習信心」這個變項的獨立樣本 *t* 考驗效果值 Cohen's d 爲 0.57。

經過上述 SPSS 操作步驟後，SPSS 會自動產生「受試者間因子」、「敘述統計」、「誤差變異量的 Levene 檢定等式 [a]」、「受試者間效應項的檢定」與「估計的邊際平均數」等五個統計表，在計算效果值與統計考驗力的統計資料時，我們需要從「受試者間效應項的檢定」這個統計表格中擷取，如圖 7-16 所示。

在「受試者間效應項的檢定」這個統計表格中，總共有九個欄位資料，其中，我們要關注的是最左邊欄位「來源」、左邊第七個欄位「淨相關 Eta 平方」，以及最右邊欄位「觀察的檢定能力」等三個欄位。從「來源」這個欄位中，找尋「性別」，然後對照相對應的「淨相關 Eta 平方」的位置，可以發現「.075」，此即爲「η^2」；同樣地，從「來源」這個欄位中，找尋「性別」，然後對照相對應的「觀察的檢定能力」的位置，可以發現「.999」，此即爲「$1-\beta$」，如圖 7-16 所圈選的部分。

(六) 獨立樣本 *t* 考驗效果值與統計考驗力的統計表格呈現

若要採用表 7-7 獨立樣本 *t* 考驗摘要表格式，則可將圖 7-12、圖 7-16 與圖 7-17 的統計結果，整理成表 7-9。表 7-9 獨立樣本 *t* 考驗，只呈現「數學學習信

心」這個分量表統計摘要。

表 7-9

不同性別的受試者在「數學學習信心」分量表的獨立樣本 t 考驗摘要

| 變項 | 男生
($n = 151$) | | 女生
($n = 157$) | | | | 平均數差異的
95% CI | | | |
	M	SD	M	SD	$t(306)$	p	LL	UL	Cohen's d	1-β
數學學習 信心	17.00	4.29	14.52	4.43	4.98	< .001	1.50	3.46	0.57	> .99

　　表 7-9 獨立樣本 t 考驗摘要表共有八個主要欄位，最左邊欄位是「變項」欄位，呈現每個變項名稱，例如：第一個分量表名稱為「數學學習信心」。

　　左邊第二欄位為「男生」這一組欄位，呈現男生這一組在「數學學習信心」這個變項人數、平均數與標準差，例如：男生有 151 人，平均數是 17.00，標準差是 4.29。

　　左邊第三欄位為「女生」這一組欄位，同樣呈現女生這一組在「數學學習信心」這個變項的人數、平均數與標準差，例如：女生有 157 人，平均數是 14.52，標準差是 4.43。

　　左邊第四欄位為「t 值」，顯示獨立樣本 t 考驗所獲得的 t 值大小，例如：「數學學習信心」這個變項的 t 值是 4.98。

　　左邊第五欄位為「p 值」，顯示獨立樣本 t 考驗雙尾顯著性機率，例如：「數學學習信心」這個變項的 p 值是 .000，但需注意的是，SPSS 在呈現 p 值大小時，受限於空間關係，無法完整呈現小數點位數，只能呈現 p = .000，為了避免讀者將 p = .000 誤會為 p 值為 0，因此，APA 格式第六版建議若出現 p 值為 .000 的統計結果時，則改採 p < .001 的呈現方式。

　　左邊第六欄位為「95% CI」，平均數差異的 95% 信賴區間主要是透過區間估算的方式，呈現出母群參數的可能範圍值，藉此可作為另一種判斷兩組平均數是否達到顯著性差異的方法。判斷方式為當上下界範圍包含 0 時，代表兩組平均數有可能是相同的，亦即兩組沒有顯著性的差異；若上下界的範圍未包含 0 時，代表兩組有顯著性差異。以表 7-9 為例，平均數差異的 95% 信賴區間下界為 1.50，上界為 3.46，由於上界與下界的範圍並不包含 0，顯示男女生兩組平均數有顯著性差異。此種判斷是否有顯著性差異方法，與透過 p 值方式所得到結果是相同的。

　　左邊第七欄位為效果值「Cohen's d」，有關效果值的大小，Cohen（1988）曾提出表 7-10 的 η^2 與 Cohen's d 效果值強度，透過表 7-10 效果值大小，可判斷兩個平均數達顯著性差異時，其差距的強度。表 7-9 效果值 Cohen's d = 0.57，根據表 7-10 判斷標準，可知男女生在「數學學習信心」這個變項獨立樣本 *t* 考驗分析具有中高效果值。

表 7-10

η^2 與 Cohen's d 效果值的強度

η^2 大小	Cohen's d	效果值強度
.010	0.20	低效果值
.059	0.50	中效果值
.138	0.80	高效果值

　　最右邊欄位為統計考驗力「1-β」，所謂統計考驗力是指當虛無假設（H$_0$）為假時，統計決策可以正確拒絕虛無假設的機率。統計考驗力應該多大才比較合適，一般看法認為統計考驗力最好高於 .80 以上（Murphy & Myors, 2004）。而表 7-9 獨立樣本 *t* 考驗的統計考驗力為 0.999，顯示具有相當極佳的統計考驗力。

　　綜合上面討論可知，男女生在「數學學習信心」分量表得分有顯著性差異，$t(306) = 4.98, p < .001$, Cohen's d = 0.57，平均數差異的 95% CI[1.50, 3.46]，男生得分（$M = 17.00$）顯著高於女生得分（$M = 14.52$），其統計考驗力為 .999。

　　我們可將「數學學習信心」、「數學焦慮」、「數學的實用性」、「數學學習動機」與「數學態度總量表」等五個變項的統計結果，統一整理成表 7-11。表 7-11 中的「數學的實用性」、「數學學習動機」與「數學態度總量表」，由於沒有達顯著性差異，故沒有呈現效果值與統計考驗力。

參、　成對樣本 *t* 考驗的基本概念

　　成對樣本 *t* 考驗適用在考驗一群人的兩種不同分數是否有所差異，由於是同一群人兩次分數，所以這兩次分數之間便具有關聯性。例如：第一次分數較高者，通常第二次分數也會傾向較高；相對地，第一次分數較低者，通常第二次分數也會傾向較低。

表 7-11

不同性別的受試者在數學態度量表的獨立樣本 t 考驗摘要表

變項	男生 (n = 151)		女生 (n = 157)				95% CI			
	M	SD	M	SD	t	p	LL	UL	Cohen's d	1-β
數學學習信心	17.00	4.29	14.52	4.43	4.98	< .001	1.50	3.46	0.57	> .99
數學焦慮	17.06	6.18	20.59	6.31	−4.96	< .001	−4.93	−2.13	0.57	> .99
數學的實用性	18.56	3.47	18.40	3.56	0.39	.699	−.63	0.94		
數學學習動機	25.46	6.65	26.32	5.48	−1.24	.215	−2.23	0.50		
數學態度總量表	78.08	10.69	79.84	8.42	−1.60	.110	−3.93	0.40		

註：除了「數學態度總量表」自由度為 285 之外，其他變項自由度皆為 306。

　　進行成對樣本 t 考驗，較簡單方式是以兩次分數的異分數（difference scores），如公式 7-13 所示，進行成對樣本 t 考驗。

$$D_i = X_{1i} - X_{2i} \qquad （公式 7-13）$$

　　公式 7-13 中，D_i 表示第 i 個人的差異分數，X_{1i} 表示第 i 個人的第一次分數，X_{2i} 表示第 i 個人的第二次分數。

　　所有人差異分數的平均數以 μ_D 表示，所有人第一次分數平均數以 μ_{X_1} 表示，所有人第二次分數平均數以 μ_{X_2} 表示，則這三者關係如公式 7-14 所示。

$$\mu_D = \mu_{X_1} - \mu_{X_2} \qquad （公式 7-14）$$

　　則成對樣本 t 考驗的虛無假設與對立假設，分別如下：

$$H_0 : \mu_D = 0 \text{ 或 } H_0 : \mu_{X_1} = \mu_{X_2}$$
$$H_1 : \mu_D \neq 0 \text{ 或 } H_1 : \mu_{X_1} \neq \mu_{X_2}$$

「虛無假設」為第一次分數與第二次分數的差異分數平均數等於 0，「對立假設」為第一次分數與第二次分數的差異分數平均數不等於 0。

成對樣本 t 考驗的 t 值為公式 7-15 所示，公式 7-15 的 t 表示成對樣本 t 考驗的 t 值；$\overline{D}$ 表示差異分數的平均數；$s_{\overline{D}}$ 表示差異分數的估計標準誤；s_D 表示差異分數的標準差，n 表示成對樣本人數。而成對樣本 t 考驗自由度為（n－1），亦即自由度為樣本人數減 1。

$$t = \frac{\overline{D}}{s_{\overline{D}}} = \frac{\overline{D}}{\frac{s_D}{\sqrt{n}}} \qquad （公式 7-15）$$

某國中校長想瞭解國一學生上學期體重與下學期體重是否有所不同，隨機從國一學生中，抽選出 12 位同學，其兩次體重大小，如表 7-12 所示。

表 7-12

國一 12 位同學上下學期的體重

序號	上學期體重	下學期體重
1	66	70
2	45	46
3	53	57
4	72	67
5	62	69
6	50	47
7	56	63
8	47	46
9	57	66
10	64	69
11	49	47
12	59	56

茲以表 7-12 資料為例，進行成對樣本 t 考驗，其計算過程如表 7-13 所示。其虛無假設與對立假設，分別如下：

$$H_0 : \mu_{上學期體重} = \mu_{下學期體重}$$
$$H_1 : \mu_{上學期體重} \neq \mu_{下學期體重}$$

「虛無假設」為國一同學上學期體重等於下學期體重，相對地，「對立假設」為國一同學上學期體重不等於下學期體重。

表 7-13

國一 12 位同學上下學期的體重之摘要

編號	上學期體重	下學期體重	上下學期的體重差異
1	66	70	−4
2	45	46	−1
3	53	57	−4
4	72	67	5
5	62	69	−7
6	50	47	3
7	56	63	−7
8	47	46	1
9	57	66	−9
10	64	69	−5
11	49	47	2
12	59	56	3
平均	56.67	58.58	−1.92
標準差	8.29	9.94	4.68

根據表 7-13 資料，$\overline{D} = -1.92$，$s_D = 4.68$，$n = 12$，代入公式 7-15，即可得到 t 值為 -1.42。而成對樣本 t 考驗的自由度為 $n - 1 = 12 - 1 = 11$。

$$t = \frac{\overline{D}}{\frac{s_D}{\sqrt{n}}} = \frac{-1.92}{\frac{4.68}{\sqrt{12}}} = \frac{-1.92}{1.35} = -1.42$$

　　計算出 t 值為 –1.42 後，接續求顯著性 p 值，以判斷接受或拒絕虛無假設。在透過 Excel 計算顯著性 p 值時，除了需要 t 值外，還需要成對樣本 t 考驗的自由度 $df = 11$，將這些數據代入 Excel，即可獲得顯著性 p 值為 .1833，如圖 7-18 所示。

步驟1：請將游標點選某個欄位，例如：點選 A1 欄位，如下圖所示。

步驟2：將游標改點選「fx」右邊的空格，輸入「=TDIST(1.42,11,2)」，再按下鍵盤的「Enter」鍵，如下圖所示。TDIST () 括號中的第一個數值要輸入 t 值（**請注意 t 值只能輸入正數，若遇到 t 值是負數時，請直接捨去負號即可**），第二個數值要輸入自由度，第三個數值要輸入 2 表示是進行雙尾考驗，若要進行單尾考驗，則須輸入 1。由於此例的假設考驗是採用雙尾考驗，故須輸入 2。

　　　　請注意：「=」代表等號，在 Excel 中，若想進行數字的運算，一定要先出現等號 =，若一開始未輸入等號 =，則 Excel 會當成字串來處理。「TDIST(1.42,11,2)」表示 t 值為 1.42，自由度為 11，雙尾考驗的 t 機率分配，即為顯著性 p 值。

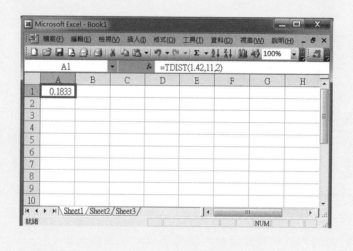

步驟3：在 A1 欄位，即可見到「0.1833」，表示顯著性 p 值為 .1833，由於 p 值高於 .05，表示接受虛無假設，亦即該國一學生上下學期體重平均數是相等的，如下圖所示。

圖 7-18 透過 Excel 計算成對樣本 t 考驗的顯著性 p 值

肆、 成對樣本 t 考驗的統計軟體操作

成對樣本 t 考驗適用時機，主要是考驗同一組別受試者，在兩個不同變項的分數，是否有顯著性差異。例如：前面所提及的例子，某國中 85 位國三學生，

參加兩次國中基本學力測驗，想探討第一次國中基測的成績與第二次國中基測的成績是否有顯著性的差異為例，由於是考驗相同學生在兩次國中基測成績的差異情形，故統計方法應採用成對樣本 *t* 考驗。

　　底下將針對成對樣本 *t* 考驗的 SPSS 操作步驟、SPSS 結果報表解釋、成對樣本 *t* 考驗的 Excel 操作步驟，以及統計表格的呈現等四個部分，說明如下。

(一) 成對樣本 *t* 考驗的 SPSS 操作步驟

　　成對樣本 *t* 考驗 SPSS 操作步驟，如圖 7-19 所示。

步驟 1：請點選「分析 (A)」→「比較平均數法 (M)」→「成對樣本 T 檢定 (P)」，如下圖所示。

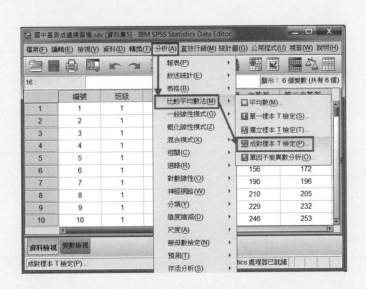

步驟 2：在「成對樣本 T 檢定」對話窗中，將要比較的兩次國中基測成績「第一次基測分數」與「第二次基測分數」這兩個變項，從左方變數清單中，移至右方的「配對變數 (V)：」，如下圖所示。

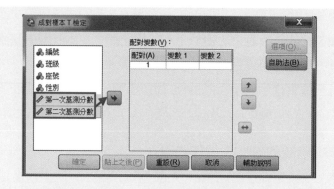

步驟 3：在「成對樣本 T 檢定」對話窗，按「確定」按鍵，如下圖所示。

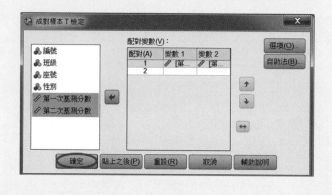

圖 7-19 成對樣本 *t* 考驗的 SPSS 操作步驟

(二) 成對樣本 *t* 考驗的 SPSS 結果報表解釋

經過上述圖 7-19 的 SPSS 操作步驟後，SPSS 會自動產生「成對樣本統計量」、「成對樣本相關」與「成對樣本檢定」等三個統計表，如圖 7-20 所示。

報表 1：在「成對樣本統計量」報表，我們可以得到兩次基測分數各自的個數、平均數、標準差，第一次基測分數的人數為 85 人，平均數為 198.12，標準差為 38.89；第二次基測分數的人數為 85 人，平均數為 205.59，標準差為 39.67，如下圖所示。

成對樣本統計量

		平均數	個數	標準差	平均數的標準誤
成對 1	第一次基測分數	198.12	85	38.894	4.219
	第二次基測分數	205.59	85	39.673	4.303

報表 2：在「成對樣本相關」報表，可看到「個數」、「相關」、「顯著性」等三個欄位的資料。成對的個數有 85 個，兩次基測分數的積差相關係數為 .979，顯著性 *p* 值為 .000，如下圖所示。

成對樣本相關

	個數	相關	顯著性
成對 1　第一次基測分數 和 第二次基測分數	85	.979	.000

報表 3：在「成對樣本檢定」報表，可看到「平均數」、「標準差」、「平均數的標準誤」、「差異的 95% 信賴區間」、「*t* 值」、「自由度」與「顯著性（雙尾）」等資料，如下圖所示。第一次基測分數平均數為 198.12，第二次基測分數平均數為 205.59，兩者的平均數差異為 198.12 − 205.59 = −7.47，此即為「平均數」欄位的 −7.471。第一次基測分數與第二次基測分數的差異分數之標準差為 8.035、第一次基測分數與第二次基測分數的差異分數之標準誤為 .872、第一次基測分數與第二次基測分數的差異分數之 95% 信賴區間下界為 −9.204，上界為 −5.737、*t* 值為 −8.57，自由度為 84，顯著性為 *p* < .001。

成對樣本檢定

		成對變數差異						自由度	顯著性（雙尾）
		平均數	標準差	平均數的標準誤	差異的 95% 信賴區間 下界	上界	t		
成對 1	第一次基測分數 - 第二次基測分數	−7.471	8.035	.872	−9.204	−5.737	−8.572	84	.000

圖 7-20　成對樣本 *t* 考驗 SPSS 的統計報表

(三) 成對樣本 *t* 考驗的 Excel 操作

對於成對樣本 *t* 考驗的統計分析，除可透過圖 7-19 的 SPSS 操作步驟外，也可採用筆者所寫「成對樣本 *t* 考驗 .xls」Excel 程式進行，其操作步驟如圖 7-21。

步驟 1：請開啓「成對樣本 *t* 考驗 .xls」Excel 程式，並將游標點選 N2 欄位，開始輸入 85 位學生第一次基測分數，如下圖所示。

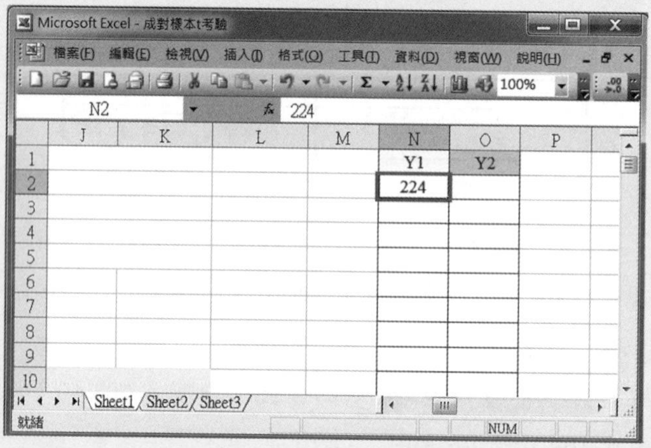

步驟 2：將游標點選 O2 欄位，開始輸入 85 位學生第二次基測分數，如下圖所示。

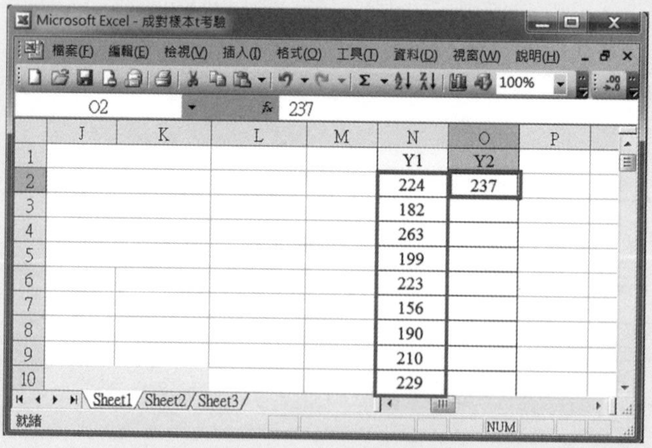

步驟 3：在 A10 至 K15 欄位，即可看到成對樣本 *t* 考驗統計結果：第一次基測分數的人數爲 85 人，平均數爲 198.12，標準差爲 38.89；第二

次基測分數的人數為 85 人，平均數為 205.59，標準差為 39.67。第一次基測分數與第二次基測分數的差異分數之 95% 信賴區間下界為 –9.20，上界為 –5.74、*t* 值為 –8.57，自由度為 84，顯著性為 $p <$ .001，如下圖所示。此統計結果與圖 7-20 的報表 3 是一樣的。

圖 7-21　透過 Excel 進行成對樣本 *t* 考驗

(四) 成對樣本 *t* 考驗的統計表格呈現

根據上述圖 7-20 與圖 7-21 統計資料，我們可以整理成表 7-14 成對樣本 *t* 考驗分析摘要表。

表 7-14

兩次國中基測分數的成對樣本 *t* 考驗分析摘要表

	Y₁ 分數		Y₂ 分數				95% CI		
變項	*M*	*SD*	*M*	*SD*	*t*(84)	*p*	*LL*	*UL*	Cohen's d
基測分數	198.12	38.89	205.59	39.67	–8.57	< .001	–9.20	–5.74	0.930

表 7-14 有七個欄位，最左邊欄位呈現「變項的名稱」；左邊第二欄位為「第一次基測」相關資料，包括人數（$n = 85$）、平均數（$M = 198.12$）與標準差（$SD = 38.89$）；左邊第三欄位為「第二次基測」相關資料，同樣包括人數（$n = 85$）、平均數（$M = 205.59$）與標準差（$SD = 39.67$）；左邊第四欄位為「*t* 值」，*t* 值為 –8.57；左邊第五欄位為「*p* 值」，$p <$ .001；左邊第六欄位為「95%

CI」，其中下界為 –9.20，上界為 –5.74。由於上界與下界範圍並不包含 0，顯示第一次基測與第二次基測的平均數有顯著性差異。此種判斷是否有顯著性差異的方法，與透過 p 值的方式，所得到結果是相同。最右邊的欄位為「Cohen's d」，顯示效果值 Cohen's d 為 0.930，根據表 7-10 的效果值參考依據，得知屬於高效果值。

　　綜合上述的討論可知，85 位國中生參加第一次基測成績與第二次基測成績有顯著性差異，$t(84) = –8.57, p < .001, 95\%$ CI [–9.20, –5.74], Cohen's d = 0.19，第一次基測成績（$M = 198.12$）顯著低於第二次基測成績（$M = 205.59$）。

伍、 單一樣本 t 考驗的基本概念

　　單一樣本 t 考驗適用時機，是探討某一群受試者在某個變項的得分，與該變項母群已知平均數是否有顯著性差異。單一樣本 t 考驗的虛無假設與對立假設，分別如下：

$$H_0 : \mu_X = \mu$$
$$H_1 : \mu_X \neq \mu$$

　　「虛無假設」為某群體的平均數等於母群平均數，「對立假設」為某群體的平均數不等於母群平均數。

　　單一樣本 t 考驗的 t 值為公式 7-16 所示，公式 7-16 的 t 表示單一樣本 t 考驗的 t 值；$\overline{X}$ 表示依變項的平均數；$s_{\overline{X}}$ 表示依變項的估計標準誤；s_X 表示依變項的標準差，n 表示單一樣本人數。而單一樣本 t 考驗自由度為（$n - 1$），亦即自由度為樣本人數減 1。

$$t = \frac{\overline{X} - \mu}{s_{\overline{X}}} = \frac{\overline{X} - \mu}{\dfrac{s_X}{\sqrt{n}}} \qquad （公式 7-16）$$

　　某國小六年級級任老師想瞭解該班 30 位六年級學生智力測驗成績，與某兒童智力量表母群平均數 100 是否有所不同，隨機從該班 30 位學生，抽選出 10 位同學接受該份兒童智力量表，這 10 位同學智力測驗成績，如表 7-15 所示。

表 7-15

小六 10 位同學在某兒童智力量表的分數

序號	兒童智力量表的分數
1	112
2	98
3	109
4	119
5	96
6	103
7	105
8	97
9	116
10	108

茲以表 7-15 的資料為例，進行單一樣本 t 考驗，其計算過程如表 7-16 所示。其虛無假設與對立假設，分別如下：

$$H_0 : \mu_{\text{該班智力分數}} = 100$$
$$H_1 : \mu_{\text{該班智力分數}} \neq 100$$

「虛無假設」為該班智力分數等於母群智力分數 100，相對地，「對立假設」為該班智力分數不等於母群智力分數 100。

根據表 7-16 資料，$\overline{X} = 106.30$，$s_X = 7.97$，$n = 10$，代入公式 7-16，即可得到 t 值為 2.5。而單一樣本 t 考驗的自由度為 $n - 1 = 10 - 1 = 9$。

$$t = \frac{\overline{X} - \mu}{s_{\overline{X}}} = \frac{\overline{X} - \mu}{\frac{s_X}{\sqrt{n}}} = \frac{106.30 - 100}{\frac{7.97}{\sqrt{10}}} = \frac{6.30}{2.52} = 2.50$$

計算出 t 值為 2.50 後，接續求顯著性 p 值，以判斷接受或拒絕虛無假設。在透過 Excel 計算顯著性 p 值時，除了需要 t 值外，還需要單一樣本 t 考驗的自由度 $df = 9$，將這些數據代入 Excel，即可獲得顯著性 p 值為 .0339，如圖 7-22 所示。

表 7-16

小六 10 位同學在某兒童智力量表的分數之摘要

序號	兒童智力量表的分數
1	112
2	98
3	109
4	119
5	96
6	103
7	105
8	97
9	116
10	108
平均	106.30
標準差	7.97

步驟 1：請將游標點選某個欄位，例如：點選 A1 欄位，如下圖所示。

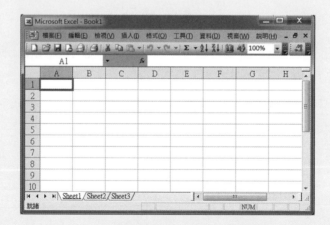

步驟 2：將游標改點選「*fx*」右邊的空格，輸入「=TDIST(2.50,9,2)」，再按下鍵盤的「Enter」鍵，如下圖所示。TDIST() 括號中的第一個數值要輸入 *t* 值（請注意 *t* 值只能輸入正數，若遇到 *t* 值是負數時，請

直接捨去負號即可），第二個數值要輸入自由度，第三個數值要輸入 2 表示是進行雙尾考驗，若要進行單尾考驗，則須輸入 1。由於此例的假設考驗是採用雙尾考驗，故須輸入 2。

請注意：「＝」代表等號，在 Excel 中，若想進行數字的運算，一定要先出現等號＝，若一開始未輸入等號＝，則 Excel 會當成字串來處理。「TDIST(2.50,9,2)」表示 t 值為 2.50，自由度為 9，雙尾考驗的 t 機率分配，即為顯著性 p 值。

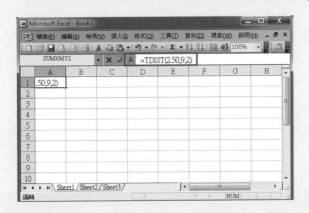

步驟 3：在 A1 欄位，即可見到「0.0339」，表示顯著性 p 值為 .0339，由於 p 值小於 .05，表示拒絕虛無假設，亦即小六 10 位同學在某兒童智力量表平均數是不同於 100 的，如下圖所示。

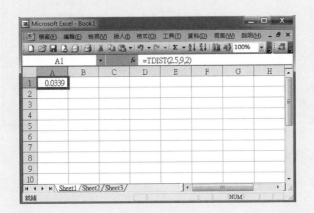

圖 7-22　透過 Excel 計算單一樣本 t 考驗的顯著性 p 值

陸、單一樣本 t 考驗的統計軟體操作

茲以前面所提及的例子：某位高中一年級導師拿一份出版社所出版「高一標準化英文成就測驗」，對該班 42 位同學施測，已知「高一標準化英文成就測驗」母群平均數 78 分，現在該位導師想探討該班學生平均分數是否顯著不同於母群平均數 78 分，此時便是採用單一樣本 t 考驗，來進行統計考驗。

底下將針對單一樣本 t 考驗的 SPSS 操作步驟、SPSS 結果報表解釋、單一樣本 t 考驗 Excel 操作步驟，以及統計表格的呈現等四個部分，說明如下。

(一) 單一樣本 t 考驗的 SPSS 操作步驟

單一樣本 t 考驗的 SPSS 操作步驟，如圖 7-23 所示。

步驟 1：請點選「分析 (A)」→「比較平均數法 (M)」→「單一樣本 T 檢定 (S)」，如下圖所示。

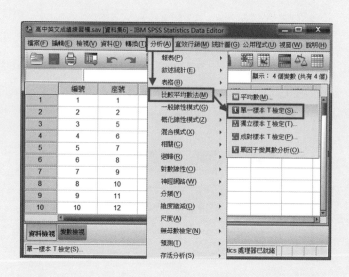

步驟 2：在「單一樣本 T 檢定」的對話窗中，將「英文成績」這個變項，從左方變數清單中，移至右方「檢定變數 (T)：」，如下圖所示。

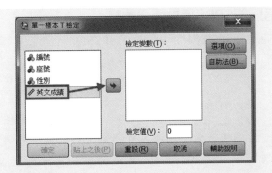

步驟 3：在「單一樣本 T 檢定」對話窗中，將位於「檢定變數 (T)：」下方
　　　　的「檢定值 (V)：」空格，填入「78」，並按「確定」按鍵，如下
　　　　圖所示。數字 78 是「高一標準化英文成就測驗」的母群平均數。

步驟 4：在「單一樣本 T 檢定」對話窗中，按「確定」按鍵，如下圖所示。

圖 7-23　單一樣本 *t* 考驗的 SPSS 操作步驟

(二) 單一樣本 t 考驗的SPSS結果報表解釋

經過上述圖 7-23 的 SPSS 操作步驟後，SPSS 會自動產生「單一樣本統計量」與「單一樣本檢定」等兩個統計表，如圖 7-24 所示。

報表 1：在「單一樣本統計量」報表，可以看到「依變項名稱」、「個數」、「平均數」、「標準差」、「平均數的標準誤」等五個欄位的資料。單一樣本 t 考驗的人數為 42 人，平均數為 85.05，標準差為 10.034，平均數的標準誤為 1.548，如下圖所示。

單一樣本統計量

	個數	平均數	標準差	平均數的標準誤
英文成績	42	85.05	10.034	1.548

報表 2：在「單一樣本檢定」報表，可看到「依變項名稱」、「t 值」、「自由度」與「顯著性（雙尾）」、「平均差異」、「差異的 95% 信賴區間」等資料。t 值為 4.552，自由度為 41，顯著性為 $p < .001$，平均差異為 7.048，差異分數之 95% 信賴區間下界為 3.92，上界為 10.17，如下圖所示。

單一樣本檢定

	檢定值 = 78				差異的 95% 信賴區間	
	t	自由度	顯著性(雙尾)	平均差異	下界	上界
英文成績	4.552	41	.000	7.048	3.92	10.17

圖 7-24　單一樣本 t 考驗 SPSS 的統計報表

(三) 單一樣本 t 考驗的 Excel 操作

對於單一樣本 t 考驗的統計分析，除了可透過圖 7-23 的 SPSS 操作步驟外，也可採用筆者所寫的「單一樣本 t 考驗 .xls」Excel 程式進行，其操作步驟如圖 7-25。

步驟 1：請開啟「單一樣本 *t* 考驗 .xls」Excel 程式，並將游標點選 D8 欄位，輸入欲檢定的母群平均數 78，如下圖所示。

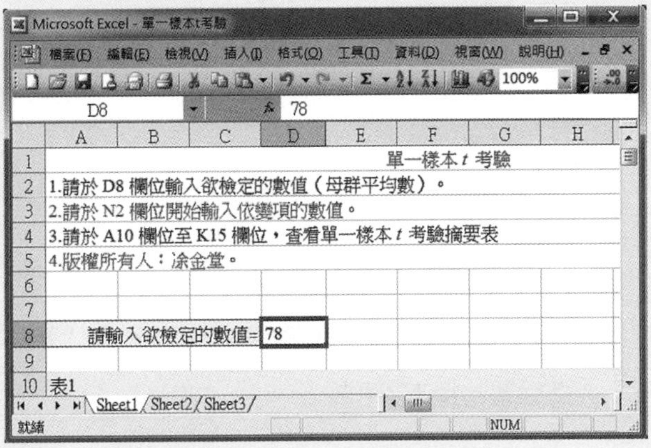

步驟 2：將游標點選 N2 欄位，開始輸入 42 位學生的高中英文分數，如下圖所示。

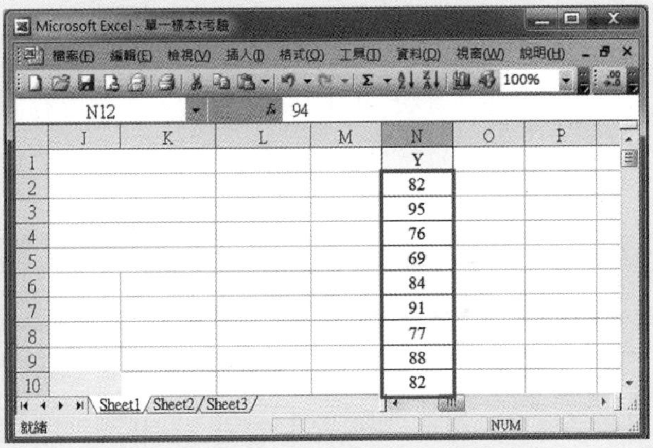

步驟 3：在 A10 至 K14 欄位，即可看到單一樣本 *t* 考驗的統計結果：檢定值為 78，人數為 42 人，平均數為 85.05，標準差為 10.03 人，*t* 值為 4.55，自由度為 41，顯著性為 $p < .001$，差異分數之 95% 信賴區間下界為 3.92，上界為 10.17、Cohen's d 為 0.70，如下圖所示。此統計結果與圖 7-24 的報表 2 是一樣的。

圖 7-25　透過 Excel 進行單一樣本 *t* 考驗

　　單一樣本 *t* 考驗統計分析，除了可透過筆者所寫「單一樣本 *t* 考驗 .xls」Excel 程式進行外，也可透過筆者所寫「成對樣本 *t* 考驗 .xls」Excel 程式進行，其操作步驟如圖 7-26。

步驟 1：請開啓「成對樣本 *t* 考驗 .xls」Excel 程式，並將游標點選 N2 欄位，開始輸入 42 位學生的高中英文分數，如下圖所示。

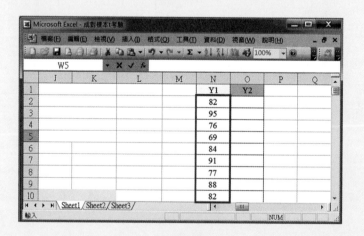

步驟 2：將游標點選 O2 欄位，將 42 位學生「Y2」這個變項的數值，全部輸入檢定值 78，如下圖所示。

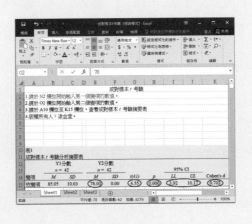

步驟 3：在 A10 至 K15 欄位，即可看到成對樣本 *t* 考驗的統計結果：高中英
　　　　文分數的人數為 42 人，平均數為 85.05，標準差為 10.03；檢定值
　　　　分數的人數為 42 人，平均數為 78.00，標準差為 0.00，*t* 值為 4.55，
　　　　自由度為 41，顯著性為 *p* < .001，差異分數之 95% 信賴區間下界為
　　　　3.92，上界為 10.17、Cohen's d 為 0.70，如下圖所示。此統計結果
　　　　與圖 7-25 的報表是一樣的。

圖 7-26 透過 Excel 進行單一樣本 *t* 考驗

(四) 單一樣本 *t* 考驗的統計表格呈現

　　根據上述的圖 7-24 與圖 7-25 的統計資料，我們可以整理成表 7-17 單一樣
本 *t* 考驗分析摘要表。表 7-17 有九個欄位，最左邊欄位呈現「變項的名稱」，

左邊第二欄位為「檢定值」，左邊第三欄位為「個數」，左邊第四欄位為「平均數」，左邊第五欄位為「標準差」，左邊第六欄位為「t 值」，左邊第七欄位為「p 值」，左邊第八欄位為「95% CI」，最右邊欄位為「Cohen's d」。

　　由表 7-17 統計結果可知，42 位高一學生英文成績與母群英文成績平均數 78 分，有顯著性差異，$t(41) = 4.55$, $p < .001$, 95% CI [3.92, 10.17]，Cohen's d 為 0.70，根據表 7-10 的效果值參考依據，得知屬於高效果值。42 位高一學生的英文成績平均數（$M = 85.05$），顯著高於母群英文成績平均數（$M = 78.00$）。

表 7-17

英文成績的單一樣本 t 考驗分析摘要表

變項	檢定值	N	M	SD	t(41)	p	95% CI LL	95% CI UL	Cohen's d
英文成績	78	42	85.05	10.03	4.55	< .001	3.92	10.17	0.70

Chapter

8

以單因子變異數分析，探究
三個以上平均數的差異情形

　　使用單因子變異數分析時機，大致有兩種狀況：第一種情況是以單因子變異數分析探討三個以上（包含三個）不同組別受試者在某個變項得分的差異情形，此種單因子變異數分析稱為獨立樣本單因子變異數分析（one-way independent ANOVA）。例如：某位國中自然與生活科技的科任教師，想瞭解自己任教的三個班級「自然與生活科技」第一次段考成績，是否會因為班級的不同，而有顯著差異情形，此時適合採用獨立樣本單因子變異數分析。

　　第二種情況是以單因子變異數分析探討同一組別受試者，在三個以上（包含三個）不同變項的得分差異情形，此種單因子變異數分析稱為重複量數單因子變異數分析（one-way repeated measures ANOVA）。例如：某位高中國文科導師，想瞭解自己班學生，在本學期三次國文科段考成績的表現，是否有顯著性差異情形，則適合採用重複量數單因子變異數分析。

　　雖然單因子變異數分析也可用來進行兩個平均數差異情形的檢定，但一般對兩個平均數差異考驗的習慣作法，是採用 t 考驗。若想探討三組以上（例如：三組、四組、五組……）平均數差異情形，則不適合採用 t 考驗，因為採用多次 t 考驗會造成犯第一類型錯誤的機率變高，此時必須採用單因子變異數分析。

壹、 獨立樣本單因子變異數分析的基本概念

　　獨立樣本單因子變異數分析有三個基本假定：獨立性（independence）、變異數同質性（homogeneity of variance）、常態分配（normality）。在進行獨立樣本單因子變異數分析時，應先確定所蒐集資料，是否符合上述三個基本假定。然而根據筆者的經驗，許多人在進行單因子變異數分析時，常忽略了對上述三個基本假定的檢定。若違反這三個基本假定，往往會造成統計推論上的錯誤，其可能的影響結果，可參考表 8-1。

　　上述三個基本假定，獨立性是指任何一個樣本的選取，並不會受到其他樣本影響。若違反此假定，容易增加犯第一類型和（或）第二類型錯誤，同時也會影響對樣本平均數的標準誤之估算，進而影響對平均數的推論。

　　雖然所蒐集的資料常容易違反常態分配的基本假定，不過由於 F 考驗具有強韌性（robust），不是很嚴重違反此假定時，並不會產生嚴重影響效果。但當各組人數很少時、各組人數不相等、或是很嚴重違反此假定，則必須改採無母數統計 Kruskal-Wallis 的 H 考驗，因為此考驗並不需要符合常態分配的假定。

表 8-1

單因子變異數分析的假定與違反假定的可能結果

假定	違反假定的結果
獨立性	增加 F 考驗的第一類型和（或）第二類型的錯誤；影響樣本平均數的標準誤，進而影響對於平均數的推論。
變異數同質性	產生 SS_{with} 的偏誤；增加 F 考驗的第一類型和（或）第二類型的錯誤；當各組人數相等或接近相等時，影響較小；當各組人數增加時，影響的效果會降低。
常態性	不嚴重的違反此假定時，影響的效果不明顯；各組人數增加時、各組人數相等或接近相等時、各組具變異數同質性時，則影響的效果也會降低。

資料來源：*Statistical concepts*, by Richard, G. Lomax, 2007, p.18. Mahwah, NJ: Lawrence Erlbaum Associates.

在上述三個單因子變異數基本假定中，若違反變異數同質性假定，會產生比較嚴重後果，因此，進行單因子變異數分析時，一定需要檢定是否符合此假定。若違反變異數同質性假定，易增加犯第一類型和（或）第二類型錯誤。

根據 Glass, Peckham 和 Sanders（1972）研究顯示，當各組人數相等或接近相等，若違反變異數同質性，其對犯第一類型和（或）第二類型錯誤的影響較小。

然而當各組人數不相等，若違反變異數同質性，易提高犯第一類型和（或）第二類型的錯誤。當人數較多的組別有較大變異數（亦即人數較少的組別有較小變異數），易降低犯第一類型錯誤的機率；當人數較多的組別有較小變異數（亦即人數較少的組別有較大的變異數），易升高犯第一類型錯誤的機率（Cohen, 2008）。

由於當各組人數不相等，且變異數不同質，採用 ANOVA 的 F 考驗，易升高或降低犯第一類型錯誤的機率，因此，許多統計學者建議遇到此種狀況，應考慮採用 Welch 的 F 考驗或是 Brown-Forsythe 的 F 考驗，這兩種 F 考驗，都可透過 SPSS 獲得。其中，以 Welch 的 F 考驗較受到統計學者的推薦（Myers & Well, 2003）。

(一) 獨立樣本單因子變異數分析的變異數同質性考驗

SPSS 對「變異數同質性」的考驗，是採用 Levene（1960）所提出的檢定公式，如公式 8-1 所示。

$$F = \frac{(N-k) \times \sum_{i=1}^{k} n_i \times (Z_i. - Z..)^2}{(k-1) \times \sum_{i=1}^{k} \sum_{j=1}^{n_i} (Z_{ij} - Z_i.)^2}$$ （公式 8-1）

公式 8-1 的 F 表示 Levene「變異數同質性」之檢定值；N 表示所有人數；k 表示組數；n_i 表示第 i 組的人數；Z_{ij} 表示第 i 組第 j 個人的離均差之絕對值，其計算方式為公式 8-2；$Z_i.$ 表示第 i 組的 Z_{ij} 之平均數，其計算方式為公式 8-3；$Z..$ 表示所有人的 Z_{ij} 之平均數，其計算方式為公式 8-4。

$$Z_{ij} = \left| Y_{ij} - Y_i. \right|$$ （公式 8-2）

$$Z_i. = \frac{1}{n_i} \sum_{j=1}^{n_i} Z_{ij}$$ （公式 8-3）

$$Z.. = \frac{1}{N} \sum_{i=1}^{k} \sum_{j=1}^{n_i} Z_{ij}$$ （公式 8-4）

公式 8-2 的 Y_{ij} 表示第 i 組第 j 個人的數值；$Y_i.$ 表示第 i 組的平均數。

單因子變異數分析可適用於考驗多個組別平均數是否相同，茲以三個組別為例，則公式 8-1 對於「變異數同質性」考驗，其虛無假設與對立假設，分別如下：

$$H_0 : \sigma_1^2 = \sigma_2^2 = \sigma_3^2$$
$$H_1 : 三組的變異數並非皆相等$$

「虛無假設」為第 1 組、第 2 組與第 3 組的變異數皆相等，相對地，「對立假設」最簡單的寫法是「虛無假設」為假，表示這 3 組變異數並非皆相等。

欲計算公式 8-1 的顯著性 p 值，除了需要知道公式 8-1 的 F 值外，還需要知道 F 值對應的兩個自由度，其中組間自由度 df 為（$K-1$），組內自由度 df 為（$N-K$）。

茲分別提供一個三組變異數同質與一個三組變異數不同質的範例，說明如何透過公式 8-1 來檢視進行獨立樣本單因子變異數分析時，是否符合「變異數同質」基本假定。

1. 具變異數同質性的範例

　　某高中校長想瞭解該校（A 校）與其他兩所鄰近高中（B 校與 C 校），共同舉行的高三學生英文模擬考，該校高三學生英文模擬考成績與其他兩所學校高三學生英文模擬考成績是否有所不同。他隨機抽取三所高中各 10 位高三學生，並取得這 30 位同學英文模擬考成績，如表 8-2 所示。則該校長可透過獨立樣本單因子變異數分析，來探究三所高中高三學生英文模擬考成績是否有所不同。

表 8-2

30 位高三學生的英文模擬考成績

序號	A 校	序號	B 校	序號	C 校
1	76	11	90	21	81
2	60	12	45	22	56
3	69	13	81	23	64
4	75	14	67	24	33
5	74	15	79	25	56
6	80	16	87	26	86
7	78	17	83	27	83
8	72	18	70	28	66
9	67	19	62	29	64
10	53	20	79	30	76

　　茲以表 8-2 資料為例，進行 Levene 的變異數同質性考驗，其計算過程如表 8-3 所示，其虛無假設與對立假設，分別如下：

$$H_0 : \sigma^2_{\text{A校英文模擬考成績}} = \sigma^2_{\text{B校英文模擬考成績}} = \sigma^2_{\text{C校英文模擬考成績}}$$

$$H_1 : H_0 \text{為假}$$

　　「虛無假設」為 A 校（第 1 組）、B 校（第 2 組）與 C 校（第 3 組）高三學生英文模擬考成績之變異數皆相等；相對地，「對立假設」為 A 校（第 1組）、B 校（第 2 組）與 C 校（第 3 組）高三學生英文模擬考成績之變異數並非皆相等。

表 8-3

高三學生英文模擬考成績之得分摘要

	A校（第1組）			B校（第2組）			C校（第3組）		
	Y_1	Z_{1j}	$(Z_{1j} - Z_{1.})^2$	Y_2	Z_{2j}	$(Z_{2j} - Z_{2.})^2$	Y_3	Z_{3j}	$(Z_{3j} - Z_{3.})^2$
	76	5.60	0.85	90	15.70	25.60	81	14.50	6.25
	60	10.40	15.05	45	29.30	348.20	56	10.50	2.25
	69	1.40	26.21	81	6.70	15.52	64	2.50	90.25
	75	4.60	3.69	67	7.30	11.16	33	33.50	462.25
	74	3.60	8.53	79	4.70	35.28	56	10.50	2.25
	80	9.60	9.49	87	12.70	4.24	86	19.50	56.25
	78	7.60	1.17	83	8.70	3.76	83	16.50	20.25
	72	1.60	24.21	70	4.30	40.20	66	0.50	132.25
	67	3.40	9.73	62	12.30	2.76	64	2.50	90.25
	53	17.40	118.37	79	4.70	35.28	76	9.50	6.25
總和	704	65.20	217.30	743	106.40	522.00	665	120.00	868.50
平均	70.40	6.52		74.30	10.64		66.50	12.00	
標準差	8.45			13.56			16.02		
變異數	71.38			183.79			256.50		

根據表 8-3 數據，可知 10 位 A 校（第 1 組）英文模擬考成績平均分數爲 70.40，10 位 B 校（第 2 組）英文模擬考成績平均分數爲 74.30，10 位 C 校（第 3 組）英文模擬考成績平均分數爲 66.50，其計算方式如下：

$$Y_1. = \frac{704}{10} = 70.40 \qquad Y_2. = \frac{743}{10} = 74.30 \qquad Y_3. = \frac{665}{10} = 66.50$$

第一位 A 校高三學生英文模擬考成績的 Z_{11} 爲 5.60，第一位 B 校高三學生英文模擬考成績的 Z_{21} 爲 15.70，第一位 C 校高三學生英文模擬考成績的 Z_{31} 爲 14.50，其計算方式如下：

$$Z_{11} = |Y_{11} - Y_1.| = |76 - 70.40| = 5.60 \qquad Z_{21} = |Y_{21} - Y_2.| = |90 - 74.30| = 15.70$$
$$Z_{31} = |Y_{31} - Y_3.| = |81 - 66.50| = 14.50$$

A 校高三學生英文模擬考成績的 Z_{ij} 之平均數為 6.52，B 校高三學生英文模擬考成績的 Z_{ij} 之平均數為 10.64，C 校高三學生英文模擬考成績的 Z_{ij} 之平均數為 12.00，所有受試者的 Z_{ij} 之平均數為 9.72，其計算方式如下：

$$Z_1. = \frac{1}{n_1}\sum_{j=1}^{n_1} Z_{ij} = \frac{1}{10}\sum_{j=1}^{10} Z_{ij} = \frac{1}{10}\times 65.20 = 6.52$$

$$Z_2. = \frac{1}{n_2}\sum_{j=1}^{n_2} Z_{ij} = \frac{1}{10}\sum_{j=1}^{10} Z_{ij} = \frac{1}{10}\times 106.40 = 10.64$$

$$Z_3. = \frac{1}{n_3}\sum_{j=1}^{n_3} Z_{ij} = \frac{1}{10}\sum_{j=1}^{10} Z_{ij} = \frac{1}{10}\times 120.00 = 12.00$$

$$Z.. = \frac{1}{N}\sum_{i=1}^{k}\sum_{j=1}^{n_i} Z_{ij} = \frac{1}{30}(\sum_{j=1}^{n_1} Z_{ij} + \sum_{j=1}^{n_2} Z_{ij} + \sum_{j=1}^{n_3} Z_{ij})$$

$$= \frac{1}{30}(65.20 + 106.40 + 120.00) = 9.72$$

公式 8-1 的分子之 $\sum_{i=1}^{k} n_i \times (Z_i. - Z..)^2$ 等於 162.85，其計算方式如下：

$$(Z_1. - Z..)^2 = (6.52 - 9.72)^2 = 10.24$$
$$(Z_2. - Z..)^2 = (10.64 - 9.72)^2 = 0.85$$
$$(Z_3. - Z..)^2 = (12.00 - 9.72)^2 = 5.20$$
$$\sum_{i=1}^{k} n_i \times (Z_i. - Z..)^2 = n_1 \times (Z_1. - Z..)^2 + n_2 \times (Z_2. - Z..)^2 + n_3 \times (Z_3. - Z..)^2$$
$$= 10\times 10.24 + 10\times 0.85 + 10\times 5.20 = 162.85$$

公式 8-1 的分母之 $\sum_{i=1}^{k}\sum_{j=1}^{n_i}(Z_{ij} - Z_i.)^2$ 等於 1607.80，其計算方式如下：

$$\sum_{i=1}^{k}\sum_{j=1}^{n_i}(Z_{ij} - Z_i.)^2 = \sum_{j=1}^{10}(Z_{1j} - Z_1.)^2 + \sum_{j=1}^{10}(Z_{2j} - Z_2.)^2 + \sum_{j=1}^{10}(Z_{3j} - Z_3.)^2$$
$$= 217.30 + 522.00 + 868.50 = 1607.80$$

$$F = \frac{(N-k)\times \sum_{i=1}^{k} n_i \times (Z_i. - Z..)^2}{(k-1)\times \sum_{i=1}^{k}\sum_{j=1}^{n_i}(Z_{ij} - Z_i.)^2}$$

$$= \frac{(30-3)\times 162.85}{(3-1)\times 1607.80} = \frac{4396.95}{3216.60} = 1.37$$

計算出 F 值爲 1.37 後，接續求顯著性 p 值，以判斷接受或拒絕虛無假設。在透過 Excel 計算顯著性 p 值時，除了需要 F 值外，還需要組間自由度 df 爲（$k-1=3-1=2$），組內自由度 df 爲（$N-k=30-3=27$），將這些數據代入 Excel，即可獲得顯著性 p 值爲 .2712，如圖 8-1 所示。

步驟 1：請將游標點選某個欄位，例如：點選 A1 欄位，如下圖所示。

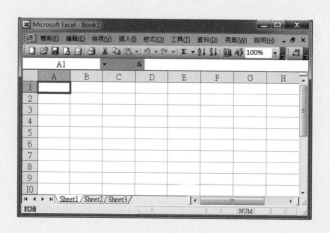

步驟 2：將游標改點選「fx」右邊的空格，輸入「=FDIST(1.37,2,27)」，再按下鍵盤的「Enter」鍵，如下圖所示。FDIST() 括號中的第一個數值要輸入 F 值，第二個數值要輸入組間自由度，第三個數值要輸入組內自由度。

　　　　　請注意：「=」代表等號，在 Excel 中，若想進行數字的運算，一定要先出現等號 =，若一開始未輸入等號 =，則 Excel 會當成字串來處理。「FDIST(1.37,2,27)」表示 F 值爲 1.37，組間自由度爲 2，組內自由度爲 27 的 F 機率分配，即爲顯著性 p 值。

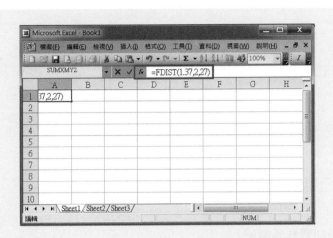

步驟 3：在 A1 欄位，即可見到「0.2712」，表示顯著性 p 值為 .2712，由於
p 值大於 .05，表示接受虛無假設，亦即 A 校、B 校、C 校高三學
生英文模擬考成績的變異數是相等，也就是符合變異數同質性基本
假定，如下圖所示。

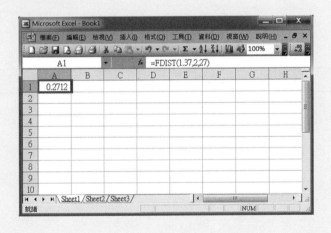

圖 8-1　透過 Excel 計算 Levene「變異數同質性」考驗顯著性 p 值

　　上面透過公式 8-1 計算 Levene「變異數同質性」考驗的 F 值，以及透過圖 8-1
採用 Excel 計算的顯著性 p 值，與透過執行 SPSS 的獨立樣本 t 考驗，所獲得的
Levene「變異數同質性」考驗結果是相近的（有一點小差距是因為四捨五入的關
係），如圖 8-2 所示。

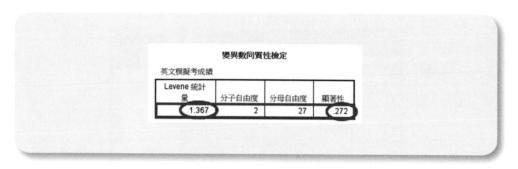

圖 8-2　SPSS 的 Levene「變異數同質性」統計報表

2. 不具變異數同質性的範例

某業務經理想知道該公司在三個城市的每月銷售金額是否有所不同，他隨機從這三個城市各抽取 8 個直營店，取得這 24 個直營店每月銷售金額，如表 8-4 所示。則該業務經理可透過獨立樣本單因子變異數分析，來探究三個城市直營店每月銷售金額是否有所不同。

表 8-4

24 個直營店的每月銷售金額

編號	A 城市	編號	B 城市	編號	C 城市
1	10.7	9	6.6	17	17.1
2	9.8	10	7.1	18	12.4
3	16.3	11	7.9	19	9.7
4	7.2	12	8.6	20	11.8
5	6.1	13	11.8	21	14.6
6	18	14	9.5	22	11.2
7	15.7	15	13.1	23	10.5
8	9.1	16	8.8	24	15.1

註：每月銷售金額的單位量為「萬」。

茲以表 8-4 資料為例，進行 Levene 變異數同質性考驗，其計算過程如表 8-5 所示，其虛無假設與對立假設，分別如下：

$$H_0 : \sigma^2_{\text{A市每月銷售金額}} = \sigma^2_{\text{B市每月銷售金額}} = \sigma^2_{\text{C市每月銷售金額}}$$

$$H_1 : 三組的變異數並非皆相等$$

「虛無假設」爲 A 城市（第 1 組）、B 城市（第 2 組）與 C 城市（第 3 組）每月銷售金額之變異數皆相等；相對地，「對立假設」爲 A 城市（第 1 組）、B 城市（第 2 組）與 C 城市（第 3 組）每月銷售金額之變異數並非皆相等。

表 8-5

24 個直營店的每月銷售金額摘要

A 市（第 1 組）			B 市（第 2 組）			C 市（第 3 組）		
Y_1	Z_{1j}	$(Z_{1j} - Z_{1.})^2$	Y_2	Z_{2j}	$(Z_{2j} - Z_{2.})^2$	Y_3	Z_{3j}	$(Z_{3j} - Z_{3.})^2$
10.7	0.91	8.28	6.6	2.58	0.73	17.1	4.30	4.84
9.8	1.81	3.91	7.1	2.08	0.13	12.4	0.40	2.89
16.3	4.69	0.80	7.9	1.28	0.20	9.7	3.10	1.00
7.2	4.41	0.39	8.6	0.57	1.31	11.8	1.00	1.21
6.1	5.51	2.96	11.8	2.63	0.82	14.6	1.80	0.09
18	6.39	6.74	9.5	0.33	1.94	11.2	1.60	0.25
15.7	4.09	0.09	13.1	3.93	4.87	10.5	2.30	0.04
9.1	2.51	1.63	8.8	0.37	1.81	15.1	2.30	0.04
總和 92.90	30.33	24.82	73.40	13.75	11.80	102.40	16.80	10.36
平均 11.61	3.79		9.18	1.72		12.80	2.10	
標準差 4.47			2.25			2.55		
變異數 19.97			5.06			6.52		

根據表 8-5 數據，可知 8 間 A 市直營店（第 1 組）每月銷售金額平均分數爲 11.61 萬，8 間 B 市直營店（第 2 組）每月銷售金額平均分數爲 9.18 萬，8 間 C 市直營店（第 3 組）每月銷售金額平均分數爲 12.80 萬，其計算方式如下：

$$Y_1 \cdot = \frac{92.90}{8} = 11.61 \qquad Y_2 \cdot = \frac{73.40}{8} = 9.18 \qquad Y_3 \cdot = \frac{102.40}{8} = 12.80$$

第一間 A 市每月銷售金額的 Z_{11} 爲 0.91，第一間 B 市每月銷售金額的 Z_{21} 爲 2.58，第一間 C 市每月銷售金額的 Z_{31} 爲 4.30，其計算方式如下：

$$Z_{11} = |Y_{11} - Y_{1\cdot}| = |10.70 - 11.61| = 0.91 \qquad Z_{21} = |Y_{21} - Y_{2\cdot}| = |6.60 - 9.18| = 2.58$$

$$Z_{31} = |Y_{31} - Y_{3\cdot}| = |17.10 - 12.80| = 4.30$$

　　A 市 8 間直營店每月銷售金額的 Z_{ij} 之平均數為 3.79，B 市 8 間直營店每月銷售金額的 Z_{ij} 之平均數為 1.72，C 市 8 間直營店每月銷售金額的 Z_{ij} 之平均數為 2.10，所有受試者的 Z_{ij} 之平均數為 2.54，其計算方式如下：

$$Z_{1\cdot} = \frac{1}{n_1}\sum_{j=1}^{n_1} Z_{ij} = \frac{1}{8}\sum_{j=1}^{8} Z_{ij} = \frac{1}{8} \times 30.33 = 3.79$$

$$Z_{2\cdot} = \frac{1}{n_2}\sum_{j=1}^{n_2} Z_{ij} = \frac{1}{8}\sum_{j=1}^{8} Z_{ij} = \frac{1}{8} \times 13.75 = 1.72$$

$$Z_{3\cdot} = \frac{1}{n_3}\sum_{j=1}^{n_3} Z_{ij} = \frac{1}{8}\sum_{j=1}^{8} Z_{ij} = \frac{1}{8} \times 16.80 = 2.10$$

$$Z_{\cdot\cdot} = \frac{1}{N}\sum_{i=1}^{k}\sum_{j=1}^{n_i} Z_{ij} = \frac{1}{24}(\sum_{j=1}^{n_1} Z_{ij} + \sum_{j=1}^{n_2} Z_{ij} + \sum_{j=1}^{n_3} Z_{ij})$$

$$= \frac{1}{24}(30.33 + 13.75 + 16.80) = 2.54$$

公式 8-1 的分子之 $\sum_{i=1}^{k} n_i \times (Z_{i\cdot} - Z_{\cdot\cdot})^2$ 等於 19.43，其計算方式如下：

$$(Z_{1\cdot} - Z_{\cdot\cdot})^2 = (3.79 - 2.54)^2 = 1.56$$

$$(Z_{2\cdot} - Z_{\cdot\cdot})^2 = (1.72 - 2.54)^2 = 0.67$$

$$(Z_{3\cdot} - Z_{\cdot\cdot})^2 = (2.10 - 2.54)^2 = 0.19$$

$$\sum_{i=1}^{k} n_i \times (Z_{i\cdot} - Z_{\cdot\cdot})^2 = n_1 \times (Z_{1\cdot} - Z_{\cdot\cdot})^2 + n_2 \times (Z_{2\cdot} - Z_{\cdot\cdot})^2 + n_3 \times (Z_{3\cdot} - Z_{\cdot\cdot})^2$$

$$= 8 \times 1.56 + 8 \times 0.67 + 8 \times 0.19 = 19.43$$

公式 8-1 的分母之 $\sum_{i=1}^{k}\sum_{j=1}^{n_i} (Z_{ij} - Z_{i\cdot})^2$ 等於 46.98，其計算方式如下：

$$\sum_{i=1}^{k}\sum_{j=1}^{n_i} (Z_{ij} - Z_{i\cdot})^2 = \sum_{j=1}^{8} (Z_{1j} - Z_{1\cdot})^2 + \sum_{j=1}^{8} (Z_{2j} - Z_{2\cdot})^2 + \sum_{j=1}^{8} (Z_{3j} - Z_{3\cdot})^2$$

$$= 24.82 + 11.80 + 10.36 = 46.98$$

$$F = \frac{(N-k) \times \sum_{i=1}^{k} n_i \times (Z_{i.} - Z_{..})^2}{(k-1) \times \sum_{i=1}^{k} \sum_{j=1}^{n_i} (Z_{ij} - Z_{i.})^2}$$

$$= \frac{(24-3) \times 19.43}{(3-1) \times 46.98} = \frac{408.03}{93.96} = 4.34$$

　　計算出 F 值為 4.34 後，接續求顯著性 p 值，以判斷接受或拒絕虛無假設。在透過 Excel 計算顯著性 p 值時，除了需要 F 值外，還需要組間自由度 df 為（$k-1 = 3-1 = 2$），組內自由度 df 為（$N-k = 24-3 = 21$），將這些數據代入 Excel，即可獲得顯著性 p 值為 .0265，如圖 8-3 所示。

步驟 1：請將游標點選某個欄位，例如：點選 A1 欄位，如下圖所示。

步驟 2：將游標改點選「fx」右邊的空格，輸入「=FDIST(4.34,2,21)」，再按下鍵盤的「Enter」鍵，如下圖所示。FDIST() 括號中的第一個數值要輸入 F 值，第二個數值要輸入組間自由度，第三個數值要輸入組內自由度。

　　請注意：「=」代表等號，在 Excel 中，若想進行數字的運算，一定要先出現等號 =，若一開始未輸入等號 =，則 Excel 會當成字串來處理。「FDIST(4.34,2,21)」表示 F 值為 4.34，組間自由度為 2，組內自由度為 21 的 F 機率分配，即為顯著性 p 值。

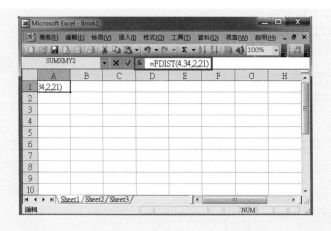

步驟 3：在 A1 欄位，即可見到「0.0265」，表示顯著性 p 值為 .0265，由於
　　　　　p 值小於 .05，表示拒絕虛無假設，亦即 A 市、B 市、C 市三組別
　　　　　直營店每月銷售金額的變異數是不相等，也就是不符合變異數同質
　　　　　性基本假定，如下圖所示。

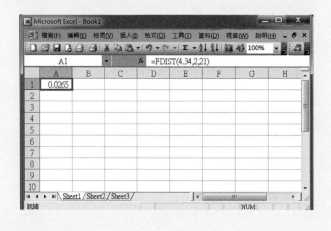

圖 8-3　透過 Excel 計算 Levene「變異數同質性」考驗的顯著性 p 值

　　上面透過公式 8-1 計算 Levene「變異數同質性」考驗的 F 值，以及透過圖 8-3
採用 Excel 計算顯著性 p 值，與透過執行 SPSS 獨立樣本 t 考驗，所獲得 Levene「變
異數同質性」考驗結果是相近的（有一點小差距是因為四捨五入的關係），如圖
8-4 所示。

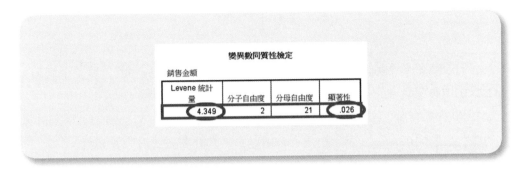

圖 8-4 SPSS 的 Levene「變異數同質性」統計報表

(二) 獨立樣本單因子變異數分析的統計分析方式

1. 變異數同質的單因子變異數分析公式

透過公式 8-1 的 Levene「變異數同質性」檢定，若顯示三組變異數同質，則可以採用 Fisher 所提出的獨立樣本單因子變異數分析公式（Stigler, 1986），如公式 8-5 所示。

$$F = \frac{MS_{between}}{MS_{within}} \qquad （公式 8-5）$$

公式 8-5 的 F 表示變異數分析的 F 值；$MS_{between}$ 表示組間「平均數平方」（mean square），其意義等同於組間的變異數；MS_{within} 表示組內「平均數平方」，其意義等同於組內的變異數。$MS_{between}$ 計算方式為公式 8-6；MS_{within} 計算方式為公式 8-7。

$$MS_{between} = \frac{SS_{between}}{df_{between}} \qquad （公式 8-6）$$

$$MS_{within} = \frac{SS_{within}}{df_{within}} \qquad （公式 8-7）$$

公式 8-6 的 $SS_{between}$ 表示組間的「離均差平方和」（sum of squares），其計算公式為公式 8-8；$df_{between}$ 表示組間「自由度」，其計算公式為公式 8-9。

$$SS_{between} = \sum_{j=1}^{k} n_j \times (\overline{X}_j - \overline{X}..)^2 \qquad （公式 8-8）$$

$$df_{between} = k - 1 \qquad\qquad （公式 8-9）$$

公式 8-8 的 k 表示組數；n_j 表示第 j 組的人數；$\overline{X}_j$ 表示第 j 組的依變項平均數；$\overline{X}_{..}$ 表示所有受試者的依變項平均數。公式 8-9 的 k 表示組數。

公式 8-7 的 SS_{within} 表示組內的「離均差平方和」（sum of squares），其計算公式為公式 8-10；df_{within} 表示組內「自由度」，其計算公式為公式 8-11。

$$SS_{within} = \sum_{j=1}^{k}\sum_{i=1}^{n_j}(X_{ij} - \overline{X}_j)^2 \qquad\qquad （公式 8-10）$$

$$df_{within} = N - k \qquad\qquad （公式 8-11）$$

公式 8-10 的 k 表示組數；n_j 表示第 j 組的人數；X_{ij} 表示第 j 組第 i 個受試者的依變項分數；$\overline{X}_j$ 表示第 j 組的依變項平均數。公式 8-11 的 N 表示總人數，k 表示組數。

綜合上述公式 8-5 至公式 8-11，可整理出獨立樣本單因子變異數分析摘要表，如表 8-6 與表 8-7 所示。

茲以表 8-2 三所高三學生英文模擬考成績是否有所不同為例，說明如何透過公式 8-5 至公式 8-11，進行獨立樣本單因子變異數分析。

表 8-6

獨立樣本單因子變異數分析摘要表

變異來源	SS	df	MS	F
組間	$SS_{between}$	$df_{between}$	$\dfrac{SS_{between}}{df_{between}}$	$\dfrac{MS_{between}}{MS_{within}}$
組內	SS_{within}	df_{within}	$\dfrac{SS_{within}}{df_{within}}$	
總和	SS_{total}	df_{total}		

註：$SS_{between} + SS_{within} = SS_{total}$；$df_{between} + df_{within} = df_{total}$

表 8-7

獨立樣本單因子變異數分析摘要表的計算公式

變異來源	SS	df	MS	F
組間	$\sum_{j=1}^{k} n_j \times (\overline{X}_j - \overline{X}..)^2$	$k-1$	$\dfrac{\sum_{j=1}^{k} n_j \times (\overline{X}_j - \overline{X}..)^2}{k-1}$	$\dfrac{\sum_{j=1}^{k} n_j \times (\overline{X}_j - \overline{X}..)^2}{k-1}$
組內	$\sum_{j=1}^{k} \sum_{i=1}^{n_j} (X_{ij} - \overline{X}_j)^2$	$N-k$	$\dfrac{\sum_{j=1}^{k} \sum_{i=1}^{n_j} (X_{ij} - \overline{X}_j)^2}{N-k}$	$\dfrac{\sum_{j=1}^{k} \sum_{i=1}^{n_j} (X_{ij} - \overline{X}_j)^2}{N-k}$
總和	$\sum_{j=1}^{k} \sum_{i=1}^{n_j} (X_{ij} - \overline{X}..)^2$	$N-1$		

表 8-8

高三學生英文模擬考成績之得分摘要

	A 校（第 1 組）		B 校（第 2 組）		C 校（第 3 組）	
	Y_1	$(Y_{1i} - \overline{Y}_1)^2$	Y_2	$(Y_{2i} - \overline{Y}_2)^2$	Y_3	$(Y_{3i} - \overline{Y}_3)^2$
	76	31.36	90	246.49	81	210.25
	60	108.16	45	858.49	56	110.25
	69	1.96	81	44.89	64	6.25
	75	21.16	67	53.29	33	1122.25
	74	12.96	79	22.09	56	110.25
	80	92.16	87	161.29	86	380.25
	78	57.76	83	75.69	83	272.25
	72	2.56	70	18.49	66	0.25
	67	11.56	62	151.29	64	6.25
	53	302.76	79	22.09	76	90.25
總和	704	642.4	743	1654.1	665	2308.5
平均	70.4		74.3		66.5	
標準差	8.45		13.56		16.02	
變異數	71.38		183.79		256.5	

根據表 8-8，第 1 組 10 位同學總分為 704，平均數為 70.4；第 2 組 10 位同學總分為 743，平均數為 74.3；第 3 組 10 位同學總分為 665，平均數為 66.5，故所有 30 位同學總平均數為 (704 + 743 + 665)/30 = 70.4。

$$SS_{between} = \sum_{j=1}^{k} n_j \times (\overline{X}_j - \overline{X}..)^2 = n_1 \times (\overline{X}_1 - \overline{X}..)^2 + n_2 \times (\overline{X}_2 - \overline{X}..)^2 + n_3 \times (\overline{X}_3 - \overline{X}..)^2$$

$$= 10 \times (70.4 - 70.4)^2 + 10 \times (74.3 - 70.4)^2 + 10 \times (66.5 - 70.4)^2$$

$$= 0 + 152.1 + 152.1$$

$$= 304.2$$

$$SS_{within} = \sum_{j=1}^{k} \sum_{i=1}^{n_j} (X_{ij} - \overline{X}_j)^2 = \sum_{i=1}^{n_1} (X_{i1} - \overline{X}_1)^2 + \sum_{i=1}^{n_2} (X_{i2} - \overline{X}_2)^2 + \sum_{i=1}^{n_3} (X_{i3} - \overline{X}_3)^2$$

$$= 642.4 + 1654.1 + 2308.5$$

$$= 4605$$

$$df_{between} = k - 1 = 3 - 1 = 2$$

$$df_{within} = N - k = 30 - 3 = 27$$

計算出 F 值為 0.89 後，接續求顯著性 p 值，以判斷接受或拒絕虛無假設。在透過 Excel 計算顯著性 p 值時，除了需要 F 值外，還需要組間自由度 df 為（$k - 1 = 3 - 1 = 2$），組內自由度 df 為（$N - k = 30 - 3 = 27$），將這些數據代入 Excel，即可獲得顯著性 p 值為 .4224，如圖 8-5 所示。

步驟 1：請將游標點選某個欄位，例如：點選 A1 欄位，如下圖所示。

步驟 2：將游標改點選「fx」右邊的空格，輸入「=FDIST(0.89,2,27)」，再按下鍵盤的「Enter」鍵，如下圖所示。FDIST() 括號中的第一個數值要輸入 F 值，第二個數值要輸入組間自由度，第三個數值要輸入組內自由度。

請注意：「＝」代表等號，在 Excel 中，若想進行數字的運算，一定要先出現等號 ＝，若一開始未輸入等號 ＝，則 Excel 會當成字串來處理。「FDIST(0.89,2,27)」表示 F 值為 0.89，組間自由度為 2，組內自由度為 27 的 F 機率分配，即為顯著性 p 值。

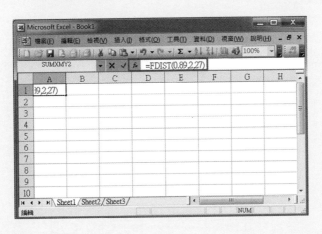

步驟 3：在 A1 欄位，即可見到「0.4224」，表示顯著性 p 值為 .4224，由於 p 值大於 .05，表示接受虛無假設，亦即 A 校、B 校、C 校三組別高三學生英文模擬考成績的平均數是相等的，如下圖所示。

圖 8-5　透過 Excel 計算 F 考驗的顯著性 p 值

　　根據表 8-8 與上述 $SS_{between}$、SS_{within}、$df_{between}$、df_{within} 與顯著性 p 值的計算數據，可獲得表 8-9 的獨立樣本單因子變異數分析摘要表。

表 8-9

獨立樣本單因子變異數分析摘要表

變異來源	SS	df	MS	F	p
組間	304.20	2	152.10	0.89	.422
組內	4605.00	27	170.56		
總和	4909.20	29			

表 8-9 透過上述公式所計算獨立樣本單因子變異數分析摘要表，與透過執行 SPSS 獨立樣本單因子變異數分析，所獲得統計結果是相近的（有一點小差距是因爲四捨五入的關係），如圖 8-6 所示。

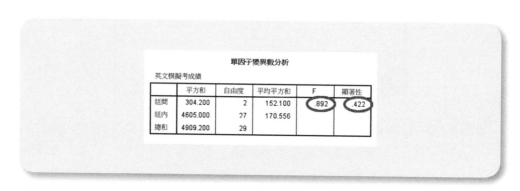

圖 8-6　SPSS 獨立樣本單因子變異數分析統計報表

2. 變異數不同質的單因子變異數分析公式

透過公式 8-1 的 Levene「變異數同質性」檢定，若顯示三組變異數不同質，則應該改用 Welch（1951）所提出的 F 考驗公式，如公式 8-12 所示。

$$F_{Welch} = \frac{\dfrac{1}{k-1} \sum_{j=1}^{k} w_j (\overline{X}_j - \overline{\overline{X}})^2}{1 + \dfrac{2(k-2)}{k^2-1} \sum_{j=1}^{k} \dfrac{(1 - \dfrac{w_j}{w})^2}{(n_j - 1)}} \qquad （公式 8-12）$$

公式 8-12 的 F_{Welch} 表示 Welch 的 F 考驗值；k 表示組別數；w_j 表示第 j 組的權重，其計算公式爲公式 8-13；w 表示所有組別的權重值總和，其計算公式爲公

式 8-14；$\overline{X}_j$ 表示第 j 組受試者的依變項平均數；$\overline{\overline{X}}$ 表示各組加權平均數，其計算公式為公式 8-15；n_j 表示第 j 組的人數。

$$w_j = \frac{n_j}{s_j^2} \qquad \text{（公式 8-13）}$$

$$w = \sum_{j=1}^{k} w_j \qquad \text{（公式 8-14）}$$

$$\overline{\overline{X}} = \frac{1}{w} \sum w_j \overline{X}_j \qquad \text{（公式 8-15）}$$

Welch 的 F 考驗的組間自由度為公式 8-16，組內自由度為公式 8-17。公式 8-17 的 k 表示組別數；w_j 表示第 j 組的權重，其計算公式為公式 8-13；w 表示所有組別的權重值總和，其計算公式為公式 8-14。

$$df_{between} = k - 1 \qquad \text{（公式 8-16）}$$

$$df_{within} = \frac{(k^2 - 1)}{3} \times \sum_{j=1}^{k} \frac{(n_j - 1)}{(1 - \frac{w_j}{w})^2} \qquad \text{（公式 8-17）}$$

由於透過公式 8-1 的 Levene「變異數同質性」考驗，顯示表 8-4 三個城市的直營店每月銷售金額變異數是不同質，故接續以表 8-4 三個城市直營店每月銷售金額是否有所不同為例，說明如何進行 Welch 的 F 考驗。茲將根據表 8-10 的數據，採用公式 8-12 至公式 8-17，進行 Welch 的 F 考驗計算。

先利用公式 8-13 求出每個組別的權重（w_j），再透過公式 8-14 求出所有組別的權重值總和（w），其計算歷程如下：

$$w_1 = \frac{n_1}{s_1^2} = \frac{8}{19.97} = 0.40$$

$$w_2 = \frac{n_2}{s_2^2} = \frac{8}{5.06} = 1.58$$

$$w_3 = \frac{n_3}{s_3^2} = \frac{8}{6.52} = 1.23$$

$$w = \sum_{j=1}^{k} w_j = \sum_{j=1}^{3} w_j = w_1 + w_2 + w_3 = 0.40 + 1.58 + 1.23 = 3.21$$

表 8-10

24 個直營店的每月銷售金額摘要

	A市（第1組）	B市（第2組）	C市（第3組）
	Y_1	Y_2	Y_3
	10.7	6.6	17.1
	9.8	7.1	12.4
	16.3	7.9	9.7
	7.2	8.6	11.8
	6.1	11.8	14.6
	18	9.5	11.2
	15.7	13.1	10.5
	9.1	8.8	15.1
總和	92.90	73.40	102.40
平均	11.61	9.18	12.80
標準差	4.47	2.25	2.55
變異數	19.97	5.06	6.52

接續透過公式 8-15 求出各組加權平均數（$\overline{\overline{X}}$），其計算歷程如下：

$$\overline{\overline{X}} = \frac{1}{w} \sum w_j \overline{X}_j = \frac{1}{w} \times (w_1 \overline{X}_1 + w_2 \overline{X}_2 + w_3 \overline{X}_3)$$
$$= \frac{1}{3.21} \times (0.40 \times 11.61 + 1.58 \times 9.18 + 1.23 \times 12.80)$$
$$= \frac{34.87}{3.21}$$
$$= 10.87$$

最後，將上述求出的每個組別的權重（w_j）、所有組別的權重值總和（w）、各組加權平均數（$\overline{\overline{X}}$）等數據，代入公式 8-12 的 Welch 的 F 值公式，其計算歷程如下：

$$F_{Welch} = \frac{\dfrac{1}{k-1}\sum_{j=1}^{k} w_j(\overline{X}_j - \overline{\overline{X}})^2}{1 + \dfrac{2(k-2)}{k^2-1}\sum_{j=1}^{k}\dfrac{(1-\dfrac{w_j}{w})^2}{(n_j-1)}}$$

$$= \frac{\dfrac{1}{3-1}\times[\,w_1\times(\overline{X}_1-\overline{\overline{X}})^2 + w_2\times(\overline{X}_2-\overline{\overline{X}})^2 + w_3\times(\overline{X}_3-\overline{\overline{X}})^2\,]}{1 + \dfrac{2(3-2)}{3^2-1}\times[\,\dfrac{(1-\dfrac{w_1}{w})^2}{(n_1-1)} + \dfrac{(1-\dfrac{w_2}{w})^2}{(n_2-1)} + \dfrac{(1-\dfrac{w_3}{w})^2}{(n_3-1)}\,]}$$

$$= \frac{\dfrac{1}{2}\times[\,0.40\times(11.61-10.87)^2 + 1.58\times(9.18-10.87)^2 + 1.23\times(12.80-10.87)^2\,]}{1 + \dfrac{2}{8}\times[\,\dfrac{(1-\dfrac{0.40}{3.21})^2}{7} + \dfrac{(1-\dfrac{1.58}{3.21})^2}{7} + \dfrac{(1-\dfrac{1.23}{3.21})^2}{7}\,]}$$

$$= \frac{4.65}{1.05}$$

$$= 4.43$$

　　求出 Welch 的 F 值後，再計算公式 8-16 與公式 8-17 的組間自由度和組內自由度，其計算歷程如下：

$$df_{between} = k - 1 = 3 - 1 = 2$$

$$df_{within} = \frac{(k^2-1)}{3}\times\sum_{j=1}^{k}\frac{(1-\dfrac{w_j}{w})^2}{(n_j-1)}$$

$$= \frac{(3^2-1)}{3}\times[\,\frac{(1-\dfrac{w_1}{w})^2}{(n_1-1)} + \frac{(1-\dfrac{w_2}{w})^2}{(n_2-1)} + \frac{(1-\dfrac{w_3}{w})^2}{(n_3-1)}\,]$$

$$= \frac{8}{3}\times[\,\frac{(1-\dfrac{0.40}{10.87})^2}{7} + \frac{(1-\dfrac{1.58}{10.87})^2}{7}\ \frac{(1-\dfrac{1.23}{10.87})^2}{7}\,]$$

$$= \frac{8}{3}\times 4.98$$

$$= 13.28$$

　　計算出 Welch 的 F 值為 4.43 後，接續求顯著性 p 值，以判斷接受或拒絕虛無假設。在透過 Excel 計算顯著性 p 值時，除了需要 F 值外，還需要組間的自由度 df 為 2，組內的自由度 df 為 13.28，將這些數據代入 Excel，即可獲得顯著性

p 值為 .0341，如圖 8-7 所示。

步驟 1：請將游標點選某個欄位，例如：點選 A1 欄位，如下圖所示。

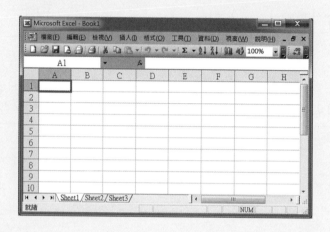

步驟 2：將游標改點選「*fx*」右邊的空格，輸入「=FDIST(4.43,2,13.28)」，再按下鍵盤的「Enter」鍵，如下圖所示。FDIST() 括號中的第一個數值要輸入 F 值，第二個數值要輸入組間自由度，第三個數值要輸入組內自由度。

　　請注意：「=」代表等號，在 Excel 中，若想進行數字的運算，一定要先出現等號 =，若一開始未輸入等號 =，則 Excel 會當成字串來處理。「FDIST(4.43,2,13.28)」表示 Welch 的 F 值為 4.43，組間自由度為 2，組內自由度為 13.28 的 F 機率分配，即為顯著性 p 值。

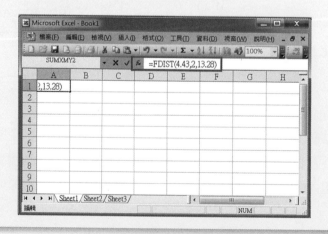

步驟 3：在 A1 欄位，即可見到「0.0341」，表示顯著性 p 值為 .0341，由於
　　　　　p 值小於 .05，表示拒絕虛無假設，亦即 A 市、B 市、C 市直營店
　　　　　每月銷售金額平均數是不相等，如下圖所示。

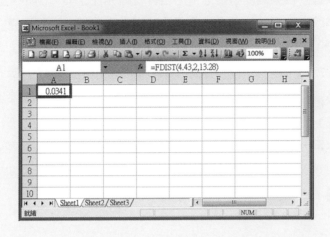

圖 8-7　透過 Excel 計算 Welch 的 F 考驗的顯著性 p 值

　　透過上述公式所計算 Welch 的 F 值為 4.43，與透過執行 SPSS 的 Welch 的
F 值為 4.443，所獲得的統計結果是相近（有一點小差距是因為四捨五入的關
係），如圖 8-8 所示。

圖 8-8　SPSS 的 Welch 的 F 值統計報表

貳、 獨立樣本單因子變異數分析的統計軟體操作

　　獨立樣本單因子變異數分析的適用時機，主要是考驗三個以上（包含三個）不同組別受試者，在某個變項得分情形是否有顯著性差異。例如：以第零章導論中所舉「中小學生數學知識信念、數學態度與數學成績之相關研究」為例，在研究假設的假設 1-3 想探討不同學校規模中小學生，在「數學知識信念量表」得分是否有顯著性差異。由於學校規模有「小型」、「中型」與「大型」三種不同學校，因此，必須採用單因子變異數分析，考驗三種不同學校規模學生，在「數學知識信念量表」得分是否有顯著性差異。

　　獨立樣本單因子變異數分析的統計表格呈現，通常需要包含兩個表格，第一個表格用來呈現各組別的敘述統計資料，如表 8-11 所示。第二個表格用來呈現獨立樣本單因子變異數分析的考驗結果資料，如表 8-12 所示。

表 8-11

獨立樣本單因子變異數分析各組別（三組）人數、平均數與標準差的格式 1

組別	個數	平均數	標準差
組別 1			
組別 2			
組別 3			

表 8-12

獨立樣本單因子變異數分析的摘要表格式 1

變異來源	SS	df	MS	F	事後比較
組間					
組內					
總和					

　　獨立樣本單因子變異數分析的統計表格呈現方式，除了可採用表 8-11 與表 8-12 格式外，若根據 APA 第六版規定，則應採用表 8-13 與表 8-14 的型態。

表 **8-13**

獨立樣本單因子變異數分析（三組別）人數、平均數、標準差與信賴區間格式 2

變項	組別 1 (*n* =)			組別 2 (*n* =)			組別 3 (*n* =)		
		95% 信賴區間			95% 信賴區間			95% 信賴區間	
	M(SD)	下界	上界	*M(SD)*	下界	上界	*M(SD)*	下界	上界
變項 名稱									

表 **8-14**

獨立樣本單因子變異數分析的摘要表格式 2

變異來源	*SS*	*df*	*MS*	*F*	*p*	事後比較	ω^2	$1-\beta$
組間								
組內								
總和								

　　表 8-13 呈現方式，爲配合 APA 第六版對 95% 信賴區間的規定，因此，表 8-13 比表 8-11 多了「95% 信賴區間」欄位。另外，表 8-13 組別名稱是擺放在表的上方欄位。由於 APA 第六版規定，現在呈現統計結果時，應同時呈現效果值與統計考驗力，因此，表 8-14 比表 8-12 多了呈現效果值 ω^2，雖然也可以採用效果值 η^2，但比較建議採用 ω^2，以及呈現統計考驗力（$1-\beta$）兩個欄位。雖然表 8-11、表 8-12 呈現方式，以及表 8-13、表 8-14 呈現方式都可採用，筆者推薦採用表 8-13、表 8-14 格式，除了符合 APA 第六版最新規定，也可以清楚瞭解單因子獨立樣本變異數分析的效果值、95% 信賴區間與統計考驗力。

　　當表 8-14 的顯著性 *p* 大於 .05 時，表示接受虛無假設（H_0），而虛無假設是各組平均數皆相等，顯示各組平均數沒有顯著性差異，因而整個變異數分析的歷程就結束了。

　　相對地，當表 8-14 的顯著性 *p* 小於 .05 時，表示拒絕虛無假設（H_0），而虛無假設是各組平均數皆相等。故表 8-14 顯著性 *p* 小於 .05 時，即表示並非各組的平均數皆相等，因而需要進一步進行「事後比較」（post hoc test），才能找出哪幾組的平均數是不相等的。

SPSS 提供 18 種事後比較的統計檢定方法，這 18 種事後比較檢定方式，可根據三個向度分類：第一個向度是只進行各組平均數的「配對比較」（pairwise comparisons），或是除了進行各組配對比較外，也可進行「非配對比較」（non-pairwise comparisons）。簡單來說，配對比較就是只針對兩個組別平均數是否相等進行比較，例如第 1 組平均數與第 2 組平均數比較（$\mu_1 - \mu_2$），或是第 1 組平均數與第 3 組平均數比較（$\mu_1 - \mu_3$），亦或是第 2 組平均數與第 3 組平均數比較（$\mu_2 - \mu_3$）。而非配對比較是指可進行三個組別以上平均數的比較，例如計算第 1 組平均數與第 2 組平均數的平均數，再和第 3 組平均數比較是否有顯著性差異（$\frac{\mu_1 + \mu_2}{2} - \mu_3$），或是計算第 1 組平均數與第 3 組平均數的平均數，再和第 2 組平均數比較是否有顯著性差異（$\frac{\mu_1 + \mu_3}{2} - \mu_2$），亦或是計算第 2 組平均數與第 3 組平均數的平均數，再和第 1 組平均數比較是否有顯著性差異（$\frac{\mu_2 + \mu_3}{2} - \mu_1$）。

第二個向度是只適用於各組人數皆相等的情況，或是亦可適用於各組人數不相等的情況。

第三個向度是只適用於各組的變異數皆相等（即是所謂符合變異數同質性）的情況，或是亦可適用於各組的變異數不相等的情況。

根據上述三個向度，可以將 SPSS 提供的 18 種事後比較檢定方式，整理成表 8-15 的分類方式。

由表 8-15 可知，欲進行各組配對平均數的事後比較，若各組人數相等且各組變異數相等，SPSS 提供 7 種事後比較的檢定方式，其中較常被使用的是 Tukey 法（或稱為 Tukey's HSD），比較不建議使用的是 Dunnett 法，因為 Dunnett 法易造成犯第一類型錯誤 α 的升高。

欲進行各組配對平均數的事後比較，若各組人數不相等，而各組變異數相等，SPSS 提供 7 種事後比較的檢定方式，其中較常被使用的是 Tukey-Kramer 法，比較不建議使用的是 LSD 法，因為 LSD 法易造成犯第一類型錯誤 α 的升高。要特別提醒的是：SPSS 並未出現 Tukey-Kramer 的名稱，但 SPSS 把 Tukey-Kramer 直接融入 Tukey 法中，亦即當你採用 SPSS 的 Tukey 法時，SPSS 會自動判斷，若各組人數相等，則 SPSS 會採用 Tukey 法；當各組人數不相等時，則 SPSS 會自動改成 Tukey-Kramer 法。

表 8-15

SPSS 提供 18 種事後比較檢定方法的分類

	只適用配對平均數比較		適用各種比較	
	適用各組變異數同質	適用各組變異數不同質	適用各組變異數同質	適用各組變異數不同質
只適用各組人數相同	S-N-K, Tukey, Tukey's b, R-E-G-W(Q), Duncan, Waller-Duncan, Dunnett			
同時適用各組人數相同或不相同	LSD, Bonferroni, Sidak, R-E-G-W(F), Hochberg's GT2, Gabriel, Tukey-Kramer	Dunnett's T3, Games-Howell, Dunnett's C, Tamhane's T2	Scheffé	

資料來源：*Experimental design: Procedures for the behavioral sciences* (4th ed.) by R. E. Kirk, 2013, p.202. Thousand Oaks, CA: Sage.

註：S-N-K 全名為 Student-Newman-Keuls；Tukey 也被稱為 Tukey's HSD(Honestly Significant Difference)；R-E-G-W(Q) 全名為 Ryan-Einot-Gabriel-Welsch range test；LSD 全名為 Fisher's Least Significant Difference；R-E-G-W(F) 全名為 Ryan-Einot-Gabriel-Welsch F test。

　　欲進行各組配對平均數的事後比較時，若各組變異數不相等，則不論各組人數是否相等，SPSS 提供 4 種事後比較的檢定方式，其中較常被推薦使用的是 Games-Howell 法（Sauder & DeMars, 2019）。

　　若欲同時進行配對比較與非配對比較時，則可選用 Scheffé 法，但須注意的是：Scheffé 法適用於各組變異數同質時，若各組變異數不同質，則不適合採用 Scheffé 法。由於 Scheffé 法同時適用於配對比較與非配對比較，所以 Scheffé 法是比較保守且嚴謹的事後比較方法，較容易出現整體變異數分析 F 考驗有達顯著性差異水準，但透過 Scheffé 法的事後比較，卻未能找出任何兩組平均數有顯著性差異的情況。

　　綜合上述的討論，建議進行變異數分析的事後比較時，可以同時選定「Tukey 法」、「Scheffé 法」與「Games-Howell 法」這三種事後比較方法。當各組變異數同質時（當各組人數不相等時，採用 Tukey 法，SPSS 會自動改用

Tukey-Kramer 法，而 Scheffé 法與 Games-Howell 法皆適用於各組人數不相等，故採用這三種事後比較方法，可以不用考慮各組人數是否相等），可以同時檢視「Tukey 法」與「Scheffé 法」的檢定結果，當這兩種的檢定結果出現不一樣的情況，由於 Scheffé 法較為保守，故可以考慮採用 Tukey 法的統計結果。當各組變異數不同質時，則直接採用 Games-Howell 法的統計結果。

　　底下將以第零章導論中所提及的「中小學生數學知識信念、數學態度與數學成績之相關研究」為例，說明如何透過獨立樣本單因子變異數分析，進行假設 1-3 不同學校規模中小學生，其數學知識信念有顯著差異考驗。底下將針對 SPSS 操作步驟、SPSS 結果報表解釋，以及統計表格的呈現等部分，說明如何透過獨立樣本單因子變異數分析，來考驗是否支持假設 1-3「探討不同學校規模（小型、中型、大型）中小學生，在數學知識信念量表得分是否有顯著性差異」。

(一) 獨立樣本單因子變異數分析的SPSS操作步驟

　　獨立樣本單因子變異數分析的 SPSS 操作步驟，如圖 8-9 所示。

步驟 1：請點選「分析 (A)」→「比較平均數法 (M)」→「單因子變異數分析 (O)」，如下圖所示。

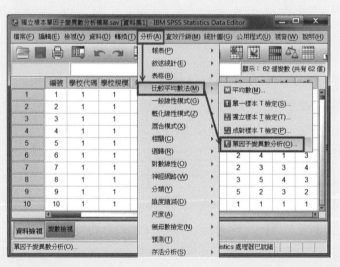

步驟 2：在「單因子變異數分析」對話窗中，將「數學知識信念」四個分量表「天生能力」、「快速學習」、「簡單知識」與「確定知識」，從左方變數清單中，移至右方「依變數清單 (E)：」空格（可一次同時進行多個變項的考驗），如下圖所示。

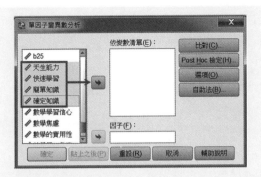

步驟3：在「單因子變異數分析」對話窗中，將「學校規模」這個變項從左
　　　　方變數清單中，移至右下方「因子(F)：」空格，並按右方「選項
　　　　(O)」按鍵，如下圖所示。

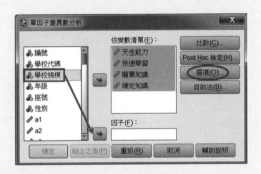

步驟4：在「單因子變異數分析：選項」對話窗中，從「統計量」選項
　　　　中，勾選「描述性統計量(D)」、「變異數同質性檢定(H)」與
　　　　「Welch(W)」，且勾選「平均數圖(M)」等四個選項，再按「繼續」
　　　　按鍵，如下圖所示。

步驟 5：在「單因子變異數分析」對話窗中，按右方「Post H<u>o</u>c 檢定 (H)」
　　　　按鍵，如下圖所示。

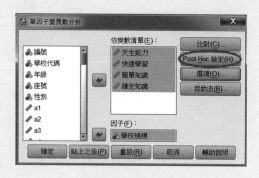

步驟 6：在「單因子變異數分析：Post Hoc 多重比較」對話窗中，從上方
　　　　「假<u>設</u>相同的變異數」選項中，勾選「Scheffe 法 (C)」與「Tukey
　　　　法 (T)」；再從下方「未假設相同的變異數」選項中，勾選「Games-
　　　　Howell 檢定 (A)」，再按「繼續」按鍵，如下圖所示。

步驟 7：在「單因子變異數分析」對話窗中，按「確定」按鍵，如下圖所示。

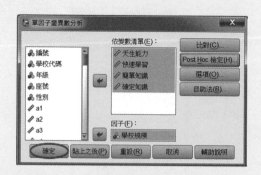

圖 8-9　獨立樣本單因子變異數分析的 SPSS 操作步驟

(二) 獨立樣本單因子變異數分析的SPSS結果報表解釋

經過上述圖 8-9 的 SPSS 操作步驟後，SPSS 會自動產生「描述性統計量」、「變異數同質性檢定」、「單因子變異數分析」、「均等平均數的 Robust 檢定」、「Post Hoc 檢定＿多重比較」、「同質子集＿天生能力」、「同質子集＿快速學習」、「同質子集＿簡單知識」、「同質子集＿確定知識」、「平均數圖＿天生能力」、「平均數圖＿快速學習」、「平均數圖＿簡單知識」與「平均數圖＿確定知識」等十三個統計圖表，如圖 8-10 所示。

報表 1：在「描述性統計量」報表，可看到「依變項名稱與組別名稱」、「個數」、「平均數」、「標準差」、「標準誤」、「平均數的 95% 信賴區間」、「最小值」與「最大值」等八個欄位資料。以「天生能力」分量表為例，「小型學校」的個數有 105 個；平均數為 14.55；標準差為 5.31；標準誤為 0.52；平均數的 95% 信賴區間下界為 13.52，上界為 15.58；最小值為 6；最大值為 27，如下圖所示。

描述性統計量

		個數	平均數	標準差	標準誤	平均數的 95% 信賴區間		最小值	最大值
						下界	上界		
天生能力	小型	105	14.55	5.310	.518	13.52	15.58	6	27
	中型	103	13.59	4.342	.428	12.74	14.44	6	30
	大型	100	12.67	4.841	.484	11.71	13.63	6	27
	總和	308	13.62	4.895	.279	13.07	14.17	6	30
快速學習	小型	105	8.61	2.934	.286	8.04	9.18	4	15
	中型	103	7.62	2.373	.234	7.16	8.09	4	16
	大型	100	7.89	2.632	.263	7.37	8.41	4	16
	總和	308	8.05	2.683	.153	7.74	8.35	4	16
簡單知識	小型	105	12.88	4.192	.409	12.06	13.69	6	26
	中型	103	11.33	3.095	.305	10.73	11.93	6	20
	大型	100	11.75	3.616	.362	11.03	12.47	6	21
	總和	308	11.99	3.713	.212	11.58	12.41	6	26
確定知識	小型	105	14.25	3.702	.361	13.53	14.96	5	23
	中型	103	13.35	3.531	.348	12.66	14.04	5	25
	大型	100	12.98	3.484	.348	12.29	13.67	5	21
	總和	308	13.54	3.604	.205	13.13	13.94	5	25

報表 2：在「變異數同質性檢定」報表，可看到「依變項名稱」、「Levene 統計量」、「分子自由度」、「分母自由度」與「顯著性」等五個欄位資料。以「天生能力」分量表為例，Levene 統計量為 2.578；分子自由度為 2；分母自由度為 305；顯著性 p 值為 .078，亦即

$F(2, 305) = 2.58, p = .078$，由於顯著性 p 大於 .05，表示接受虛無假設，亦即小型、中型、大型三種類型學校學生的天生能力之變異數具同質性，如下圖所示。

變異數同質性檢定

	Levene 統計量	分子自由度	分母自由度	顯著性
天生能力	2.578	2	305	.078
快速學習	5.064	2	305	.007
簡單知識	4.208	2	305	.016
確定知識	.081	2	305	.922

報表 3：在「單因子變異數分析」報表，可看到「依變項名稱與變異來源」、「平方和」、「自由度」、「平均平方和」、「F 檢定」與「顯著性」等六個欄位的資料。以「天生能力」分量表為例，F 值為 3.86，顯著性 p 值 .022，亦即 $F(2, 305) = 3.86, p = .022$，由於顯著性 p 小於 .05，表示拒絕虛無假設，亦即小型、中型、大型三種類型學校學生的天生能力之平均數並非皆相等，如下圖所示。

單因子變異數分析

		平方和	自由度	平均平方和	F	顯著性
天生能力	組間	181.610	2	90.805	3.860	.022
	組內	7174.946	305	23.524		
	總和	7356.555	307			
快速學習	組間	54.350	2	27.175	3.846	.022
	組內	2155.013	305	7.066		
	總和	2209.364	307			
簡單知識	組間	133.070	2	66.535	4.951	.008
	組內	4098.917	305	13.439		
	總和	4231.987	307			
確定知識	組間	87.668	2	43.834	3.429	.034
	組內	3898.939	305	12.783		
	總和	3986.607	307			

報表 4：在「均等平均數的 Robust 檢定」報表，此報表即為 Welch 的 F 值。若變異數同質性考驗顯示，各組變異數不具有同質性時，則可採用 Welch 的 F 值取代變異數分析的 F 值。以「快速學習」分量表為例，從報表 2 的變異數同質性考驗可知，三組的變異數不具變異數同質性，故「快速學習」分量表可改採 Welch 的 F 值，由下表可知：「快速學習」分量表 Welch 的 F 值為 3.64；分子自由度為 2；分母自由度為 202.01；顯著性 p 值為 .028，亦即 $F(2, 202.01) = 3.64, p =$

.028，由於顯著性 p 小於 .05，表示拒絕虛無假設，亦即小型、中型、大型三種類型學校學生的快速學習之平均數並非皆相等，如下圖所示。

均等平均數的 Robust 檢定

		統計量[a]	分子自由度	分母自由度	Sig.
天生能力	Welch	3.515	2	202.057	.032
快速學習	Welch	3.640	2	202.005	.028
簡單知識	Welch	4.622	2	200.523	.011
確定知識	Welch	3.336	2	203.300	.038

a. 漸近的 F 分配。

報表 5：在「多重比較」報表，「多重比較」也被稱為「事後比較」。在判斷兩個組別的事後比較時，應先根據報表 2 的變異數同質性考驗結果，來決定要看「Scheffé 法」、「Tukey 法」或「Games-Howell 檢定」。若各組具變異數同質性則看「Scheffé 法」與「Tukey 法」，若各組不具變異數同質性則看「Games-Howell 檢定」。以「天生能力」分量表為例，由報表 2 可知小型、中型、大型三種類型學校學生的天生能力之變異數具同質性，故多重比較應看「Scheffé 法」與「Tukey 法」。由下圖可知：「Tukey 法」的「小型學校」與「中型學校」事後比較，顯著性 p 值為 .328，由於顯著性 p 大於 .05，表示接受虛無假設，亦即小型與中型學校學生天生能力平均數是相等。「小型學校」與「大型學校」事後比較，顯著性 p 值為 .016，由於顯著性 p 小於 .05，表示拒絕虛無假設，亦即小型與大型學校學生天生能力平均數是不相等。「中型學校」與「大型學校」事後比較，顯著性 p 值為 .366，由於顯著性 p 大於 .05，表示接受虛無假設，亦即中型與大型學校學生天生能力平均數是相等。

「Scheffé 法」的「小型學校」與「中型學校」事後比較，顯著性 p 值為 .362，由於顯著性 p 大於 .05，表示接受虛無假設，亦即小型與中型學校學生天生能力平均數是相等。「小型學校」與「大型學校」事後比較，顯著性 p 值為 .022，由於顯著性 p 小於 .05，表示拒絕虛無假設，亦即小型與大型學校學生天生能力平均數是不相等。「中型學校」與「大型學校」事後比較，顯著性 p 值為 .401，由於顯著性 p 大於 .05，表示接受虛無假設，亦即中型與大型學校

學生天生能力平均數是相等。

由於採用「Tukey HSD法」與「Scheffé法」的事後比較皆發現，「小型學校」的平均數顯著高於「大型學校」的平均數，故最後事後比較的統計結果即為「小型學校」的平均數（$M = 14.55$）顯著高於「大型學校」的平均數（$M = 12.67$）。

Post Hoc 檢定

多重比較

依變數		(I) 學校規模	(J) 學校規模	平均差異 (I-J)	標準誤	顯著性	95% 信賴區間 下界	上界
天生能力	Tukey HSD	小型	中型	.960	.673	.328	-.62	2.54
			大型	1.882*	.678	.016	.29	3.48
		中型	小型	-.960	.673	.328	-2.54	.62
			大型	.922	.681	.366	-.68	2.53
		大型	小型	-1.882*	.678	.016	-3.48	-.29
			中型	-.922	.681	.366	-2.53	.68
	Scheffé 法	小型	中型	.960	.673	.362	-.69	2.61
			大型	1.882*	.678	.022	.22	3.55
		中型	小型	-.960	.673	.362	-2.61	.69
			大型	.922	.681	.401	-.75	2.60
		大型	小型	-1.882*	.678	.022	-3.55	-.22
			中型	-.922	.681	.401	-2.60	.75
	Games-Howell 檢定	小型	中型	.960	.672	.328	-.63	2.55
			大型	1.882*	.709	.023	.21	3.56
		中型	小型	-.960	.072	.328	-2.55	.63
			大型	.922	.646	.329	-.60	2.45
		大型	小型	-1.882*	.709	.023	-3.56	-.21
			中型	-.922	.646	.329	-2.45	.60
快速學習	Tukey HSD	小型	中型	.988*	.369	.021	.12	1.86
			大型	.720	.371	.130	-.16	1.59
		中型	小型	-.988*	.369	.021	-1.86	-.12
			大型	-.269	.373	.752	-1.15	.61
		大型	小型	-.720	.371	.130	-1.59	.16
			中型	.269	.373	.752	-.61	1.15
	Scheffé 法	小型	中型	.988*	.369	.029	.08	1.89
			大型	.720	.371	.155	-.19	1.63
		中型	小型	-.988*	.369	.029	-1.89	-.08
			大型	-.269	.373	.772	-1.19	.65
		大型	小型	-.720	.371	.155	-1.63	.19
			中型	.269	.373	.772	-.65	1.15
	Games-Howell 檢定	小型	中型	.988*	.370	.022	.12	1.86
			大型	.720	.389	.156	-.20	1.64
		中型	小型	-.988*	.370	.022	-1.86	-.12
			大型	-.269	.352	.726	-1.10	.56
		大型	小型	-.720	.389	.156	-1.64	.20
			中型	.269	.352	.726	-.56	1.10

報表6：在「同質子集_天生能力」報表，可看到「Tukey HSD法」與「Scheffé法」的「小型學校」、「中型學校」與「大型學校」學生在「天生能力」分量表得分，分成兩個子集，其中「大型學校」與「中型學校」是同一個子集，而「中型學校」與「小型學校」也是同一個子集，如下圖所示。

同質子集

天生能力

	學校規模	個數	alpha = 0.05 的子集	
			1	2
Tukey HSD[a,b]	大型	100	12.67	
	中型	103	13.59	13.59
	小型	105		14.55
	顯著性		.362	.333
Scheffé 法[a,b]	大型	100	12.67	
	中型	103	13.59	13.59
	小型	105		14.55
	顯著性		.397	.367

顯示的是同質子集中組別的平均數。

a. 使用調和平均數樣本大小 = 102.625。

b. 組別大小不相等。將使用組別大小的調和平均數。不保證型 I 的誤差水準。

報表 7：在「同質子集_快速學習」報表，可看到「Tukey HSD 法」與「Scheffé 法」的「小型學校」、「中型學校」與「大型學校」學生在「快速學習」分量表得分，分成兩個子集，其中「中型學校」與「大型學校」是同一個子集，而「大型學校」與「小型學校」也是同一個子集，如下圖所示。

快速學習

	學校規模	個數	alpha = 0.05 的子集	
			1	2
Tukey HSD[a,b]	中型	103	7.62	
	大型	100	7.89	7.89
	小型	105		8.61
	顯著性		.749	.130
Scheffé 法[a,b]	中型	103	7.62	
	大型	100	7.89	7.89
	小型	105		8.61
	顯著性		.770	.154

顯示的是同質子集中組別的平均數。

a. 使用調和平均數樣本大小 = 102.625。

b. 組別大小不相等。將使用組別大小的調和平均數。不保證型 I 的誤差水準。

報表 8：在「同質子集_簡單知識」報表，可看到「Tukey HSD 法」與「Scheffé 法」的「小型學校」、「中型學校」與「大型學校」學生在「簡單知識」分量表得分，分成兩個子集，其中「中型學校」與「大型學校」是同一個子集，而「大型學校」與「小型學校」也是同一個子集，如下圖所示。

簡單知識

	學校規模	個數	alpha = 0.05 的子集	
			1	2
Tukey HSD[a,b]	中型	103	11.33	
	大型	100	11.75	11.75
	小型	105		12.88
	顯著性		.691	.073
Scheffe 法[a,b]	中型	103	11.33	
	大型	100	11.75	11.75
	小型	105		12.88
	顯著性		.714	.091

顯示的是同質子集中組別的平均數。

a. 使用調和平均數樣本大小 = 102.625。

b. 組別大小不相等。將使用組別大小的調和平均數。不保證型I的誤差水準。

報表 9：在「同質子集＿確定知識」報表，可看到「Tukey HSD 法」與「Scheffé 法」的「小型學校」、「中型學校」與「大型學校」學生在「確定知識」分量表得分，分成兩個子集，其中「大型學校」與「中型學校」是同一個子集，而「中型學校」與「小型學校」也是同一個子集，如下圖所示。

確定知識

	學校規模	個數	alpha = 0.05 的子集	
			1	2
Tukey HSD[a,b]	大型	100	12.98	
	中型	103	13.35	13.35
	小型	105		14.25
	顯著性		.740	.172
Scheffe 法[a,b]	大型	100	12.98	
	中型	103	13.35	13.35
	小型	105		14.25
	顯著性		.760	.200

顯示的是同質子集中組別的平均數。

a. 使用調和平均數樣本大小 = 102.625。

b. 組別大小不相等。將使用組別大小的調和平均數。不保證型I的誤差水準。

報表 10：在「平均數圖＿天生能力」報表，可看到「小型學校」學生的「天生能力」分量表平均數最高，其次為「中型學校」學生的「天生能力」分量表平均數，「大型學校」學生的「天生能力」分量表平均數最低，如下圖所示。

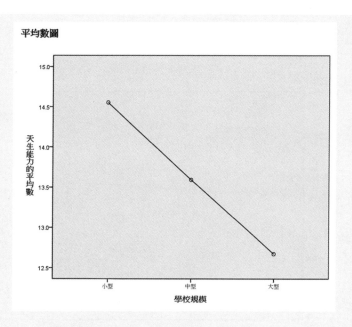

報表 11：在「平均數圖＿快速學習」報表，可看到「小型學校」學生「快速學習」分量表平均數最高，其次為「大型學校」學生「快速學習」分量表平均數，「中型學校」學生「快速學習」分量表平均數最低，如下圖所示。

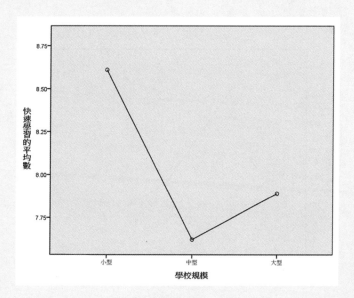

報表 12：在「平均數圖＿簡單知識」報表，可看到「小型學校」學生「簡單知識」分量表平均數最高，其次為「大型學校」學生「簡單知識」

分量表平均數,「中型學校」學生「簡單知識」分量表平均數最低,如下圖所示。

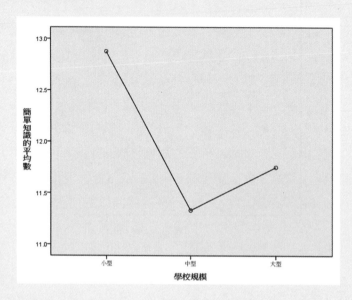

報表 13：在「平均數圖_確定知識」報表,可看到「小型學校」學生的「確定知識」分量表平均數最高,其次為「中型學校」學生的「確定知識」分量表平均數,「大型學校」學生的「確定知識」分量表平均數最低,如下圖所示。

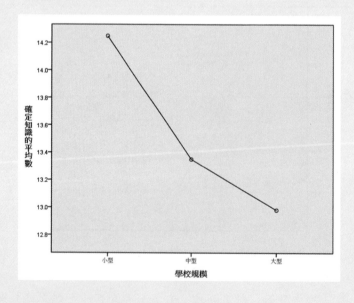

圖 8-10　單因子獨立樣本變異數分析 SPSS 的統計報表

在圖 8-10 報表 1「描述性統計量」這個表格，我們需擷取其中的「個數」、「平均數」與「標準差」統計資料，如圖所圈選部分。以「天生能力」這個依變項爲例，「小型學校」個數有 105 個，平均數爲 14.55，標準差爲 5.31；「中型學校」個數有 103 個，平均數爲 13.59，標準差爲 4.34；「大型學校」個數有 100 個，平均數爲 12.67，標準差爲 4.84。

在圖 8-10 報表 2「變異數同質性檢定」這個表格，我們可從「顯著性」這個欄位數值大小，判斷各組在每個依變項變異數是否具有同質性。由於變異數相等 Levene 檢定的虛無假定爲各組變異數相等，亦即「H_0：各組的變異數相等」，因此，若顯著性的 p 值大於 .05，顯示無法拒絕虛無假設，也就是接受各組變異數相等的虛無假設；相對地，若顯著性的 p 值小於 .05，顯示必須拒絕虛無假設，也就是各組的變異數不相等。

由圖 8-10 報表 2「顯著性」欄位可知，不同學校規模「小型」、「中型」與「大型」三組，在「天生能力」（$p = .078$）與「確定知識」（$p = .922$）這兩個依變項的變異數是同質；而不同學校規模「小型」、「中型」與「大型」三組，在「快速學習」（$p = .007$）與「簡單知識」（$p = .016$）這兩個依變項的變異數是不同質。

在圖 8-10 報表 3「單因子變異數分析」這個表格，包括「依變項與變異來源」、「平方和」、「自由度」、「平均平方和」、「F 檢定」與「顯著性」等六個欄位。「單因子變異數分析」的六個欄位資料，我們都會使用到，它可以提供我們製作表 8-12 或表 8-14 所需資料。我們可從「顯著性」這個欄位數值大小（即是所謂 p 值），來判斷各組在每個依變項平均數是否有顯著性差異。當 $p > .05$ 時，顯示各組平均數沒有顯著性差異，相對地，當 $p < .05$ 時，顯示各組平均數有顯著性差異。

由於變異數基本假定是各組母群變異數相等，若各組變異數同質時，符合變異數分析基本假定，因此可直接從「單因子變異數分析」這個表格的「顯著性」來判斷各組依變項平均數是否有顯著性差異。

從圖 8-10 報表 2「顯著性」欄位可知，「天生能力」與「確定知識」這兩個依變項變異數是同質，因此可直接從圖 8-10 報表 3「顯著性」欄位得知，「天生能力」（$p = .022$）與「確定知識」（$p = .034$）這兩個分量表的 F 考驗達 .05 顯著水準，顯示三個組別在這兩個分量表平均數有顯著性差異，至於是哪兩個組別之間有顯著性差異，則必須進行事後比較，才能確定哪些組別之間的平均數有達到顯著性差異。

　　相對地，從圖 8-10 報表 2「顯著性」欄位可知，「快速學習」與「簡單知識」這兩個依變項變異數是不同質，若各組變異數不同質，且各組人數差距很大時，則單因子變異數分析的 F 考驗結果容易產生較大的偏誤，此時可考慮採用 Welch 的 F 考驗。

　　若各組變異數不相等情況不嚴重，變異數最大組別沒有超過 4 倍變異數最小的組別，且各組人數差異不大時，人數最多組別沒有超過 1.5 倍人數少數的組別（Cohen, 2008），則 ANOVA 的 F 考驗具有強韌性特質，縱使變異數考驗顯示不相等，還是可採用 ANOVA 的 F 考驗作為判斷依據。

　　由於「快速學習」與「簡單知識」這兩個依變項變異數是不同質，建議除參考 ANOVA 的 F 考驗，也應該一併參考 Welch 的 F 考驗。

　　從圖 8-10 報表 3「單因子變異數分析」表格中的「顯著性」這個欄位數值，可知「快速學習」（$p = .022$）與「簡單知識」（$p = .008$）這兩個分量表的 F 考驗達 .05 顯著水準。

　　圖 8-10 報表 4 的 Welch 調整 F 考驗統計結果，從「均等平均數的 Robust 檢定」表格中的「顯著性」這個欄位數值，可知「快速學習」（$p = .028$）與「簡單知識」（$p = .011$）這兩個分量表 F 考驗也都達 .05 顯著水準。

　　雖然「快速學習」與「簡單知識」這兩個依變項變異數是不同質，違反單因子獨立樣本變異數分析基本假定，但由於 ANOVA 的 F 考驗與 Welch 的 F 考驗獲得同樣的結論，皆顯示各組在「快速學習」與「簡單知識」這兩個分量表平均數達顯著性差異，因此可以比較有信心相信各組平均數是有顯著性差異，接著需要進行各組的事後比較。

　　當各組變異數不同質時，假若 ANOVA 的 F 考驗與 Welch 的 F 考驗得到不相同結論，筆者綜合 Cohen（2008）、Lomax（2007）、Myers 與 Well（2003）、Wilcox（2003）等人看法，提出下面的判斷方式：

1. 假若人數較多的組別有較大的變異數，人數較少的組別有較小的變異數，則採用 ANOVA 的 F 考驗結果。

2. 假若人數較多的組別有較小的變異數，人數較少的組別有較大的變異數，則採用 Welch 調整的 F 考驗結果。

　　由上面討論可知，各組受試者在「天生能力」、「快速學習」、「簡單知識」與「確定知識」等四個分量表平均數皆有顯著性差異。接著需要進行事後比較以找出哪些組別兩兩之間有顯著性差異。

有關事後比較的方法，SPSS 提供 18 種不同考驗方法，其中，適用於各組變異數同質有 14 種方法，適用各組變異數不同質有 4 種方法，請參考圖 8-9 步驟 6。在圖 8-9 步驟 6 操作過程，在適用變異數同質考驗方法中，我們勾選「Scheffe 法」與「Tukey 法 (T)」，在適用變異數不同質考驗方法中，我們勾選「Games-Howell 檢定」。

由於「天生能力」與「確定知識」這兩個依變項變異數是同質，且 ANOVA 的 F 考驗達顯著性差異，因此，事後比較部分，乃採用 Scheffé 法與 Tukey 法 (T) 的事後比較結果。

相對的，「快速學習」與「簡單知識」這兩個依變項變異數是不同質，且 ANOVA 的 F 考驗達顯著性差異，因此，事後比較部分，乃採用 Games-Howell 檢定的事後比較結果。

圖 8-10 報表 5「多重比較」表格，包括「依變項、事後比較方法與組別」、「平均差異」、「標準誤」、「顯著性」與「95％信賴區間」等五個欄位。若「顯著性」數值低於 .05（亦即 $p < .05$），顯示兩個組別平均數具有顯著性差異，此時在「平均差異」欄位會出現星號「*」，而由「平均差異」數值是正數或負數，可判斷兩個組別平均數高低。

以圖 8-10 報表 5「天生能力」這個分量表事後比較為例，由於各組別在「天生能力」這個分量表變異數同質，所以事後比較是採用 Scheffé 法與 Tukey 法 (T)。在「小型學校與中型學校」事後比較中，由圖 8-10 報表 5 可知 Tukey 法 (T) 考驗未達顯著水準（$p = .328$），而 Scheffé 法考驗未達顯著水準（$p = .362$），顯示小型學校平均數（$M = 14.55$）與中型學校平均數（$M = 13.59$），沒有顯著性差異，兩者平均差異為 14.55 – 13.59＝0.96，此即為「平均差異」欄位中的 0.96，由於兩者未達顯著性差異，故在 0.96 之後沒有出現任何星號「*」。

在「小型學校與大型學校」的事後比較中，由圖 8-10 報表 5 可知 Tukey 法 (T) 考驗達顯著水準（$p = .016$），而 Scheffé 法考驗達顯著水準（$p = .022$），顯示小型學校平均數（$M = 14.55$）與大型學校平均數（$M = 12.67$），有顯著性差異，兩者平均差異為 14.55 – 12.67＝1.88，此即為「平均差異」欄位中的 1.882，同時因為兩者達顯著性差異，故在 1.882 之後有出現一個星號「*」。

在「中型學校與大型學校」事後比較中，由圖 8-10 報表 5 可知 Tukey 法 (T) 考驗未達顯著水準（$p = .336$），而 Scheffé 法考驗未達顯著水準（$p = .401$），顯示中型學校平均數（$M = 13.59$）與大型學校平均數（$M = 12.67$），沒有顯著性差異，兩者平均差異為 13.59 – 12.67 = 0.92，此即為「平均差異」欄位中的

0.92，由於兩者未達顯著性差異，故在 0.92 之後沒有出現任何星號「*」。

由於各組別在「快速學習」這個分量表變異數不同質，所以事後比較採用 Games-Howell 檢定。在「小型學校與中型學校」事後比較中，由圖 8-10 報表 5 可知 Games-Howell 考驗達顯著水準（*p* = .022），顯示小型學校平均數（*M* = 8.61）顯著高於中型學校平均數（*M* = 7.62）。

在「小型學校與大型學校」事後比較中，由圖 8-10 報表 5 可知 Games-Howell 考驗未達顯著水準（*p* = .156），顯示小型學校平均數（*M* = 8.61）與大型學校平均數（*M* = 7.89）沒有顯著差異。

在「中型學校與大型學校」事後比較中，由圖 8-10 報表 5 可知 Games-Howell 考驗未達顯著水準（*p* = .726），顯示中型學校平均數（*M* = 7.62）與大型學校平均數（*M* = 7.89）沒有顯著差異。

(三) 獨立樣本單因子變異數分析的統計表格呈現

根據 SPSS 得到的統計結果，我們可以整理成符合表 8-11 與表 8-12 獨立樣本單因子變異數分析摘要表。亦即將圖 8-10 統計報表資料，整理成表 8-16 與表 8-17 獨立樣本單因子變異數分析摘要表。

表 8-16

不同學校規模在「天生能力」的人數、平均數與標準差

組別	個數	平均數	標準差
小型學校	105	14.55	5.31
中型學校	103	13.59	4.34
大型學校	100	12.67	4.84

表 8-17

不同學校規模在「天生能力」的單因子變異數分析摘要表

變異來源	*SS*	*df*	*MS*	*F*	事後比較
組間	181.61	2	90.81	3.86*	小型 > 大型
組內	7174.95	305	23.52		
總和	7356.56	307			

* *p* < .05.

表 8-16 所有資料，皆可直接從圖 8-10 報表 1 單因子變異數分析「描述性統計量」中獲得。表 8-16 有 4 個欄位，最左邊欄位是呈現自變項的各組別名稱，

例如：在不同學校規模這個自變項中，包含有小型學校、中型學校與大型學校等三個組別；左邊第 2 欄位為「個數」，顯示每個組別人數，例如：「小型學校」這個組別有 105 人；左邊第 3 欄位為「平均數」，顯示每個組別平均數，例如：「小型學校」這個組別平均數為 14.55；左邊第 4 欄位為「標準差」，顯示每個組別標準差，例如：「小型學校」這個組別標準差為 5.31。

表 8-17 資料，除了「事後比較」這個欄位資料需要從圖 8-10 報表 5「多重比較」中獲得外，其他資料皆可直接從圖 8-10 報表 3「單因子變異數分析」表格中獲得。表 8-17 有 6 個欄位，最左邊欄位是呈現「變異來源」，主要包括組間、組內與總和三個部分。

左邊第 2 個欄位是「SS」，主要顯示組間、組內與總和的平方和（sum of squares），例如：組間的 SS 是 181.61，組內的 SS 是 7174.95，總和的 SS 是 7356.56，總和的 SS 等於組間的 SS 加上組內的 SS，故 181.61 + 7174.95 = 7356.56。

左邊第 3 個欄位是「df」，主要顯示組間、組內與總和的自由度，例如：組間 df 是 2，組內 df 是 305，總和 df 是 307，總和 df 等於組間 df 加上組內 df，故 2 + 305 = 307。

左邊第 4 個欄位是「MS」，此欄位只呈現組間與組內的平均平方和（mean squares），例如：組間 MS 是 90.81，組內 MS 是 23.52。MS 計算方式是將 SS 除以 df，亦即 $MS = SS / df$，故組間 MS = 181.61 / 2 = 90.81，組內 MS = 7174.95 / 305 = 23.52。

左邊第 5 個欄位是「F 值」，呈現 F 考驗的數值大小，F 計算方式是將組間 MS 除以組內 MS，亦即 F = 組間 MS / 組內 MS，故 F = 90.81 / 23.52 = 3.86。如同獨立樣本 t 考驗一樣，此處的 F 值若達到 .05 顯著水準時，研究者必須自行在 F 值之後加上一個星號（*）；F 值若達到 .01 顯著水準時，研究者必須自行在 F 值之後加上兩個星號（**）；F 值若達到 .001 顯著水準時，研究者必須自行在 F 值之後加上三個星號（***）；若 F 值未達 .05 顯著水準時，則不能加上任何星號。

若表 8-17 單因子獨立樣本變異數分析摘要表「F」這個欄位有出現「*」的符號時，則需在該表下方，註記相對應的說明。例如：有出現一個「*」時，則在該表下方出現「* $p < .05$」；出現兩個「**」時，則在該表下方出現「** $p < .01$」；出現三個「***」時，則在該表下方出現「*** $p < .001$」；若同時有幾種不同的星號出現時，習慣上以「* $p < .05$ ** $p < .01$ *** $p < .001$」排列方式呈現；

若都未出現任何的「*」，則無須在該表下方呈現任何的註記說明。

　　最右邊欄位是「事後比較」，當 F 考驗達顯著水準時，必須透過事後比較，才能找出是哪些組別的平均數有顯著性差異。此部分必須參考圖 8-10 報表 5「多重比較」表格，由前面討論可知，小型學校、中型學校與大型學校平均數比較結果，只有小型學校平均數（$M = 14.55$）顯著高於大型學校平均數（$M = 12.67$）。而小型學校與中型學校平均數，以及中型學校與大型學校平均數皆沒有顯著性差異。因此，圖 8-10 報表 5「事後比較」這個欄位就以「小型 > 大型」來表示小型學校平均數顯著高於大型學校平均數。

　　有一點要特別注意的事項，在呈現單因子獨立樣本變異數分析的統計結果時，根據 APA 格式，除了呈現 F 值大小外，也必須同時呈現組間與組內自由度（df）大小，這是許多研究生忽略的地方。例如：不同學校規模受試者在「天生能力」分量表的單因子獨立樣本變異數分析達顯著性差異，$F(2, 305) = 3.86, p < .05$，小型學校受試者得分（$M = 14.55$）顯著高於大型學校受試者得分（$M = 12.67$）。

　　倘若要採用符合表 8-13 與表 8-14 的獨立樣本單因子變異數分析摘要表格式，則還需計算關聯強度（ω^2）與統計考驗力（$1-\beta$）。有關這兩個數據的計算，需要透過一般線性模式操作，其操作步驟請參考如下的說明。

(四) 獨立樣本單因子變異數分析關聯強度與統計考驗力的操作步驟

　　獨立樣本單因子變異數分析關聯強度與統計考驗力的 SPSS 操作步驟，如圖 8-11 所示。

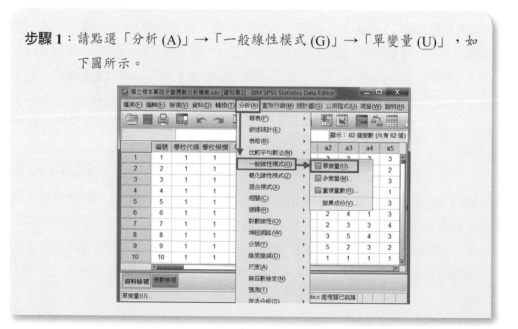

步驟 1：請點選「分析 (A)」→「一般線性模式 (G)」→「單變量 (U)」，如下圖所示。

步驟 2：在「單變量」對話窗中，將「天生能力」這個依變項，從左方變數
清單，移至右上方「依變數 (D)：」空格，如下圖所示。

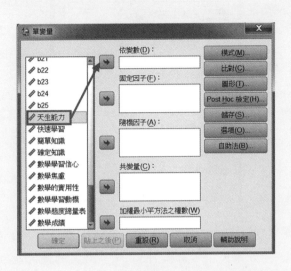

步驟 3：在「單變量」對話窗中，將「學校規模」這個自變項，從左方變數
清單中，移至右上方「固定因子 (F)」，並按右方「選項 (O)」按鍵，
如下圖所示。

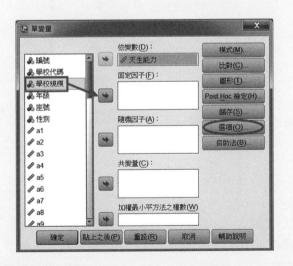

步驟 4：在「單變量：選項」對話窗中，將位於左方「因子與因子交互作
用 (F)：」的「學校規模」這個變項，移至右上方「顯示平均數
(M)：」，如下圖所示。

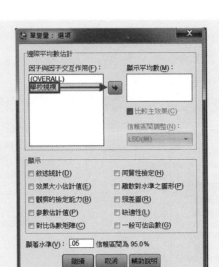

步驟5：在「單變量：選項」對話窗中，勾選下方「顯示」的「敘述統計
(D)」、「效果大小估計值(E)」、「觀察的檢定能力(B)」與「同
質性檢定(H)」等四個選項，再按下方「繼續」按鍵，如下圖所示。

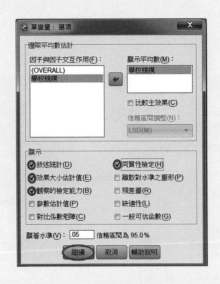

步驟6：在「單變量」對話窗，按「確定」按鍵，如下圖所示。

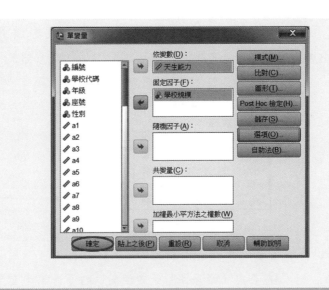

圖 **8-11** 獨立樣本單因子變異數分析關聯強度與統計考驗力的 SPSS 操作步驟

(五) 獨立樣本單因子變異數分析關聯強度與統計考驗力的SPSS結果報表解釋

　　經過上述圖 8-11 的 SPSS 操作步驟後，SPSS 會自動產生「受試者間因子」、「敘述統計」、「誤差變異量的 Levene 檢定等式 [a]」、「受試者間效應項的檢定」、「估計的邊緣平均數＿學校規模」等五個統計圖表，如圖 8-12 所示。

報表 1：在「受試者間因子」報表，可看到「學校規模」、「數值註解」與「個數」等三個欄位資料。「小型學校」有 105 位學生、「中型學校」有 103 位學生、「大型學校」有 100 位學生，如下圖所示。

受試者間因子

		數值註解	個數
學校規模	1	小型	105
	2	中型	103
	3	大型	100

報表 2：在「敘述統計」報表，可看到「學校規模」、「平均數」、「標準離差」與「個數」等四個欄位資料。以「小型學校」為例，「小型

學校」有 105 位學生，其天生能力分量表的平均數爲 14.55，標準
離差 5.31，如下圖所示。此結果與圖 8-10 報表 1 統計結果相同。

敘述統計

依變數：　天生能力

學校規模	平均數	標準離差	個數
小型	14.55	5.310	105
中型	13.59	4.342	103
大型	12.67	4.841	100
總數	13.62	4.895	308

報表 3：在「誤差變異量的 Levene 檢定等式[a]」報表，可看到「F」、
「df1」、「df2」與「顯著性」等四個欄位的資料。「天生能力」
分量表變異數同質性考驗結果：F 值爲 2.578，顯著性 p 值 .078，
亦即 $F(2, 305) = 2.58, p = .078$，由於顯著性 p 高於 .05，表示接受虛
無假設，亦即小型、中型、大型三種類型學校學生的天生能力之變
異數皆相等，如下圖所示。此結果與圖 8-10 報表 2 的統計結果相
同。

誤差變異量的 Levene 檢定等式[a]

依變數：　天生能力

F	df1	df2	顯著性
2.578	2	305	.078

檢定各組別中依變數誤差變異量的虛無假設是
相等的。

a. Design: 截距 + 學校規模

報表 4：在「受試者間效應項的檢定」報表，此報表即可看到效果值與統計
考驗力。先在「來源」的欄位中，找到「學校規模」這個變項。再
從「學校規模」這個變項，找到「淨相關 Eta 平方」這個欄位的數
值爲 .025，即表示 η^2 爲 .025。最後再找「觀察的檢定能力[b]」這個
欄位數值爲 .697，即表示統計考驗力爲 .697。最後，找尋表格下
方註解「調過後的 R 平方 = .018」，此即爲效果值 ω^2，亦即 ω^2 爲
.018，如下圖所示。

受試者間效應項的檢定

依變數：天生能力

來源	型 III 平方和	df	平均平方和	F	顯著性	淨相關 Eta 平方	Noncent. 參數	觀察的檢定能力[b]
校正後的模式	181.610[a]	2	90.805	3.860	.022	.025	7.720	.697
截距	56985.547	1	56985.547	2422.400	.000	.888	2422.400	1.000
學校規模	181.610	2	90.805	3.860	.022	.025	7.720	.697
誤差	7174.946	305	23.524					
總數	64493.000	308						
校正後的總數	7356.555	307						

a. R 平方 = .025（調過後的 R 平方 = .018）

b. 使用 alpha = .05 計算

報表 5：在「估計的邊緣平均數 _ 學校規模」報表，可看到「學校規模」、「平均數」、「標準誤差」與「95% 信賴區間」等四個欄位的資料。以「小型學校」為例，「小型學校」學生的天生能力分量表的平均數為 14.552，標準誤差為 0.473，95% 信賴區間的下界為 13.621，95% 信賴區間的上界為 15.484，如下圖所示。

估計的邊緣平均數

學校規模

依變數：天生能力

學校規模	平均數	標準誤差	95% 信賴區間 下界	95% 信賴區間 上界
小型	14.552	.473	13.621	15.484
中型	13.592	.478	12.652	14.533
大型	12.670	.485	11.716	13.624

圖 8-12 單因子獨立樣本變異數分析關聯強度與統計考驗力 SPSS 的統計報表

經過上述圖 8-12 的 SPSS 操作步驟後，SPSS 會自動產生「受試者因子」、「敘述統計」、「誤差變異量的 Levene 檢定等式[a]」、「受試者間效應項的檢定」與「估計的邊際平均數」等五個統計表，在計算關聯效度與統計考驗力的統計資料時，我們需要從「受試者間效應項的檢定」這個統計表格中擷取，如圖 8-12 報表 4 所示。

在「受試者間效應項的檢定」這個統計表格中，總共有 9 個欄位資料，其中，我們要關注的是最左邊欄位「來源」、左邊第 5 個欄位「F 檢定」、左邊第

6 個欄位「顯著性」、最右邊欄位「觀察的檢定能力 [b]」，以及最下方「調過後的 R 平方」等資料。

　　從「來源」這個欄位中，找尋「學校規模」，然後對照相對應「F 檢定」位置，可以發現 F 值為 3.86，此結果與前面圖 8-10 所得到結果一樣。從「學校規模」對應到「顯著性」位置，可發現 p = .022，此結果與前面圖 8-10 所得到結果也是一樣，顯示不論採用「單因子變異數分析」或是「一般線性模式」操作步驟，皆可獲得相同統計結果。

　　從「學校規模」對應到「觀察的檢定能力 [b]」位置，可發現「.697」，此即為「1-β」，如圖 8-12 報表 4 所圈選部分。

　　有關單因子獨立樣本變異數分析的效果值呈現，雖然單因子獨立樣本變異數分析的效果值可採用 ω^2 或是 η^2，但 η^2 在由樣本推估母群的效果值時，會比較容易產生偏誤的情形，因此，單因子獨立樣本變異數分析的效果值採用 ω^2 會比較合適（Gardinal & Aitken, 2006）。

　　由於 SPSS 並未提供 ω^2 統計數據，讀者需自行透過公式的計算，ω^2 計算公式為公式 8-18，公式 8-18 的 SS_b 代表組間離均差平方和，df_b 代表組間自由度，MS_w 代表組內均方，SS_t 代表總和的離均差平方和（Grissom & Kim, 2005）。

$$\omega^2 = \frac{SS_b - df_b \times MS_w}{SS_t + MS_w} \qquad （公式 8-18）$$

　　將圖 8-10 獨立樣本單因子變異數分析的「單因子變異數分析」統計結果的相關資料，代入公式 8-18，即可得到 $\omega^2 = .02$。

$$\omega^2 = \frac{181.61 - 2 \times 23.52}{7356.56 + 23.52} = .018$$

　　雖然 SPSS 未提供 ω^2 數值，但因 ω^2 非常接近調整後多元相關係數的平方（adjusted R squared），而 SPSS 有提供調整後多元相關係數的平方，因此可直接由調整後多元相關係數的平方得到 ω^2 數值。以圖 8-12 報表 4 下方的「調過後的 R 平方 = .018」，與實際由公式 8-18 所獲得的 $\omega^2 = .018$ 非常接近。

(六) 獨立樣本單因子變異數分析關聯強度與統計考驗力的統計表格呈現

　　倘若要採用符合表 8-13 與表 8-14 獨立樣本單因子變異數分析摘要表格式，

我們必須將圖 8-10 與圖 8-12 單因子獨立樣本變異數分析的統計結果，整理成表 8-18 與表 8-19 格式。表 8-18 與表 8-19 單因子變異數分析摘要表，是以「天生能力」這個分量表為自變項的統計結果。

表 8-18

不同學校規模在「天生能力」的人數、平均數與標準差

變項	組別 1 (*n* = 105)			組別 2 (*n* = 103)			組別 3 (*n* = 100)		
	M(SD)	95% 信賴區間		*M(SD)*	95% 信賴區間		*M(SD)*	95% 信賴區間	
		下界	上界		下界	上界		下界	上界
天生能力	14.55(5.31)	13.52	15.58	13.59(4.34)	12.74	14.44	12.67(4.84)	11.71	13.63

表 8-19

不同學校規模在「天生能力」的單因子變異數分析摘要表

變異來源	*SS*	*df*	*MS*	*F*	*p*	事後比較	ω^2	1-β
組間	181.61	2	90.81	3.86	.022	小型 > 大型	.02	.70
組內	7174.95	305	23.52					
總和	7356.56	307						

由表 8-18 與表 8-19 可知，不同學校規模受試者在「天生能力」分量表的單因子獨立樣本變異數分析達顯著性差異，$F(2, 305) = 3.86$, $p = .022$, $\omega^2 = .02$，小型學校受試者得分（$M = 14.55$）顯著高於大型學校受試者得分（$M = 12.67$），統計考驗力為 .70。

有關 ω^2 效果值強度，根據 Kirk（1995）看法，其判斷標準與前面所提及的表 7-10 的 η^2 效果值是一樣，亦即當 $\omega^2 = .010$，屬低效果值；$\omega^2 = .059$，屬中效果值；$\omega^2 = .138$ 屬高效果值。表 8-19 的 $\omega^2 = .02$，顯示具有低程度效果值。

有關統計考驗力部分，一般而言，統計考驗力最好高於 .80，表 8-19 不同學校規模在「天生能力」的統計考驗力為 .70，顯示具有尚佳的統計考驗力。

參、 重複量數單因子變異數分析的基本概念

第七章我們介紹過成對樣本 t 考驗，它主要是用來考驗一群受試者的兩種不同分數是否有所差異。當欲考驗一群受試者三種以上分數是否有顯著性差異時，則需要改採「重複量數單因子變異數分析」。前面所介紹的獨立樣本單因子變異數分析，是比較三個以上不同群體受試者的某種分數是否有所差異，而重複量數單因子變異數分析則是比較同一群受試者的三種以上分數是否有所不同，所以重複量數單因子變異數分析也被稱爲「受試者內變異數分析」（within-subjects ANOVA）。

進行重複量數單因子變異數分析時，應先檢查依變項的數值是否符合常態分配（normality）基本假定，並且要進行是否符合「球形」假定（sphericity）的考驗。若資料未符合球形假定，易提高犯第一類型錯誤的機率。由於許多讀者不熟悉球形檢定，故底下將針對球形檢定進行說明。

(一) 重複量數單因子變異數分析的球形考驗

Girden（1992）提到早期進行重複量數單因子變異數分析，常忽略進行球形檢定的考驗，直到 Box 於 1954 年的文獻，才引起統計學界對於球形檢定的重視。Box 於 1954 年提出進行重複量數變異數分析時，應考驗是否具有「複合對稱」（compound symmetry）假定。所謂複合對稱是指受試者接受三次以上施測情境的分數，而這三次以上分數所形成的「變異數共變數矩陣」（variance-covariance matrix），必須符合變異數皆相等，且共變數皆相等的條件。「變異數共變數矩陣」有時也被稱爲「共變數矩陣」（covariance matrix），該矩陣會同時包含變異數與共變數兩個統計數值。

以表 8-20 爲例，假設有 5 位受試者同時接受三種施測情境的分數（Y_1、Y_2、Y_3），則這三種分數會形成表 8-21 的「變異數共變數矩陣」。

所謂符合複合對稱假定，必須滿足兩個條件：變異數皆相等（$S_{Y_1}^2 = S_{Y_2}^2 = S_{Y_3}^2$），且共變數皆相等（$C_{Y_1Y_2} = C_{Y_1Y_3} = C_{Y_2Y_3}$）。但不需要滿足變異數與共變數相等，亦即不要求（$S_{Y_1}^2 = S_{Y_2}^2 = S_{Y_3}^2 = C_{Y_1Y_2} = C_{Y_1Y_3} = C_{Y_2Y_3}$）。

以表 8-20 爲例，假設有 5 位受試者同時接受三種施測情境（分別聆聽搖滾音樂、抒情音樂、古典音樂），看看受試者血壓是否有不同變化情形，如表 8-22 所示。

表 8-20

5 位受試者在三種施測情境的分數

受試者	Y_1	Y_2	Y_3
S1	Y_{11}	Y_{12}	Y_{13}
S2	Y_{21}	Y_{22}	Y_{23}
S3	Y_{31}	Y_{32}	Y_{33}
S4	Y_{41}	Y_{42}	Y_{43}
S5	Y_{51}	Y_{52}	Y_{53}

表 8-21

表 8-20 的變異數共變數矩陣

	Y_1	Y_2	Y_3
Y_1	$S_{Y_1}^2$	$C_{Y_1 Y_2}$	$C_{Y_1 Y_3}$
Y_2	$C_{Y_1 Y_2}$	$S_{Y_2}^2$	$C_{Y_2 Y_3}$
Y_3	$C_{Y_1 Y_3}$	$C_{Y_2 Y_3}$	$S_{Y_3}^2$

表 8-22

5 位受試者在聆聽三種音樂後的血壓

受試者	Y_1	Y_2	Y_3
S1	133	116	126
S2	132	111	124
S3	140	120	131
S4	136	118	126
S5	131	113	121

　　將表 8-22 資料，進行變異數與共變數矩陣的計算，可獲得表 8-23 變異數共變數矩陣，由表 8-23 可知，這三種施測情境的分數（Y_1、Y_2、Y_3）之變異數皆為 13.30，且這三種施測情境的分數（Y_1、Y_2、Y_3）的共變數分別是 11.95、12.45、11.05，顯示共變數很相似，如此顯示表 8-23 資料，符合複合對稱假定。

表 8-23

表 8-22 的變異數共變數矩陣

	Y_1	Y_2	Y_3
Y_1	13.30	11.95	12.45
Y_2	11.95	13.30	11.05
Y_3	12.45	11.05	13.30

　　由於複合對稱是一項較為嚴苛的假定，進行重複量數單因子變異數分析時，常無法滿足此項基本假定。Huynh 與 Feldt（1970）提出較為寬鬆的「球形」假定，球形假定也被稱為「圓形」（circularity）假定。所謂「球形」假定是指受試者接受三次以上施測情境的分數，而這三次以上分數兩兩的差異分數之變異數，需具有相等性質。以表 8-22 資料為例，將表 8-22 資料整理成表 8-24。由表 8-24 可知，Y_1 與 Y_2 的差異分數之變異數為 2.70，Y_1 與 Y_3 的差異分數之變異數為 1.70，Y_2 與 Y_3 的差異分數之變異數為 4.50，這三種差異分數的變異數雖然不相等，但差距不是太大。

表 8-24

5 位受試者在聆聽三種音樂後的血壓與血壓差異

受試者	Y_1	Y_2	Y_3	Y_1-Y_2	Y_1-Y_3	Y_2-Y_3
S1	133	116	126	17	7	−10
S2	132	111	124	21	8	−13
S3	140	120	131	20	9	−11
S4	136	118	126	18	10	−8
S5	131	113	121	18	10	−8
變異數	13.30	13.30	13.30	2.70	1.70	4.50

　　想判斷表 8-24 這三種差異分數之變異數是否同質，必須透過檢定考驗。SPSS 採用 Mauchly（1940）所提出的球形檢定方式，Mauchly 球形檢定虛無假設與對立假設如下：

$$H_0 : \sigma^2_{Y_1-Y_2} = \sigma^2_{Y_1-Y_3} = \sigma^2_{Y_2-Y_3}$$
$$H_1 : 三組的差異分數之變異數並非皆相等$$

若 Mauchly 球形檢定的顯著性 p 值小於 .05，表示拒絕 H_0，亦即三組差異分數的變異數並非皆相等，顯示未符合球形檢定的假定。相對地，若顯著性 p 值高於 .05，表示接受 H_0，亦即三組差異分數的變異數皆相等，顯示符合球形檢定的假定。圖 8-13 即為表 8-22 的 SPSS 之 Mauchly 球形檢定統計報表，由圖 8-13 顯著性為 .579，因為顯著性 p 值高於 .05，表示接受 H_0，亦即三組差異分數的變異數皆相等，顯示符合球形檢定的假定。

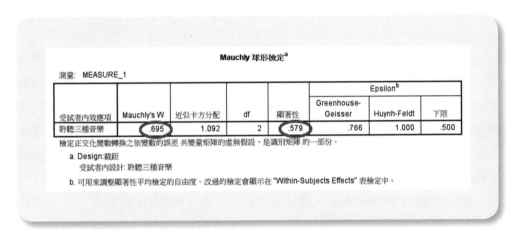

圖 **8-13**　重複量數單因子變異數分析 Mauchly 球形檢定 SPSS 的統計報表

若未符合球形檢定的基本假定，則重複量數單因子變異數分析球形檢定會造成提高犯第一類型錯誤的機率。所謂提高犯第一類型錯誤率，是指顯著性 p 值較容易小於 .05，而拒絕虛無假設。針對此一問題，Greenhouse 與 Geisser（1958），Huynh 與 Feldt（1976）分別提出校正的重複量數單因子變異數分析。他們採用的策略都是調整 F 考驗自由度，讓 F 考驗兩個自由度皆下降，如此，顯著性 p 值若要小於 .05，則 F 值必須變大。以表 8-25 為例，若顯著性 p 值要達到 .05 的水準，則第一個自由度為 6，第二個自由度為 12 時，F 值必須為 3.00。第一種情況是當第一個自由度降低為 3，第二個自由度維持為 12 時，若顯著性 p 值要達到 .05 的水準，則 F 值必須提高為 3.49。第二種情況是第一個自由度維持為 6，第二個自由度降低為 6 時，若顯著性 p 值要達到 .05 的水準，則 F 值必須提高為 4.28。第三種情況是第一個自由度降低為 3，且第二個自由度也降低為 6 時，若顯著性 p 值要達到 .05 的水準，則 F 值必須提高為 4.76。由上述三種自由度的調整可知，只要有一個自由度數值降低，其對應的 F 值將會提高。透過此種校正方式，可以降低因未符合球形檢定的基本假定，而造成提高犯第一類型錯誤的機率。

表 8-25

F 考驗的 F 值、自由度 df 與顯著性 p 值的關係

F	df_1	df_2	p
3.00	6	12	.05
3.49	3	12	.05
4.28	6	6	.05
4.76	3	6	.05

　　一旦 Mauchly 球形檢定顯示未符合球形檢定的基本假定，則透過一個稱為「ε」（epsilon）的校正值，進行 F 考驗的校正。ε 的最大值為 1，最小值為 1/(k-1)，k 表示重複量數單因子變異數分析的情境數量，例如：有三種情境時，則 ε 的最小值為 1/(3-1) = .50。當 ε 越接近 1 時，表示越符合球形檢定的基本假定。ε 是一個母群的參數值，Greenhouse 與 Geisser（1958）提出以 $\hat{\varepsilon}$（讀做 epsilon hat）作為估計 ε 的樣本估計值，而 Huynh 與 Feldt（1976）則提出以 $\tilde{\varepsilon}$（讀做 epsilon tilde）作為估計 ε 的樣本估計值。一般而言，$\hat{\varepsilon}$ 的數值會比 $\tilde{\varepsilon}$ 的數值小，且 $\tilde{\varepsilon}$ 有些時候的數值會超過 1，由於 ε 的數值最大值是 1，若 $\tilde{\varepsilon}$ 的數值超過 1 時，則會以 1 來呈現。Barcikowski 與 Robey（1983）研究顯示採用 Greenhouse 與 Geisser 的 $\hat{\varepsilon}$ 校正，容易導致低估 ε 的數值，而產生過於保守的統計考驗（too conservative a test），因為 F 值的提高（亦即臨界值提高），而較不易拒絕錯誤的虛無假設。而 Maxwell 與 Delaney（2004）指出，Huynh 與 Feldt 的 $\tilde{\varepsilon}$ 容易導致高估 ε 的數值。因而，Girden（1992）建議若出現未符合球形檢定基本假定時，要選擇 $\hat{\varepsilon}$ 或 $\tilde{\varepsilon}$ 的三項參考原則：

1. 若 $\varepsilon > .75$，則建議採用 $\tilde{\varepsilon}$ 校正方式。

2. 若 $\varepsilon < .75$，則建議採用 $\hat{\varepsilon}$ 校正方式。

3. 若無法確認 ε 的數值，則建議採用 $\hat{\varepsilon}$ 校正方式。

　　Field（2005）根據 Girden（1992）的建議，提出以 $\hat{\varepsilon}$ 是否高於或低於 .75，作為判斷採用 $\tilde{\varepsilon}$ 或 $\hat{\varepsilon}$ 的依據。最理想的狀況是若 $\tilde{\varepsilon}$ 或 $\hat{\varepsilon}$ 皆高於 .75，則採用 $\tilde{\varepsilon}$。若 $\tilde{\varepsilon}$ 或 $\hat{\varepsilon}$ 皆低於 .75，則採用 $\hat{\varepsilon}$。若 $\tilde{\varepsilon}$ 高於 .75，而 $\hat{\varepsilon}$ 低於 .75，則採用 $\hat{\varepsilon}$。

(二) 重複量數單因子變異數分析的統計分析方式

1. 符合球形假定的重複量數單因子變異數分析公式

透過 Mauchly 球形檢定，若顯示符合球形檢定的假定，則重複量數單因子變異數分析可採用如公式 8-19 所示。

$$F = \frac{MS_{between\_occasions}}{MS_{error}} \qquad （公式 8-19）$$

公式 8-19 的 F 表示變異數分析的 F 值；$MS_{between\_occasions}$ 表示情境間（between occasions）的「平均數平方」（mean square）；MS_{error} 表示誤差項的「平均數平方」。$MS_{between\_occasions}$ 的計算方式為公式 8-20；MS_{error} 的計算方式為公式 8-21。

$$MS_{between\_occasions} = \frac{SS_{between\_occasions}}{df_{between\_occasions}} \qquad （公式 8-20）$$

$$MS_{error} = \frac{SS_{error}}{df_{error}} \qquad （公式 8-21）$$

公式 8-20 的 $SS_{occasions}$ 表示情境間的「離均差平方和」（sum of squares），其計算公式為公式 8-22；$df_{occasions}$ 表示情境間的「自由度」，其計算公式為公式 8-23。

$$SS_{occasions} = n \sum_{j=1}^{k} (\overline{X}_j - \overline{X}..)^2 \qquad （公式 8-22）$$

$$df_{occasions} = k - 1 \qquad （公式 8-23）$$

公式 8-22 的 k 表示情境數量；n 表示所有受試者的人數；$\overline{X}_j$ 表示第 j 個情境的依變項平均數；$\overline{X}..$ 表示所有受試者在所有情境的依變項平均數。公式 8-23 的 k 表示情境數量。

公式 8-21 的 SS_{error} 表示誤差項的「離均差平方和」（sum of squares），其計算公式為公式 8-24；df_{error} 表示誤差項的「自由度」，其計算公式為公式 8-25。

$$SS_{error} = \sum_{j=1}^{k}\sum_{i=1}^{n}(X_{ij}-\overline{X}..)^2 - k\sum_{i=1}^{n}(\overline{X}_i-\overline{X}..)^2 - n\sum_{j=1}^{k}(\overline{X}_j-\overline{X}..)^2 \qquad （公式8-24）$$

$$df_{error} = (k-1)(n-1) \qquad （公式 8-25）$$

公式 8-23 的 k 表示情境數量；n 表示所有受試者的人數；X_{ij} 表示第 i 個人在第 j 個情境的分數；$\overline{X}..$ 表示所有受試者在所有情境的依變項平均數；$\overline{X}_i$ 表示第 i 個人在所有情境的依變項平均數；$\overline{X}_j$ 表示第 j 個情境的依變項平均數。公式 8-25 的 k 表示情境數量；n 表示所有受試者的人數。

綜合上述公式 8-19 至公式 8-25，可整理出重複量數單因子變異數分析摘要表，如表 8-26 與表 8-27 所示。

表 8-26

重複量數單因子變異數分析摘要表

變異來源	SS	df	MS	F	p
個體（subject）	SS_S	n-1	$\dfrac{SS_S}{n-1}$		
情境（occasion）	SS_O	k-1	$\dfrac{SS_O}{k-1}$	$\dfrac{MS_O}{MS_{error}}$	
誤差（error）	SS_{error}	(k-1)(n-1)	$\dfrac{SS_{error}}{(k-1)(n-1)}$		
總和（total）	SS_T	N-1			

表 8-27

重複量數單因子變異數分析的計算公式

變異來源	SS	df	MS	F	p
個體	$k\sum_{i=1}^{n}(\overline{X}_i-\overline{X}..)^2$	n-1	$\dfrac{k\sum_{i=1}^{n}(\overline{X}_i-\overline{X}..)^2}{n-1}$		
情境	$n\sum_{j=1}^{k}(\overline{X}_j-\overline{X}..)^2$	k-1	$\dfrac{n\sum_{j=1}^{k}(\overline{X}_j-\overline{X}..)^2}{k-1}$	$\dfrac{MS_O}{MS_{error}}$	
誤差	$SS_{error}=SS_T-SS_S-SS_O$	(k-1)(n-1)	$\dfrac{SS_{error}}{(k-1)(n-1)}$		
總和	$\sum_{j=1}^{k}\sum_{i=1}^{n}(X_{ij}-\overline{X}..)^2$	N-1			

　　茲以表 8-22 的 5 位受試者在聆聽三種音樂後的血壓爲例，說明如何透過公式 8-19 至公式 8-25，進行重複量數單因子變異數分析，如表 8-28 所示。

表 8-28

5 位受試者在聆聽三種音樂後的血壓相關數值

受試者	Y_1	Y_2	Y_3	個體平均數
S1	133	116	126	125.00
S2	132	111	124	122.33
S3	140	120	131	130.33
S4	136	118	126	126.67
S5	131	113	121	121.67
情境平均數	134.40	115.60	125.60	125.20

$$SS_T = \sum_{j=1}^{k}\sum_{i=1}^{n}(X_{ij}-\overline{X}_{..})^2 = (133-125.2)^2 + (132-125.2)^2 + \cdots + (126-125.2)^2 + (121-125.2)^2 = 1044.4$$

$$SS_S = k\sum_{i=1}^{n}(\overline{X}_i-\overline{X}_{..})^2$$
$$= 3\times[(125-125.2)^2 + (122.33-125.2)^2 + (130.33-125.2)^2 + (126.67-125.2)^2 + (121.67-125.2)^2]$$
$$= 147.65$$

$$SS_O = n\sum_{j=1}^{k}(\overline{X}_j-\overline{X}_{..})^2 = 5\times[(134.4-125.2)^2 + (115.6-125.2)^2 + (125.6-125.2)^2] = 884.80$$

$$SS_{error} = SS_T - SS_S - SS_O = 1044.4 - 147.65 - 884.8 = 11.95$$

　　將上述的計算結果，統整成表 8-29 的 5 位受試者在聆聽三種音樂後之血壓重複量數單因子變異數分析摘要表。

表 8-29

5 位受試者在聆聽三種音樂後的血壓重複量數單因子變異數分析摘要表

變異來源	SS	df	MS	F	p
個體（subject）	147.65	4	36.91		
情境（occasion）	884.80	2	442.40	296.17	$< .001$
誤差（error）	11.95	8	1.49		
總和（total）	1044.4	14			

　　計算出重複量數單因子變異數分析的 F 值為 296.17 後，接續求顯著性 p 值，以判斷接受或拒絕虛無假設。在透過 Excel 計算顯著性 p 值時，除了需要 F 值外，還需要組間自由度 df 為 2，組內自由度 df 為 8，將這些數據代入 Excel，即可獲得顯著性 p 值為 p < .001，如圖 8-14 所示。

步驟 1：請將游標點選某個欄位，例如：點選 A1 欄位，如下圖所示。

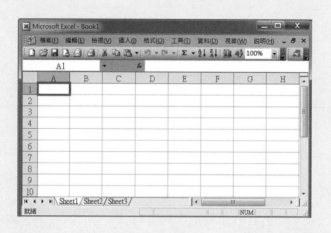

步驟 2：將游標改點選「fx」右邊的空格，輸入「=FDIST(296.17,2,8)」，再按下鍵盤的「Enter」鍵，如下圖所示。FDIST() 括號中的第一個數值要輸入 F 值，第二個數值要輸入組間自由度，第三個數值要輸入組內自由度。

請注意：「=」代表等號，在 Excel 中，若想進行數字的運算，一定要先出現等號 =，若一開始未輸入等號 =，則 Excel 會當成字串來處理。「FDIST(296.17,2,8)」表示重複量數單因子變異數分析 F 值為 296.17，組間自由度為 2，組內自由度為 8 的 F 機率分配，即為顯著性 p 值。

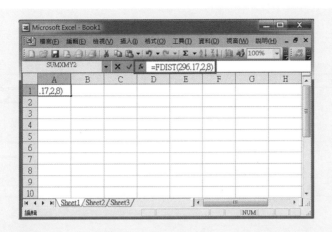

步驟 3：在 A1 欄位，即可見到「0.0000」，表示顯著性 p 值為 < .001，由於 p 值小於 .05，表示拒絕虛無假設，亦即受試者在 Y1、Y2、Y3 三 種不同情境的血壓平均數是不相等，如下圖所示。

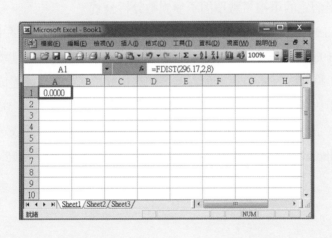

圖 8-14 透過 Excel 計算重複量數單因子變異數分析的 F 考驗的顯著性 p 值

　　透過上述公式所計算重複量數單因子變異數分析的 F 值為 296.17，與透過 執行 SPSS 的重複量數單因子變異數分析的 F 值為 298.47，所獲得的統計結果有 一點小差距（是因為四捨五入的關係），如圖 8-15 所示。

受試者內效應項的檢定

測量: MEASURE_1

來源		型 III 平方和	df	平均平方和	F	顯著性
聆聽三種音樂	假設為球形	884.800	2	442.400	298.247	.000
	Greenhouse-Geisser	884.800	1.533	577.337	298.247	.000
	Huynh-Feldt	884.800	2.000	442.400	298.247	.000
	下限	884.800	1.000	884.800	298.247	.000
誤差 (聆聽三種音樂)	假設為球形	11.867	8	1.483		
	Greenhouse-Geisser	11.867	6.130	1.936		
	Huynh-Feldt	11.867	8.000	1.483		
	下限	11.867	4.000	2.967		

圖 8-15 SPSS 的重複量數單因子變異數分析 *F* 值統計報表

2. 未符合球形假定的重複量數單因子變異數分析公式

透過 Mauchly 球形檢定，若顯示未符合球形檢定的假定，則採用 Greenhouse 與 Geisser（1958）以 $\hat{\varepsilon}$ 校正的重複量數單因了變異數分析，其情境間的自由度（$df_{occasions}$），將變成公式 8-26。而誤差項的自由度（df_{error}），將變成公式 8-27。而原先公式 8-19 的 F 值、公式 8-20 的 $MS_{between_occasions}$、公式 8-21 的 MS_{error} 的數值，皆沒有改變。而原先表 8-26 的重複量數單因子變異數分析摘要表，將改變成表 8-30 之 Greenhouse 與 Geisser（1958）校正的重複量數單因子變異數分析摘要表。

$$df_{occasions} = \hat{\varepsilon} \times (k-1) \quad \text{（公式 8-26）}$$

$$df_{error} = \hat{\varepsilon} \times (k-1)(n-1) \quad \text{（公式 8-27）}$$

透過 Mauchly 球形檢定，若顯示未符合球形檢定的假定，則採用 Huynh 與 Feldt（1976）以 $\tilde{\varepsilon}$ 校正的重複量數單因子變異數分析，其情境間的自由度（$df_{occasions}$），將變成公式 8-28。而誤差項的自由度（df_{error}），將變成公式 8-29。而原先公式 8-19 的 F 值、公式 8-20 的 $MS_{between_occasions}$、公式 8-21 的 MS_{error} 的數值，皆沒有改變。而原先表 8-26 的重複量數單因子變異數分析摘要表，將改變成表 8-31 之 Huynh 與 Feldt（1976）校正的重複量數單因子變異數分析摘要表。

表 8-30

Greenhouse 與 Geisser（1958）校正的重複量數單因子變異數分析摘要表

變異來源	SS	df	MS	F	p
個體（subject）	SS_S	(n-1)	$\dfrac{SS_S}{n-1}$		
情境（occasion）	SS_O	$\hat{\varepsilon}$ (k-1)	$\dfrac{SS_O}{\hat{\varepsilon}(k-1)}$	$\dfrac{MS_O}{MS_{error}}$	
誤差（error）	SS_{error}	$\hat{\varepsilon}$ (k-1)(n-1)	$\dfrac{SS_{error}}{\hat{\varepsilon}(k-1)(n-1)}$		
總和（total）	SS_T	N-1			

$$df_{occasions} = \widetilde{\varepsilon} \times (k-1) \tag{公式 8-28}$$

$$df_{error} = \widetilde{\varepsilon} \times (k-1)(n-1) \tag{公式 8-29}$$

表 8-31

Huynh 與 Feldt（1976）校正的重複量數單因子變異數分析摘要表

變異來源	SS	df	MS	F	p
個體（subject）	SS_S	(n-1)	$\dfrac{SS_S}{n-1}$		
情境（occasion）	SS_O	$\widetilde{\varepsilon}$ (k-1)	$\dfrac{SS_O}{\hat{\varepsilon}(k-1)}$	$\dfrac{MS_O}{MS_{error}}$	
誤差（error）	SS_{error}	$\widetilde{\varepsilon}$ (k-1)(n-1)	$\dfrac{SS_{error}}{\hat{\varepsilon}(k-1)(n-1)}$		
總和（total）	SS_T	N-1			

肆、 重複量數單因子變異數分析的統計軟體操作

　　重複量數單因子變異數分析適用時機，主要考驗受試者同時接受三個以上（包含三個）不同情境測驗的得分情形是否有顯著性差異。例如：以第零章導論中所舉「中小學生數學知識信念、數學態度與數學成績之相關研究」為例，若想探討中小學生在「數學知識信念量表」四個分量表（天生能力、快速學習、簡單知識、確定知識）得分是否有顯著性差異。由於所有受試者皆同時接受「數學知

識信念量表」四個分量表，因此，必須採用重複量數單因子變異數分析，以考驗「數學知識信念量表」四個分量表得分是否有顯著性差異。

　　由於「數學知識信念量表」四個分量表（天生能力、快速學習、簡單知識、確定知識）題數不同，「天生能力」分量表（6題）、「快速學習」分量表（4題）、「簡單知識」分量表（6題）、「確定知識」分量表（5題）。故進行重複量數單因子變異數分析前，應先將每個分量表的平均數除以題數，以獲得每個分量表的每題平均數。其SPSS的操作步驟，如圖8-16所示。

步驟1：請點選「轉換 (T)」→「計算變數 (C)」，如下圖所示。

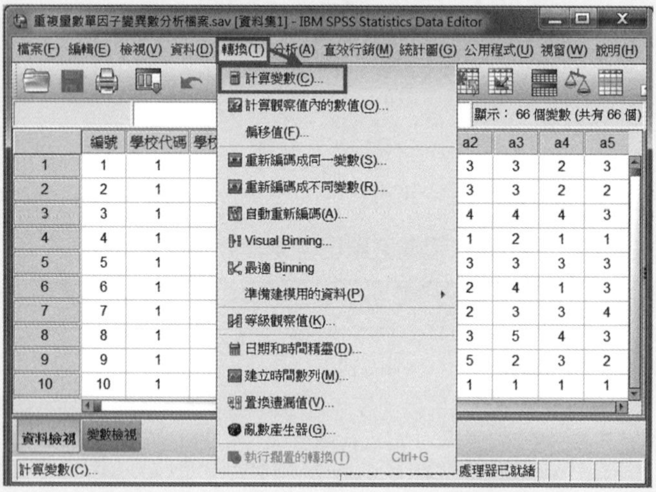

步驟2：在「計算變數」對話窗中，在左上方「目標變數 (T)：」空格，輸入「天生能力_每題平均數」，如下圖所示。

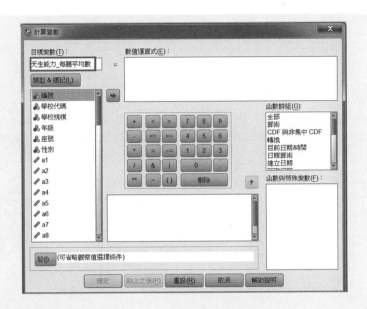

步驟 3：在「計算變數」對話窗中，將左方「天生能力」移至右上方「數值
運算式 (E)：」空格，如下圖所示。

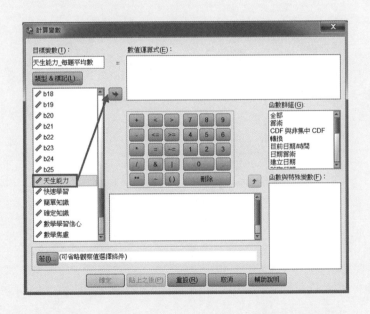

步驟 4：在「計算變數」對話窗中，將右上方「數值運算式 (E)：」的下方
運算符號，先點選「/」，再點選「6」，如下圖所示。

步驟 5：在「計算變數」對話窗中，讓右上方「數值運算式(E)：」空格，
出現「天生能力 /6」，再按下方「確定」按鍵，如下圖所示。

步驟 6：在「資料檢視」視窗，將游標移到最右邊欄位，即可看「天生能力
_每題平均數」新變項，如下圖所示。

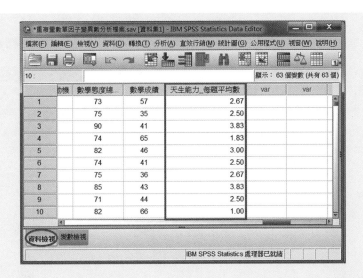

步驟7：重複步驟1至步驟6，分別再產生「快速學習_每題平均數」、「簡單知識_每題平均數」、「確定知識_每題平均數」等新變項，如下圖所示。

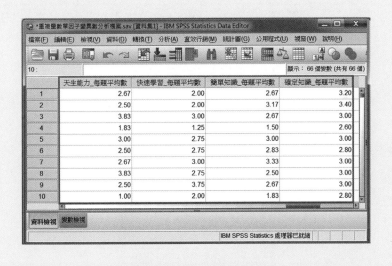

圖 8-16　計算「數學知識信念量表」四個分量表每題平均數之 SPSS 操作步驟

(一) 重複量數單因子變異數分析的SPSS操作步驟

重複量數單因子變異數分析的 SPSS 操作步驟，如圖 8-17 所示。

步驟 1：請點選「分析 (A)」→「一般線性模式 (G)」→「重複量數 (R)」，
如下圖所示。

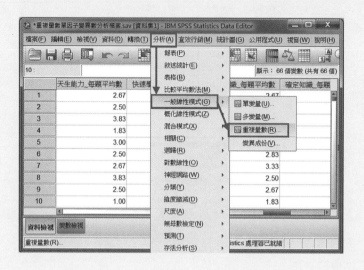

步驟 2：在「重複量數定義因子」對話窗，將「受試者內因子的名稱 (W)：」
空格中的「factor1」，修改為「四種分量表」，如下圖所示。

步驟 3：在「重複量數定義因子」對話窗，將「水準個數 (L)：」空格，輸
入數值「4」，表示有 4 個分量表分數，並按「新增 (A)」按鍵，如
下圖所示。

步驟4：在「重複量數定義因子」對話窗，按「定義(F)」按鍵，如下圖所示。

步驟5：在「重複量數」對話窗，同時點選「天生能力_每題平均數」、「快速學習_每題平均數」、「簡單知識_每題平均數」、「確定知識_每題平均數」等四個變項，並移至「受試者內變數(W)：」空格，如下圖所示。

步驟6：在「重複量數」對話窗，按右方「圖形 (T)」按鍵，如下圖所示。

步驟7：在「重複量數：剖面圖」對話窗，將「因子 (F：)」中的「四種分量表」，移至右方「水平軸 (H)：」空格，如下圖所示。

步驟 8：在「重複量數：剖面圖」對話窗，按「新增(A)」按鍵，並按「繼續」
　　　　按鍵，如下圖所示。

步驟 9：在「重複量數」對話窗，按「選項(O)」按鍵，如下圖所示。

步驟 10：在「重複量數：選項」對話窗，將左方「因子與因子交互作用(F)：」
空格的「四種分量表」，移至右方「顯示平均數(M)：」空格，
如下圖所示。

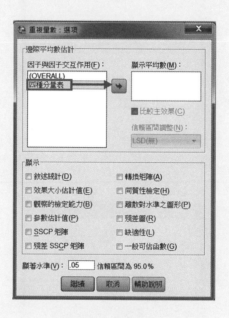

步驟 11：在「重複量數：選項」對話窗，點選右方「比較主效果(C)」空
格，並將「信賴區間調整(N)：」中的「LSD（無）」，更改為
「Bonferroni 法」，如下圖所示。

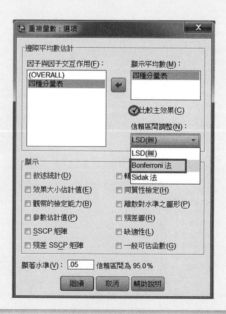

步驟 12：在「重複量數：選項」對話窗，點選下方「顯示」空格中的「敘
　　　　述統計 (D)」、「效果大小估計值 (E)」、「觀察的檢定能力 (B)」
　　　　等選項，並按「繼續」按鍵，如下圖所示。

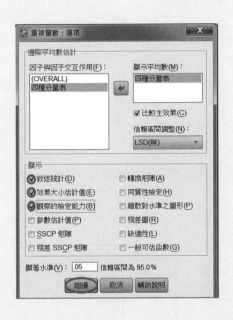

步驟 13：在「重複量數」對話窗，按「確定」按鍵，如下圖所示。

圖 8-17　重複量數單因子變異數分析之 SPSS 操作步驟

(二) 重複量數單因子變異數分析的SPSS結果報表解釋

經過上述圖 8-17 的 SPSS 操作步驟後，SPSS 會自動產生「受試者內因子」、「敘述統計」、「多變量檢定 [a]」、「Mauchly 球形檢定 [a]」、「受試者內效應項的檢定」、「受試者內對比的檢定」、「受試者間效應項的檢定」、「估計值」、「成對比較」、「多變量檢定」與「剖面圖」等十一個統計圖表，如圖 8-18 所示。

報表1：在「受試者內因子」報表，可看到有「天生能力_每題平均數」、「快速學習_每題平均數」、「簡單知識_每題平均數」、「確定知識_每題平均數」等四個依變項，如下圖所示。

受試者內因子

測量： MEASURE_1

四種分量表	依變數
1	天生能力_每題平均數
2	快速學習_每題平均數
3	簡單知識_每題平均數
4	確定知識_每題平均數

報表2：在「敘述統計」報表，可看到「天生能力_每題平均數」、「快速學習_每題平均數」、「簡單知識_每題平均數」、「確定知識_每題平均數」等四個依變項的平均數、標準離差、個數等數據，以「天生能力_每題平均數」為例，其每題平均數為 2.27、標準離差為 .816、個數為 308，如下圖所示。

敘述統計

	平均數	標準離差	個數
天生能力_每題平均數	2.2700	.81586	308
快速學習_每題平均數	2.0114	.67066	308
簡單知識_每題平均數	1.9989	.61880	308
確定知識_每題平均數	2.7071	.72071	308

報表 3：在「多變量檢定[a]」報表，可看到不論是「Pillai's Trace」、「Wilks' Lambda 變數選擇法」、「多變量顯著性檢定」或「Roy 的最大平方根」等四種多變量分析法，其顯著性 p 值皆爲 < .001，顯示多變量分析達顯著性的差異水準，如下圖所示。

多變量檢定[a]

效果		數值	F	假設自由度	誤差自由度	顯著性	淨相關 Eta 平方	Noncent. 參數	觀察的檢定能力[c]
四種分量表	Pillai's Trace	.438	79.385[b]	3.000	305.000	.000	.438	238.154	1.000
	Wilks' Lambda 變數選擇法	.562	79.385[b]	3.000	305.000	.000	.438	238.154	1.000
	多變量顯著性檢定	.781	79.385[b]	3.000	305.000	.000	.438	238.154	1.000
	Roy 的最大平方根	.781	79.385[b]	3.000	305.000	.000	.438	238.154	1.000

a. Design:截距
　　受試者內設計:四種分量表
b. 精確的統計量
c. 使用 alpha = .05 計算

報表 4：在「Mauchly 球形檢定[a]」報表，可看到「Mauchly's W」爲 .798，其顯著性 p 值爲 < .001，表示拒絕虛無假設，亦即不符合球形檢定，如下圖所示。

由「Epsilon[b]」欄位可知，Greenhouse 與 Geisser（1958）的 $\hat{\varepsilon}$ 爲 .889，Huynh 與 Feldt（1976）的 $\tilde{\varepsilon}$ 爲 .898，而 ε 的下限爲 1/(k-1) = 1/(4-1) = .333。由於 $\hat{\varepsilon}$ 與 $\tilde{\varepsilon}$ 皆高於 .75，根據 Girden（1992）的建議，應採用 $\tilde{\varepsilon}$，作爲校正方式。

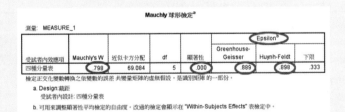

Mauchly 球形檢定[a]

測量：MEASURE_1

受試者內效應項	Mauchly's W	近似卡方分配	df	顯著性	Epsilon[b] Greenhouse-Geisser	Huynh-Feldt	下限
四種分量表	.798	69.084	5	.000	.889	.898	.333

檢定正交化變數轉換之依變數的誤差 共變異矩陣的虛無假設，是識別矩陣的一部份。
a. Design:截距
　　受試者內設計:四種分量表
b. 可用來調整顯著性平均檢定的自由度。改過的檢定會顯示在 "Within-Subjects Effects" 表檢定中。

報表 5：在「受試者內效應項的檢定」報表，由報表 4 的 Mauchly 球形檢定可知，未符合球形檢定基本假定，故應選擇 Huynh 與 Feldt（1976）的 $\tilde{\varepsilon}$，因爲 $\tilde{\varepsilon}$ 爲 .898，故 df_O 爲 3 × .898 = 2.693；df_{Error} 爲 921 × .898 = 826.702。而 SS_O 爲 101.434，故 MS_O 爲 37.668；SS_{Error} 爲 293.682，故 MS_{Error} 爲 0.355；故採 Huynh 與 Feld 校正的 $F(3, 921)$ = MS_O/MS_{Error} = 37.668/0.355 = 106.034，p = .000，由於顯著性 p 小於 .05，表示拒絕虛無假設，亦即「數學知識信念量表」的四個分量表

之每題平均數（「天生能力_每題平均數」、「快速學習_每題平均數」、「簡單知識_每題平均數」、「確定知識_每題平均數」）並非皆相等，如下圖所示。

效果值 partial η^2 為 .257，統計考驗力（$1-\beta$）為 1.0。

受試者內效應項的檢定

測量: MEASURE_1

來源		型 III 平方和	df	平均平方和	F	顯著性	淨相關 Eta 平方	Noncent. 參數	觀察的檢定能力[a]
四種分量表	假設為球形	101.434	3	33.811	106.034	.000	.257	318.101	1.000
	Greenhouse-Geisser	101.434	2.667	38.029	106.034	.000	.257	282.820	1.000
	Huynh-Feldt	101.434	2.693	37.668	106.034	.000	.257	285.531	1.000
	下限	101.434	1.000	101.434	106.034	.000	.257	106.034	1.000
誤差 (四種分量表)	假設為球形	293.682	921	.319					
	Greenhouse-Geisser	293.682	818.852	.359					
	Huynh-Feldt	293.682	826.702	.355					
	下限	293.682	307.000	.957					

a. 使用 alpha = .05 計算

報表 6：在「受試者內對比的檢定」報表，可看到不論是「線性」、「二次方」或「三次方」，其 F 值皆達顯著性水準，如下圖所示。

受試者內對比的檢定

測量: MEASURE_1

來源	四種分量表	型 III 平方和	df	平均平方和	F	顯著性	淨相關 Eta 平方	Noncent. 參數	觀察的檢定能力[a]
四種分量表	線性	25.983	1	25.983	74.566	.000	.195	74.566	1.000
	二次方	71.984	1	71.984	176.197	.000	.365	176.197	1.000
	三次方	3.467	1	3.467	17.366	.000	.054	17.366	.986
誤差 (四種分量表)	線性	106.975	307	.348					
	二次方	125.424	307	.409					
	三次方	61.284	307	.200					

a. 使用 alpha = .05 計算

報表 7：在「受試者間效應項的檢定」報表，可看到 SS_S 為 325.771，df_S 為 307，MS_S 為 1.061，如下圖所示。

受試者間效應項的檢定

測量: MEASURE_1

轉換的變數: 均數

來源	型 III 平方和	df	平均平方和	F	顯著性	淨相關 Eta 平方	Noncent. 參數	觀察的檢定能力[a]
截距	6219.612	1	6219.612	5861.236	.000	.950	5861.236	1.000
誤差	325.771	307	1.061					

a. 使用 alpha = .05 計算

報表 8：在「估計值」報表，可看到「天生能力_每題平均數」、「快速學習_每題平均數」、「簡單知識_每題平均數」、「確定知識_每題平均數」等四個依變項的平均數、標準誤差、95% 信賴區間的下

界與上界等數據，以「天生能力＿每題平均數」爲例，其每題平均
數爲 2.27、標準誤差爲 .046、95% 信賴區間的下界爲 2.179、95%
信賴區間的上界爲 2.361，如下圖所示。

估計的邊緣平均數

四種分量表

估計值

測量: MEASURE_1

四種分量表	平均數	標準誤差	95% 信賴區間 下界	95% 信賴區間 上界
1	2.270	.046	2.179	2.361
2	2.011	.038	1.936	2.087
3	1.999	.035	1.930	2.068
4	2.707	.041	2.626	2.788

報表 9：在「成對比較」報表，可看到「天生能力＿每題平均數」顯著高於「快
速學習＿每題平均數」；「天生能力＿每題平均數」顯著高於「簡
單知識＿每題平均數」；「天生能力＿每題平均數」顯著低於「確
定知識＿每題平均數」；「快速學習＿每題平均數」顯著低於「確
定知識＿每題平均數」；「簡單知識＿每題平均數」顯著低於「確
定知識＿每題平均數」，如下圖所示。

成對比較

測量: MEASURE_1

(I) 四種分量表	(J) 四種分量表	平均差異 (I-J)	標準誤差	顯著性[b]	差異的 95% 信賴區間[b] 下界	差異的 95% 信賴區間[b] 上界
1	2	.259[*]	.042	.000	.177	.341
	3	.271[*]	.048	.000	.176	.366
	4	-.437[*]	.049	.000	-.533	-.342
2	1	-.259[*]	.042	.000	-.341	-.177
	3	.012	.035	.720	-.056	.081
	4	-.696[*]	.046	.000	-.787	-.605
3	1	-.271[*]	.048	.000	-.366	-.176
	2	-.012	.035	.720	-.081	.056
	4	-.708[*]	.052	.000	-.810	-.607
4	1	.437[*]	.049	.000	.342	.533
	2	.696[*]	.046	.000	.605	.787
	3	.708[*]	.052	.000	.607	.810

根據估計的邊緣平均數而定

*. 平均差異在 .05 水準是顯著的。

b. 調整多重比較：最低顯著差異 (等於未調整值)。

報表 10：在「多變量檢定」報表，可看到不論是「Pillai's 跡」、「Wilks'
Lambda 變數選擇法」、「多變量顯著性檢定」或「Roy 的最大平
方根」等四種多變量分析法，其顯著性 p 值皆爲 < .001，顯示多

變量分析達顯著性的差異水準，如下圖所示。

多變量檢定

	數值	F	假設自由度	誤差自由度	顯著性	淨相關 Eta 平方	Noncent. 參數	觀察的檢定能力[b]
Pillai's 跡	.438	79.385[a]	3.000	305.000	.000	.438	238.154	1.000
Wilks' Lambda 變數選擇法	.562	79.385[a]	3.000	305.000	.000	.438	238.154	1.000
多變量顯著性檢定	.781	79.385[a]	3.000	305.000	.000	.438	238.154	1.000
Roy 的最大平方根	.781	79.385[a]	3.000	305.000	.000	.438	238.154	1.000

各 F 檢定 四種分量表 的多變量效果。這些檢定根據所估計邊緣平均數的線性獨立成對比較而定。

　　a. 精確的統計量

　　b. 使用 alpha = .05 計算

報表 11：在「剖面圖」報表，可看到「確定知識＿每題平均數」最高，其次是「天生能力＿每題平均數」，第三高是「快速學習＿每題平均數」，最低的是「簡單知識＿每題平均數」，如下圖所示。

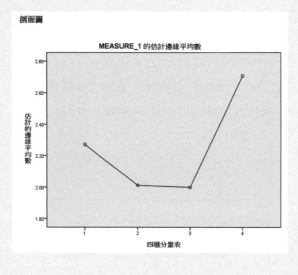

圖 8-18　重複量數單因子變異數分析 SPSS 的統計報表

　　圖 8-18 報表 5 所提供的效果值是 η^2，但 η^2 屬於樣本估計值，而效果值 ω^2 屬於母群估計值，故採用 ω^2 比 η^2 更合適。重複量數單因子變異數分析的效果值 ω^2 計算公式為公式 8-30。

$$\omega^2 = \frac{SS_O - (k-1)MS_{Error}}{SS_T + MS_S + n \times MS_{Error}}$$
（公式 8-30）

將圖 8-18 報表 5 與報表 7 的 SS_S 為 325.771、SS_O 為 101.434、SS_{Error} 為 293.682，所以 $SS_T = SS_S + SS_O + SS_{Error}$ = 325.771 + 101.434 + 293.68 = 720.885。MS_{Error} 為 0.355、k 為 4、n 為 308，帶入公式 8-29，即可獲得 ω^2 為 .09，屬於中高效果值。

$$\omega^2 = \frac{SS_O - (k-1)MS_{Error}}{SS_T + MS_S + n \times MS_{Error}} = \frac{101.434 - (4-1) \times 0.355}{720.885 + 325.771 + 308 \times 0.355} = .09$$

將圖 8-18 的重複量數單因子變異數分析統計報表，整理成表 8-32 的「數學知識信念量表」四個分量表之每題平均數的重複量數單因子變異數分析摘要表。

表 8-32

「數學知識信念量表」四個分量表之重複量數單因子變異數分析摘要表

變異來源	SS	df	MS	F	p	成對比較	ω^2	$1-\beta$
個體	325.77	307						
情境	101.43	2.69	37.67	106.03	< .001	1 > 2; 1 > 3; 4 > 1; 4 > 2; 4 > 3	.09	> .99
誤差	293.68	826.70	0.36					
總和	720.885							

註：1 表示「天生能力_每題平均數」；2 表示「快速學習_每題平均數」；3 表示「簡單知識_每題平均數」；4 表示「確定知識_每題平均數」。

以雙因子變異數分析，探究
兩個自變項的交互作用情形

　　雙因子變異數分析的使用時機，大致有三種狀況：第一種情況以兩個皆屬獨立樣本的自變項對一個依變項得分的差異情形，此種變異數分析稱爲獨立樣本雙因子變異數分析（independent two-way ANOVA）；第二種情況以一個獨立樣本的自變項與一個相依樣本的自變項，對一個依變項得分的差異情形，此種稱爲混合設計雙因子變異數分析（mixed two-way ANOVA）；第三種情況以兩個相依樣本的自變項對一個依變項得分的差異情形，此種稱爲重複量數雙因子變異數分析（repeated-measures two-way ANOVA）。

壹、獨立樣本雙因子變異數分析的基本概念

　　單因子變異數分析是探討一個自變項在一個依變項的差異情形，但有些時候對一個依變項的探討，若能同時考慮兩個自變項的影響因素，能得到較精準統計結果。例如：表 9-1 三個組別的英文成績，每個組別共 8 位學生（每組有 4 位男生與 4 位女生），假若只考慮不同組別這個自變項，可採用獨立樣本單因子變異數分析，統計結果得到 $F(2, 21) = 0.23, p = .80$，顯示獨立樣本單因子變異數分析未達顯著水準，亦即各組平均數沒有顯著性差異。而由表 9-1 資料可知，三組平均數差異不大，第 1 組平均數 85.13，第 2 組平均數 87.75，第 3 組平均數 87.13。

　　除了探討組別因素外，也可同時考慮性別因素，從表 9-1 資料可明顯看出，第 1 組男生平均數（$M = 79$）與第 3 組女生平均數（$M = 81.5$）相對比較低，而第 1 組女生平均數（$M = 91.25$）與第 3 組男生平均數（$M = 92.75$）相對比較高。

　　由於同時考慮組別與性別兩個因素，較能找出各組別的眞正差異，而組別與性別是各自獨立的兩個因素，此時便適合採用獨立樣本雙因子變異數分析。

　　獨立樣本雙因子變異數分析會有三種虛無假設與對立假設，第一種虛無假設與對立假設是針對第 1 個自變項（A 因子）、第二種虛無假設與對立假設是針對第 2 個自變項（B 因子）、第三種虛無假設與對立假設是針對第 1 個自變項與第 2 個自變項的交互作用（A×B 因子）。針對 A 因子或 B 因子的考驗，稱爲「主要效果考驗」（main effect test），而針對 A×B 因子的考驗，稱爲「單純主要效果考驗」（simple main effect test）。以表 9-1 爲例，A 因子爲「性別」，B 因子爲「組別」，A×B 因子爲「性別 × 組別」，各細格與各因子平均數，如表 9-2 所示。

表 9-1

男女生三個組別的英文成績

	第 1 組英文成績	第 2 組英文成績	第 3 組英文成績	
男生	76	87	86	
	85	88	93	
	87	94	95	
	68	95	97	
				87.58 （男生平均數）
女生	84	76	72	
	89	83	82	
	94	86	85	
	98	93	87	
				85.75 （女生平均數）
各組平均數	85.13	87.75	87.13	86.67 （全體平均數）
男生各組平均數	79	91	92.75	
女生各組平均數	91.25	84.5	81.5	

　　表 9-2 的 μ_{11} 表示男生第 1 組平均數、μ_{12} 表示男生第 2 組平均數、μ_{13} 表示男生第 3 組平均數、μ_{21} 表示女生第 1 組平均數、μ_{22} 表示女生第 2 組平均數、μ_{23} 表示女生第 3 組平均數。$\mu_{1.}$ 表示男生平均數、$\mu_{2.}$ 表示女生平均數。$\mu_{.1}$ 表示第 1 組平均數、$\mu_{.2}$ 表示第 2 組平均數、$\mu_{.3}$ 表示第 3 組平均數。$\mu_{..}$ 表示所有受試者的全體平均數。

表 9-2

表 9-1 的 2×3 獨立樣本雙因子變異數分析

	B 因子（組別）			
A 因子（性別）	μ_{11}	μ_{12}	μ_{13}	$\mu_{1.}$
	μ_{21}	μ_{22}	μ_{23}	$\mu_{2.}$
	$\mu_{.1}$	$\mu_{.2}$	$\mu_{.3}$	$\mu_{..}$

則 A 因子（性別）虛無假設與對立假設如下：

$$H_{0_A} : \mu_1. = \mu_2.$$
$$H_{1_A} : \mu_1. \neq \mu_2.$$

A 因子（性別）F 統計考驗公式，如公式 9-1 所示。F 統計考驗的自由度為 $df_A = (a-1)$、$df_{Error} = ab(n-1)$。a 表示 A 因子的組數、b 表示 B 因子的組數、n 表示每個細格的人數。

$$F = \frac{MS_A}{MS_{Error}}$$
（公式 9-1）

B 因子（組別）的虛無假設與對立假設如下：

$$H_{0_B} : \mu_{.1} = \mu_{.2} = \mu_{.3}$$
$$H_{1_B} : H_{0_B} 為假$$

B 因子（組別）F 統計考驗公式，如公式 9-2 所示。F 統計考驗自由度為 $df_B = (b-1)$、$df_{Error} = ab(n-1)$。a 表示 A 因子的組數、b 表示 B 因子的組數、n 表示每個細格的人數。

$$F = \frac{MS_B}{MS_{Error}}$$
（公式 9-2）

A×B 因子（性別 × 組別）的虛無假設與對立假設如下：

$$H_{0_{A \times B}} : \mu_{11} - \mu_1. - \mu_{.1} + \mu_{..} = 0$$
$$: \mu_{12} - \mu_1. - \mu_{.2} + \mu_{..} = 0$$
$$: \mu_{13} - \mu_1. - \mu_{.3} + \mu_{..} = 0$$
$$: \mu_{21} - \mu_2. - \mu_{.1} + \mu_{..} = 0$$
$$: \mu_{22} - \mu_2. - \mu_{.2} + \mu_{..} = 0$$
$$: \mu_{23} - \mu_2. - \mu_{.3} + \mu_{..} = 0$$

$$H_{1_{A \times B}} : H_{0_{A \times B}} \text{為假}$$

A×B 因子（性別 × 組別）F 統計考驗公式，如公式 9-3 所示。F 統計考驗的自由度 $df_{A \times B}$ = (a-1)(b-1)、df_{Error} = ab(n-1)。a 表示 A 因子的組數、b 表示 B 因子的組數、n 表示每個細格的人數。

$$F = \frac{MS_{A \times B}}{MS_{Error}} \qquad\qquad （公式 9\text{-}3）$$

上述三種假設考驗是否獲得支持，可能產生如表 9-3 的八種情形。第 1 種至第 4 種情況，皆顯示 A×B 因子具交互作用效果，所以後續只要進行單純主要效果的考驗即可，即使 A 因子或 B 因子同時也達顯著性水準，也不用再進行 A 因子或 B 因子的主要效果考驗。

相對地，第 5 種至第 8 種情況，皆顯示 A×B 因子未具交互作用效果，所以後續只能根據 A 因子或 B 因子是否有達顯著性水準，來判斷是否需要再進行 A 因子或 B 因子的主要效果考驗。

表 9-3

獨立樣本雙因子變異數分析的三種假設考驗獲支持的後續統計考驗方式

	H_{1_A}	H_{1_B}	$H_{1_{A \times B}}$	後續的統計考驗
第 1 種情況	獲支持	獲支持	獲支持	考驗單純主要效果
第 2 種情況	未獲支持	獲支持	獲支持	考驗單純主要效果
第 3 種情況	獲支持	未獲支持	獲支持	考驗單純主要效果
第 4 種情況	未獲支持	未獲支持	獲支持	考驗單純主要效果
第 5 種情況	獲支持	獲支持	未獲支持	考驗 A 因子主要效果、考驗 B 因子主要效果
第 6 種情況	未獲支持	獲支持	未獲支持	考驗 B 因子主要效果
第 7 種情況	獲支持	未獲支持	未獲支持	考驗 A 因子主要效果
第 8 種情況	未獲支持	未獲支持	未獲支持	不用進一步考驗

將上述公式 9-1 至公式 9-3，可整理成表 9-4 與表 9-5 獨立樣本雙因子變異數分析摘要表。

表 9-4

獨立樣本雙因子變異數分析摘要表

變異來源	SS	df	MS	F	p
自變項 A	SS_A	df_A	MS_A	MS_A / MS_{Error}	
自變項 B	SS_B	df_B	MS_B	MS_B / MS_{Error}	
交互作用 (A×B)	$SS_{A×B}$	$df_{A×B}$	$MS_{A×B}$	$MS_{A×B} / MS_{Error}$	
誤差 Error	SS_{Error}	df_{Error}	MS_{Error}		
總和 Total	SS_T	df_T			

表 9-5

獨立樣本雙因子變異數分析摘要表（運算公式）

變異來源	SS	df	MS	F	p
自變項 A	$SS_A = nb\sum_{j}^{a}(\overline{Y}_{\cdot j\cdot} - \overline{Y}\ldots)^2$	a-1	MS_A	MS_A / MS_{Error}	
自變項 B	$SS_B = na\sum_{k}^{b}(\overline{Y}_{\cdot\cdot k} - \overline{Y}\ldots)^2$	b-1	MS_B	MS_B / MS_{Error}	
交互作用 (A×B)	$SS_{A×B} = n\sum_{k}^{b}\sum_{j}^{a}(\overline{Y}_{\cdot jk} - \overline{Y}_{\cdot j\cdot} - \overline{Y}_{\cdot\cdot k} - \overline{Y}\ldots)^2$	(a-1)(b-1)	$MS_{A×B}$	$MS_{A×B} / MS_{Error}$	
誤差 Error	$SS_{Error} = SS_T - SS_A - SS_B - SS_{A×B}$	ab(n-1)	MS_{Error}		
總和 Total	$SS_T = \sum_{k}^{b}\sum_{j}^{a}\sum_{i}^{n}(Y_{ijk} - \overline{Y}\ldots)^2$	abn-1			

茲以表 9-1 資料，說明如何透過表 9-5 的各項公式，計算獨立樣本雙因子變異數分析。

$$SS_T = \sum_{k}^{b}\sum_{j}^{a}\sum_{i}^{n}(Y_{ijk} - \overline{Y}\ldots)^2 = (76-86.67)^2 + (85-86.67)^2 + \ldots + (85-86.67)^2 + (87-86.67)^2 = 1409.33$$

$$SS_A = nb\sum_{j}^{a}(\overline{Y}_{\cdot j\cdot} - \overline{Y}\ldots)^2 = 4 \times 3 \times [(87.58-86.67)^2 + (85.75-86.67)^2] = 20.09$$

$$SS_B = na\sum_{k}^{b}(\overline{Y}_{\cdot\cdot k} - \overline{Y}\ldots)^2 = 4 \times 2 \times [(85.13-86.67)^2 + (87.75-86.67)^2 + (87.13-86.67)^2] = 30.00$$

$$SS_{A×B} = n\sum_{k}^{b}\sum_{j}^{a}(\overline{Y}_{\cdot jk} - \overline{Y}_{\cdot j\cdot} - \overline{Y}_{\cdot\cdot k} - \overline{Y}\ldots)^2 = 4 \times [(79-87.58-85.13+86.67)^2 + (91-87.58-87.75+86.67)^2$$
$$+ (92.75-87.58-87.13+86.67)^2 + (91.25-85.75-85.13+86.67)^2 + (84.5-85.75-87.75+86.67)^2$$

$$+ (81.5 - 85.75 - 87.13 + 86.67)^2]$$
$$= 4 \times [49.56 + 5.43 + 22.18 + 49.56 + 5.43 + 22.18]$$
$$= 4 \times 154.34$$
$$= 617.36$$

$$SS_{Error} = SS_T - SS_A - SS_B - SS_{A \times B} = 1409.33 - 20.09 - 30.00 - 617.36 = 741.88$$

將上述計算結果，整理成表 9-6 獨立樣本雙因子變異數分析摘要表。

表 9-6

以表 9-1 資料的獨立樣本雙因子變異數分析摘要表

變異來源	SS	df	MS	F	p
自變項 A	20.09	1	20.09	0.49	.494
自變項 B	30	2	15	0.36	.700
交互作用 (A×B)	617.36	2	308.68	7.49	.004
誤差 Error	741.88	18	41.22		
總和 Total	1409.33	23			

表 9-6 的計算結果，與圖 9-1 透過 SPSS 統計軟體所獲得的統計報表，結果是相近的（有一點小誤差，是因為四捨五入的緣故）。

來源	型 III 平方和	df	平均平方和	F	顯著性
校正後的模式	667.833[a]	5	133.567	3.242	.029
截距	180266.667	1	180266.667	4375.995	.000
性別	20.167	1	20.167	.490	.493
組別	30.083	2	15.042	.365	.699
性別 * 組別	617.583	2	308.792	7.496	.004
誤差	741.500	18	41.194		
總數	181676.000	24			
校正後的總數	1409.333	23			

受試者間效應項的檢定

依變數：英文成績

a. R 平方 = .474 (調過後的 R 平方 = .328)

圖 9-1　獨立樣本雙因子變異數分析 SPSS 的統計報表

　　獨立樣本雙因子變異數分析的統計表格呈現，通常需要包含兩個表格，第一個表格用來呈現各細格的敘述統計資料，如表 9-7 所示。第二個表格用來呈現獨立樣本雙因子變異數分析的考驗結果資料，如表 9-8 所示。

表 9-7

獨立樣本雙因子變異數分析（2×3 設計）各細格人數、平均數與標準差的格式

		第 2 自變項 組別 1	第 2 自變項 組別 2	第 2 自變項 組別 3	列平均
第 1 自變項 組別 1	個數				
	平均數				
	標準差				
第 1 自變項 組別 2	個數				
	平均數				
	標準差				
行平均					

表 9-8

獨立樣本雙因子變異數分析（2×3 設計）摘要表格式

變異來源	SS	df	MS	F	p	事後比較	ω^2	$1\text{-}\beta$
第 1 自變項								
第 2 自變項								
交互作用								
誤差								
總和								

　　進行獨立樣本雙因子變異數分析，主要想探究兩個自變項之間是否會產生交互作用，若存在交互作用的情形，我們會關注交互作用的影響，若不存在交互作用，我們會轉而探討單獨的自變項對依變項之影響。因此，底下將分別介紹獨立樣本雙因子變異數分析交互作用不顯著，以及獨立樣本雙因子變異數分析交互作用顯著等兩種統計方式。

　　交互作用常以圖形來呈現，圖 9-2 左邊的圖，由於男女生第 1 組的平均數差距與男女生第 2 組的平均數差距，以及男女生第 3 組的平均數差距，皆相同，亦

即兩條直線呈現平行的狀態，如此顯示「性別」與「組別」這兩個自變項「無交互作用」。

圖 9-2 中間的圖，由於男女生第 1 組的平均數差距（較小）與男女生第 2 組的平均數差距，以及男女生第 3 組的平均數差距（較大），皆不相同，亦即兩條直線呈現不平行的狀態，且兩條直線沒有相交，如此顯示「性別」與「組別」這兩個自變項具「交互作用」，這種交互作用稱爲「次序交互作用」。

圖 9-2 右邊的圖，由於男女生第 1 組的平均數差距（較大）與男女生第 2 組的平均數差距（較小），以及男女生第 3 組的平均數差距，皆不相同，亦即兩條直線呈現不平行的狀態，且兩條直線有相交，如此顯示「性別」與「組別」這兩個自變項具「交互作用」，這種交互作用稱爲「非次序交互作用」。

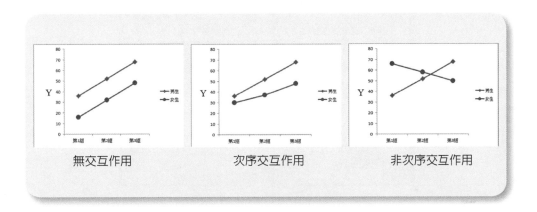

圖 9-2　獨立樣本雙因子變異數分析之交互作用類型

獨立樣本雙因子變異數分析交互作用不顯著

茲針對 SPSS 操作步驟、SPSS 統計報表解釋，以及統計表格呈現等部分，說明如何透過獨立樣本雙因子變異數分析，來考驗是否支持假設 3-1「不同性別與不同數學知識信念組別的中小學生，在數學成績上有顯著交互作用」。

由於數學知識信念原本屬於連續變項，爲了探討性別與數學知識信念組別的交互作用，我們透過前面第四章介紹的組別分割，將「數學知識信念」四個分量表，皆以平均數上下各 0.5 個標準差，作爲分割界線，高、中、低三組人數比爲 31：38：31。以「天生能力」這個分量表爲例，將產生一個新變項「新天生能

力組」，這個變項包括「天生能力高分組」、「天生能力中分組」與「天生能力低分組」等三組。

(一) 獨立樣本雙因子變異數分析交互作用不顯著的SPSS操作步驟

獨立樣本雙因子變異數分析的 SPSS 操作步驟，如圖 9-3 所示。

步驟 1：請點選「分析 (A)」→「一般線性模式 (G)」→「單變量 (U)」，如下圖所示。

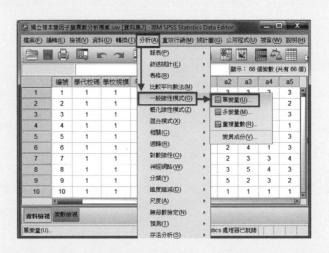

步驟 2：在「單變量」對話窗，將「數學成績」這個依變項，從左方變數清單，移至右上方「依變數 (D)：」空格，如下圖所示。

步驟 3：在「單變量」對話窗，將「性別」這個自變項，從左方變數清單，
移至右上方「固定因子(F)：」空格，如下圖所示。

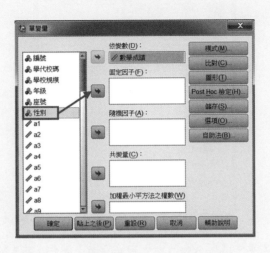

步驟 4：在「單變量」對話窗，再將「新天生能力組」這個自變項，從左方
變數清單，移至右上方「固定因子(F)：」空格，並按右方「選項
(O)」按鍵，如下圖所示。

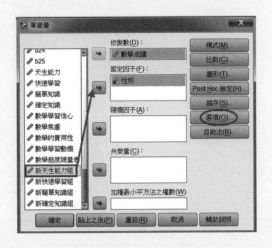

步驟 5：在「單變量：選項」對話窗，將位於左方「因子與因子交互作用
(F)：」的「OVERALL」、「性別」、「新天生能力組」與「性別
＊新天生能力組」這四個變項，移至右方「顯示平均數(M)：」空
格，如下圖所示。

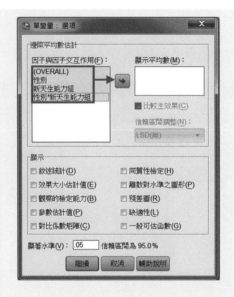

步驟6：在「單變量：選項」對話窗，勾選下方「顯示」的「敘述統計(D)」、「效果大小估計值(E)」、「觀察的檢定能力(B)」與「同質性檢定(H)」等四個選項，並按下方「繼續」按鍵，如下圖所示。

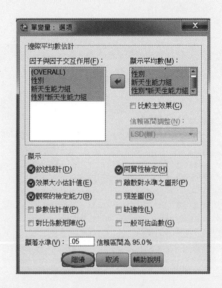

步驟7：在「單變量」對話窗，按右方「Post Hoc 檢定 (H)」按鍵，如下圖所示。

步驟 8：在「單變量：觀察值平均數的 Post Hoc 多重比較」對話窗，將位於
左方「因子 (F)：」的「新天生能力組」這個變項，移至右方「Post
Hoc 檢定 (P)：」空格，如下圖所示。

由於「性別」這個變項只有兩組，只要由兩組平均數大小，即可判
斷哪一組平均數較大，故無須進行事後比較，故不用將「性別」移
至右方「Post Hoc 檢定 (P)：」空格。

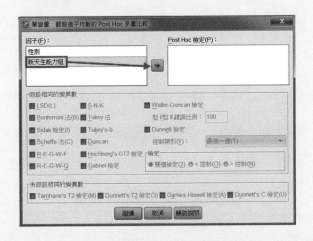

步驟 9：在「單變量：觀察值平均數的 Post Hoc 多重比較」對話窗，在「假
設相同的變異數」選項，勾選「Scheffe 法 (C)」，並按下方「繼續」
按鍵，如下圖所示。

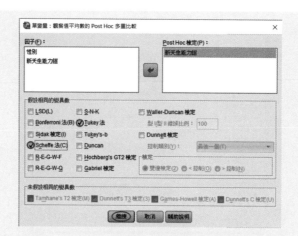

步驟 10：在「單變量」對話窗，按「圖形 (T)」按鍵，如下圖所示。

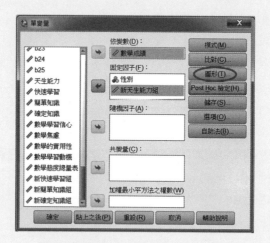

步驟 11：在「單變量：剖面圖」對話窗，將左方「因子 (F)：」的「性別」，
　　　　　移至右方「水平軸 (H)：」空格，如下圖所示。

步驟 12：在「單變量：剖面圖」對話窗，將左方「因子 (F)：」的「新天生能力組」，移至右方「個別線 (S)：」空格中，並按下方「新增 (A)」按鍵，如下圖所示。

步驟 13：在「單變量：剖面圖」對話窗，將左方「因子 (F)：」的「新天生能力組」，移至右方「水平軸 (H)：」空格，如下圖所示。

步驟 14：在「單變量：剖面圖」對話窗，將左方「因子 (F)：」的「性別」，移至右方「個別線 (S)：」空格，並按下方「新增 (A)」按鍵，再按「繼續」按鍵，如下圖所示。

步驟 15：在「單變量」對話窗，按下方「確定」按鍵，如下圖所示。

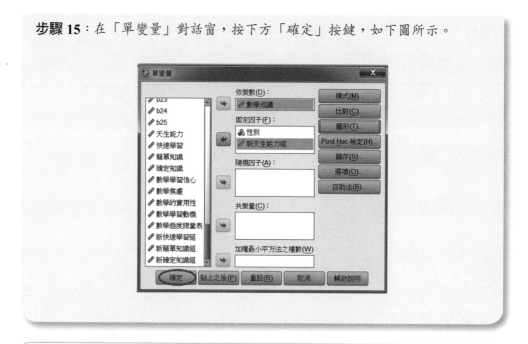

圖 9-3　獨立樣本雙因子變異數分析之 SPSS 操作步驟

(二) 獨立樣本雙因子變異數分析的SPSS結果報表解釋

經過上述圖 9-3 的 SPSS 操作步驟後，SPSS 會自動產生「受試者間因子」、「敘述統計」、「誤差變異量的 Levene 檢定等式 [a]」、「受試者間效應項的檢定」、「估計的邊緣平均數_1.總平均」、「估計的邊緣平均數_2.性別」、「估計的邊緣平均數 _3. 新天生能力組」、「估計的邊緣平均數 _4. 性別 * 新天生能力組」、「Post Hoc 檢定 _ 多重比較」、「Post Hoc 檢定 _ 同質子集」、「剖面圖 _ 性別為橫座標」與「剖面圖 _ 新天生能力組為橫座標」等十二個統計圖表，如圖 9-4 所示。

報表 1：在「受試者間因子」報表，可看到有 151 位男生、156 位女生；「天生能力低分組」有 88 位、「天生能力中分組」有 128 位、「天生能力高分組」有 91 位，如下圖所示。

受試者間因子		數值註解	個數
性別	1	男生	151
	2	女生	156
新天生能力組	1	天生能力低分組	88
	2	天生能力中分組	128
	3	天生能力高分組	91

報表 2：在「敘述統計」報表，可分別看到男女生在「天生能力_低分組」、「天生能力_中分組」、「天生能力_高分組」等三組在依變項數學成績平均數、標準離差、個數等數據，以「天生能力_低分組」男生為例，其數學成績平均數為 52.22、標準離差為 10.271、個數為 48，如下圖所示。

敘述統計

依變數: 數學成績

性別	新天生能力組	平均數	標準離差	個數
男生	天生能力低分組	52.22	10.271	48
	天生能力中分組	51.21	8.858	62
	天生能力高分組	46.70	9.461	41
	總數	50.31	9.690	151
女生	天生能力低分組	51.17	10.290	40
	天生能力中分組	50.06	8.527	66
	天生能力高分組	48.06	9.115	50
	總數	49.70	9.214	156
總數	天生能力低分組	51.74	10.234	88
	天生能力中分組	50.62	8.674	128
	天生能力高分組	47.45	9.246	91
	總數	50.00	9.440	307

報表 3：在「誤差變異量的 Levene 檢定等式[a]」報表，可看到 Levene 變異數同質性考驗結果，$F(5, 301) = 0.683$, $p = .637$，由於顯著性 p 值大於 .05，顯示接受虛無假設，亦即符合變異數同質性基本假定，如下圖所示。

誤差變異量的 Levene 檢定等式[a]

依變數: 數學成績

F	df1	df2	顯著性
.683	5	301	.637

檢定各組別中依變數誤差變異量的虛無假設是相等的。

a. Design: 截距 + 性別 + 新天生能力組 + 性別 * 新天生能力組

報表 4：在「受試者間效應項的檢定」報表，可看到雙因子的「性別＊新天
　　　　生能力組」的 $F = 0.551$, $p = .557$，由於其顯著性 p 值大於 .05，表
　　　　示接受虛無假設，亦即沒有交互作用，如下圖所示。

　　　　「性別」這個因子的 $F = 0.067$, $p = .796$，其顯著性 p 值大於 .05，
　　　　表示接受虛無假設，亦即男女生的數學成績沒有顯著性差異。

　　　　「新天生能力組」的 $F = 5.279$, $p = .006$，其顯著性 p 值小於 .05，
　　　　表示拒絕虛無假設，亦即天生能力高、中、低三組的數學成績有顯
　　　　著性差異。

受試者間效應項的檢定

依變數：數學成績

來源	型 III 平方和	df	平均平方和	F	顯著性	淨相關 Eta 平方	Noncent. 參數	觀察的檢定能力[b]
校正後的模式	1016.566[a]	5	203.313	2.331	.042	.037	11.655	.745
截距	737853.646	1	737853.646	8459.836	.000	.966	8459.836	1.000
性別	5.864	1	5.864	.067	.796	.000	.067	.058
新天生能力組	920.822	2	460.411	5.279	.006	.034	10.558	.833
性別 * 新天生能力組	96.158	2	48.079	.551	.577	.004	1.102	.141
誤差	26252.750	301	87.218					
總數	794769.315	307						
校正後的總數	27269.315	306						

a. R 平方 = .037 (調過後的 R 平方 = .021)

b. 使用 alpha = .05 計算

報表 5：在「估計的邊緣平均數 _1.總平均」報表，可看到所有受試者數
　　　　學成績平均數為 49.903、標準誤差為 0.543、95% 信賴區間下界為
　　　　48.836，95% 信賴區間上界為 50.971，如下圖所示。

估計的邊緣平均數

1.總平均

依變數：數學成績

平均數	標準誤差	95% 信賴區間	
		下界	上界
49.903	.543	48.836	50.971

報表 6：在「估計的邊緣平均數 _2.性別」報表，可看到男女生數學成績
　　　　平均數、標準誤差、95% 信賴區間上下界。以男生為例，男生數
　　　　學成績平均數為 50.044、標準誤差為 0.771、95% 信賴區間下界為
　　　　48.527，95% 信賴區間上界為 51.561，如下圖所示。

2.性別

依變數：數學成績

性別	平均數	標準誤差	95% 信賴區間	
			下界	上界
男生	50.044	.771	48.527	51.561
女生	49.763	.763	48.260	51.265

報表 7：在「估計的邊緣平均數 _3.新天生能力組」報表，可看到天生能力
組高、中、低三組學生數學成績平均數、標準誤差、95% 信賴區間
上下界。以天生能力低分組爲例，天生能力低分組數學成績平均數
爲 51.695、標準誤差爲 1.000、95% 信賴區間下界爲 49.728，95%
信賴區間上界爲 53.662，如下圖所示。

3. 新天生能力組

依變數：　數學成績

新天生能力組	平均數	標準誤差	95% 信賴區間 下界	95% 信賴區間 上界
天生能力低分組	51.695	1.000	49.728	53.662
天生能力中分組	50.635	.826	49.010	52.260
天生能力高分組	47.380	.984	45.444	49.316

報表 8：在「估計的邊緣平均數 _4.性別 * 新天生能力組」報表，可看到男
女生在「天生能力 _ 低分組」、「天生能力 _ 中分組」、「天生
能力 _ 高分組」等三組數學成績平均數、標準誤差、95% 信賴區
間上下界。以男生天生能力低分組爲例，男生的天生能力低分組數
學成績平均數爲 52.220、標準誤差爲 1.348、95% 信賴區間下界爲
49.567，95% 信賴區間上界爲 54.872，如下圖所示。

4. 性別 * 新天生能力組

依變數：　數學成績

性別	新天生能力組	平均數	標準誤差	95% 信賴區間 下界	95% 信賴區間 上界
男生	天生能力低分組	52.220	1.348	49.567	54.872
	天生能力中分組	51.209	1.186	48.874	53.543
	天生能力高分組	46.704	1.459	43.834	49.574
女生	天生能力低分組	51.171	1.477	48.265	54.076
	天生能力中分組	50.061	1.150	47.799	52.324
	天生能力高分組	48.056	1.321	45.457	50.655

報表 9：在「Post Hoc 檢定 _ 多重比較」報表，可看到 Tukey HSD 法的事後
比較，「天生能力低分組」（$M = 51.74$）顯著高於「天生能力高分
組」（$M = 47.45$），其顯著性爲 $p = .006$。且「天生能力中分組」
（$M = 50.62$）也顯著高於「天生能力高分組」（$M = 47.45$），其顯
著性爲 $p = .037$。而 Scheffé 法事後比較可知，「天生能力低分組」
（$M = 51.74$）顯著高於「天生能力高分組」（$M = 47.45$），其顯
著性爲 $p = .009$。且「天生能力中分組」（$M = 50.62$）也顯著高於
「天生能力高分組」（$M = 47.45$），其顯著性爲 $p = .048$，如下圖

所示。上述天生能力各組的數學成績，必須由報表 2 獲得。

多重比較

依變數：數學成績

	(I) 新天生能力組	(J) 新天生能力組	平均差異 (I-J)	標準誤差	顯著性	95% 信賴區間 下界	95% 信賴區間 上界
Tukey HSD	天生能力低分組	天生能力中分組	1.13	1.293	.659	-1.92	4.17
		天生能力高分組	4.30*	1.396	.006	1.01	7.58
	天生能力中分組	天生能力低分組	-1.13	1.293	.659	-4.17	1.92
		天生能力高分組	3.17*	1.281	.037	.15	6.19
	天生能力高分組	天生能力低分組	-4.30*	1.396	.006	-7.58	-1.01
		天生能力中分組	-3.17*	1.281	.037	-6.19	-.15
Scheffe 法	天生能力低分組	天生能力中分組	1.13	1.293	.685	-2.06	4.31
		天生能力高分組	4.30*	1.396	.009	.86	7.73
	天生能力中分組	天生能力低分組	-1.13	1.293	.685	-4.31	2.06
		天生能力高分組	3.17*	1.281	.048	.02	6.32
	天生能力高分組	天生能力低分組	-4.30*	1.396	.009	-7.73	-.86
		天生能力中分組	-3.17*	1.281	.048	-6.32	-.02

根據觀察值平均數。
誤差項為平均平方和 (錯誤) = 87.218。
*. 平均差異在 .05 水準是顯著的。

報表 10：在「Post Hoc 檢定_同質子集」報表，可看到 Tukey HSD 法與 Scheffé 法的統計結果是一樣的，「天生能力低分組」、「天生能力中分組」與「天生能力高分組」學生的數學成績，可分成兩個子集，其中「天生能力高分組」與「天生能力中分組」是同一個子集，而「天生能力中分組」與「天生能力低分組」也是同一個子集，如下圖所示。

同質子集

數學成績

	新天生能力組	個數	子集 1	子集 2
Tukey HSD[a,b,c]	天生能力高分組	91	47.45	
	天生能力中分組	128		50.62
	天生能力低分組	88		51.74
	顯著性		1.000	.672
Scheffe 法[a,b,c]	天生能力高分組	91	47.45	
	天生能力中分組	128	50.62	50.62
	天生能力低分組	88		51.74
	顯著性		.059	.697

顯示的是同質子集中組別的平均數。
根據觀察值平均數。
誤差項為平均平方和 (錯誤) = 87.218。
a. 使用調和平均數樣本大小 = 99.453。
b. 組別大小不相等，將使用組別大小的調和平均數，不保證型 I 的誤差水準。
c. Alpha = .05

報表 11：在「剖面圖_性別為橫座標」報表，可看到不論男生或女生，「天生能力低分組」學生的數學成績都是最高的，其次是「天生能力中分組」學生數學成績，而「天生能力高分組」學生數學成績則是最低的，如下圖所示。

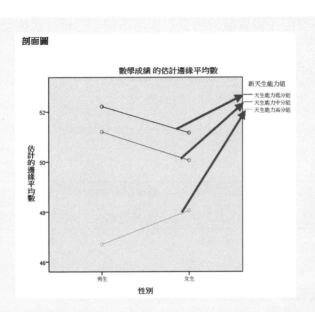

報表 **12**：在「剖面圖 _ 新天生能力組別為橫座標」報表，可看到男生「天
　　　　　生能力低分組」數學成績是高於女生「天生能力低分組」數學成
　　　　　績。男生「天生能力中分組」數學成績也高於女生「天生能力中
　　　　　分組」數學成績。但男生「天生能力高分組」數學成績則是低於
　　　　　女生「天生能力高分組」數學成績，如下圖所示。

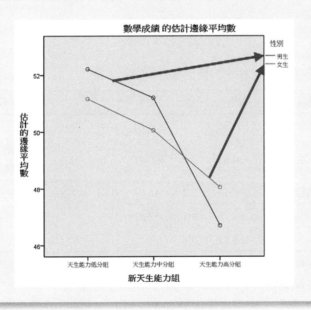

圖 9-4　獨立樣本雙因子變異數分析 SPSS 的統計報表

(三) 獨立樣本雙因子變異數分析交互作用不顯著的統計表格呈現

　　根據圖 9-4 的 SPSS 統計結果，我們可以整理成表 9-7 與表 9-8 獨立樣本雙因子變異數分析摘要表。亦即將圖 9-4 的 SPSS 統計報表資料，整理成表 9-9 與表 9-10 的獨立樣本雙因子變異數分析摘要表。

表 9-9

獨立樣本雙因子（性別 × 組別）變異數分析各細格人數、平均數與標準差

| | | 新天生能力組 | | | 列總和 |
		低分組	中分組	高分組	
性別	男生　個數	48	62	41	151
	平均數	52.22	51.21	46.70	50.31
	標準差	10.27	8.86	9.46	9.69
	女生　個數	40	66	50	156
	平均數	51.17	50.06	48.06	49.70
	標準差	10.29	8.53	9.12	9.21
行總和	總個數	88	128	91	
	平均數	51.74	50.62	47.45	
	標準差	10.23	8.67	9.25	

表 9-10

獨立樣本雙因子（性別 × 組別）變異數分析的摘要表

變異來源	SS	df	MS	F	p	事後比較	ω^2	$1\text{-}\beta$
性別	5.86	1	5.86	0.07	.791			
新天生能力組	920.82	2	460.41	5.28	.001	低 > 高 中 > 高	.03	.83
性別 × 新天生能力組	96.16	2	48.08	0.55	.578			
誤差	26252.75	301	87.22					
總和	27269.32	306						

註：「低」表示天生能力低分組，「中」表示天生能力中分組，「高」表示天生能力高分組。

　　表 9-9 所有資料，皆可直接從圖 9-4 之報表 2「敘述統計」獲得。表 9-10 資料，除了「事後比較」這個欄位資料需要從圖 9-4 之報表 9「多重比較」獲得外，

其他資料皆可直接從圖9-4之報表4「受試者間效應項的檢定」表格獲得。表9-10有9個欄位，最左邊欄位是呈現「變異來源」，主要包括第1自變項（性別）、第2個自變項（新天生能力組）、第1自變項 × 第2個自變項（性別 × 新天生能力組）、誤差與總和五個部分。

左邊第2個欄位是「SS」，主要顯示性別、新天生能力組、性別 × 新天生能力組、誤差與總和的平方和。例如：性別的 SS 是 5.86，新天生能力組的 SS 是920.82，性別 × 新天生能力組的 SS 是 96.16，誤差的 SS 是 26252.75，總和的 SS是 27269.32。

左邊第3個欄位是「df」，主要顯示性別、新天生能力組、性別 × 新天生能力組、誤差與總和的自由度。例如：性別的 df 是 1，新天生能力組 df 是 2，性別 × 新天生能力組的 df 是 2，誤差的 df 是 301，總和的 df 是 306。

左邊第4個欄位是「MS」，此欄位只呈現性別、新天生能力組、性別 × 新天生能力組、誤差的平均平方和。例如：性別的 MS 是 5.86，新天生能力組的MS 是 460.41，性別 × 新天生能力組的 MS 是 48.08，誤差的 MS 是 87.22。MS的計算方式是將 SS 除以 df，亦即 $MS = SS/df$，故性別的 MS = 5.86/1 = 5.86，新天生能力組的 MS = 920.82/2 = 460.41，性別 × 新天生能力組的 MS = 96.16/2 =48.08，誤差的 MS = 26252.75/301 = 87.22。

左邊第5個欄位是「F 值」，是呈現 F 考驗數值大小，F 的計算方式是將性別、新天生能力組、性別 × 新天生能力組的 MS 各自除以誤差的 MS。例如：性別的 F = 性別的 MS/ 誤差的 MS，故 F = 5.86/87.22 = 0.07。

左邊第6個欄位是「p 值」，是呈現 F 考驗顯著性，此欄位 p 值是直接呈現實際的 p 值大小，但 SPSS 的統計結果呈現為「.000」時，則需以 $p < .001$ 表示。

左邊第7個欄位是「事後比較」，當 F 考驗達顯著水準時，必須透過事後比較，才能找出是哪些組別平均數有顯著性差異。此部分必須參考圖 9-4 之報表9「多重比較」表格，由前面討論可知，主要效果的「新天生能力組」達顯著差異水準 $F(2, 301) = 5.28$, $p = .001$，其中「天生能力低分組」（$M = 51.74$）顯著高於「天生能力高分組」（$M = 47.45$），且「天生能力中分組」（$M = 50.62$）也顯著高於「天生能力高分組」（$M = 47.45$）。因此，表 9-10「事後比較」這個欄位就以「低 > 高」來表示天生能力低分組平均數顯著高於天生能力高分組平均數；以「中>高」來表示天生能力中分組平均數顯著高於天生能力高分組平均數。

左邊第8個欄位是「ω^2」，由於 SPSS 並沒有提供效果值（ω^2）統計結果，必須透過下面的公式來自行計算（Grissom & Kim, 2005）。

變項 A 的 partial omega squared 計算公式為公式 9-4。

$$\omega_a^2 = \frac{SS_a - df_a \times MS_w}{SS_a + (N - df_a)MS_w}$$ （公式 9-4）

公式 9-4 的 SS_a 代表變項 A 的離均差平方和，df_a 代表變項 A 的自由度，MS_w 代表誤差的均方，N 代表總人數。

變項 B 的 partial omega squared 計算公式為公式 9-5。

$$\omega_b^2 = \frac{SS_b - df_b \times MS_w}{SS_b + (N - df_b)MS_w}$$ （公式 9-5）

公式 9-5 的 SS_b 代表變項 B 的離均差平方和，df_b 代表變項 B 的自由度，MS_w 代表誤差的均方，N 代表總人數。

交互變項 A×B 的 partial omega squared 計算公式為公式 9-6。

$$\omega_{a \times b}^2 = \frac{SS_{a \times b} - df_{a \times b} \times MS_w}{SS_{a \times b} + (N - df_{a \times b})MS_w}$$ （公式 9-6）

公式 9-6 的 $SS_{a \times b}$ 代表交互變項 A×B 的離均差平方和，$df_{a \times b}$ 代表交互變項 A×B 的自由度，MS_w 代表誤差的均方，N 代表總人數。

由於表 9-10 的變項 B（新天生能力組）達統計顯著性，故計算效果值時，只計算新天生能力組的效果值 ω^2。將表 9-10 相關統計資料代入公式 9-5，即可得到新天生能力組的效果值 ω^2 為 .03。

$$\omega_{新天生能力組}^2 = \frac{920.82 - 2 \times 87.22}{920.82 + (307 - 2)87.22} = .027$$

根據 Kirk（1995）看法，其判斷標準與 η^2 效果值是相同的，亦即當 $\omega^2 = .010$，屬低效果值；$\omega^2 = .059$，屬中效果值；$\omega^2 = .138$，屬高效果值。表 9-10 的 $\omega^2 = .03$，顯示具低中程度效果值。

最右邊欄位是統計考驗力（$1-\beta$），一般而言，統計考驗力最好高於 .80，而表 9-10 新天生能力組的統計考驗力（$1-\beta$）為 .83，顯示新天生能力組具有不錯的統計考驗力。

參、 # 獨立樣本雙因子變異數分析交互作用顯著

　　爲了讓讀者瞭解獨立樣本雙因子變異數分析的交互作用顯著時，該如何進行後續分析步驟，茲以前面的表 9-1 三個組別英文成績爲例，說明如何進行單純主要效果考驗。

　　底下將針對 SPSS 操作步驟、SPSS 統計報表解釋，以及統計表格呈現等部分，說明如何透過獨立樣本雙因子變異數分析，來考驗是否支持假設「不同性別與不同組別學生，在英文成績上，有顯著交互作用」。

(一) 獨立樣本雙因子變異數分析交互作用顯著的SPSS操作步驟

　　獨立樣本雙因子變異數分析交互作用的 SPSS 操作步驟，如圖 9-5 所示。

步驟 1：請點選「分析 (A)」→「一般線性模式 (G)」→「單變量 (U)」，如下圖所示。

步驟 2：在「單變量」對話窗，將「英文成績」這個依變項，從左方變數清單，移至右上方「依變數 (D)：」空格，如下圖所示。

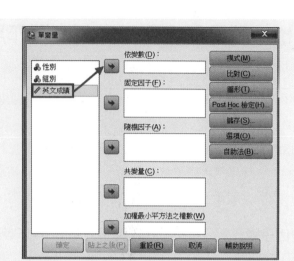

步驟 3：在「單變量」對話窗，將「性別」與「組別」這兩個自變項，從左
　　　　　方變數清單，移至右方「固定因子(F)：」空格，並按「選項(O)」
　　　　　按鍵，如下圖所示。

步驟 4：在「單變量：選項」對話窗，將位於左方「因子與因子交互作用
　　　　　(F)：」的「OVERALL」、「性別」、「組別」與「性別＊組別」
　　　　　這四個變項，移至右方的「顯示平均數(M)：」空格，如下圖所示。

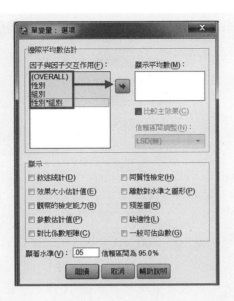

步驟 5：在「單變量：選項」對話窗，勾選下方「顯示」的「敘述統計(D)」、「效果大小估計值 (E)」、「觀察的檢定能力 (B)」與「同質性檢定 (H)」等四個選項，並按「繼續」按鍵，如下圖所示。

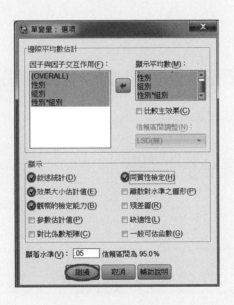

步驟 6：在「單變量」對話窗，按右方「Post Hoc 檢定 (H)」按鍵，如下圖所示。

步驟 7：在「單變量：觀察值平均數的 Post Hoc 多重比較」對話窗，將位
於左方「因子 (F)：」的「組別」這個變項，移至右方的「Post Hoc
檢定 (P)：」空格，並按「繼續」按鍵，如下圖所示。
由於「性別」這個變項只有兩組，只要由兩組的平均數大小，即可
判斷哪一組的平均數較大，故無須進行事後比較，故就不用將「性
別」移至右方「Post Hoc 檢定 (P)：」空格。

步驟 8：在「單變量：觀察值平均數的 Post Hoc 多重比較」對話窗，在「假
設相同的變異數」選項中，勾選「Scheffe 法 (C)」，並按「繼續」
按鍵，如下圖所示。

步驟9：在「單變量」對話窗，按「圖形 (T)」按鍵，如下圖所示。

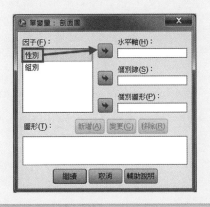

步驟10：在「單變量：剖面圖」對話窗，將左方「因子 (F)：」的「性別」，
移至右方「水平軸 (H)：」空格，如下圖所示。

步驟 11：在「單變量：剖面圖」對話窗，將左方「因子(F)：」的「組別」，移至右方「個別線(S)：」空格，並按「新增(A)」按鍵，如下圖所示。

步驟 12：在「單變量：剖面圖」對話窗，將左方「因子(F)：」的「組別」，移至右方「水平軸(H)：」空格，如下圖所示。

步驟 13：在「單變量：剖面圖」對話窗，將左方「因子(F)：」的「性別」，移至右方「個別線(S)：」空格，並按「新增(A)」按鍵，再按「繼續」按鍵，如下圖所示。

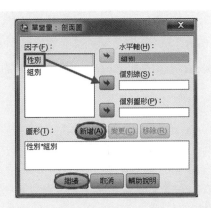

步驟 14：在「單變量」對話窗，按「確定」按鍵，如下圖所示。

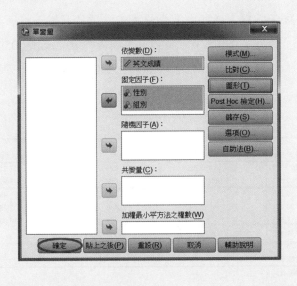

圖 9-5 獨立樣本雙因子變異數分析之 SPSS 操作步驟

(二) 雙因子獨立樣本變異數分析交互作用顯著的SPSS結果報表解釋

經過上述圖 9-5 的 SPSS 操作步驟後，SPSS 會自動產生「受試者間因子」、「敘述統計」、「誤差變異量的 Levene 檢定等式 [a]」、「受試者間效應項的檢定」、「估計的邊緣平均數＿1. 總平均」、「估計的邊緣平均數＿2. 性別」、「估計的邊緣平均數＿3. 組別」、「估計的邊緣平均數＿4. 性別＊組別」、「Post Hoc 檢定＿多重比較」、「Post Hoc 檢定＿同質子集」、「剖面圖＿性別為橫座標」與「剖面圖＿組別為橫座標」等十二個統計圖表。由於這個例子主要是關切

「性別」與「組別」的交互作用，故我們只要注意「受試者間效應項的檢定」報表的統計結果，如圖 9-6 所示。獨立樣本雙因子變異數分析所產生的其他統計表格，在此就不說明了，讀者可參考前面圖 9-4 獨立樣本雙因子變異數分析不顯著的統計報表。

> **報表**：在「受試者間效應項的檢定」報表，可看到雙因子的「性別 * 組別」
> 的 $F = 7.496$, $p = .004$，由於其顯著性 p 值小於 .05，表示拒絕虛無假
> 設，亦即有交互作用，如下圖所示。
> 「性別」這個因子的 $F = 0.490$, $p = .493$，其顯著性 p 值大於 .05，表
> 示接受虛無假設，亦即男女生的英文成績沒有顯著性差異。
> 「組別」的 $F = 0.365$, $p = .699$，其顯著性 p 值高於 .05，表示接受虛
> 無假設，亦即第 1 組、第 2 組與第 3 組的英文成績沒有顯著性差異。

受試者間效應項的檢定

依變數：英文成績

來源	型 III 平方和	df	平均平方和	F	顯著性	淨相關 Eta 平方	Noncent. 參數	觀察的檢定能力[b]
校正後的模式	667.833[a]	5	133.567	3.242	.029	.474	16.212	.770
截距	180266.667	1	180266.667	4375.995	.000	.996	4375.995	1.000
性別	20.167	1	20.167	.490	.493	.026	.490	.102
組別	30.083	2	15.042	.365	.699	.039	.730	.100
性別 * 組別	617.583	2	308.792	7.496	.004	.454	14.992	.899
誤差	741.500	18	41.194					
總數	181676.000	24						
校正後的總數	1409.333	23						

a. R 平方 = .474 (調過後的 R 平方 = .328)

b. 使用 alpha = .05 計算

圖 9-6 獨立樣本雙因子變異數分析 SPSS 的統計報表

在「受試者間效應項的檢定」這個統計表格中，我們可獲得「性別」與「組別」這兩個變項的單純主要效果（亦即性別 * 組別這一項）是否有達到顯著性差異水準。若「單純主要效果」達到顯著性差異，則進一步進行「性別」與「組別」這兩個變項的交互作用考驗；若「單純主要效果」未達到顯著性差異，則各自針對「性別」與「組別」，進行「主要效果」的考驗。

由圖 9-6「性別 * 組別」單純主要效果可知，$F(2, 18) = 7.50$, $p = .004$，單純

主要效果達顯著性差異。因此，進一步進行「性別」與「組別」這兩個變項的交互作用考驗。

在進行單純主要效果的考驗時，我們會想針對「性別」這個變項，探討在不同組別男女生得分情形是否有顯著性差異，亦即探討下列三個問題：

第 1 組男生與第 1 組女生得分情形是否有顯著性差異？

第 2 組男生與第 2 組女生得分情形是否有顯著性差異？

第 3 組男生與第 3 組女生得分情形是否有顯著性差異？

上述的三個探討問題，配合參考圖 9-7 的圖示，可以較清楚的瞭解。

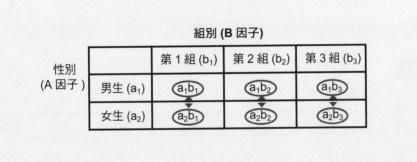

圖 9-7　單純主要效果 A 因子效果的考驗方式

除了針對「性別」這個變項外，我們也想針對「組別」這個變項，探討在不同性別的三組別（第 1 組、第 2 組與第 3 組）得分情形是否有顯著性差異，亦即探討下列兩個問題：

第 1 組男生、第 2 組男生與第 3 組男生得分情形，兩兩之間是否有顯著性差異？

第 1 組女生、第 2 組女生與第 3 組女生得分情形，兩兩之間是否有顯著性差異？

上述的兩個探討問題，配合參考圖 9-8 的圖示，可以較清楚的瞭解。

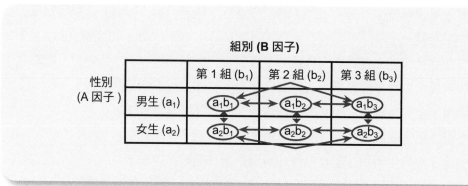

圖 9-8　單純主要效果 B 因子效果的考驗方式

針對上述的五個探討問題，我們可以表 9-11 方式，呈現出研究結果。

表 9-11

單純主要效果考驗摘要表

變異來源	*SS*	*df*	*MS*	*F*	*p*	事後比較
A 因子效果						
在 b_1 條件下						
在 b_2 條件下						
在 b_3 條件下						
B 因子效果						
在 a_1 條件下						
在 a_2 條件下						
誤差						

(三) 單純主要效果考驗（以分割檔案方式，進行「性別」因子效果考驗）的SPSS操作步驟

因為圖 9-6「性別 × 組別」單純主要效果 $F_{(2, 18)} = 7.50$, $p = .004$，達顯著性差異水準，因此，接續進行交互作用顯著的考驗。由於需要考驗第 1 組男生與第 1 組女生得分情形是否有顯著性差異？第 2 組男生與第 2 組女生得分情形是否有顯著性差異？第 3 組男生與第 3 組女生得分情形是否有顯著性差異？等三個問題。我們不用一組一組檢定，最簡便方式是採用第四章所介紹過的「分割檔案」

方式，將「組別」加以分割，再透過獨立樣本單因子變異數分析，即可一次同時考驗上述三個問題。整個分割檔案與獨立樣本單因子變異數分析的 SPSS 操作步驟，如圖 9-9 所示：

步驟 1：請點選「資料 (D)」→「分割檔案 (F)」，如下圖所示。

步驟 2：在「分割檔案」對話窗，將原先內定「⊙分析所有觀察值，勿建立群組 (A)」，改為勾選「比較群組 (C)」，如下圖所示。

步驟 3：在「分割檔案」對話窗，從左方變數清單，將「組別」這個變項，移至右方「依此群組 (G)：」空格，如下圖所示。

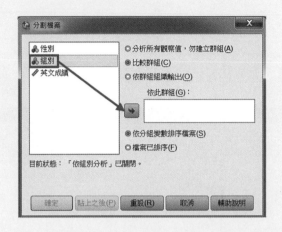

步驟 4：在「分割檔案」對話窗，按「確定」按鍵，如下圖所示。

步驟 5：請點選「分析 (A)」→「比較平均數法 (M)」→「單因子變異數分析 (O)」，如下圖所示。

步驟 6：在「單因子變異數分析」對話窗，將「英文成績」這個變項，從左
　　　　方變數清單中，移至右方「依變數清單(E):」，如下圖所示。

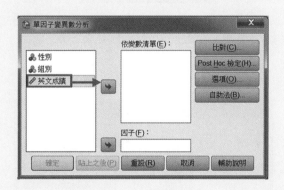

步驟 7：在「單因子變異數分析」對話窗，將「性別」這個變項從左方變數
　　　　清單中，移至下方「因子(F):」空格，並按右方「選項(O)」按鍵，
　　　　如下圖所示。

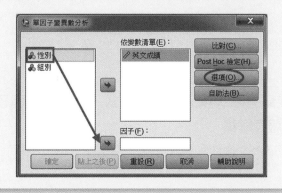

步驟 8：在「單因子變異數分析：選項」對話窗，從「統計」選項中，勾選
「描述性統計量 (D)」、「變異數同質性檢定 (H)」與「Welch(W)」
這三個選項，並勾選「平均數圖 (M)」，再按「繼續」按鍵，如下
圖所示。

步驟 9：在「單因子變異數分析」對話窗，按左下方「確定」按鍵，如下圖
所示。

圖 9-9　單純主要效果（性別因子效果）的 SPSS 操作步驟

(四) 單純主要效果考驗（以分割檔案方式，進行性別因子效果考驗）的 SPSS 結果報表解釋

上述圖 9-9 的 SPSS 操作步驟，因為「性別」這個變項只有男生與女生兩個

組別，故無須進行事後比較。經過上述 SPSS 操作步驟後，SPSS 會自動產生「描述性統計量」、「變異數同質性檢定」、「單因子變異數分析」、「均等平均數的 Robust 檢定」、「平均數圖＿第 1 組英文成績」、「平均數圖＿第 2 組英文成績」與「平均數圖＿第 3 組英文成績」等七個統計表，如圖 9-10 所示。

報表 1：在「描述性統計量」報表，可看到 3 組別的男女生個數、平均數、標準差、標準誤、平均數的 95% 信賴區間、最小值與最大值。例如：第 1 組男生有 4 人，平均數為 79.00，標準差為 8.756，標準誤為 4.378、平均數的 95% 信賴區間的下界為 65.07，平均數的 95% 信賴區間的上界為 92.93，最小值為 68，最大值為 87，如下圖所示。

描述性統計量

英文成績

組別		個數	平均數	標準差	標準誤	平均數的 95% 信賴區間 下界	平均數的 95% 信賴區間 上界	最小值	最大值
第1組	男生	4	79.00	8.756	4.378	65.07	92.93	68	87
	女生	4	91.25	6.076	3.038	81.58	100.92	84	98
	總和	8	85.13	9.568	3.383	77.13	93.12	68	98
第2組	男生	4	91.00	4.082	2.041	84.50	97.50	87	95
	女生	4	84.50	7.047	3.524	73.29	95.71	76	93
	總和	8	87.75	6.364	2.250	82.43	93.07	76	95
第3組	男生	4	92.75	4.787	2.394	85.13	100.37	86	97
	女生	4	81.50	6.658	3.329	70.91	92.09	72	87
	總和	8	87.13	8.061	2.850	80.39	93.86	72	97

報表 2：在「變異數同質性檢定」報表，可分別看到 3 組別英文成績之變異數同質性考驗。由於這 3 組變異數同質性考驗的顯著性 p 值皆高於 .05，表示接受虛無假設，亦即每一個組別英文成績變異數都具有同質性，如下圖所示。

變異數同質性檢定

英文成績

組別	Levene 統計量	分子自由度	分母自由度	顯著性
第1組	1.115	1	6	.332
第2組	.540	1	6	.490
第3組	.344	1	6	.579

報表 3：在「單因子變異數分析」報表，可看到這 3 組的「組間」與「組內」的平方和、自由度、平均平方和，以及整體的 F、顯著性等 F 考驗的統計結果，如下圖所示。

請特別注意：報表 3 的 F 值計算是直接採用每一個組別的組間「平均平方和」除以每一個組別的組內「平均平方和」，但表 9-10 的單純主要效果考驗摘要表中的 F 值，正確的做法是採用每一個組別的組間「平均平方和」除以表 9-11 的誤差「平均平方和」。因此，我們只能從報表 3 擷取每一個組別的組間「平均平方和」，再自行根據表 9-11 的誤差「平均平方和」，進行 F 值的計算。而表 9-11 的誤差「平均平方和」是直接從圖 9-6 獨立樣本雙因子變異數分析的「受試者間效應項的檢定」統計結果中的誤差「平均平方和」所獲得的。

以性別因子在 b1（第 1 組）的 F 值為例，它的分子是報表 3 的第 1 組組間的「平均平方和」300.125，它的分母是圖 9-6 的誤差的「平均平方和」41.194，故性別因子在 b1（第 1 組）的 $F = 300.125 / 41.194 = 7.29$，而不是報表 3 所計算的 $F = 5.285$。

以性別因子在 b2（第 2 組）的 F 值為例，它的分子是報表 3 的第 2 組組間的「平均平方和」84.500，它的分母是圖 9-6 的誤差的「平均平方和」41.194，故性別因子在 b2（第 2 組）的 $F = 84.500 / 41.194 = 2.05$，而不是報表 3 所計算的 $F = 2.548$。

以性別因子在 b3（第 3 組）的 F 值為例，它的分子是報表 3 的第 3 組組間的「平均平方和」253.125，它的分母是圖 9-6 的誤差的「平均平方和」41.194，故性別因子在 b3（第 3 組）的 $F = 253.125 / 41.194 = 6.14$，而不是報表 3 所計算的 $F = 7.528$。

單因子變異數分析

英文成績

組別		平方和	自由度	平均平方和	F	顯著性
第1組	組間	300.125	1	300.125	5.285	.061
	組內	340.750	6	56.792		
	總和	640.875	7			
第2組	組間	84.500	1	84.500	2.548	.162
	組內	199.000	6	33.167		
	總和	283.500	7			
第3組	組間	253.125	1	253.125	7.528	.034
	組內	201.750	6	33.625		
	總和	454.875	7			

報表 4：在「均等平均數的 Robust 檢定」報表，由報表 2 可知每一組別的
英文成績變異數都同質，故無須再查閱「均等平均數的 Robust 檢
定」的資料，如下圖所示。

均等平均數的 Robust 檢定

英文成績

組別		統計量[a]	分子自由度	分母自由度	Sig.
第1組	Welch	5.285	1	5.345	.066
第2組	Welch	2.548	1	4.810	.174
第3組	Welch	7.528	1	5.448	.037

a. 漸近的 F 分配。

報表 5：在「平均數圖 _ 第 1 組英文成績」報表，可知女生英文成績高於男
生英文成績，如下圖所示。

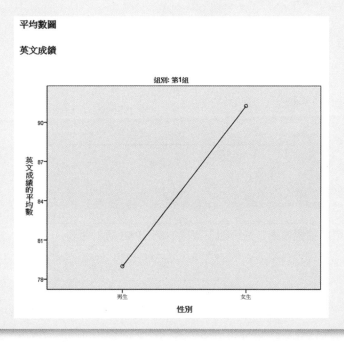

報表6：在「平均數圖_第2組英文成績」報表，可知男生英文成績高於女生英文成績，如下圖所示。

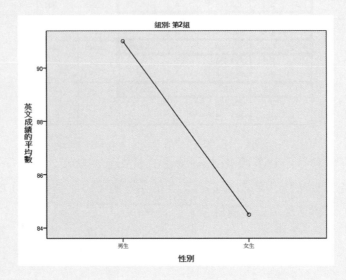

報表7：在「平均數圖_第3組英文成績」報表，可知男生英文成績高於女生英文成績，如下圖所示。

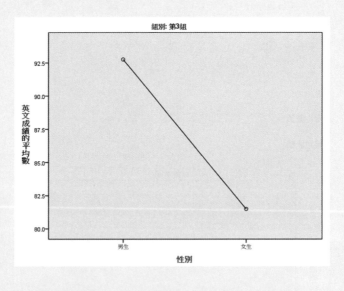

圖 9-10 單純主要效果（性別因子效果）的 SPSS 統計報表

　　圖 9-10 進行以「性別因子」單純主要效果考驗，接續，還需要進行以「組別因子」單純主要效果考驗，亦即我們也需要考驗第 1 組男生、第 2 組男生與第 3 組男生得分情形，兩兩之間是否有顯著性差異？以及第 1 組女生、第 2 組女生與第 3 組女生得分情形，兩兩之間是否有顯著性差異？等兩個問題。

(五) 單純主要效果考驗（以分割檔案方式，進行「組別」因子效果考驗）的 SPSS 操作步驟

　　以「組別因子」單純主要效果考驗，整個分割檔案與獨立樣本單因子變異數分析的 SPSS 操作步驟，如圖 9-11 所示。

步驟 1：點選「資料 (D)」→「分割檔案 (F)」，如下圖所示。

步驟 2：在「分割檔案」對話窗，將圖 9-9 步驟 3，移至右方「依此群組 (G)：」空格的「組別」這個變項，重新移回左方變數清單中，如下圖所示。

步驟3：在「分割檔案」對話窗，從左方變數清單中，改將「性別」這個變項，移至右方「依此群組(G)：」空格，如下圖所示。

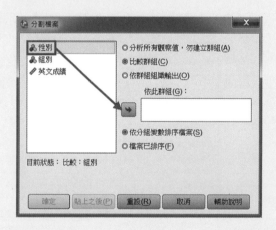

步驟4：在「分割檔案」對話窗，按「確定」按鍵，如下圖所示。

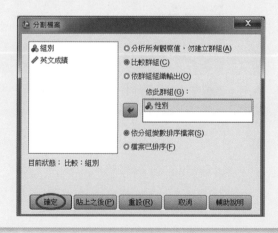

步驟 5：點選「分析 (A)」→「比較平均數法 (M)」→「單因子變異數分析 (O)」，如下圖所示。

步驟 6：在「單因子變異數分析」對話窗，將圖 9-9 步驟 7，移至下方「因子 (F)：」空格的「性別」這個變項，重新移回左方變數清單中，如下圖所示。

步驟 7：在「單因子變異數分析」對話窗，改將「組別」這個變項從左方變數清單中，移至下方「因子 (F)：」空格，並按右方「Post Hoc 檢定 (H)」按鍵，如下圖所示。

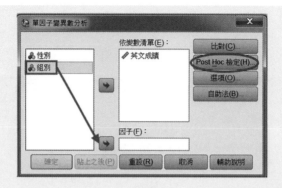

步驟 8：在「單因子變異數分析：Post Hoc 多重比較」對話窗，在「假設相同的變異數」選項中，勾選「Scheffe 法 (C)」與「Tukey 法 (T)」，在「未假設相同的變異數」選項中，勾選「Games-Howell 檢定 (A)」，再按「繼續」按鍵，如下圖所示。

步驟 9：在「單因子變異數分析」對話窗，按左下方「確定」按鍵，如下圖所示。

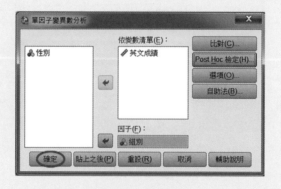

圖 9-11 單純主要效果（組別因子效果）的 SPSS 操作步驟

(六) 單純主要效果考驗（以分割檔案方式，進行組別因子效果考驗）的 SPSS 結果報表解釋

經上述圖 9-11 的 SPSS 操作步驟後，SPSS 會自動產生「描述性統計量」、「變異數同質性檢定」、「單因子變異數分析」、「均等平均數的 Robust 檢定」、「Post Hoc 檢定 _ 多重比較」、「Post Hoc 檢定 _ 同質子集（男生英文成績）」、「Post Hoc 檢定 _ 同質子集（女生英文成績）」、「平均數圖 _ 男生英文成績」與「平均數圖 _ 女生英文成績」等九個統計表，如圖 9-12 所示。

報表 1：在「描述性統計量」報表，可看到男女生的 3 組別個數、平均數、標準差、標準誤、平均數的 95% 信賴區間、最小值與最大值。例如：男生第 1 組有 4 人，平均數為 79.00、標準差為 8.756、標準誤 4.378、平均數的 95% 信賴區間的下界為 65.07，平均數的 95% 信賴區間的上界為 92.93、最小值為 68、最大值為 87，如下圖所示。

描述性統計量

英文成績

性別		個數	平均數	標準差	標準誤	平均數的 95% 信賴區間 下界	平均數的 95% 信賴區間 上界	最小值	最大值
男生	第1組	4	79.00	8.756	4.378	65.07	92.93	68	87
	第2組	4	91.00	4.082	2.041	84.50	97.50	87	95
	第3組	4	92.75	4.787	2.394	85.13	100.37	86	97
	總和	12	87.58	8.512	2.457	82.18	92.99	68	97
女生	第1組	4	91.25	6.076	3.038	81.58	100.92	84	98
	第2組	4	84.50	7.047	3.524	73.29	95.71	76	93
	第3組	4	81.50	6.658	3.329	70.91	92.09	72	87
	總和	12	85.75	7.338	2.118	81.09	90.41	72	98

報表 2：在「變異數同質性檢定」報表，可分別看到男女生英文成績之變異數同質性考驗。由於男女生英文成績變異數同質性考驗的顯著性 p 值皆高於 .05，表示接受虛無假設，亦即男女生英文成績變異數都具有同質性，如下圖所示。

變異數同質性檢定

英文成績

性別	Levene 統計量	分子自由度	分母自由度	顯著性
男生	2.620	2	9	.127
女生	.007	2	9	.993

報表 3：在「單因子變異數分析」報表，可看到這男生（或女生）的「組間」
與「組內」的平方和、自由度、平均平方和，以及整體的 F、顯著
性等 F 考驗的統計結果，如下圖所示。

請特別注意：報表 3 的 F 值計算是直接採用男生（或女生）的組間
「平均平方和」除以男生（或女生）的組內「平均平
方和」，但表 9-10 的單純主要效果考驗摘要表中的 F
值，正確的做法是採用男生（或女生）的組間「平均
平方和」除以表 9-11 的誤差「平均平方和」。因此，
我們只能從報表 3 擷取男生（或女生）的組間「平
均平方和」，再自行根據表 9-11 的誤差「平均平方
和」，進行 F 值的計算。而表 9-11 的誤差「平均平
方和」是直接從圖 9-6 獨立樣本雙因子變異數分析的
「受試者間效應項的檢定」統計結果中的誤差「平均
平方和」所獲得的。

以組別因子在 a1（男生）的 F 值為例，它的分子是
報表 3 的男生組間的「平均平方和」224.083，它的分
母是圖 9-6 的誤差的「平均平方和」41.194，故組別
因子在 a1（男生）的 $F = 224.083 / 41.194 = 5.44$，而
不是報表 3 所計算的 $F = 5.783$。

以組別因子在 a2（女生）的 F 值為例，它的分子是
報表 3 的女生組組間的「平均平方和」99.750，它的
分母是圖 9-6 的誤差的「平均平方和」41.194，故組
別因子在 a2（女生）的 $F = 99.750 / 41.194 = 2.42$，而
不是報表 3 所計算的 $F = 2.286$。

單因子變異數分析

英文成績

性別		平方和	自由度	平均平方和	F	顯著性
男生	組間	448.167	2	224.083	5.783	.024
	組內	348.750	9	38.750		
	總和	796.917	11			
女生	組間	199.500	2	99.750	2.286	.157
	組內	392.750	9	43.639		
	總和	592.250	11			

報表 4：在「均等平均數的 Robust 檢定」報表，由報表 2 可知每一組別英文成績變異數都同質，故無須再查閱「均等平均數的 Robust 檢定」的資料，如下圖所示。

均等平均數的 Robust 檢定

英文成績

性別		統計量[a]	分子自由度	分母自由度	Sig。
男生	Welch	3.500	2	5.647	.103
女生	Welch	2.244	2	5.977	.188

a. 漸近的 F 分配。

報表 5：在「Post Hoc 檢定 _ 多重比較」報表，可看到男生英文成績的 Tukey HSD 法「第 1 組」（$M = 79.00$）顯著低於「第 3 組」（$M = 92.75$），其顯著性為 $p = .030$，而 Scheffé 法事後比較可知，「第 1 組」（$M = 79.00$）顯著低於「第 3 組」（$M = 92.75$），其顯著性為 $p = .037$。女生英文成績的 Tukey HSD 法與 Scheffé 法事後比較可知，3 組英文成績皆沒有顯著性差異，如下圖所示。男生各組英文成績平均數，必須由報表 1 獲得。

多重比較

依變數：英文成績

性別		(I) 組別	(J) 組別	平均差異 (I-J)	標準誤	顯著性	95% 信賴區間 下界	95% 信賴區間 上界
男生	Tukey HSD	第1組	第2組	-12.000	4.402	.055	-24.29	.29
			第3組	-13.750*	4.402	.030	-26.04	-1.46
		第2組	第1組	12.000	4.402	.055	-.29	24.29
			第3組	-1.750	4.402	.917	-14.04	10.54
		第3組	第1組	13.750*	4.402	.030	1.46	26.04
			第2組	1.750	4.402	.917	-10.54	14.04
	Scheffe 法	第1組	第2組	-12.000	4.402	.067	-24.84	.84
			第3組	-13.750*	4.402	.037	-26.59	-.91
		第2組	第1組	12.000	4.402	.067	-.84	24.84
			第3組	-1.750	4.402	.925	-14.59	11.09
		第3組	第1組	13.750*	4.402	.037	.91	26.59
			第2組	1.750	4.402	.925	-11.09	14.59
	Games-Howell 檢定	第1組	第2組	-12.000	4.830	.132	-28.76	4.76
			第3組	-13.750	4.990	.092	-30.44	2.94
		第2組	第1組	12.000	4.830	.132	-4.76	28.76
			第3組	-1.750	3.146	.847	-11.47	7.97
		第3組	第1組	13.750	4.990	.092	-2.94	30.44
			第2組	1.750	3.146	.847	-7.97	11.47

報表 6：在「Post Hoc 檢定 _ 同質子集（男生英文成績）」報表，可看到 Tukey HSD 法與 Scheffé 法的統計結果是一樣的，男生「第 1 組」、「第 2 組」與「第 3 組」學生英文成績，可分成兩個子集，其中「第 1 組」與「第 2 組」是同一個子集，而「第 2 組」與「第 3 組」也是同一個子集，如下圖所示。

同質子集

英文成績

性別=男生

	組別	個數	alpha = 0.05 的子集 1	alpha = 0.05 的子集 2
Tukey HSD[a]	第1組	4	79.00	
	第2組	4	91.00	91.00
	第3組	4		92.75
	顯著性		.055	.917
Scheffe 法[a]	第1組	4	79.00	
	第2組	4	91.00	91.00
	第3組	4		92.75
	顯著性		.067	.925

顯示的是同質子集中組別的平均數。

a. 使用調和平均數樣本大小 = 4.000。

報表 7：在「Post Hoc 檢定＿同質子集（女生英文成績）」報表，可看到
Tukey HSD 法與 Scheffé 法的統計結果是一樣的，女生「第 1 組」、
「第 2 組」與「第 3 組」學生英文成績，可分成一個子集，「第 2
組」、「第 3 組」與「第 1 組」皆是同一個子集，如下圖所示。

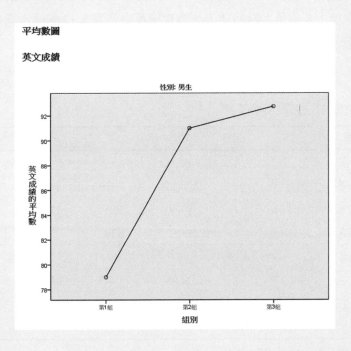

報表 8：在「平均數圖＿男生英文成績」報表，可知男生第 3 組英文成績高
於第 2 組英文成績，且第 2 組英文成績高於第 1 組英文成績，如下
圖所示。

報表 9：在「平均數圖＿女生英文成績」報表，可知女生第 1 組英文成績高
於第 2 組與第 3 組英文成績，如下圖所示。

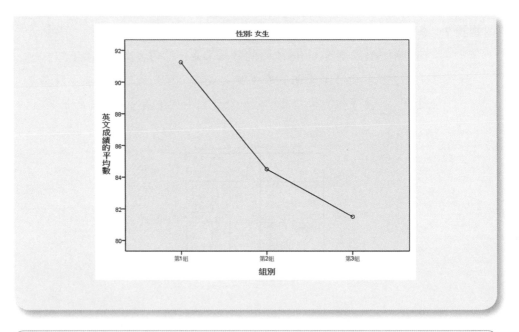

圖 9-12　單純主要效果（組別因子效果）的 SPSS 統計報表

　　綜合上述所得到的圖 9-10 與圖 9-12 等統計結果，我們可將統計數據填入如表 9-11 的單純主要效果考驗摘要表，整理後可得到表 9-12 的性別與組別的單純主要效果摘要表。

表 9-12

性別與組別的單純主要效果摘要表

變異來源	SS	df	MS	F	p	事後比較
性別因子效果						
在 b_1（第1組）	300.13	1	300.13	7.29*	.01	女 > 男
在 b_2（第2組）	84.05	1	84.50	2.05	.17	
在 b_3（第3組）	253.13	1	253.13	6.14	.02	男 > 女
組別因子效果						
在 a_1（男生）	448.17	2	224.08	5.44*	.01	第 3 組 > 第 1 組
在 a_2（女生）	199.50	2	99.75	2.42	.12	
誤差	741.50	18	41.19			

註：此處將第一類型錯誤 α 進行調整，故 $* p < .03$。

　　有一點要特別注意的，表 9-12 每個交互作用的 F 值是由研究者自行根據圖

9-10 與圖 9-12 所計算得到的（計算的方式請參考前面粗體字的計算方法），因此，SPSS 並沒有辦法自動呈現實際的 p 值大小，必須透過底下的 Excel 操作步驟，才能獲得正確的 p 值。茲將以性別因子效果在 b_1（第 1 組）的交互作用為例，說明如何透過 Excel 的操作，計算 F 值所對應的 p 值大小，如圖 9-13 所示。

步驟 1：請將游標點選某個欄位，例如：點選 A1 欄位，如下圖所示。

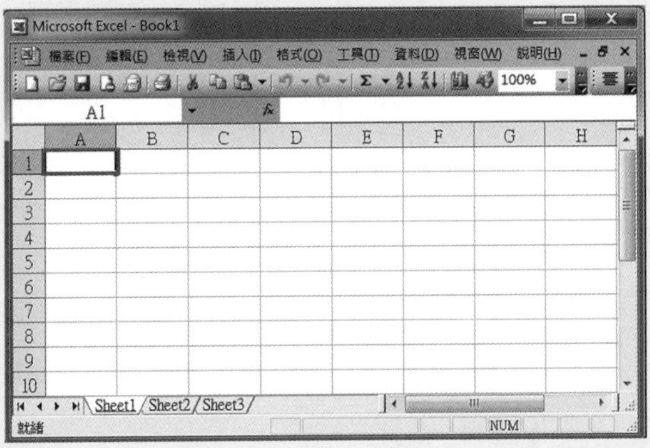

步驟 2：將游標改點選「fx」右邊的空格，輸入「=FDIST(7.29,1,18)」，再按下鍵盤的「Enter」鍵，如下圖所示。FDIST() 括號中的第一個數值要輸入 F 值，第二個數值要輸入組間自由度，第三個數值要輸入組內自由度。

　　　　請注意：「=」代表等號，在 Excel 中，若想進行數字的運算，一定要先出現等號 = ，若一開始未輸入等號 =，則 Excel 會當成字串來處理。「FDIST(7.29,1,18)」表示獨立樣本雙因子變異數分析 F 值為 7.29，組間自由度為 1，組內自由度為 18 的 F 機率分配，即為顯著性 p 值。

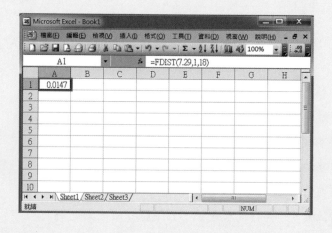

步驟 3：在 A1 欄位，即可見到「0.0147」，表示顯著性 p 值為 .0147，由於 p 值小於 .05，表示拒絕虛無假設，亦即第 1 組男女生在英文成績平均數是不相等的，如下圖所示。

圖 9-13　透過 Excel 計算獨立樣本雙因子變異數分析的 F 考驗的顯著性 p 值

　　表 9-12 的一顆星（＊），表示 $p < .03$，其理由是採用 Bonferroni 第一類型錯誤之校正。有關考驗單純主要效果時，犯第一類型錯誤 α 要設定為多少的問題？倘若每次單純主要效果考驗都設定 $\alpha = .05$，則容易造成犯第一類型錯誤的機率升高很多。根據 Kirk（1995）觀點，獨立樣本雙因子變異數分析每個單純主要效果的 α 值大小，應該採用 Dunn 程序，或稱為 Bonferroni 程序，將每個族系錯誤率，除以考驗多少次單純主要效果，亦即採用公式 9-7。

$$\alpha = \frac{\alpha_{PF}}{(p+q)} = \frac{\sum\limits_{i=1}^{c} \alpha_{PC}}{(p+q)} \qquad （公式 9\text{-}7）$$

公式 9-7 的 α 代表每個單純主要效果考驗拒絕虛無假設的 α 值；α_{PF} 代表每個族系的錯誤率（per-family error rate），它是由每個比較錯誤率（per-constrast error rate, 簡稱 α_{PC}）的總和；p 代表 A 因子的處理個數；q 代表 B 因子的處理個數。

由於獨立樣本雙因子變異數分析的單純主要效果的離均差平方和，同時包含 A 因子、B 因子，以及 A × B 因子等三種的分割，因此 α_{PF} 就是由 3 個 α_{PC} 所組成，每個 α_{PC} 設為 .05，則 $\alpha_{PF} = .05 + .05 + .05 = .15$。

以表 9-12 的「性別」與「組別」單純主要效果摘要表為例，由於雙因子變異數分析的單純主要效果之離均差平方和，包含性別（A 因子）、組別（B 因子），以及性別 × 組別（A×B 因子）等三種分割，因此 α_{PF} 就是由 3 個 α_{PC} 所組成，每個 α_{PC} 設為 .05，則 $\alpha_{PF} = .05 + .05 + .05 = .15$。另外，性別包含男女生等 2 個處理，組別包含第 1 組、第 2 組、第 3 組等 3 個處理，故 p = 2、q = 3 。將上述的資料代入公式 9-7，得到每個單純主要效果考驗是否拒絕虛無假設的 α 值為 .03 。

$$\alpha = \frac{.05 + .05 + .05}{(2 + 3)} = .03$$

由表 9-12 可知，性別在第 1 組單純主要效果 $F(1, 18) = 7.29, p = .01$，性別在第 3 組單純主要效果 $F(1, 18) = 6.14, p = .02$，以及組別在男生單純主要效果 $F(2, 18) = 5.44, p = .01$，皆達到顯著性的差異。

性別在第 1 組單純主要效果，由於只有男女生兩組，可直接由圖 9-10 報表 1 得知，女生平均數（$M = 91.25$）顯著高於男生平均數（$M = 79.00$）。

性別在第 3 組單純主要效果，由於只有男女生兩組，可直接由圖 9-10 報表 1 得知，男生平均數（$M = 92.75$）顯著高於女生平均數（$M = 81.50$）。

組別在男生單純主要效果，由於包含三個組別的比較，必須透過圖 9-12 報表 5 的事後比較才能知道哪兩個組別有顯著性差異。由圖 9-12 報表 1 可知第 3 組平均數（$M = 92.75$）顯著高於第 1 組平均數（$M = 79.00$）。

Chapter 10

以積差相關分析，
探究兩個變項的相關情形

　　進行量化研究時，研究者常會想要瞭解兩個變項之間是否有關聯性，此時可採用積差相關分析，來探討兩個變項之間的關聯性。但有些讀者誤認只要研究兩個變項之間的相關，就一定是採用積差相關。使用積差相關分析有其前提，前提是兩個變項都必須是連續變項，若兩個變項並非同時是連續變項時，則不適合採用積差相關。例如：某研究生想探究不同性別男女國中生與數學成績的相關情形，由於性別是二分變項，不屬於連續變項，此時便不能採用積差相關分析，而需改採點二系列相關。

壹、積差相關分析的基本概念

　　兩個變項的積差相關只有三種關係：「正相關」（positive correlation）、「負相關」（negative correlation）、「零相關」（no correlation）。當一個變項數值愈大，另一個變項數值也傾向愈大，則兩變項具有正相關的關係。當一個變項數值愈大，另一個變項數值傾向愈小，則兩變項的關係為負相關。當一個變項數值愈大，另一個變項數值並未隨之愈大或愈小，則兩變項的關係為零相關。積差相關係數通常以 r 來表示，其數值大小為 $-1 \leq r \leq 1$。若 $0 < r \leq 1$ 則屬於正相關，$-1 \leq r < 0$ 則為負相關，$r = 0$ 則為零相關。

　　求兩變項的積差相關係數時，除兩變項都必須是連續變項的基本假定外，這兩變項也必須具有「線性」（linear）關係。檢查兩變項是否具有線性關係，最簡便方式是以「散佈圖」（scatterplot）判斷。底下將分別介紹散佈圖與積差相關係數的計算方式。

(一) 散佈圖

　　散佈圖是將兩個變項的數值，分別以 X 座標與 Y 座標的座標點來表示，藉由觀察所有受試者座標點所形成的圖形，是直線關係和曲線關係，來檢查兩變項是否符合線性關係。例如：圖 10-1 左邊的 a 圖，所有點接近於一直線，故符合線性關係，適合採用積差相關分析，探討兩變項的相關情形。相對地，圖 10-1 右邊的 b 圖，所有點接近於一曲線，故不符合線性關係，不適合採用積差相關分析，探討兩變項的相關情形。圖 10-1 右邊的 b 圖屬於曲線關係，應該採用「曲線相關」（curvilinear correlation）才能正確檢視這兩變項的曲線關係。若直接求積差相關係數，會得到積差相關係數為 0，獲得這兩變項沒有關係的錯誤結論，正確說法是這兩變項沒有線性關係，但存在著曲線關係。因而，進行積差相關分

析時，應該先透過散佈圖確認這兩變項是否具有線性關係。

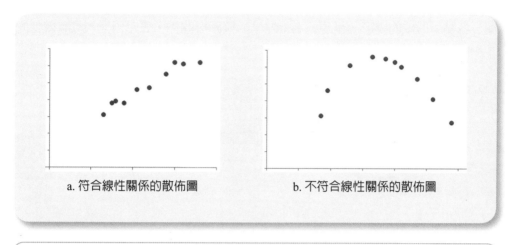

圖 10-1 符合與未符合線性關係之散佈圖

　　散佈圖除了可協助檢視兩變項是否具有線性關係外，也可協助判斷兩變項具有何種相關情形（正相關、負相關或零相關）。圖 10-2 左邊的 a 圖，各點所形成的圖形，呈現「右上左下」線性關係，表示兩變項屬正相關。圖 10-2 中間的 b 圖，各點所形成的圖形，呈現「左上右下」線性關係，表示兩變項屬負相關。圖 10-2 右邊的 c 圖，各點所形成的圖形，呈現接近「圓形」非線性關係，表示兩變項屬零相關。

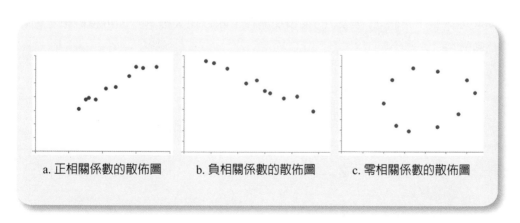

圖 10-2 三種不同相關係數之散佈圖

　　散佈圖還有另一個功用，可協助判斷兩變項積差相關係數大小。若兩變項所形成的線性關係，越接近一條直線，則其積差相關係數越高；相對地，越接近橢

圓形的關係，則其積差相關係數越低。圖 10-3 左邊的 a 圖，各點所形成的圖形，呈現「右上左下」線性關係，表示兩變項具有較高的正相關。圖 10-3 右邊的 b 圖，各點所形成的圖形，呈現「右上左下」橢圓形關係，表示兩變項具有較低的正相關。

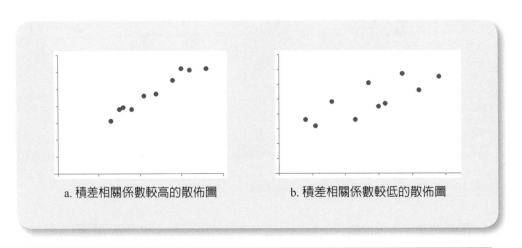

a. 積差相關係數較高的散佈圖　　　　b. 積差相關係數較低的散佈圖

圖 10-3　由散佈圖的分布情形判斷積差相關係數的大小

(二) 積差相關係數的計算方式

積差相關係數的計算公式為公式 10-1，若欲求 X 變項與 Y 變項的積差相關係數，先將 X 變項透過公式 10-2 轉換成 Z 分數，也將 Y 變項透過公式 10-3 轉換成 Z 分數，再將 Z_X 與 Z_Y 的乘積加總後，除以總人數 N，即可獲得積差相關係數 r_{XY}。

$$r_{XY} = \frac{\sum_{i=1}^{n} Z_{X_i} \times Z_{Y_i}}{N} \qquad （公式 10-1）$$

$$Z_X = \frac{X - \overline{X}}{S_X} \qquad （公式 10-2）$$

$$Z_Y = \frac{Y - \overline{Y}}{S_Y} \qquad （公式 10-3）$$

積差相關係數的顯著性考驗，是透過公式 10-4 的轉換，將 r 值轉換成 t 分配

的 t 值，再藉由 t 值計算其顯著性 p 值。公式 10-4 的 t 值之自由度爲（N-2），如公式 10-5 所示。

$$t = r\sqrt{\frac{N-2}{1-r^2}} \qquad （公式\ 10\text{-}4）$$

$$df = N - 2 \qquad （公式\ 10\text{-}5）$$

　　爲讓讀者瞭解積差相關係數的計算方式，茲以表 10-1 例子，說明如何透過公式 10-1 至公式 10-5，進行積差相關係數的考驗。某高中物理老師想瞭解該校高二學生物理成績與化學成績是否具有相關，她從該校高二學生中，隨機抽取 10 位同學，以高二下學期第一次段考物理成績與化學成績，進行積差相關係數考驗。這 10 位高二學生物理成績與化學成績，如表 10-1 所示。

表 10-1

10 位高二學生第一次段考物理成績與化學成績

序號	物理成績（X）	化學成績（Y）
1	93	88
2	74	61
3	69	52
4	88	79
5	76	62
6	66	66
7	59	34
8	62	72
9	82	73
10	89	80

　　茲以表 10-1 資料爲例，進行積差相關係數考驗，其計算過程如表 10-2 所示。其虛無假設與對立假設，分別如下：

$$H_0 : \rho_{物理化學} = 0$$

$$H_1 : \rho_{物理化學} \neq 0$$

表 10-2

以表 10-1 的物理成績與化學成績計算積差相關係數

序號	X	Y	Z_X	Z_Y	$Z_X \times Z_Y$
1	93	88	1.52	1.44	2.19
2	74	61	–0.16	–0.39	0.06
3	69	52	–0.60	–0.99	0.60
4	88	79	1.08	0.83	0.90
5	76	62	0.02	–0.32	–0.01
6	66	66	–0.87	–0.05	0.04
7	59	34	–1.49	–2.21	3.29
8	62	72	–1.22	0.36	–0.44
9	82	73	0.55	0.43	0.23
10	89	80	1.17	0.90	1.05
平均數	75.80	66.70	0	0	0.79
標準差	11.29	14.80	1.00	1.00	

由表 10-2 可知，Z_X 與 Z_Y 乘積的平均數為 .79，此即為積差相關係數（r = .79）。對於虛無假設的考驗，還需要透過公式 10-4 計算 t 值，計算結果 t 值為 3.64。t 值自由度則透過公式 10-5，所以 $df = 10 - 2 = 8$。

$$t = r\sqrt{\frac{N-2}{1-r^2}} = .79\sqrt{\frac{10-2}{1-(.79)^2}} = 3.64$$

計算出 r 值對應的 t 值為 3.64 後，接續求顯著性 p 值，以判斷接受或拒絕虛無假設。在透過 Excel 計算積差相關係數顯著性 p 值時，除了需要 t 值外，還需要 t 考驗的自由度 $df = 8$，將這些數據代入 Excel，即可獲得顯著性 p 值為 .0066，如圖 10-4 所示。

步驟1：將游標點選某個欄位，例如：點選 A1 欄位，如下圖所示。

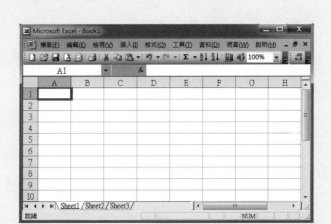

步驟2：將游標改點選「*fx*」右邊的空格，輸入「=TDIST(3.64,8,2)」，再按
下鍵盤的「Enter」鍵，如下圖所示。TDIST () 括號中的第一個數值
要輸入 *t* 值（請注意 *t* 值只能輸入正數，若遇到 *t* 值是負數時，請
直接捨去負號即可），第二個數值要輸入自由度，第三個數值要輸
入 2 表示是進行雙尾考驗，若要進行單尾考驗，則須輸入 1。由於
表 10-1 的假設考驗是採用雙尾考驗，故須輸入 2。

　　　　請注意：「=」代表等號，在 Excel 中，若想進行數字的運算，一
　　　　　　　　定要先出現等號 = ，若一開始未輸入等號 =，則 Excel 會
　　　　　　　　當成字串來處理。「TDIST(3.64,8,2)」表示 *t* 值為 3.64，
　　　　　　　　自由度為 8，雙尾考驗的 *t* 機率分配，即為顯著性 *p* 值。

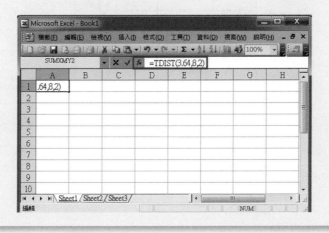

步驟 3：在 A1 欄位，即可見到「0.0066」，表示顯著性 p 值為 .0066，由於 p 值小於 .05，表示拒絕虛無假設，亦即「物理成績」與「化學成績」的積差相關係數不為 0，如下圖所示。

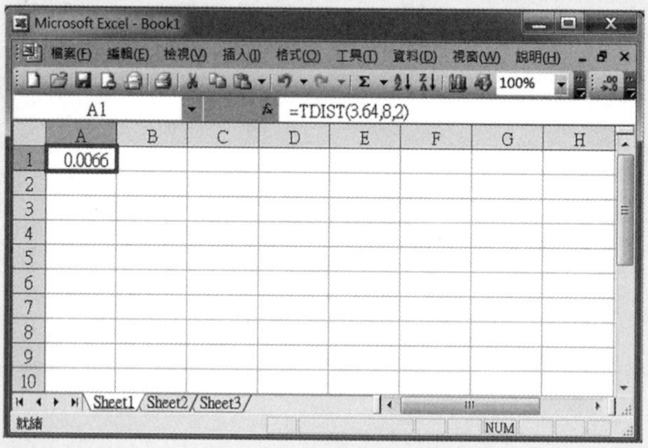

圖 10-4　透過 Excel 計算積差相關係數的顯著性 p 值

　　上面透過公式 10-1 與公式 10-5 計算積差相關係數 r 值，以及透過圖 10-4 採用 Excel 計算的顯著性 p 值，與透過執行 SPSS 的積差相關考驗，所獲得的積差相關係數 r 值是接近的（因四捨五入而造成一點小誤差），如圖 10-5 所示。

相關

		物理成績	化學成績
物理成績	Pearson 相關	1	.792**
	顯著性 (雙尾)		.006
	個數	10	10
化學成績	Pearson 相關	.792**	1
	顯著性 (雙尾)	.006	
	個數	10	10

**. 在顯著水準為0.01時 (雙尾)，相關顯著。

圖 10-5　SPSS 的積差相關考驗統計報表

積差相關分析的 SPSS 操作步驟

　　茲以第零章導論所舉的「中小學生數學知識信念、數學態度與數學成績之相關研究」為例，說明如何透過 SPSS 操作步驟、SPSS 統計報表解釋，以及統計表格呈現等三個部分，來考驗假設 4-1 中小學生數學知識信念與數學成績有顯著相關。

　　在進行積差相關考驗前，先檢視中小學生數學知識信念與數學成績的散佈圖。散佈圖的 SPSS 操作步驟，如圖 10-6 所示。

步驟 1：請點選「統計圖 (G)」→「歷史對話記錄 (L)」→「散佈圖 / 點狀圖 (S)」，如下圖所示。

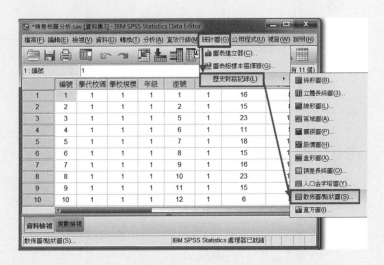

步驟 2：在「散佈圖 / 點形圖」對話窗，點選左方「簡單散佈」，再按下方「定義」按鍵，如下圖所示。

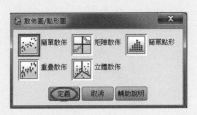

步驟 3：在「簡單散佈圖」對話窗，從左方變數清單，將「數學成績」這個變項，移至右方「Y 軸 (Y)：」空格，如下圖所示。

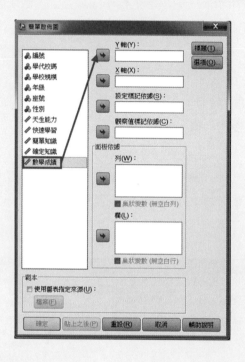

步驟 4：在「簡單散佈圖」對話窗，從左方變數清單中，將「天生能力」這個變項，移至右方「X 軸 (X)：」空格，如下圖所示。

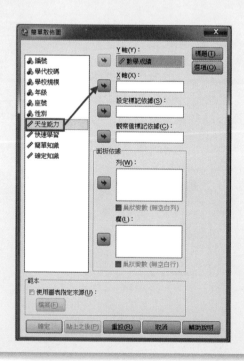

步驟 5：在「簡單散佈圖」對話窗，按下方「確定」按鍵，如下圖所示。

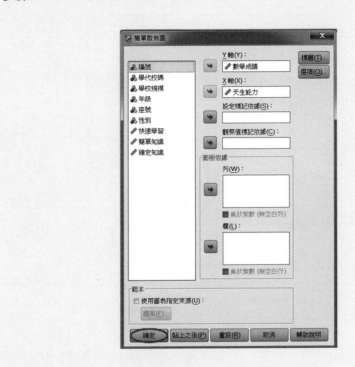

圖 10-6　散佈圖的 SPSS 操作步驟

　　上述圖 10-6 的 SPSS 操作步驟，SPSS 會自動產生「散佈圖」，如圖 10-7 所示。

報表：在「散佈圖」報表，可看到「天生能力」與「數學成績」散佈圖，呈現一個橢圓形，大致符合線性關係，如下圖所示。

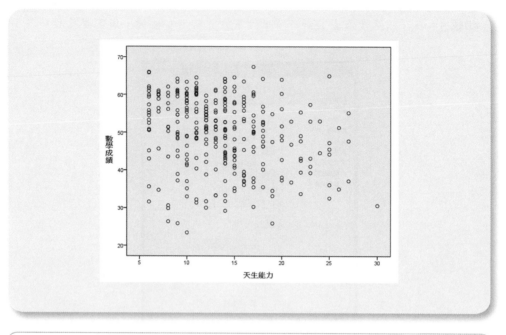

圖 10-7　SPSS 的散佈圖

　　圖 10-6 所呈現的散佈圖，只標示出兩變項的散佈圖，若想同時呈現多個變項之間的散佈圖，則需透過圖 10-8 的 SPSS 操作步驟。

步驟 1：請點選「統計圖 (G)」→「歷史對話記錄 (L)」→「散佈圖 / 點狀圖 (S)」，如下圖所示。

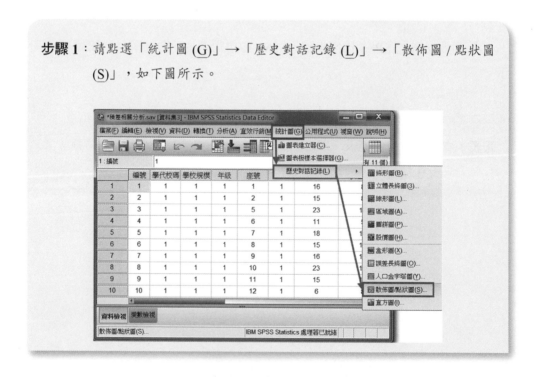

步驟 2：在「散佈圖／點形圖」對話窗，點選左方「矩陣散佈」，再按下方「定義」按鍵，如下圖所示。

步驟 3：在「散佈圖矩陣」對話窗，從左方變數清單中，將「天生能力」、「快速學習」、「簡單知識」、「確定知識」與「數學成績」等五個變項，移至右方「矩陣變數 (M)：」空格，如下圖所示。

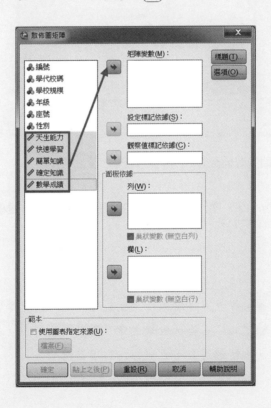

步驟 4：在「散佈圖矩陣」對話窗，按「確定」按鍵，如下圖所示。

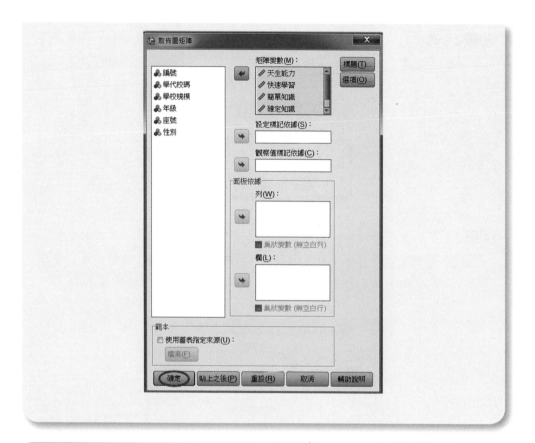

圖 10-8　多個變項的散佈圖之 SPSS 操作步驟

　　上述圖 10-8 的 SPSS 操作步驟，SPSS 會自動產生多個變項的「散佈圖」，如圖 10-9 所示。

報表：在「散佈圖」報表，可看到「天生能力」、「快速學習」、「簡單知識」、「確定知識」與「數學成績」這五個變項兩兩之散佈圖，都呈現橢圓形，大致都符合線性關係，如下圖所示。

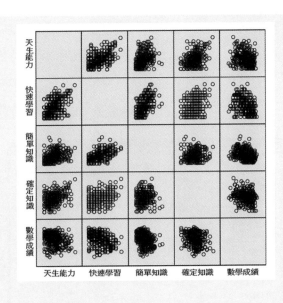

圖 10-9　SPSS 的散佈圖

由圖 10-9 的「天生能力」、「快速學習」、「簡單知識」、「確定知識」與「數學成績」這五個變項所形成的散佈圖，顯示這五個變項大致符合線性關係，故接續可進行積差相關係數的考驗。進行積差相關分析，其 SPSS 操作步驟，如圖 10-10 所示。

步驟 1：請點選「分析 (A)」→「相關 (C)」→「雙變數 (B)」，如下圖所示。

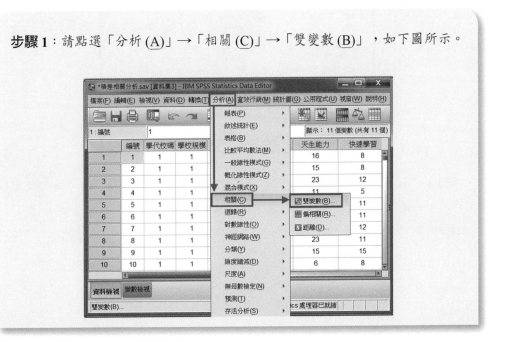

步驟 2：在「雙變數相關分析」對話窗，將左方變數清單中的「數學知識信念」四個分量表「天生能力」、「快速學習」、「簡單知識」與「確定知識」，以及「數學成績」等五個變數，移至右方「變數(V)：」空格，如下圖所示。

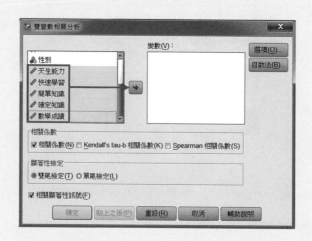

步驟 3：在「雙變數相關分析」對話窗，按右上方「選項(O)」按鍵，如下圖所示。

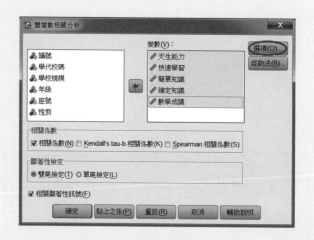

步驟 4：在「雙變數相關分析：選項」對話窗，點選「統計」的「平均數與標準差(M)」選項，並按下方「繼續」按鍵，如下圖所示。

步驟 5：在「雙變數相關分析」對話窗，按「確定」按鍵，如下圖所示。

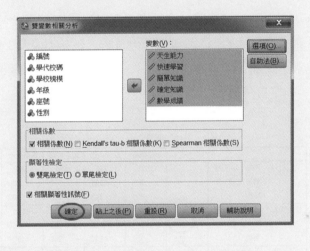

圖 10-10　積差相關分析的 SPSS 操作步驟

參、 積差相關分析的 SPSS 結果報表解釋

經過上述圖 10-10 的 SPSS 操作步驟後，SPSS 會產生「描述性統計量」與「相關」等兩個統計表，如圖 10-11 所示。

報表 1：在「描述性統計量」報表，可看到「天生能力」、「快速學習」、「簡單知識」、「確定知識」與「數學成績」等五個變數的平均

數、標準差、個數。例如：「天生能力」平均數為 13.62，標準差為 4.895，個數 308 人，如下圖所示。

描述性統計量

	平均數	標準差	個數
天生能力	13.62	4.895	308
快速學習	8.05	2.683	308
簡單知識	11.99	3.713	308
確定知識	13.54	3.604	308
數學成績	50.00	9.440	307

報表 2：在「相關」報表，可分別看到「天生能力」、「快速學習」、「簡單知識」、「確定知識」與「數學成績」等五個變數的積差相關係數、顯著性（雙尾）、個數等統計資料。例如：「天生能力」與「快速學習」的積差相關係數為 .529、顯著性（雙尾）為 .000、個數為 308，如下圖所示。

相關

		天生能力	快速學習	簡單知識	確定知識	數學成績
天生能力	Pearson 相關	1	.529**	.330**	.391**	-.228**
	顯著性 (雙尾)		.000	.000	.000	.000
	個數	308	308	308	308	307
快速學習	Pearson 相關	.529**	1	.556**	.318**	-.373**
	顯著性 (雙尾)	.000		.000	.000	.000
	個數	308	308	308	308	307
簡單知識	Pearson 相關	.330**	.556**	1	.095	-.314**
	顯著性 (雙尾)	.000	.000		.094	.000
	個數	308	308	308	308	307
確定知識	Pearson 相關	.391**	.318**	.095	1	-.243**
	顯著性 (雙尾)	.000	.000	.094		.000
	個數	308	308	308	308	307
數學成績	Pearson 相關	-.228**	-.373**	-.314**	-.243**	1
	顯著性 (雙尾)	.000	.000	.000	.000	
	個數	307	307	307	307	307

**.在顯著水準為0.01時（雙尾），相關顯著。

圖 10-11 積差相關分析的 SPSS 統計報表

圖 10-11 報表 2 每一個細格，都會呈現三個數據，最上面數據是顯示兩變項積差相關數值大小，中間數值是顯著性大小（也就是 p 值大小），最下面數據是兩變項的個數。當 $p < .05$ 時，SPSS 自動會在積差相關係數後面呈現一個「*」；

當 $p < .01$ 時，SPSS 自動會在積差相關係數後面呈現兩個「**」。以「天生能力」與「數學成績」的積差相關為例，這兩個變項的相關積差統計結果，呈現在圖 10-11 報表 2 左邊的第一個欄位，兩個變項的積差相關係數 –.228，顯著性為等於 .000，個數為 307。

在呈現積差相關分析的統計結果時，要特別注意一點，根據 APA 格式的建議，除呈現積差相關係數大小外，也應該呈現自由度大小（N-2），以及 p 值大小，例如：「天生能力」與「數學成績」的積差相關分析結果為 $r(305) = -.23$, $p < .001$。

進行積差相關分析時，除可透過圖 10-10 的 SPSS 統計軟體外，也可使用筆者以 Excel 程式所寫的「積差相關分析 .xlsx」。茲同樣以「中小學生數學知識信念、數學態度與數學成績之相關研究」為例，說明如何透過圖 10-12 的操作，使用「積差相關分析 .xlsx」，進行積差相關分析。

步驟 1：開啟「積差相關分析 .xlsx」檔案，請從 B8 欄位，開始輸入每個變項的變項名稱，如下圖所示。

步驟 2：在 SPSS「資料檢視」工作視窗，將「天生能力」、「快速學習」、「簡單知識」、「確定知識」與「數學成績」等五個變數的所有數值標示起來，並按滑鼠右鍵，點選「複製 (C)」按鍵，如下圖所示。

步驟3：在「積差相關分析.xlsx」視窗，點選O2欄位，並按右上方「貼上」
按鍵，如下圖所示。

圖 10-12 進行積差相關分析的 Excel 操作程序

　　透過圖 10-12 的 Excel 操作程序，即可獲得圖 10-13 的 Excel 統計結果。在
資料輸入過程中，有一點要特別注意，若資料有遺漏值時，只能以空格呈現，不
能出現其他數字或符號（例如：「9」或「.」）。當資料是直接從 SPSS 複製過
來，因 SPSS 原先設定的遺漏值，會出現一個小黑點「.」，請刪除小黑點，讓該

筆遺漏值的欄位呈現空白。若在 SPSS 統計軟體自行以 9 作為遺漏值的話，可透過 Excel 的「取代 (P)」功能，將「9」取代成空格。

報表：在 A25 至 M42 欄位的「各變項之積差相關分析摘要表」，可知「天生能力」與「快速學習」的積差相關係數為 .53，顯著性為 $p < .001$，如下圖所示。

上述 Excel 的統計結果，與圖 10-11 之報表 2 的統計結果是相同的。

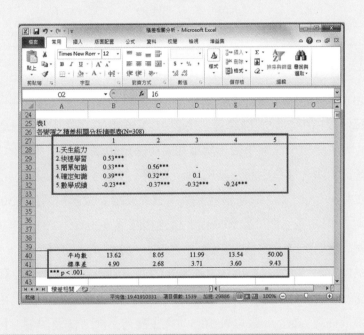

圖 10-13　積差相關分析的 Excel 統計報表

肆、 積差相關分析的統計表格呈現

　　根據 SPSS 所得到的統計結果，我們可以整理成表 10-3 的積差相關分析摘要表。

表 10-3

積差相關分析摘要表（$N = 308$）

	1	2	3	4	5
1. 天生能力	—				
2. 快速學習	.53***	—			
3. 簡單知識	.33***	.56***	—		
4. 確定知識	.39***	.32***	.10	—	
5. 數學成績	−.23***	−.37***	−.31***	−.24***	—
平均數	13.62	8.05	11.99	13.54	50.00
標準差	4.90	2.68	3.71	3.60	9.44

*** $p < .001$.

　　表 10-3 資料呈現，根據 APA 第六版規定，除呈現各變項的相關係數外，也應該呈現每個變項平均數與標準差。由表 10-3 可知，「數學知識信念量表」四個分量表（天生能力、快速學習、簡單知識與確定知識），與「數學成績」的積差相關，皆達到顯著性負相關。其中，「天生能力」與「數學成績」積差相關為 $r(305) = −.23, p < .001$；「快速學習」與「數學成績」積差相關為 $r(305) = −.37$，$p < .001$；「簡單知識」與「數學成績」積差相關為 $r(305) = −.31, p < .001$；「確定知識」與「數學成績」的積差相關為 $r(305) = −.24$，$p < .001$。

　　由於 APA 第六版強調提供統計數值的 95% 信賴區間，若想計算積差相關係數 r 的 95% 信賴區間，則可透過筆者以 Excel 程式所寫的「積差相關係數的 95% 信賴區間估算 .xls」。茲以表 10-3「天生能力」與「快速學習」積差相關係數 .53 為例，說明如何透過圖 10-14 的 Excel 操作，使用「積差相關係數的 95% 信賴區間估算 .xls」程式，估算積差相關係數的 95% 信賴區間。

步驟 1：開啟「積差相關係數的 95% 信賴區間估算 .xls」檔案，在 J1 欄位，輸入兩變項的積差相關係數，例如：輸入「天生能力」與「快速學習」積差相關係數 .53，如下圖所示。

步驟 2：在「積差相關係數的 95% 信賴區間估算 .xls」視窗，在 J2 欄位，
輸入積差相關係數的人數，例如：輸入「天生能力」與「快速學習」
積差相關係數的人數 308，如下圖所示。

圖 10-14 進行積差相關係數 95% 信賴區間的 Excel 操作程序

由圖 10-14 的 Excel 操作程序，即可獲得圖 10-15 的 Excel 統計結果。

報表：在 I5 至 J7 欄位的「積差相關係數的 95% 信賴區間」表格，可知「天
生能力」與「快速學習」積差相關係數為 .53，其 95% 信賴區間下界
為 .44，95% 信賴區間上界為 .61，如下圖所示。

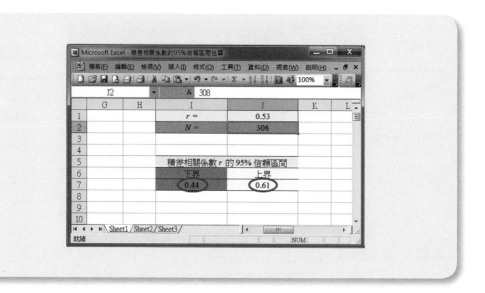

圖 10-15 積差相關係數 95% 信賴區間的 Excel 統計報表

綜合圖 10-13 與圖 10-15 的統計結果,「天生能力」與「快速學習」的積差相關分析結果為 $r(306) = .53$, $p < .001$, 95% CI [.44, .61]。

Chapter **11**

以典型相關分析，
探究兩組多個變項的相關情形

　　在探討兩個連續變項之間的關聯性時，我們常會採用積差相關分析的統計方式。但是想瞭解兩組變項之間（每組變項各包含兩個以上連續變項）的關聯性時，除了可藉由積差相關的統計方法外，也可以考慮採用典型相關（canonical correlation analysis）的統計方法，以便探究更深層的結構關係。

　　我們舉運動項目與運動活動特性的關聯性，來說明典型相關分析的目的。例如：表 11-1 呈現百米跑步、游泳、射箭與保齡球等四種運動項目，以及快速的、短時間、準確的與少失誤等四種運動特性。在運動項目部分，我們可將百米跑步與游泳歸類為「極速運動」，因為兩者運動都強調速度的重要性，而將射箭與保齡球歸為「極準運動」，因為兩者皆強調準確的重要性。在運動特性部分，我們可以將快速的與短時間的歸類為「速度性」，而將準確的與少失誤的歸類為「精準性」。由此可知，原本探討四種運動項目與四種運動特性的關聯性，我們可找出兩種更具深層結構的關係：「極速運動」對「速度性」關係，以及「極準運動」對「精準性」關係。

表 11-1

運動項目與運動特性的關聯性

運動項目			運動特性
百米跑步	極速運動	速度性	快速的
游泳			短時間
射箭	極準運動	精準性	準確的
保齡球			少失誤

　　以典型相關分析觀點而言，運動項目就是屬於一組變項（例如：X 變項），運動特性則屬於另一組變項（例如：Y 變項），則極速運動與極準運動是由 X 變項所抽取出的典型變項，速度性與精準性是由 Y 變項所抽取出的典型變項，而極速運動與速度性兩者之間的關係，則是屬於一組典型相關，極準運動與精準性則是另一組典型相關。因而透過典型相關的統計分析，可得到較具深層意涵的典型關係。

　　典型相關的統計結果呈現，通常會包含摘要表與相關圖兩者，如表 11-2 與圖 11-1 所示。表 11-2 典型相關分析摘要表，是探討四個 X 變項與四個 Y 變項的典型相關，且抽取出兩組的典型因素變項。而圖 11-1 則是配合表 11-2 典型相關分析摘要表，所繪製而成的典型相關分析相關圖。

表 11-2

典型相關分析（兩個典型因素）的摘要表

控制變項	典型因素		效標變項	典型因素	
（X 變項）	χ_1	χ_2	（Y 變項）	η_1	η_2
X_1			Y_1		
X_2			Y_2		
X_3			Y_3		
X_4			Y_4		
抽出變異數百分比			抽出變異數百分比		
重疊量數			重疊量數		
	ρ^2				
	ρ（典型相關係數）				

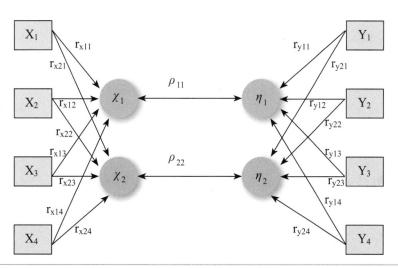

圖 11-1　典型相關分析的相關圖

　　表 11-2 左邊爲控制變項（X 變項）與其相對應的典型因素（χ_1、χ_2），除了呈現 X 變項與典型因素（χ_1、χ_2）因素負荷量外，也需要呈現典型因素（χ_1、χ_2）對 X 變項的變異數解釋量，以及透過典型相關（χ_1、η_1）與（χ_2、η_2）的影響，Y 變項對 X 變項的變異數解釋量。右邊則爲效標變項（Y 變項）與其對應的典型因素（η_1、η_2），同樣除呈現 Y 變項與典型因素（η_1、η_2）因素負荷量，也需要呈現（η_1、η_2）對 Y 變項的變異數解釋量，以及透過典型相關（χ_1、η_1）與（χ_2、η_2）的影響，X 變項對 Y 變項的變異數解釋量。表 11-2 下方則呈現達顯著性的

典型相關係數，以及典型相關係數的平方。

　　圖 11-1 的典型相關分析相關圖，是根據統計結果，顯示出 X 變項與典型因素（χ_1、χ_2）之間的典型加權係數，Y 變項與典型因素（η_1、η_2）之間的典型加權係數，並呈現兩組典型相關係數。

　　為了讓讀者可以瞭解典型相關的 SPSS 操作方式，茲以第零章導論所舉的「中小學生數學知識信念、數學態度與數學成績之相關研究」為例，說明如何針對 SPSS 操作步驟、SPSS 統計報表解釋，以及統計表格呈現等三個部分，來考驗假設 5：中小學生數學知識信念與數學態度有顯著的典型相關。

壹、 典型相關分析的 SPSS 操作步驟

　　有關典型相關的 SPSS 操作方式，早期版本的 SPSS 可透過視窗的模組操作方式，但從 SPSS 8.0 版之後，就不再提供進行典型相關的視窗模組操作方式，必須改由 SPSS 的語法，來進行典型相關的統計分析。

　　透過 SPSS 所提供的 MANOVA 程式語法，是進行典型相關較常用的方式，以表 11-3 程式語法為例，X 變項有四個變項，Y 變項也有四個變項，讀者只要將 X 變項與 Y 變項的名稱，修改為自己的研究變項名稱即可，其他部分則不要更改。要注意的一點是，此語法的使用，必須配合資料輸入完成的 SPSS 資料檔，因此，所更改的變項名稱必須與 SPSS 資料檔的變項名稱一致才行。另外要注意的一點是，第一行 MANOVA 之後要先寫各個 Y 變項名稱，加上「WITH」之後，再加上各個 X 變項的名稱。

表 11-3

典型相關的程式語法

```
MANOVA Y₁ Y₂ Y₃ Y₄  WITH  X₁ X₂ X₃ X₄
/DISCRIM= STAN CORR ALPHA(.05)
/PRINT=SIGNI(MULTIV EIGEN DIMENR）
/Design.
```

　　有關典型相關分析的 SPSS 操作步驟，如圖 11-2 所示。

步驟 1：請開啓「典型相關分析 .sav」資料檔，再點選「檔案 (F)」→「開啓」
→「語法 (S)」，如下圖所示。

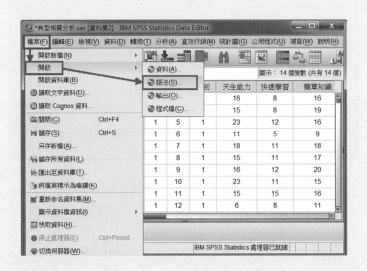

步驟 2：在「開啓語法」對話窗，在「搜尋：」空格，點選「典型相關語
法 .SPS」所儲存的檔案位置，例如：筆者將「典型相關語法 .SPS」
儲存於隨身碟「TANG(F:)」的「第十一章：典型相關分析」檔案，
如下圖所示。

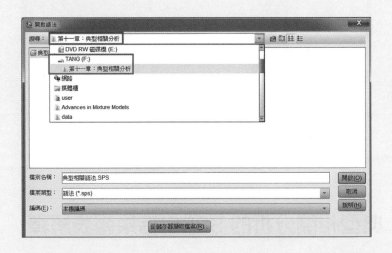

步驟 3：在「開啓語法」對話窗，點選「典型相關語法 .SPS」檔案，再按右
下方「開啓 (O)」按鍵，如下圖所示。

步驟 4：在「典型相關語法.SPS」工作窗，點選「執行(R)」→「全部(A)」，如下圖所示。

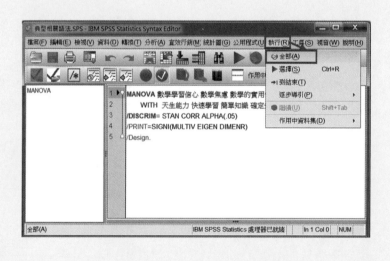

圖 11-2　典型相關分析的 SPSS 操作步驟

貳、典型相關分析的 SPSS 結果報表解釋

經過上述圖 11-2 的 SPSS 語法操作步驟後，SPSS 會產生「EFFECT ..
WITH CELLS Regression」、「Eigenvalues and Canonical Correlations」、
「Dimension Reduction Analysis」、「EFFECT .. WITH CELLS Regression

(Cont.)」、「Standardized canonical coefficients for DEPENDENT variables」、「Correlations between DEPENDENT and canonical variables」、「Variance in dependent variables explained by canonical variables」、「Standardized canonical coefficients for COVARIATES」、「Correlations between COVARIATES and canonical variables」、「Variance in covariates explained by canonical variables」、「Regression analysis for WITHIN CELLS error term」、「Regression analysis for WITHIN CELLS error term (Cont.)」等十二個統計表。其中，我們會使用到「EFFECT .. WITH CELLS Regression」、「Eigenvalues and Canonical Correlation」、「Dimension Reduction Analysis」、「Correlations between DEPENDENT and canonical variables」、「Variance in dependent variables explained by canonical variables」、「Correlations between COVARIATES and canonical variables」、「Variance in covariates explained by canonical variables」等七個統計表，如圖 11-3 所示。

報表 1：在「EFFECT .. WITH CELLS Regression」報表，可看到四種（Pillais、Hotellings、Wilks 與 Roys）多變項統計的顯著性考驗，藉此可判斷是否有顯著的典型相關係數。若 $p > .05$，顯示沒有任何典型相關係數達顯著水準；若 $p < .05$，則只能顯示至少第 1 個典型相關係數達顯著水準。至於第 2 個以後的典型相關係數是否達顯著性相關，則無法由此判斷，而 p 值就是最後一個欄位（Sig. of F）的數值，如下圖所示。

由下圖 Wilks 值的 $p < .001$，顯示至少第 1 個典型相關係數達顯著水準，至於第 2 個以後的典型相關係數是否達顯著性相關，則必須透過報表 3 的考驗數值，才能判斷。

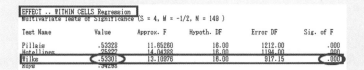

```
EFFECT .. WITHIN CELLS Regression
Multivariate Tests of Significance (S = 4, M = -1/2, N = 149 )

Test Name      Value      Approx. F     Hypoth. DF     Error DF      Sig. of F

Pillais        .53328     11.65260      16.00          1212.00       .000
Hotellings     .75827     14.04388      16.00          1194.00       .000
Wilks          .53301     13.10976      16.00          917.15        .000
Roys           .34208
```

報表 2：在「Eigenvalues and Canonical Correlation」報表，可分別看到所有典型相關係數的大小，以及典型相關係數平方的大小。由下圖可

知，第 1 個典型相關係數為 .586，第 2 個典型相關係數為 .426，至於第 3 與第 4 個典型相關係數都很小，分別為 .083 與 .04，如下圖所示。

這 4 個典型相關係數是否都達到顯著性相關，則必須透過報表 3 的考驗數值，才能判斷。

```
Eigenvalues and Canonical Correlations
Root No.      Eigenvalue        Pct.      Cum. Pct.    Canon Cor.    Sq. Cor
    1            .52203       69.34801     69.34801      .58565       .34298
    2            .22217       29.51422     98.86223      .42636       .18179
    3            .00695        .92260      99.78433      .03305       .00690
    4            .00162        .21517     100.00000      .04021       .00162
```

報表 3：在「Dimension Reduction Analysis」報表，可藉由 p 值是否小於 .05，來判斷每個典型相關係數是否達顯著性相關。下圖第一個欄位，「1 to 4」達顯著水準（$F = 13.11, p < .001$），表示第 1 至第 4 個典型相關係數至少有一個達顯著水準，由於第 1 個典型相關係數最大，故表示第 1 個典型相關係數達顯著水準。由此可知，「1 to 4」的顯著性考驗可視為是對第 1 個典型相關係數是否顯著的考驗；「2 to 4」的顯著性考驗可視為是對第 2 個典型相關係數是否顯著的考驗；「3 to 4」的顯著性考驗可視為是對第 3 個典型相關係數是否顯著的考驗；「4 to 4」的顯著性考驗可視為是對第 4 個典型相關係數是否顯著的考驗。

由下圖可知，「1 to 4」與「2 to 4」這兩個考驗皆達顯著性，顯示第 1 個與第 2 個典型相關係數達顯著性相關，而「3 to 4」與「4 to 4」這兩個考驗皆未達顯著性，顯示第 3 個與第 4 個典型相關係數未達顯著性相關。

```
Dimension Reduction Analysis
Roots         Wilks L.          F       Hypoth. DF    Error DF     Sig. of F
1 TO 4         .53301       13.10976      16.00        917.15        .000
2 TO 4         .81126        7.30654       9.00        732.71        .000
3 TO 4         .99150         .64611       4.00        604.00        .630
4 TO 4         .99838         .49078       1.00        303.00        .484
```

報表 4：在「Correlations between DEPENDENT and canonical variables」報表，可以得知 2 個典型因素（η_1、η_2）與 4 個 Y 變項（數學學習信心、數學焦慮、數學的實用性、數學學習動機）的相關係數，此種相關稱為「典型因素結構係數」。

由下圖可知，第 1 個典型因素（η_1）與四個 Y 變項（數學學習信心、數學焦慮、數學的實用性、數學學習動機）的相關係數分別爲 –.615、.747、–.855、–.656；第 2 個典型因素（η_2）與四個 Y 變項（數學學習信心、數學焦慮、數學的實用性、數學學習動機）的相關係數分別爲 .154、–.625、–.342、–.503。

請注意：由於 SPSS 語法對於變項名稱的呈現，只呈現 2 個中文字，因此，「數學學習信心」被簡化爲「數學」；「數學焦慮」被簡化爲「數學_1」；「數學的實用性」被簡化爲「數學_2」；「數學學習動機」同樣被簡化爲「數學_3」。由於這四個變項的前兩個字都是「數學」，所以第二個變項「數學焦慮」被簡化爲「數學_1」、第三個變項「數學的實用性」被簡化爲「數學_2」、第四個變項「數學學習動機」被簡化爲「數學_3」。

SPSS 語法對於變項命名有字數的限制，故建議讀者在執行典型相關分析時，對變項名稱的命名時，應該避免前面 2 個中文字是相同的，否則容易造成上述變項名稱被 SPSS 自動修改的情形。

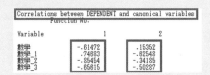

報表 5：在「Variance in dependent variables explained by canonical variables」報表，可得知效標變項（Y 變項）的變異數被典型因素（η）解釋的百分比（稱爲抽取變異百分比），以及效標變項（Y 變項）的變異數被典型因素（χ）解釋的百分比（稱爲重疊量數）。

由下圖第二欄位「Pct Var DEP」的數據可知，Y 變項被兩個典型因素（η_1、η_2）所解釋的百分比分別爲 52.410%、19.613%，此部分即爲「抽取變異百分比」。而由第四欄位「Pct Var COV」的數據可知，Y 變項被兩個典型因素（χ_1、χ_2）所解釋的百分比分別爲 17.976%、3.565%，此部分即爲「重疊量數」。

Variance in dependent variables explained by canonical variables				
CAN. VAR.	Pct Var DEP	Cum Pct DEP	Pct Var COV	Cum Pct COV
1	52.41030	52.41030	17.97586	17.97586
2	19.61314	72.02344	3.56540	21.54126

報表 6：在「Correlations between COVARIATES and canonical variables」報表，可以得知 2 個典型因素（χ_1、χ_2）與 4 個 X 變項（天生能力、快速學習、簡單知識、確定知識）的相關係數，此種相關稱為「典型因素結構係數」。

由下圖可知，第 1 個典型因素（χ_1）與四個 X 變項（天生能力、快速學習、簡單知識、確定知識）的相關係數分別為 .561、.748、.950、.251；第 2 個典型因素（χ_2）與四個 X 變項（天生能力、快速學習、簡單知識、確定知識）的相關係數分別為 −.672、−.206、.255、−.779。

Correlations between COVARIATES and canonical variables		
CAN. VAR.		
Covariate	1	2
天生	.56146	−.67191
快速	.74751	−.20848
簡單	.95008	.25454
確定	.25121	−.77870

報表 7：在「Variance in covariates explained by canonical variables」報表，可得知共變項（X 變項）的變異數被典型因素（χ）解釋的百分比（稱為抽取變異百分比），以及效標變項（Y 變項）的變異數被典型因素（η）解釋的百分比（稱為重疊量數）。

由下圖第二欄位「Pct Var DEP」的數據可知，X 變項被兩個典型因素（η_1、η_2）所解釋的百分比分別為 15.775%、5.296%，此部分即為「重疊量數」。而由第四欄位「Pct Var COV」的數據可知，X 變項被兩個典型因素（χ_1、χ_2）所解釋的百分比分別為 45.994%、29.131%，此部分即為「抽取變異百分比」。

Variance in covariates explained by canonical variables				
CAN. VAR.	Pct Var DEP	Cum Pct DEP	Pct Var COV	Cum Pct COV
1	15.77530	15.77530	45.99437	45.99437
2	5.29566	21.07096	29.13124	75.12560

圖 11-3　典型相關分析的 SPSS 統計報表

要特別注意一點是：圖 11-3 之報表 5 第二欄位「Pct Var DEP」的數據，是屬於 Y 變項被兩個典型因素（η_1、η_2）所解釋的「抽取變異百分比」，但是圖 11-3 之報表 7 第二欄位「Pct Var DEP」的數據，是屬於 X 變項被兩個典型因素（η_1、η_2）所解釋的「重疊量數」。

同樣地，圖 11-3 之報表 5 第四欄位「Pct Var COV」的數據，是屬於 Y 變項被兩個典型因素（χ_1、χ_2）所解釋的「重疊量數」；但是圖 11-3 之報表 7 第四欄位「Pct Var COV」的數據，是屬於 X 變項被兩個典型因素（χ_1、χ_2）所解釋的「抽取變異百分比」。此部分研究生很容易混淆，因此，在擷取資料的時候，要特別注意兩者的差異。

參、典型相關分析的統計表格呈現

針對圖 11-3 典型相關分析統計結果，我們可整理成表 11-4 典型相關分析摘要表與圖 11-4 典型相關分析路徑圖。

表 11-4

典型相關分析摘要表

控制變項 （X 變項）	典型因素		效標變項 （Y 變項）	典型因素	
	χ_1	χ_2		η_1	η_2
天生能力	.561	−.672	數學學習信心	−.615	.154
快速學習	.748	−.206	數學焦慮	.747	−.625
簡單知識	.950	.255	數學的實用性	−.855	−.342
確定知識	.251	−.779	數學學習動機	−.656	−.503
抽出變異數百分比	45.994	29.131	抽出變異數百分比	52.410	19.613
重疊量數	15.775	5.296	重疊量數	17.976	3.565
ρ^2				.343	.182
ρ（典型相關係數）				.586***	.426***

*** $p < .001$.

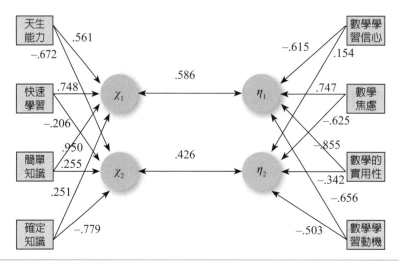

圖 11-4 典型相關分析路徑圖

　　從表 11-4 可知，第一個典型相關係數 $\rho_1 = .586, p < .001$，第二個典型相關係數 $\rho_2 = .426, p < .001$，顯示這兩個典型相關係數都達 .001 的顯著水準。其中，X 變項第一個典型因素（χ_1）可解釋 Y 變項第一個典型因素（η_1）變異數的 34.3%；X 變項第二個典型因素（χ_2）可解釋 Y 變項第二個典型因素（η_2）變異數的 18.2%。

　　X 變項第一個典型因素（χ_1）可解釋 X 變項（天生能力、快速學習、簡單知識與確定知識）總變異數的 45.99 %；Y 變項第一個典型因素（η_1），透過第一組典型相關因素（χ_1、η_1），可解釋 X 變項（天生能力、快速學習、簡單知識與確定知識）總變異數的 15.78 %。

　　X 變項第二個典型因素（χ_2）可解釋 X 變項（天生能力、快速學習、簡單知識與確定知識）總變異數的 29.13 %；Y 變項第二個典型因素（η_2），透過第二組典型相關因素（χ_2、η_2），可解釋 X 變項（天生能力、快速學習、簡單知識與確定知識）總變異量的 5.30 %。

　　Y 變項第一個典型因素（η_1）可解釋 Y 變項（數學學習信心、數學焦慮、數學的實用性與數學學習動機）總變異數的 52.41%；X 變項第一個典型因素（χ_1），透過第一組典型相關因素（χ_1、η_1），可解釋 Y 變項（數學學習信心、數學焦慮、數學的實用性與數學學習動機）總變異數的 17.98 %。

　　Y 變項第二個典型因素（η_2）可解釋 Y 變項（數學學習信心、數學焦慮、數學的實用性與數學學習動機）總變異數的 19.61%；X 變項第二個典型因素（χ_2），透過第二組典型相關因素（χ_2、η_2），可解釋 Y 變項（數學學習信心、數學焦慮、數學的實用性與數學學習動機）總變異數的 3.57%。

Chapter 12

以階層迴歸分析，探究預測變項對效標變項的預測力

　　當研究者想瞭解哪些變項對某個變項的影響力時，可藉由迴歸分析的統計方法達到此目的。例如：博愛國小一年一班 30 位同學，在開學後不久，全部接受瑞文氏智力測驗（分數範圍為 0 至 36 分），因而導師有每位同學瑞文氏智力測驗分數。博愛國小舉行第三次數學段考考試時，一年一班座號 30 號同學恰巧請假，也就沒有第三次段考數學成績。一年一班導師根據研究文獻得知，智力分數與數學成績有顯著正相關，導師想利用 29 位同學智力分數與數學成績，找出一條方程式（y = bx + a），y 代表數學成績，x 代表智力分數，a 與 b 分別代表常數，然後利用此方程式，預測 30 號同學的數學成績。倘若利用 29 位同學智力分數與數學成績得到 y = 2.7x + 2 的方程式，則透過此方程式，可將 30 號同學的智力分數（假設為 33 分），帶入此方程式中，可預測 30 號同學數學成績為 91.1 分（y = 2.7 × 33 + 2 = 91.1）。由此方程式可知，當智力分數每增加 1 分，則數學成績就會增加 2.7 分。

　　上述方程式 y = bx + a，即是一條迴歸分析方程式。在迴歸方程式中，x 變項通常稱為預測變項（predictor variables）或自變項（independent variables），y 變項則稱為效標變項（criterion variables）或依變項（dependent variables）。當只有一個預測變項時，稱為簡單迴歸分析，例如：上述方程式 y = bx + a；當有兩個以上的預測變項，則稱為多元迴歸分析，例如：$y = b_1x_1 + b_2x_2 + a$，就上面例子而言，除智力分數可預測數學成績外，也可考慮加入數學學習動機作為另一個預測變項，如此 x_1 代表智力分數，x_2 代表數學學習動機。

　　採用多元迴歸分析時，對預測變項的選擇，會影響到迴歸分析的統計結果。一般而言，多元迴歸分析對於預測變項的選擇方式，大致可分成三種類型：標準迴歸分析法（standard regression）、階層迴歸分析法（hierarchical regression）、逐步迴歸分析法（stepwise regression）（Warner, 2008）。

　　標準迴歸分析又稱為同時迴歸分析（simultaneous regression），或是直接迴歸分析（direct regression）。採用標準迴歸分析時，所有預測變項不論其迴歸係數是否顯著，都會同時進入迴歸方程式。研究者旨在探討所有預測變項的預測力時，可考慮採用此種迴歸方法。

　　階層迴歸分析又稱為連續迴歸分析（sequential regression），採用此種迴歸分析時，研究者必須根據文獻的相關理論，決定哪些預測變項先進入迴歸方程式，接著再由哪些預測變項進入迴歸方程式。由於預測變項進入迴歸方程式的先後順序，會形成如不同層級的架構，因而被稱為階層迴歸分析。此種迴歸分析方式，預測變項進入迴歸方程式的先後順序，是依據理論架構，因此，比較適合進

行學術理論建構的使用。

　　逐步迴歸分析又被稱爲統計迴歸分析（statistical regression），主要是因爲逐步迴歸分析的預測變項進入迴歸方程式的順序，是由統計數據的計算結果而決定，預測變項與效標變項有較高的積差相關，則該預測變項會先被選進迴歸方程式。逐步迴歸分析由於無須依據理論排定預測變項的先後順序，因此，比較適合研究者進行探索性的應用。

　　進行多元迴歸分析時，除了需考慮採用何種選擇預測變項的問題外，也需考慮下列幾項注意事項：一、樣本人數的多寡；二、是否有多元共線性（multicollinearity）問題；三、是否有奇異性（singularity）問題；四、是否符合常態分配；五、是否符合線性；六、殘差是否符合等分散性（homoscedasticity）；七、是否有極端值（outlier）等。

　　進行多元迴歸分析時，至少需要多少樣本，才能得到比較精準預測值。根據 Tabachnick 與 Fidell（2007）建議，若針對整體的迴歸分析時，可透過 N ≥ 50 + 8m 的計算公式，N 代表所需樣本人數，m 代表預測變項的數量；若針對個別預測變項時，可透過 N ≥ 104 + m 的計算公式；若採用逐步多元迴歸，則可透過 N ≥ 40m 的計算公式，因爲逐步多元迴歸分析所需樣本人數應該更多，才能獲得較佳結果。

　　所謂多元共線性是指預測變項之間的積差相關係數過高，導致多元迴歸分析的迴歸係數估計不正確，以及標準誤易偏高。對多元共線性的判斷，可採用容忍度（tolerance）、變異數膨脹因素（variance inflation factor [VIF]），以及條件指數（conditional index）等數據來判斷。中文版 SPSS 將「容忍度」稱爲「允差」，容忍度的範圍值介於 0 與 1 之間，根據 Field（2005）綜合學者專家的看法，認爲容忍度越接近 1，代表越沒有多元共線性問題，當容忍度小於 .1 時，顯示有嚴重多元共線性問題；變異數膨脹因素恰好是容忍度的倒數，若變異數膨脹因素數值高於 10，顯示有嚴重多元共線性問題。邱皓政（2007）指出條件指數可用來判斷整體迴歸模式的共線性問題，若條件指數的數值低於 30，顯示多元共線性問題緩和；條件指數的數值介於 30 至 100 之間，表示迴歸模式具有中至高的共線性問題；若條件指數的數值高於 100，則顯示有嚴重共線性問題。

　　所謂奇異性是指某個預測變項是由其他預測變項的線性組合所構成，如此，易產生迴歸係數估計的偏誤。最容易產生奇異性問題的情況是將分量表與總量表一併作爲預測變項，爲了避免產生奇異性，若某個量表可分成總量表與各個分量表時，只能以各分量表作爲預測變項，而不能將總量表也作爲預測變項。

有關常態分配、線性、殘差等分散性的問題，可藉由迴歸預測值（X軸）與殘差（Y軸）所構成的散佈圖加以判斷。散佈圖判斷方式以殘差爲0作爲參考線，若各點平均分布於殘差爲0的參考線上下，形成一個對稱矩形，則符合常態分配、線性、殘差等分散性的假定，如圖12-1所示。

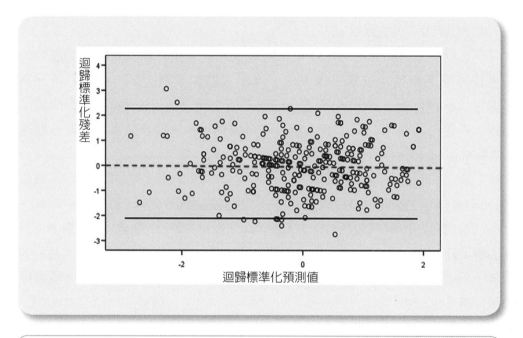

圖12-1　符合多元迴歸分析的常態分配、線性、殘差等分散性的假定

若各點分布於殘差爲0的參考線上下，但形成一個不對稱矩形，則違反常態分配的假定，如圖12-2所示。

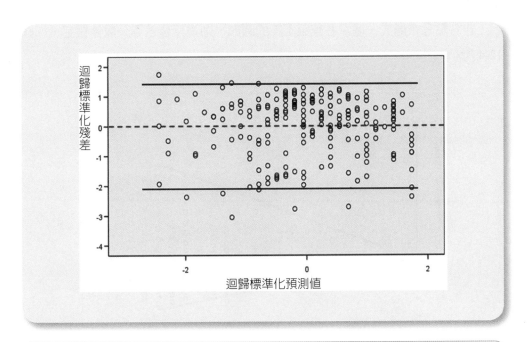

圖 12-2　不符合多元迴歸分析的常態分配假定

若各點分布呈現曲線的分布情形，則違反線性的假定，如圖 12-3 所示。

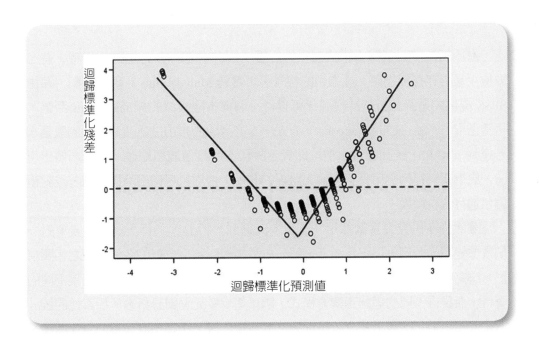

圖 12-3　不符合多元迴歸分析的線性假定

　　若各點分布形成一個左右差距不等的圖形，則違反殘差等分散性假定，如圖12-4 所示。

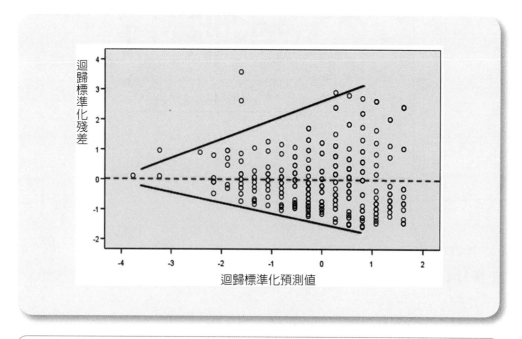

圖 12-4　不符合多元迴歸分析的殘差等分散性假定

　　由於極端值對迴歸方程式有很大影響，因此，進行多元迴歸分析時，有必要檢視是否存在極端值。極端值的檢查，可透過 Mahalanobis 距離來判斷。藉由 SPSS 提供的迴歸分析統計模式，可獲得每個樣本觀察值的 Mahalanobis 距離，再透過卡方考驗（Chi-square test）方式，卡方考驗的自由度為預測變項的數量，若達到 $p < .001$ 統計顯著水準，即表示該樣本觀察值屬極端值。有極端值出現時，應重新檢視極端值是否因輸入錯誤的關係，否則可考慮刪除極端值，或對極端值進行資料轉換。

　　雖然許多研究者喜歡採用「逐步多元迴歸分析」，進行多個預測變項對一個效標變項的預測，但逐步多元迴歸分析是根據所蒐集資料的各個變項之相關情形，決定優先挑選哪些預測變項，若採用不同受試者資料，易受到因蒐集不同的資料，而獲得不同的迴歸預測方程式，所以逐步多元迴歸分析屬於探索性的統計方法。相對地，階層迴歸分析是根據文獻理論依據，決定預測變項的優先順序，由於階層迴歸分析是以理論為依據，所以較適合進行學術理論的檢視。因此，本章將介紹如何透過階層迴歸分析，探討多個預測變項對一個效標變項的預測影響力。

　　階層迴歸分析獲得的統計結果，可採用如表 12-1 階層迴歸分析摘要表格式呈現。表 12-1 表示進行三階層的階層迴歸分析，β 表示標準化迴歸係數，R^2 表示多元迴歸係數平方，ΔR^2 表示淨多元迴歸係數平方（可作爲比較每個階層的各自解釋的 R^2），ΔF 表示淨變異數分析 F 值（可作爲判斷每個階層 F 值改變量是否達顯著水準）。

表 12-1

階層迴歸分析摘要表

預測變項	第一階			第二階			第三階		
	β	R^2	ΔR^2	β	R^2	ΔR^2	β	R^2	ΔR^2
ΔF									

　　進行階層迴歸分析，必須以文獻理論爲依據，決定變項進入的階層順序。每一階層可以單獨是一個變項或是兩個以上的變項。Cohen 與 Cohen（1983）建議將人口統計變項（demographic variables）作爲第一層最先進入的變項。接續主要是根據因果優先順序（causal priority）與研究關聯性（research relevance），來判斷變項進入順序（Cohen, Cohen, West, & Aiken, 2003）。若不同預測變項之間具有因果關係，則屬於因的預測變項應比屬於果的預測變項，更優先進入。若不同預測變項之間不具有因果關係，則應以與效標變項有較密切關聯性的預測變項優先進入。

　　階層迴歸分析主要是探討不同階層的預測變項，對效標變項的預測力大小，故會特別關注不同階層的預測變項，所產生的 R^2 改變量（常以 ΔR^2 表示 R^2 改變量），藉以瞭解不同預測變項對效標變項的影響力。而與 R^2 改變量對應的變異數分析 ΔF 值改變量，則可協助判斷改變量是否達顯著性水準。因此，階層迴歸分析會呈現 ΔR^2 改變量與 ΔF 值改變量。

　　爲了讓讀者瞭解階層迴歸分析的 SPSS 操作方式，茲以本書第零章導論所舉的「中小學生數學知識信念、數學態度與數學成績之相關研究」爲例，說明如何

透過 SPSS 操作步驟、SPSS 統計報表解釋，以及統計表格呈現等三個部分，來考驗假設 6：中小學生性別、年級、數學知識信念、數學態度對數學成績有顯著的預測力。

　　假設 6 的預測變項，其中「性別」包括男女生兩個類別，「年級」包括國小六年級與國中二年級兩個類別。「數學知識信念量表」包含「天生能力」、「快速學習」、「簡單知識」與「確定知識」等四個分量表。「數學態度量表」包含「數學學習信心」、「數學焦慮」、「數學的實用性」與「數學學習動機」等四個分量表，因此就以上述的性別、年級、八個分量表作為預測變項，並以「數學成績」作為效標變項，進行階層迴歸分析。

　　由於「性別」與「年級」這兩個預測變項屬於人口統計變項，故這兩變項將優先作為第一階層預測變項。其次，根據文獻顯示學習者數學知識信念會影響其數學態度，故「數學知識信念量表」的「天生能力」、「快速學習」、「簡單知識」與「確定知識」等四個分量表，將作為第二階層預測變項。而「數學態度量表」的「數學學習信心」、「數學焦慮」、「數學的實用性」與「數學學習動機」等四個分量表，則作為第三階層預測變項，如表 12-2 所示。

表 12-2

階層迴歸分析的預測變項進入順序

階層順序	包含的預測變項
第一階	性別
	組別
第二階	天生能力
	快速學習
	簡單知識
	確定知識
第三階	數學學習信心
	數學焦慮
	數學的實用性
	數學學習動機

階層迴歸分析的 SPSS 操作步驟

　　由於「性別」與「年級」這兩個預測變項，屬於類別變項，在進行階層迴歸分析前，需要改採虛擬變項（dummy variable）方式。「性別」原先是以 1 表示男生，2 表示女生的編碼方式，將改成以虛擬編碼（dummy coding）的編碼方式，將男生改爲以 1 表示，女生改爲以 0 表示。同樣的，「年級」原先是以 1 表示國小六年級，2 表示國中二年級的編碼方式，將改成以虛擬編碼方式，將國小六年級改爲以 1 表示，國中二年級改爲以 0 表示。將「性別」與「年級」這兩個變項，進行虛擬編碼的 SPSS 操作步驟，如圖 12-5 所示。

步驟 1：點選「轉換 (T)」→「計算變數 (C)」，如下圖所示。

步驟 2：在「計算變數」對話窗，在「目標變數 (T)：」空格，輸入「性別 _ 虛擬」，如下圖所示。將新變項命名爲「性別 _ 虛擬」，用以表示是經過虛擬編碼的性別變項。

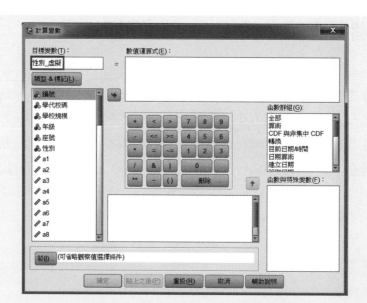

步驟 3：在「計算變數」對話窗，將「性別」這個自變項，從左方變數清單中，移至右上方「數值運算式 (E)：」，如下圖所示。

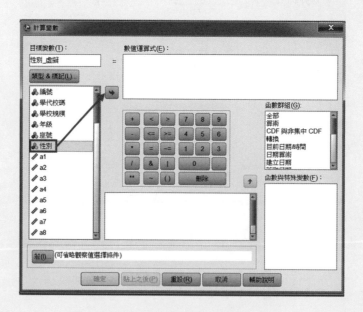

步驟 4：在「計算變數」對話窗，點選「數值運算式 (E)：」下方的「=」與「1」兩個按鍵，如下圖所示。

步驟 5：在「計算變數」對話窗，讓「數值運算式(E)：」空格呈現「性別＝1」
　　　　的狀況，再按下方「確定」按鍵，如下圖所示。

步驟 6：在「資料檢視」工作視窗，將游標移至最右邊欄位，即可看到新變
　　　　項「性別_虛擬」，如下圖所示。

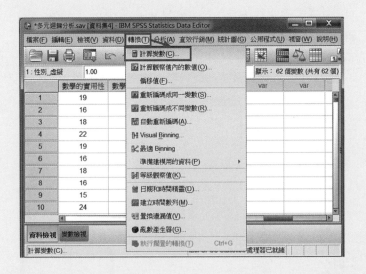

步驟 7：再點選「轉換 (T)」→「計算變數 (C)」，如下圖所示。

步驟 8：在「計算變數」對話窗中，在「目標變數 (T)：」空格的「性別＿虛擬」，更改為「年級＿虛擬」，如下圖所示。將新變項命名為「年級＿虛擬」，用以表示是經過虛擬編碼的年級變項。

步驟 9：在「計算變數」對話窗，將右上方「數值運算式(E)：」空格的「性別＝1」，直接將「性別」替換成「年級」，最後修改成「年級＝1」，如下圖所示。

步驟 10：在「計算變數」對話窗，按下方「確定」按鍵，如下圖所示。

步驟 11：在「資料檢視」工作視窗，將游標移至最右邊欄位，即可看到新
　　　　　變項「年級_虛擬」，如下圖所示。

圖 12-5　階層多元迴歸分析的 SPSS 操作步驟

　　經過對「性別」與「年級」這兩個變項，進行虛擬編碼後，即可進行階層迴
歸分析，其 SPSS 操作步驟，如圖 12-6 所示。

步驟 1：點選「分析 (A)」→「迴歸 (R)」→「線性 (L)」，如下圖所示。

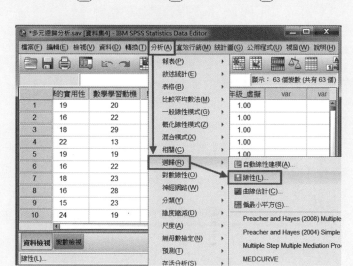

步驟 2：在「線性迴歸」對話窗，將「數學成績」這個依變項，從左方變數
　　　　　清單，移至右上方「依變數 (D)：」空格，如下圖所示。

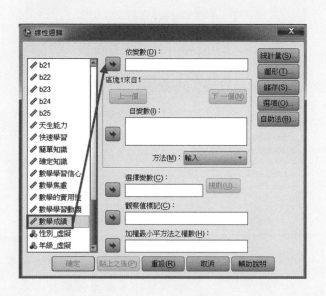

步驟 3：在「線性迴歸」對話窗，將「性別_虛擬」與「年級_虛擬」這兩
　　　　　個人口統計變項，從左方變數清單中，移至右方「自變數 (I)：」空
　　　　　格，如下圖所示。

步驟 4：在「線性迴歸」對話窗，按下「區塊1來自1」方框中的「下一個(N)」按鍵，如下圖所示。

步驟 5：在「線性迴歸」對話窗，將「天生能力」、「快速學習」、「簡單知識」與「確定知識」這四個變項，從左方變數清單中，移至右方「自變數(I)：」空格中，如下圖所示。

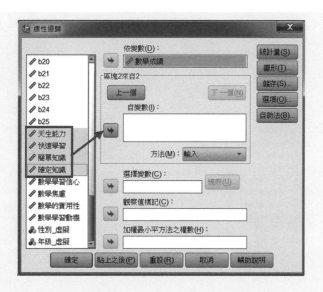

步驟 6：在「線性迴歸」對話窗，按下「區塊 2 來自 2」方框中的「下一個 (N)」
按鍵，如下圖所示。

步驟 7：在「線性迴歸」對話窗，將「數學學習信心」、「數學焦慮」、「數
學的實用性」與「數學學習動機」這四個變項，從左方變數清單中，
移至右方「自變數 (I)：」空格中，並按右上方「統計量 (S)」按鍵，
如下圖所示。

步驟 8：在「線性迴歸：統計量」對話窗，除了已經內定勾選的「估計值
(E)」與「模式適合度 (M)」兩個統計量外，在「迴歸係數」方框中，
點選「信賴區間 (C)」。在右邊的選項中，再點選「R 平方改變量
(S)」、「描述性統計量 (D)」、「部分與偏相關 (P)」與「共線性
診斷 (L)」等四個按鍵，並在下方「殘差」選項中，勾選「Durbin-
Watson(U)」按鍵，最後按「繼續」按鍵，如下圖所示。

步驟 9：在「線性迴歸」對話窗，按右上方「圖形 (T)」按鍵，如下圖所示。

步驟 10：在「線性迴歸：圖形」對話窗，將「*ZPRED」由左方選單中，移至右方「散佈圖 1 來自 1」方框中的「X(X)：」空格，如下圖所示。

步驟 11：在「線性迴歸：圖形」對話窗，將「*ZRESID」由左方選單，移至右方「散佈圖 1 來自 1」方框中的「Y(Y)：」空格，如下圖所示。

步驟 12：在「線性迴歸：圖形」對話窗，將下方「標準化殘差圖」選單，
　　　　　勾選「直方圖 (H)」與「常態機率圖 (R)」兩個選項，並按「繼續」
　　　　　按鍵，如下圖所示。

步驟 13：在「線性迴歸」對話窗，按右方「儲存 (S)」按鍵，如下圖所示。

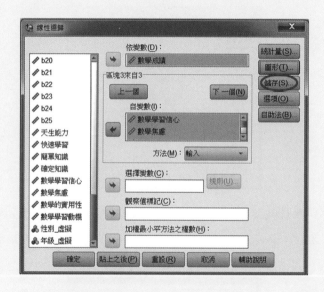

步驟 14：在「線性迴歸：儲存」對話窗，在「距離」選單，勾選
　　　　　「Mahalanobis(H)」選項，並按「繼續」按鍵，如下圖所示。

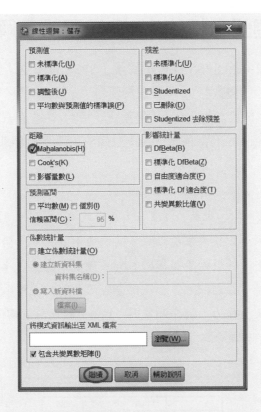

步驟 15：在「線性迴歸」對話窗，按下方「確定」按鍵，如下圖所示。

圖 12-6　階層迴歸分析的 SPSS 操作步驟

貳、 階層迴歸分析的SPSS結果報表解釋

　　經過上述圖 12-6 的 SPSS 操作步驟後，SPSS 會產生「敘述統計」、「相關」、「選入／刪除的變數ª」、「模式摘要ᶜ」、「Anovaª」、「係數ª」、「排除的變項ª」、「共線性診斷ª」、「殘差統計量ª」、「直方圖」、「迴歸標準化殘差的常態 P-P 圖」、「散佈圖」等十二個統計圖表，如圖 12-7 所示。

報表 1：在「敘述統計」報表，可看到「數學成績」、「性別_虛擬」、「年級_虛擬」、「天生能力」、「快速學習」、「簡單知識」、「確定知識」、「數學學習信心」、「數學焦慮」、「數學的實用性」與「數學學習動機」等十一個變數的平均數、標準離差、個數。例如：「天生能力」的平均數為 13.60，標準離差為 4.885，個數 307人，如下圖所示。

敘述統計

	平均數	標準離差	個數
數學成績	50.00	9.440	307
性別_虛擬	.4919	.50075	307
年級_虛擬	.4528	.49858	307
天生能力	13.60	4.885	307
快速學習	8.04	2.685	307
簡單知識	12.01	3.712	307
確定知識	13.53	3.607	307
數學學習信心	15.75	4.532	307
數學焦慮	18.82	6.463	307
數學的實用性	18.46	3.503	307
數學學習動機	25.92	6.085	307

報表 2：在「相關」報表，可看到「數學成績」、「性別_虛擬」、「年級_虛擬」、「天生能力」、「快速學習」、「簡單知識」、「確定知識」、「數學學習信心」、「數學焦慮」、「數學的實用性」與「數學學習動機」等十一個變數的的積差相關係數、顯著性（單尾）、個數等統計資料。例如：「數學成績」與「天生能力」的積差相關係數為 -.228、顯著性（單尾）為 .000、個數為 307，如下圖所示。

相關

		數學成績	性別_虛擬	年級_虛擬	天生能力	快速學習	簡單知識	確定知識	數學學習信心	數學焦慮	數學的實用性	數學學習動機
Pearson 相關	數學成績	1.000	.032	.000	-.228	-.373	-.314	-.243	.498	-.461	.230	.084
	性別_虛擬	.032	1.000	-.031	-.019	.020	.086	-.052	.272	-.269	.026	-.074
	年級_虛擬	.000	-.031	1.000	-.001	.014	-.016	.237	.048	.112	.149	.064
	天生能力	-.228	-.019	-.001	1.000	.528	.337	.389	-.249	.428	-.175	-.090
	快速學習	-.373	.020	.014	.528	1.000	.560	.317	-.261	.376	-.352	-.236
	簡單知識	-.314	.086	-.016	.337	.560	1.000	.098	-.334	.356	-.512	-.422
	確定知識	-.243	-.052	.237	.389	.317	.098	1.000	-.136	.307	-.033	.099
	數學學習信心	.498	.272	.048	-.249	-.261	-.334	-.136	1.000	-.667	.413	.430
	數學焦慮	-.461	-.269	.112	.428	.376	.356	.307	-.667	1.000	-.356	-.286
	數學的實用性	.230	.026	.149	-.175	-.352	-.512	-.033	.413	-.356	1.000	.519
	數學學習動機	.084	-.074	.064	-.090	-.236	-.422	.099	.430	-.286	.519	1.000
顯著性(單尾)	數學成績		.288	.500	.000	.000	.000	.000	.000	.000	.000	.071
	性別_虛擬	.288		.294	.372	.366	.066	.182	.000	.000	.323	.097
	年級_虛擬	.500	.294		.492	.406	.392	.000	.203	.025	.004	.130
	天生能力	.000	.372	.492		.000	.000	.000	.000	.000	.001	.058
	快速學習	.000	.366	.406	.000		.000	.000	.000	.000	.000	.000
	簡單知識	.000	.066	.392	.000	.000		.043	.000	.000	.000	.000
	確定知識	.000	.182	.000	.000	.000	.043		.009	.000	.280	.042
	數學學習信心	.000	.000	.203	.000	.000	.000	.009		.000	.000	.000
	數學焦慮	.000	.000	.025	.000	.000	.000	.000	.000		.000	.000
	數學的實用性	.000	.323	.004	.001	.000	.000	.280	.000	.000		.000
	數學學習動機	.071	.097	.130	.058	.000	.000	.042	.000	.000	.000	
個數	數學成績	307	307	307	307	307	307	307	307	307	307	307
	性別_虛擬	307	307	307	307	307	307	307	307	307	307	307
	年級_虛擬	307	307	307	307	307	307	307	307	307	307	307
	天生能力	307	307	307	307	307	307	307	307	307	307	307
	快速學習	307	307	307	307	307	307	307	307	307	307	307
	簡單知識	307	307	307	307	307	307	307	307	307	307	307
	確定知識	307	307	307	307	307	307	307	307	307	307	307
	數學學習信心	307	307	307	307	307	307	307	307	307	307	307
	數學焦慮	307	307	307	307	307	307	307	307	307	307	307
	數學的實用性	307	307	307	307	307	307	307	307	307	307	307
	數學學習動機	307	307	307	307	307	307	307	307	307	307	307

報表3：在「選入／刪除的變數[a]」報表，可看到模式1第一階層有「年級_虛擬」與「性別_虛擬」[b]兩個變項；模式2第二階層有「年級_虛擬」、「性別_虛擬」、「天生能力」、「簡單知識」、「確定知識」與「快速學習」[b]六個變項；模式3第三階層有「年級_虛擬」、「性別_虛擬」、「天生能力」、「簡單知識」、「確定知識」、「快速學習」、「數學學習動機」、「數學學習信心」、「數學的實用性」與「數學焦慮」[b]十個變項，如下圖所示。由於每個階層皆採用「輸入法」[b]，故皆未出現被刪除的變項。

選入/刪除的變數[a]

模式	選入的變數	刪除的變數	方法
1	年級_虛擬, 性別_虛擬[b]	.	選入
2	天生能力, 簡單知識, 確定知識, 快速學習[b]	.	選入
3	數學學習動機, 數學學習信心, 數學的實用性, 數學焦慮[b]	.	選入

a. 依變數：數學成績

b. 所有要求的變數已輸入。

報表 4：在「模式摘要[d]」報表，可看到模式 1 第一階層的「年級_虛擬」與「性別_虛擬」這兩個變項的 R 為 .032[a]，顯著性 $p = .855$，R^2 為 .001，R^2 的改變量為 .001。模式 2 第二階層的「年級_虛擬」、「性別_虛擬」、「天生能力」、「簡單知識」、「確定知識」與「快速學習」這六個變項 R 為 .424[b]，顯著性 $p < .001$，R^2 為 .180，R^2 的改變量為 .179。模式 3 第三階層的「年級_虛擬」、「性別_虛擬」、「天生能力」、「簡單知識」、「確定知識」、「快速學習」、「數學學習動機」、「數學學習信心」、「數學的實用性」與「數學焦慮」這十個變項 R 為 .625[c]，顯著性 $p < .001$，R^2 為 .391，R^2 的改變量為 .210，如下圖所示。

由 Durbin-Watson 的檢定數值，可以判斷殘差是否具獨立性。當 Durbin-Watson 的數值越接近 2，代表殘差越具有獨立性，否則則可能具有自我相關（Field, 2005）。由下圖 Durbin-Watson 數值為 2.147，很接近理想的數值 2，故顯示殘差具有獨立性。

模式摘要[d]

模式	R	R平方	調過後的R平方	估計的標準誤	R平方改變量	F改變	df1	df2	顯著性F改變	Durbin-Watson檢定
1	.032[a]	.001	-.006	9.466	.001	.156	2	304	.855	
2	.424[b]	.180	.164	8.633	.179	16.383	4	300	.000	
3	.625[c]	.391	.370	7.493	.210	25.545	4	296	.000	2.147

a. 預測變數:(常數), 年級_虛擬, 性別_虛擬
b. 預測變數:(常數), 年級_虛擬, 性別_虛擬, 天生能力, 簡單知識, 確定知識, 快速學習
c. 預測變數:(常數), 年級_虛擬, 性別_虛擬, 天生能力, 簡單知識, 確定知識, 快速學習, 數學學習動機, 數學學習信心, 數學的實用性, 數學焦慮
d. 依變數: 數學成績

報表 5：在「Anova[a]」報表，可看到模式 1 第一階層的「年級_虛擬」與「性別_虛擬」這兩個變項的 Anova 考驗，$F(2, 304) = 0.156, p = .855$[b]，顯示 R 為 0。模式 2 第二階層的「年級_虛擬」、「性別_虛擬」、「天生能力」、「簡單知識」、「確定知識」與「快速學習」這六個變項的 Anova 考驗，$F(6, 300) = 10.985, p < .001$[c]，顯示 R 不為 0。模式 3 第三階層的「年級_虛擬」、「性別_虛擬」、「天生能力」、「簡單知識」、「確定知識」、「快速學習」、「數學學習動機」、「數學學習信心」、「數學的實用性」與「數學焦慮」這十個變項的 Anova 考驗，$F(10, 296) = 18.966, p < .001$[d]，顯示 R 不為 0，如下圖所示。

Anova[a]

模式		平方和	df	平均平方和	F	顯著性
1	迴歸	27.999	2	14.000	.156	.855[b]
	殘差	27241.316	304	89.610		
	總數	27269.315	306			
2	迴歸	4911.877	6	818.646	10.985	.000[c]
	殘差	22357.438	300	74.525		
	總數	27269.315	306			
3	迴歸	10649.163	10	1064.916	18.966	.000[d]
	殘差	16620.152	296	56.149		
	總數	27269.315	306			

a. 依變數: 數學成績

b. 預測變數:(常數), 年級_虛擬, 性別_虛擬

c. 預測變數:(常數), 年級_虛擬, 性別_虛擬, 天生能力, 簡單知識, 確定知識, 快速學習

d. 預測變數:(常數), 年級_虛擬, 性別_虛擬, 天生能力, 簡單知識, 確定知識, 快速學習, 數學學習動機, 數學學習信心, 數學的實用性, 數學焦慮

報表 6：在「係數[a]」報表，可看到每個模式的「原始迴歸係數 B」、「原始迴歸係數 B 的標準誤差」、「標準化迴歸係數 β」、「t 值」、「顯著性 p 值」、「原始迴歸係數 B 的 95% 信賴區間」、「相關」、「允差」、「VIF」等統計資料。模式 1 第一階層的「性別_虛擬」與「年級_虛擬」這兩個變項的「原始迴歸係數 B」分別為 .604、.019；「標準化迴歸係數 β」分別為 .032、.001；這兩個迴歸係數的顯著性 p 皆高於 .05，顯示接受虛無假設，即這兩個原始迴歸係數 B 為 0。「性別_虛擬」與「年級_虛擬」這兩個變項的「允差」（或稱為容忍度）皆高於 .10，且「VIF」皆小於 10，顯示沒有嚴重的多元共線性問題，如下圖所示。

模式 2 第二階層的「性別_虛擬」、「年級_虛擬」、「天生能力」、「快速學習」、「簡單知識」與「確定知識」這六個變項的「原始迴歸係數 B」分別為 .847、.789、.042、−.819、−.452、−.440；「標準化迴歸係數 β」分別為 .045、.042、.022、−.233、−.178、−.168；這六個迴歸係數的顯著性 p 分別是 .394、.442、.738、.001、.006、.005，顯示「性別_虛擬」、「年級_虛擬」與「天生能力」這三個變項的迴歸係數為 0，而「快速學習」、「簡單知識」與「確定知識」這三個變項的迴歸係數不為 0。這六個變項的「允差」皆高於 .10，且「VIF」皆小於 10，顯示沒有嚴重的多元共線性問題，如下圖所示。

模式 3 第二階層的「性別_虛擬」、「年級_虛擬」、「天生能力」、「快速學習」、「簡單知識」、「確定知識」、「數學學習信心」、「數學焦慮」、「數學的實用性」與「數學學習動機」這十個變項的「原始迴歸係數 B」分別為 −2.753、.618、.238、−.802、−.252、−.216、.939、−.267、−.013、−.386；「標準化迴歸係數 β」分別為 −.146、.033、.123、−.228、−.099、−.083、.451、−.183、−.005、−.249；這六個迴歸係數的顯著性 p 分別是 .003、.501、.036、.000、.114、.122、.000、.009、.936、.000，顯示「年級_虛擬」、「簡單知識」、「確定知識」與「數學的實用性」這四個變項的迴歸係數為 0，而「性別_虛擬」、「天生能力」、「快速學習」、「數學學習信心」、「數學焦慮」與「數學學習動機」這六個變項的迴歸係數不為 0。這十個變項的「允差」皆高於 .10，且「VIF」皆小於 10，顯示沒有嚴重的多元共線性問題，如下圖所示。

係數ᵃ

模式		未標準化係數		標準化係數	t	顯著性	B的95.0%信賴區間		相關			共線性統計量	
		B之估計值	標準誤差	Beta 分配			下界	上界	零階	偏	部分	允差	VIF
1	(常數)	49.694	.912		54.460	.000	47.899	51.490					
	性別_虛擬	.604	1.081	.032	.559	.577	-1.523	2.732	.032	.032	.032	.999	1.001
	年級_虛擬	.019	1.086	.001	.017	.986	-2.118	2.156	.000	.001	.001	.999	1.001
2	(常數)	66.620	2.447		27.226	.000	61.805	71.436					
	性別_虛擬	.847	.992	.045	.854	.394	-1.105	2.798	.032	.049	.045	.988	1.013
	年級_虛擬	.789	1.025	.042	.770	.442	-1.228	2.806	.000	.044	.040	.933	1.072
	天生能力	.042	.125	.022	.334	.738	-.204	.287	-.228	.019	.017	.656	1.525
	快速學習	-.819	.251	-.233	-3.265	.001	-1.312	-.325	-.373	-.185	-.171	.537	1.861
	簡單知識	-.452	.163	-.178	-2.782	.006	-.772	-.132	-.314	-.159	-.145	.668	1.497
	確定知識	-.440	.157	-.168	-2.808	.005	-.748	-.131	-.243	-.160	-.147	.764	1.310
3	(常數)	60.740	5.039		12.054	.000	50.823	70.658					
	性別_虛擬	-2.753	.935	-.146	-2.946	.003	-4.593	-.914	.032	-.169	-.134	.838	1.194
	年級_虛擬	.618	.917	.033	.673	.501	-1.188	2.423	.000	.039	.031	.877	1.140
	天生能力	.238	.113	.123	2.110	.036	.016	.459	-.228	.122	.096	.607	1.647
	快速學習	-.802	.219	-.228	-3.658	.000	-1.233	-.370	-.373	-.208	-.166	.530	1.888
	簡單知識	-.252	.159	-.099	-1.587	.114	-.564	.060	-.314	-.092	-.072	.529	1.889
	確定知識	-.216	.140	-.083	-1.550	.122	-.491	.058	-.243	-.090	-.070	.725	1.380
	數學學習信心	.939	.140	.451	6.720	.000	.664	1.213	.498	.364	.305	.458	2.183
	數學焦慮	-.267	.101	-.183	-2.642	.009	-.466	-.068	-.461	-.152	-.120	.430	2.327
	數學的實用性	-.013	.161	-.005	-.081	.936	-.330	.304	.230	-.005	-.004	.577	1.734
	數學學習動機	-.386	.090	-.249	-4.271	.000	-.564	-.208	.084	-.241	-.194	.606	1.651

a. 依變數: 數學成績

報表 7：在「排除的變項ᵃ」報表，可看到模式 1 第一階層有「性別_虛擬」與「年級_虛擬」兩個變項，故排除「天生能力」、「快速學習」、「簡單知識」、「確定知識」、「數學學習信心」、「數學焦慮」、「數學的實用性」與「數學學習動機」等八個變項。模式 2 第二階層有「年級_虛擬」、「性別_虛擬」、「天生能力」、

「簡單知識」、「確定知識」與「快速學習」等六個變項，故排除「數學學習信心」、「數學焦慮」、「數學的實用性」與「數學學習動機」等四個變項，如下圖所示。

排除的變數[a]

模式		Beta 進	t	顯著性	偏相關	共線性統計量		
						允差	VIF	最小允差
1	天生能力	-.227[b]	-4.063	.000	-.227	1.000	1.000	.999
	快速學習	-.374[b]	-7.016	.000	-.374	.999	1.001	.999
	簡單知識	-.320[b]	-5.848	.000	-.318	.992	1.008	.992
	確定知識	-.257[b]	-4.481	.000	-.249	.942	1.062	.942
	數學學習信心	.531[b]	10.320	.000	.510	.923	1.084	.923
	數學焦慮	-.494[b]	-9.347	.000	-.473	.917	1.091	.917
	數學的實用性	.235[b]	4.153	.000	.232	.977	1.024	.977
	數學學習動機	.087[b]	1.513	.131	.087	.991	1.009	.991
2	數學學習信心	.447[c]	8.353	.000	.435	.775	1.291	.537
	數學焦慮	-.398[c]	-6.579	.000	-.356	.656	1.525	.535
	數學的實用性	.068[c]	1.095	.274	.063	.704	1.420	.532
	數學學習動機	-.034[c]	-.579	.563	-.033	.798	1.253	.536

a. 依變數: 數學成績

b. 模式中的預測變數:(常數), 年級_虛擬, 性別_虛擬

c. 模式中的預測變數:(常數), 年級_虛擬, 性別_虛擬, 天生能力, 簡單知識, 確定知識, 快速學習

報表 8：在「共線性診斷[a]」報表，可看到模式 1 第一階層的「性別＿虛擬」與「年級＿虛擬」這兩個變項的「條件指標」皆未超過 30，顯示沒有嚴重的多元共線性問題。模式 2 第二階層的「性別＿虛擬」、「年級＿虛擬」、「天生能力」、「快速學習」、「簡單知識」與「確定知識」這六個變項的「條件指標」皆未超過 30，顯示沒有嚴重的多元共線性問題。模式 3 第二階層的「性別＿虛擬」、「年級＿虛擬」、「天生能力」、「快速學習」、「簡單知識」、「確定知識」、「數學學習信心」、「數學焦慮」、「數學的實用性」與「數學學習動機」這十個變項的「條件指標」，除了最後一個變項是 40.503，其他九個變項的「條件指標」皆未超過 30，故顯示沒有嚴重的多元共線性問題，如下圖所示。

共線性診斷[a]

模式	維度	特徵值	條件指標	變異數比例										
				(常數)	性別_虛擬	年級_虛擬	天生能力	快速學習	簡單知識	確定知識	數學學習信心	數學焦慮	數學的實用性	數學學習動機
1	1	2.226	1.000	.06	.07	.07								
	2	.545	2.021	.00	.43	.54								
	3	.229	3.118	.94	.50	.39								
2	1	5.809	1.000	.00	.01	.01	.00	.00	.00	.00				
	2	.550	3.251	.00	.34	.57	.00	.00	.00	.00				
	3	.437	3.645	.00	.60	.32	.01	.01	.00	.00				
	4	.075	8.830	.01	.01	.03	.13	.08	.34	.20				
	5	.064	9.505	.16	.01	.58	.05	.02	.01	.11				
	6	.040	12.088	.06	.01	.00	.28	.74	.23	.11				
	7	.026	15.088	.76	.01	.01	.00	.12	.39	.58				
3	1	9.466	1.000	.00	.00	.00	.00	.00	.00	.00	.00	.00	.00	.00
	2	.559	4.117	.00	.36	.43	.00	.00	.00	.00	.00	.00	.00	.00
	3	.471	4.482	.00	.36	.44	.01	.00	.00	.00	.00	.01	.00	.00
	4	.232	6.388	.00	.09	.02	.02	.02	.02	.00	.04	.02	.01	.02
	5	.075	11.215	.00	.10	.01	.13	.09	.23	.07	.04	.07	.01	.01
	6	.068	11.811	.00	.03	.01	.38	.09	.03	.01	.02	.24	.01	.00
	7	.044	14.627	.00	.00	.03	.38	.13	.02	.62	.01	.02	.01	.00
	8	.034	16.624	.00	.00	.06	.06	.66	.33	.27	.01	.06	.01	.02
	9	.025	19.656	.00	.02	.01	.00	.00	.14	.01	.56	.20	.01	.51
	10	.020	21.636	.01	.01	.00	.00	.00	.01	.01	.13	.13	.55	.43
	11	.006	40.503	.98	.00	.04	.02	.00	.23	.02	.19	.26	.39	.01

a. 依變數: 數學成績

報表 9：在「殘差統計量[a]」報表，可看到「預測值」、「標準預測值」、「預測值的標準誤」、「調整預測值」、「殘差」、「標準殘差」、「Studentized 殘差」、「去除後殘差」、「Studentized 去除殘差」、「Mahalanobis 距離」、「Cook's 距離」與「中心迴歸適合度的影響量數」等變項的「最小值」、「最大值」、「平均數」、「標準離差」與「個數」等統計資料。例如：「預測值」的最小值 34.48、最大值 69.34、平均數 50.00、標準離差 5.899、個數為 307，如下圖所示。

殘差統計量[a]

	最小值	最大值	平均數	標準離差	個數
預測值	34.48	69.34	50.00	5.899	307
標準預測值	-2.631	3.278	.000	1.000	307
預測值的標準誤	.785	2.814	1.374	.354	307
調整預測值	34.91	70.27	50.02	5.922	307
殘差	-23.774	15.717	.000	7.370	307
標準殘差	-3.173	2.098	.000	.984	307
Studentized 殘差	-3.201	2.129	-.001	1.001	307
去除後殘差	-24.205	16.197	-.021	7.637	307
Studentized 去除殘差	-3.253	2.142	-.002	1.005	307
Mahalanobis 距離	2.364	42.171	9.967	6.143	307
Cook's 距離	.000	.034	.003	.005	307
中心迴歸適合度的影響量數	.008	.138	.033	.020	307

a. 依變數: 數學成績

報表 10：在「直方圖」報表，可看到迴歸標準化殘殘的直方圖，用以判斷
　　　　　樣本觀察值是否符合常態分配的假定。由下圖的樣本觀察值分布
　　　　　很接近常態分布曲線，故大致符合常態分配的假定，如下圖所示。

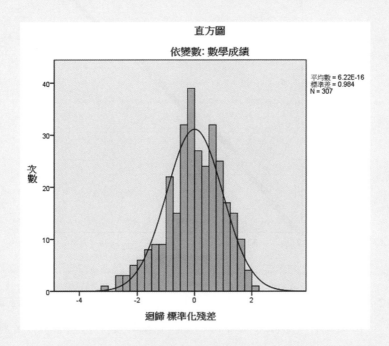

報表 11：在「迴歸標準化殘差的常態 P-P 圖」報表，可看到迴歸標準化殘
　　　　　差的常態 P-P 圖，亦是用以判斷樣本觀察值是否符合常態分配。
　　　　　若樣本觀察值的標準化殘差在 P-P 圖的分布，接近斜線的分布，
　　　　　則顯示符合常態分配的假定。由下圖的樣本觀察值殘差實際分布
　　　　　情形，大致分布在斜線上，顯示符合常態分配的假定，如下圖所
　　　　　示。

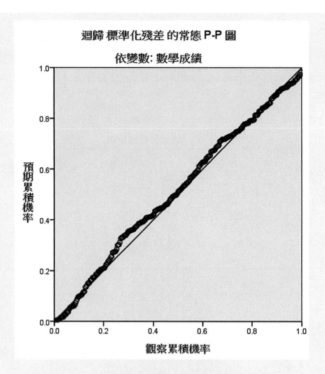

報表12：在「散佈圖」報表，可看到「迴歸標準化預測值」與「迴歸標準化殘差」所形成的散佈圖，X軸是迴歸標準化預測值，Y軸是迴歸標準化殘差，由樣本觀察值的分布情形，可以判斷是否符合常態分配、線性、殘差等分散性的假定。若樣本觀察值的分布，以迴歸標準化殘差爲0的軸線爲中心，呈現對稱的矩形，則同時符合常態分配、線性、殘差等分散性的假定。由下圖的樣本觀察值的實際分布情形，大致符合對稱的矩形，所以符合常態分配、線性、殘差等分散性的基本假定，如下圖所示。

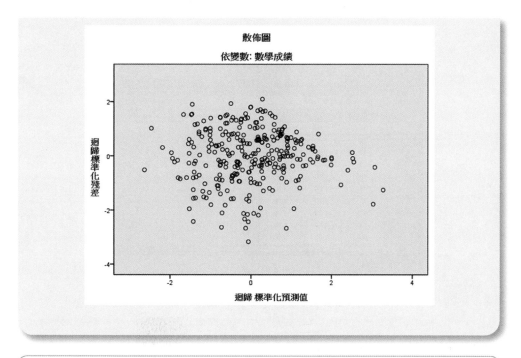

<u>圖</u> **12-7** 階層迴歸分析的 SPSS 統計報表

　　若想探究是否有極端值，可藉由 Mahalanobis 距離的卡方考驗（自由度為預測變項的數量）來判斷，若樣本觀察值的 Mahalanobis 距離卡方考驗達 $p < .001$ 的統計顯著性（Tabachnick & Fidell, 2007），顯示該樣本觀察值為極端值。底下將介紹如何透過 SPSS 操作，進行極端值檢定。

　　當完成上述圖 12-6 階層迴歸分析的操作步驟 14，儲存「Mahalanobis(H)」選項後，SPSS「資料檢視」對話窗，會出現一個「MAH_1」欄位，此即為 Mahalanobis 距離，如圖 12-8 所示。

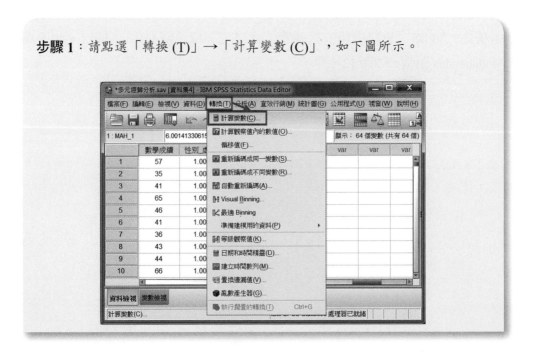

圖 12-8　Mahalanobis 距離的計算結果

　　計算出每個樣本觀察值的 Mahalanobis 距離後，即可透過卡方考驗，計算出每個樣本觀察值的 Mahalanobis 距離之 p 值，由 p 值是否小於 .001，來判斷是否出現極端值。若樣本觀察值的卡方考驗 p 值小於 .001，即表示此樣本觀察值為極端值。下面的 SPSS 操作步驟，即是計算卡方考驗的 p 值，如圖 12-9 所示。

步驟 1：請點選「轉換 (T)」→「計算變數 (C)」，如下圖所示。

步驟 2：在「計算變數」對話窗，左上方「目標變數 (T)：」中，輸入一個新的變項名稱「p_MAH」，如下圖所示。

步驟 3：在「計算變數」對話窗，右上方「數值運算式 (E)：」空格，輸入 1-CDF.CHISQ(MAH_1,10)，再按下方「確定」按鍵，如下圖所示。目標變數中的 p_MAH，代表計算 Mahalanobis 距離的 p 值，數值運算式中的 1-CDF.CHISQ(MAH_1,10)，其中的 CDF.CHISQ(MAH_1,10) 是計算卡方考驗機率的函數，這個函數需要包含兩個參數，第一個參數「MAH_1」代表透過 SPSS 的階層迴歸分析所計算出的 Mahalanobis 距離，第二個參數「10」，代表卡方考驗的自由度（等於預測變項的數量）。本範例的階層迴歸分析，共有三個階層，會產生三種模式，但計算 Mahalanobis 距離時，是採用第三種模式，亦即會包含所有預測變項，本範例第三種模式的預測變項包含「性別_虛擬」、「年級_虛擬」、「天生能力」、「快速學習」、「簡單知識」、「確定知識」、「數學學習信心」、「數學焦慮」、「數學的實用性」與「數學學習動機」等十個，如下圖所示。

步驟 4：在「資料檢視」工作視窗，最右邊欄位會出現一個「p_MAH」變項，此即是卡方考驗的 p 值，如下圖所示。若 $p < .001$，則該樣本觀察值即屬極端值。為了檢視的方便，可再透過排序步驟，快速找出有哪些觀察值是屬極端值。

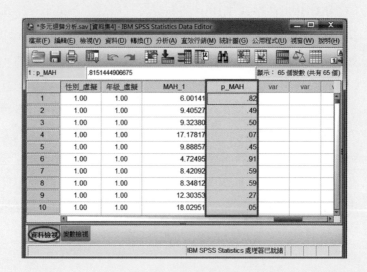

步驟 5：點選「資料 (D)」→「觀察值排序 (O)」，如下圖所示。

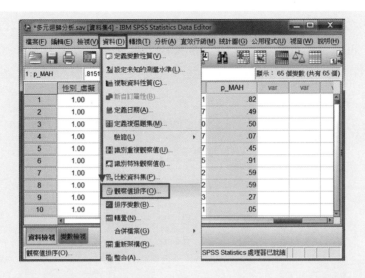

步驟 6：在「觀察值排序」對話窗，從左方的變項清單，將「p_MAH」這個變項，移至右邊「排序依據 (S)：」空格，如下圖所示。

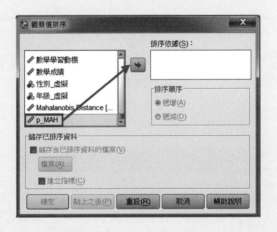

步驟 7：在「觀察值排序」對話窗，按下方「確定」按鍵，如下圖所示。

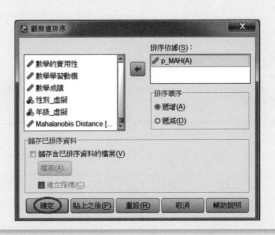

步驟 8：在「資料檢視」工作視窗，最右邊的變項「p_MAH」，已經按照由小至大依序排列。由 p 值大小，可看出只有最前面三個 p 值小於 .001，顯示最前面這三個觀察值是屬極端值，如下圖所示。

步驟 9：在「資料檢視」工作視窗，將游標移至最左邊的變項「編號」，即可找出三個極端值的觀察值編號為 100 號、55 號與 92 號，如下圖所示。

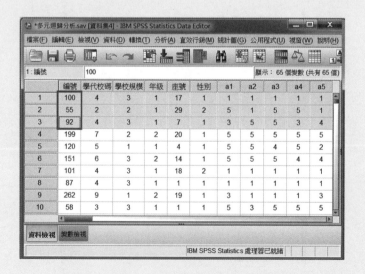

圖 12-9　Mahalanobis 距離的卡方考驗之 SPSS 操作步驟

　　找出編號為 100 號、55 號與 92 號這三個極端值後，可考慮將這三個極端值刪除，再按照前面的 SPSS 操作步驟，重新進行階層迴歸分析。

參、 階層迴歸分析的統計表格呈現

　　針對圖 12-7 階層迴歸分析統計結果，首先，我們將階層迴歸分析統計結果，整理成表 12-3 各變項之積差相關係數摘要表。由表 12-3 可知，除「性別」（以虛擬編碼）、「年級」（以虛擬編碼）與「數學學習動機」這三個預測變項，與效標變項「數學成績」沒有具顯著性相關外，其他「天生能力」、「快速學習」、「簡單知識」、「確定知識」、「數學學習信心」、「數學焦慮」與「數學的實用性」這七個預測變項，皆與效標變項「數學成績」具顯著性相關。另外，十個預測變項彼此之間具有低中度的相關，積差相關係數的絕對值介於 .01 至 .67 之間。

表 12-3

各變項之積差相關係數摘要表（$N = 308$）

	1	2	3	4	5	6	7	8	9	10	11
1. 性別	-										
2. 年級	-.03	-									
3. 天生能力	-.02	-.01	-								
4. 快速學習	.02	.01	.53***	-							
5. 簡單知識	.09	-.01	.33***	.56***	-						
6. 確定知識	-.05	.23***	.39***	.32***	.10	-					
7. 數學學習信心	.27***	.05	-.25***	-.26***	-.33***	-.14*	-				
8. 數學焦慮	-.27***	.11	.43***	.38***	.35***	.31***	-.67***	-			
9. 數學的實用性	.02	.14*	-.17**	-.35***	-.51***	-.03	.41***	-.35***	-		
10. 數學學習動機	-.07	.07	-.09	-.24***	-.42***	.10	.43***	-.29***	.51***	-	
11. 數學成績	.03	.00	-.23***	-.37***	-.32***	-.24***	.50***	-.46***	.23***	.08	-
平均數	0.49	0.45	13.62	8.05	11.99	13.54	15.74	18.86	18.48	25.90	50.00
標準差	0.50	0.50	4.90	2.68	3.71	3.60	4.53	6.48	3.51	6.08	9.43

$* p < .05.$　　$** p < .01.$　　$*** p < .001.$

　　接續，呈現圖 12-7 報表 12 之「迴歸標準化預測值」與「迴歸標準化殘差」的散佈圖，如圖 12-10 所示。由圖 12-10 可知，樣本觀察值的實際分布情形，大

致符合對稱的矩形，所以符合常態分配、線性、殘差等分散性的基本假定。

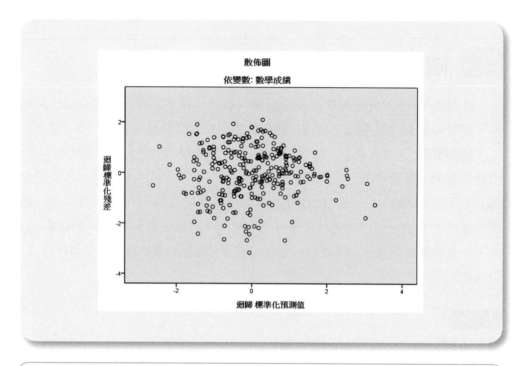

圖 12-10　「迴歸標準化預測值」與「迴歸標準化殘差」的散佈圖

　　在進行階層迴歸分析前，應先檢視預測變項彼此之間是否存在多元共線性的問題，針對多元共線性考驗結果，如表 12-4 所示。若容忍度小於 .10 時，VIF 高於 10 時，條件指數高於 30 時，可能存在嚴重多元共線性問題（Field, 2005; 邱皓政，2007）。由表 12-4 可知，容忍度皆高於 .10，且 VIF 皆低於 10 時，條件指數除了「數學學習動機」高於 30，其餘九個預測變項的條件指數皆低於 30，顯示沒有嚴重的多元共線性問題。

　　將階層迴歸分析統計結果，摘要成表 12-5。由表 12-5 可知，以人口統計變項的「性別」與「年級」為預測變項，以「數學成績」為效標變項，進行第一階的階層迴歸分析，結果顯示「性別」與「年級」的標準化迴歸係數（β）皆為 0（$p > .05$），多元迴歸係數平方（R^2）為 .001，淨多元迴歸係數平方（ΔR^2）為 .001，淨變異數分析 F 值為 0.16（$p > .05$），顯示單獨以「性別」與「年級」等兩項人口統計變項，對「數學成績」並沒有預測力。

　　以人口統計變項的「性別」與「年級」，加上「數學知識信念」的「天生能力」、「快速學習」、「簡單知識」與「確定知識」為預測變項，對「數學成績」

表 12-4

多元共線性考驗結果

預測變項	容忍度	VIF	條件指數
性別	.84	1.19	4.12
年級	.88	1.14	4.48
天生能力	.61	1.65	6.39
快速學習	.53	1.89	11.21
簡單知識	.53	1.89	11.81
確定知識	.72	1.38	14.63
數學學習信心	.46	2.18	16.62
數學焦慮	.43	2.33	19.66
數學的實用性	.58	1.73	21.64
數學學習動機	.61	1.65	40.50

進行第二階的階層迴歸分析，結果顯示「性別」、「年級」與「天生能力」的標準化迴歸係數（β）皆為 0（$p > .05$），而「快速學習」、「簡單知識」與「確定知識」的標準化迴歸係數（β）皆顯著不為 0（$p < .05$），多元迴歸係數平方（R^2）為 .180，淨多元迴歸係數平方（ΔR^2）為 .179，淨變異數分析 F 值為 16.38（$p < .001$），顯示單獨以「性別」與「年級」人口統計變項，以及「數學知識信念」的「天生能力」、「快速學習」、「簡單知識」與「確定知識」，對「數學成績」具有預測力。

　　以人口統計變項的「性別」與「年級」，加上「數學知識信念」的「天生能力」、「快速學習」、「簡單知識」與「確定知識」，再加上「數學態度」的「數學學習信心」、「數學焦慮」、「數學的實用性」與「數學學習動機」為預測變項，對「數學成績」進行第三階的階層迴歸分析，結果顯示「年級」、「簡單知識」、「確定知識」與「數學的實用性」的標準化迴歸係數（β）皆為 0（$p > .05$），而「性別」、「天生能力」、「快速學習」、「數學學習信心」、「數學焦慮」與「數學學習動機」的標準化迴歸係數（β）皆顯著不為 0（$p < .05$），多元迴歸係數平方（R^2）為 .391，淨多元迴歸係數平方（ΔR^2）為 .210，淨變異數分析 F 值為 25.55（$p < .001$），顯示單獨以「性別」與「年級」人口統計變項、「數學知識信念」的「天生能力」、「快速學習」、「簡單知識」與「確定知識」，以及「數學態度」的「數學學習信心」、「數學焦慮」、「數學的實用性」

與「數學學習動機」，對「數學成績」具有預測力。

　　綜合上述探討可知，「數學態度」的「數學學習信心」、「數學焦慮」、「數學的實用性」與「數學學習動機」四個分量表，對「數學成績」最有預測效果（$\Delta R^2 = .210$），其次為「數學知識信念」的「天生能力」、「快速學習」、「簡單知識」與「確定知識」四個分量表，其對「數學成績」的預測效果為$\Delta R^2 = .179$，而人口統計變項的「性別」與「年級」，則對「數學成績」沒有預測效果。

表 12-5

階層迴歸分析摘要表

預測變項	B	B 的 95% CI		SE(B)	β	R^2	ΔR^2
		LL	UL				
第一階						.001	.001
常數項	49.694	47.899	51.490	.912			
性別	.604	-1.523	2.732	1.081	.032		
年級	.019	-2.118	2.156	1.086	.001		
第二階						.180	.179***
常數項	66.620	61.805	71.436	2.447			
性別	.847	-1.105	2.798	.992	.045		
年級	.789	-1.228	2.806	1.025	.042		
天生能力	.042	-.204	.287	.125	.022		
快速學習	-.819	-1.312	-.325	.251	-.233**		
簡單知識	-.452	-.772	-.132	.163	-.178**		
確定知識	-.440	-.748	-.131	.157	-.168**		
第三階						.391	.210***
常數項	60.740	50.823	70.658	5.039			
性別	-2.753	-4.593	-.914	.935	-.146**		
年級	.618	-1.188	2.423	.917	.033		
天生能力	.238	.016	.459	.113	.123**		
快速學習	-.802	-1.233	-.370	.219	-.228***		
簡單知識	-.252	-.564	.060	.159	-.099		
確定知識	-.216	-.491	.058	.140	-.083		
數學學習信心	.939	.664	1.213	.140	.451***		
數學焦慮	-.267	-.466	-.068	.101	-.183**		
數學的實用性	-.013	-.330	.304	.161	-.005		
數學學習動機	-.386	-.564	-.208	.090	-.249***		

$* p < .05.$　　$** p < .01.$　　$*** p < .001.$

13

以卡方考驗，探究不同
組別的百分比同質性

雖然本章的卡方考驗，並未出現在「第零章導論」研究架構圖，但透過卡方考驗，瞭解百分比是否有所差異，是調查研究常使用到的統計方法，因而特別以本章，介紹卡方考驗的使用方法。

研究者進行調查研究時，常會遇到需要採用卡方檢定，進行百分比同質性考驗，以瞭解不同組別受試者，對某種意見的百分比，是否達到顯著性差異。在進行卡方考驗時，常將資料以列聯表（contingency table）方式呈現，如圖 13-1，即是有 J 組別受試者，針對 I 種意見，所形成的列聯表。

有 J 組的受試者

		第一組	第二組	·	第 J 組	總和
有 I 種意見	第一種意見			·		
	第二種意見			·		
	·	·	·	·	·	·
	第 I 種意見			·		
	總和					

圖 13-1　J 組別 ×I 種意見所形成的列聯表

針對圖 13-1 列聯表，許多研究者想探究 J 組別受試者，在某種意見的支持程度是否有顯著性差異。例如：表 13-1 調查 250 位不同服務年資國中教師，對推動學校本位課程的支持態度，所獲得的調查結果。

表 13-1

250 位國中教師對於推動學校本位課程的意見調查結果

	服務年資 10 年以下的教師	服務年資 11 年至 20 年的教師	服務年資 21 年以上的教師	總和
支持	30	40	15	85
沒有意見	18	24	16	58
不支持	10	62	35	107
總和	58	126	66	250

某位研究者統整蒐集的相關文獻後，認為不同服務年資教師，對推動學校本位課程的支持程度會有所差異。則該位研究者可能會提出下列待答問題：

「支持」學校本位課程的教師，會因不同服務年資的組別，而有不同百分比的支持程度？

根據上述待答問題，該位研究者提出下面統計考驗：

$$H_0 : p_1 = p_2 = p_3$$
$$H_1 : H_0 \text{ 是錯的}$$

虛無假設 H_0 為三組支持的百分比是相同，對立假設 H_1 則主張虛無假設 H_0 是錯的。其中，p_1 代表「服務年資 10 年以下」教師支持學校本位課程的百分比，p_2 代表「服務年資 11 年至 20 年」教師支持學校本位課程的百分比，p_3 代表「服務年資 21 年以上」教師支持學校本位課程的百分比。

上述統計考驗，需採卡方考驗，判斷各組百分比是否同質，才能決定支持或拒絕虛無假設 H_0。

百分比同質性考驗的流程，先以卡方考驗進行統計分析，檢視各組百分比是否同質。若卡方考驗未達顯著水準，則停止統計考驗工作，顯示各組在某種意見百分比沒有顯著性差異；若卡方考驗達顯著性水準，則接續進行百分比同質性的事後比較，探討有哪些組別之間的百分比是有顯著性差異。百分比同質性考驗流程，如圖 13-2 所示。

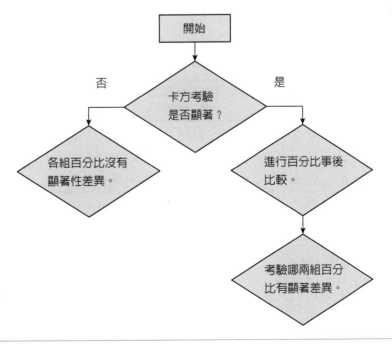

圖 13-2　百分比同質性考驗的流程圖

　　為了讓讀者清楚瞭解百分比同質性考驗的理論與考驗方法，底下分成卡方考驗理論、百分比同質性事後比較理論與統計軟體操作等三個部分進行介紹。

壹、卡方考驗的理論

　　卡方考驗主要從整體角度，判斷各組百分比是否同質。卡方考驗計算公式為公式 13-1。

$$\chi^2 = \sum \frac{(f_o - f_e)^2}{f_e}$$

（公式 13-1）

　　公式 13-1 的 χ^2 代表卡方值，f_o 代表觀察次數，f_e 代表期望次數。觀察次數即是實際調查結果，例如：表 13-1，「服務年資 10 年以下」教師且支持推動學校本位課程的細格人數為 30，此 30 即為觀察次數。期望次數是理論上應該具有的次數，期望次數算法是將每個觀察次數相對應的行邊緣次數乘以列邊緣次數，最後除以所有的總次數。例如：表 13-1，「服務年資 10 年以下」教師且支持推動學校本位課程的觀察次數為 30，其行邊緣次數為 58，列邊緣次數為 85，總次數為 250，故其期望次數為 (58×85)/250 = 19.72。每個細格的期望次數，請參考表 13-2 計算結果。

表 13-2

根據表 13-1 觀察次數所推算出的期望次數

	服務年資 10 年以下的教師	服務年資 11 年至 20 年的教師	服務年資 21 年以上的教師	總和
支持	19.72	42.84	22.44	85
沒有意見	13.46	29.23	15.31	58
不支持	24.82	53.93	28.25	107
總和	58	126	66	250

　　根據公式 13-1 卡方考驗公式，表 13-1 調查資料可得到卡方值為 22.19。列聯表的自由度 = (I − 1)×(J − 1)，因此，表 13-1 調查資料的自由度 = (3 − 1)×(3 − 1) = 4。

$$\chi^2 = \frac{(30-19.72)^2}{19.72} + \frac{(40-42.84)^2}{42.84} + \frac{(15-22.44)^2}{22.44}$$

$$+ \frac{(18-13.46)^2}{13.46} + \frac{(24-29.23)^2}{29.23} + \frac{(16-15.31)^2}{15.31}$$

$$+ \frac{(10-24.82)^2}{24.82} + \frac{(62-53.93)^2}{53.93} + \frac{(35-28.25)^2}{28.25}$$

$$= 22.19$$

　　若該位研究者將犯第一類型錯誤的機率 α 設定為 .05，則可透過圖 13-3 的 Excel 操作，獲得卡方考驗的臨界值為 9.488，亦即 $\chi^2_{.95(4)} = 9.488$。

步驟 1：將游標點選某個欄位，例如：點選 A1 欄位，如下圖所示。

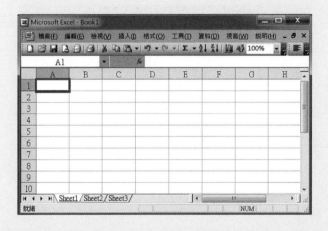

步驟 2：將游標改點選「*fx*」右邊的空格，輸入「=CHIINV(0.05,4)」，再按
　　　　下鍵盤的「Enter」鍵，如下圖所示。CHIINV() 括號中的第一個數
　　　　值要輸入設定犯第一類型錯誤機率的 α 值，第二個數值要輸入卡方
　　　　考驗的自由度，即可獲得卡方考驗的臨界值。

請注意：「=」代表等號，在 Excel 中，若想進行數字的運算，一
　　　　定要先出現等號 =，若一開始未輸入等號 =，則 Excel 會
　　　　當成字串來處理。「CHIINV(0.05,4)」表示犯第一類型錯
　　　　誤機率 α 值為 0.05，自由度為 4。

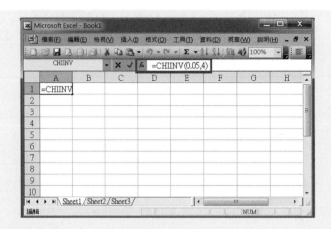

步驟 3：在 A1 欄位，即可見到「9.4877」，表示卡方考驗臨界值為 9.4877，如下圖所示。

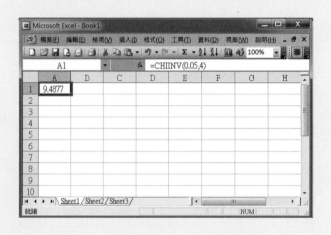

圖 13-3　透過 Excel 計算卡方考驗的臨界值

　　由於計算所得到的卡方值 22.19 大於臨界值 9.488，故必須拒絕虛無假設（$p_1 = p_2 = p_3$），顯示三組支持百分比是有顯著差異。

　　有關卡方考驗統計摘要表格，可參考表 13-3 卡方考驗摘要表。表 13-3 除了需呈現每個組別在每種意見的次數與百分比外，還需呈現卡方考驗的數值，以及相對應顯著性 p 值，當百分比同質性的卡方考驗達顯著時，還需要呈現百分比事後比較結果。

表 13-3

卡方考驗的摘要表格式

	組別 1		組別 2		組別 3		χ^2	p	百分比同質性事後比較
	次數	百分比	次數	百分比	次數	百分比			
意見 1									
意見 2									
意見 3									

　　有關卡方考驗結果的呈現，有一點值得提出來強調：國內許多研究生對卡方考驗統計結果呈現，常不符合 APA 第六版所要求的格式。若採 APA 第六版格式，則表 13-1 例子，其卡方考驗統計結果的寫法如下：

$$\chi^2 (4, N = 250) = 22.19, p < .001$$

　　APA 格式要求先呈現卡方的符號 χ^2，隨後包含一個括號，括號裡面首先呈現卡方考驗的自由度，再以逗點隔開，接著出現 $N =$ 人數，再以一個等號呈現卡方考驗的實際數值，最後以實際大小 p 值呈現，但上面例子，由於統計軟體呈現的 p 值為 .000，根據 APA 第六版規定，必須採用 $p < .001$ 方式呈現，以避免讀者誤認為 p 值為 0。

貳、百分比同質性事後比較的理論

　　有許多研究生發現卡方考驗達顯著時，由於不知道如何進行百分比同質性的事後比較，常在論文中提到卡方考驗有達顯著水準，但並未在論文中呈現百分比同質性的事後比較分析。為了讓讀者瞭解百分比同質性的事後比較方法，茲介紹三種可用來進行百分比同質性事後比較的方法。

(一) Haberman（1978）的百分比同質性事後比較方法

　　Haberman（1978）曾提出採用「校正後標準化殘差」（adjusted residual）的方式，來進行百分比同質性的事後比較。Haberman 主張利用類似標準分數的概念，透過公式 13-2 可求得校正後標準化殘差，而校正後標準化殘差會呈現常態分配。將所獲得的校正後標準化殘差值，查常態分配表，若以雙尾考驗且犯第一

類型錯誤 α 設為 .05，則 $Z_{.05}$ = 1.96；若採雙尾考驗且 α = .01，則 $Z_{.01}$ = 2.58。因此，計算校正後標準化殘差數值，取其絕對值後，若大於 1.96，則達 .05 顯著性差異；若大於 2.58，則達 .01 顯著性差異。校正後標準化殘差若為正值，顯示觀察次數顯著高於期望次數；若為負值，則表示觀察次數顯著低於期望次數。

$$z_{adjusted\ residual} = \frac{(f_o - f_e)}{\sqrt{f_e(1 - \frac{f_{o_{i\cdot}}}{N})(1 - \frac{f_{o\cdot_j}}{N})}} \qquad （公式 13-2）$$

公式 13-2 的 f_o 代表觀察次數，f_e 代表期望次數，$f_{oi\cdot}$ 代表列的觀察邊緣次數，$f_{o\cdot j}$ 代表行的觀察邊緣次數，N 代表總次數。

以表 13-1 為例，「服務年資 10 年以下的教師」支持學校本位課程此細格的校正後標準化殘差為如下所計算的 3.3，每個細格的校正後標準化殘差如表 13-4 所示。

$$z_{adjusted\ residual} = \frac{(30 - 19.72)}{\sqrt{19.72(1 - \frac{85}{250})(1 - \frac{58}{250})}} = 3.3$$

表 13-4

根據表 13-1 所計算出每個細格的校正後標準化殘差

	服務年資 10 年 以下的教師	服務年資 11 年 至 20 年的教師	服務年資 21 年 以上的教師
支持	3.3 **	−0.8	−2.3 *
沒有意見	1.6	−1.6	0.2
不支持	−4.5 **	2.1 *	2.0 *

* $p < .05.$　　** $p < .01.$

由表 13-4 可知，就「支持」學校本位課程的態度上，「服務年資 10 年以下的教師」校正後標準化殘差為 3.3，「服務年資 21 年以上的教師」校正後標準化殘差為 −2.3，兩者絕對值大小，皆高於 $Z_{.05}$ = 1.96，顯示兩組就支持百分比有顯著性差異，亦即「服務年資 10 年以下的教師」百分比（51.72%），顯著高於「服務年資 21 年以上的教師」百分比（22.73%）。

使用校正後標準化殘差的方式，較大限制是不易清楚判斷兩個組別百分比是否有顯著性差異。另外一個限制是易造成低估可能有差異的組別。雖然此種考驗百分比同質性的事後比較方式，較無法精準的估算出各組別百分比差異情形，但由於 SPSS 統計軟體有提供此種校正後標準化殘差（中文版 SPSS 稱為調整後殘差），故有些研究生會採用此種方式。

(二) Marascuilo與McSweeney（1977）的百分比同質性事後比較方法

Marascuilo 與 McSweeney（1977）主張對百分比同質性的事後比較，應採整體觀點，透過同時信賴區間（simultaneous confidence interval）方式，推估兩組別百分比同質性是否有顯著性差異。若同時信賴區間包含 0，則顯示兩組別百分比沒有顯著性差異；相對地，若同時信賴區間未包含 0，則顯示兩組別百分比有顯著性差異。同質性同時信賴區間的估算方法，如公式 13-3 所示。

$$\psi = (\hat{p}_j - \hat{p}_{j'}) \pm \sqrt{\chi^2_{1-\alpha,(I-1)(J-1)}} \sqrt{\frac{\hat{p}_j \hat{q}_j}{n_j} + \frac{\hat{p}_{j'} \hat{q}_{j'}}{n_{j'}}} \qquad （公式 13-3）$$

公式 13-3 的 $(\hat{p}_j - \hat{p}_{j'})$　　代表兩個組別百分比的差異值

$\sqrt{\chi^2_{1-\alpha,(I-1)(J-1)}}$　　　代表考驗同時信賴區間的臨界值

$\sqrt{\frac{\hat{p}_j \hat{q}_j}{n_j} + \frac{\hat{p}_{j'} \hat{q}_{j'}}{n_{j'}}}$　　　代表百分比差異值的標準誤

表 13-5 所呈現的資料，是根據表 13-1 意見調查結果，計算出不同受試者對不同意見所顯示的百分比。有了每個細格百分比，即可透過公式 13-3 同時信賴區間的估算方式，找出哪些組別百分比有顯著性差異。

表 13-5

根據表 13-1 所求出每個細格的意見百分比

	服務年資 10 年以下的教師	服務年資 11 年至 20 年的教師	服務年資 21 年以上的教師
支持	51.72%	31.75%	22.73%
沒有意見	31.03%	19.05%	24.24%
不支持	17.24%	49.21%	53.03%

若以支持的百分比而言，進行百分比同質性事後比較，則「服務年資 10 年以下的教師」與「服務年資 11 年至 20 年的教師」比較，代入公式 13-3，可得

$$\psi = (.5172 - .3175) \pm \sqrt{\chi^2_{.95,(3-1)(3-1)}} \sqrt{\frac{.5172 \times .4828}{58} + \frac{.3175 \times .6825}{126}}$$

$$= .1997 \pm \sqrt{9.488}\sqrt{.0060}$$

$$= .1997 \pm .24$$

上述計算結果顯示，$-0.0394 < \psi < 0.4388$，由於 ψ 落在包含 0 的區間，代表「服務年資 10 年以下的教師」與「服務年資 11 年至 20 年的教師」這兩組百分比差異有可能是 0，因此，兩組對支持學校本位課程的百分比是沒有差異。

若將「服務年資 10 年以下的教師」與「服務年資 21 年以上的教師」，進行百分比同質性事後比較，代入公式 13-3，進行支持百分比的事後比較，則可得到

$$\psi = (.5172 - .3175) \pm \sqrt{\chi^2_{.95,(3-1)(3-1)}} \sqrt{\frac{.5172 \times .4828}{58} + \frac{.2273 \times .7727}{66}}$$

$$= .2899 \pm \sqrt{9.488}\sqrt{.0070}$$

$$= .2899 \pm .2571$$

上述計算結果顯示，$0.0328 < \psi < 0.5470$，由於 ψ 沒有落在包含 0 的區間，代表兩組百分比差異不會是 0，因此，兩組對支持學校本位課程的百分比是有差異。而「服務年資 10 年以下的教師」對學校本位課程的支持百分比（51.72%），顯著高於「服務年資 21 年以上的教師」對學校本位課程的支持百分比（31.75%）。

若將「服務年資 11 年至 20 年的教師」與「服務年資 21 年以上的教師」，進行百分比同質性事後比較，代入公式 13-3，進行支持百分比的事後比較，則可得到

$$\psi = (.3175 - .2273) \pm \sqrt{\chi^2_{.95,(3-1)(3-1)}} \sqrt{\frac{.3175 \times .6825}{126} + \frac{.2273 \times .7727}{66}}$$

$$= .0902 \pm \sqrt{9.488}\sqrt{.0044}$$

$$= .0902 \pm .2039$$

上述計算結果顯示，$-0.1137 < \psi < 0.2941$，由於 ψ 落在包含 0 的區間，代表「服務年資 11 年至 20 年的教師」與「服務年資 21 年以上的教師」這兩組的百分比差異有可能是 0，因此，兩組對支持學校本位課程的百分比是沒有差異。

由於 Marascuilo 與 McSweeney（1977）所提的百分比事後比較方法，是從整體觀點考驗，因此，許多國內外統計教科書（Glass & Hopkins, 1996; Marascuilo & Serlin, 1988; 余民寧，2006；吳裕益，2007；林清山，2003）都建議採用此種方法。然而採用此種百分比事後比較的方法，由於研究生常用統計軟體 SPSS 並未提供此種事後比較方法，必須自己透過手算方式，有些研究生因而不敢採用此種方法。

(三) Cox與 Key（1993）的百分比同質性事後比較方法

有關百分比同質性的事後比較，Cox 與 Key（1993）曾提出一個簡便的計算方式，先計算每個細格單獨的卡方值，將欲進行事後比較的兩個組別，以單獨的卡方值相減，以其絕對值是否大於 3.841，來決定兩組百分比是否達顯著性差異。3.841 的判斷標準是將第一類型錯誤的機率 α 設定為 .05，百分點為 95，自由度為 1 的卡方臨界值為 3.841，亦即 $\chi^2_{.95(1)} = 3.841$。

若以表 13-1 為例，「服務年資 10 年以下的教師」支持學校本位課程此細格的單獨卡方值為 $(30 - 19.72)^2 / 19.72 = 5.359$，每個細格單獨的卡方值如表 13-6 所示。

表 13-6

根據表 13-1 所求出的每個細格的單獨卡方值

	服務年資 10 年以下的教師	服務年資 11 年至 20 年的教師	服務年資 21 年以上的教師
支持	5.359	0.188	2.467
沒有意見	1.534	0.936	0.031
不支持	8.852	1.208	1.614

就支持學校本位課程的百分比而言，三個組別的兩兩比較，可得到下列三種情形：

$$p_1 : p_2 \quad |5.359 - 0.188| = |5.171| > 3.841$$
$$p_1 : p_3 \quad |5.359 - 2.467| = |2.892| < 3.841$$

$$p_2 : p_3 \quad |0.188 - 2.467| = |-2.278| < 3.841$$

由上述計算可知，「服務年資 10 年以下的教師」支持百分比（51.72%），顯著高於「服務年資 11 年至 20 年的教師」支持百分比（31.75%）。

Cox 與 Key（1993）提出百分比事後比較計算公式，雖然較簡單，但只考慮單獨的卡方值，未整體考量每個細格百分比大小，因此，易產生錯誤比較結果（MacDonald & Gardner, 2000; Seaman & Hill, 1996）。以表 13-1 例子而言，三個組別在支持學校本位課程的態度方面，採用 Haberman（1978）方法，或採用 Marascuilo 和 McSweeney（1977）方法，皆顯示「服務年資 10 年以下的教師」對學校本位課程的支持百分比（51.72%），顯著高於「服務年資 21 年以上的教師」對學校本位課程的支持百分比（22.73%），但採用 Cox 與 Key（1993）方法，卻得到「服務年資 10 年以下的教師」支持百分比（51.72%），顯著高於「服務年資 11 年至 20 年的教師」支持百分比（31.75%）。

上述介紹三種百分比同質性事後比較的方法，由於 Marascuilo 和 McSweeney（1977）的同時信賴區間的估算方法，是以整體估算方式，比較能精準估算各組別的百分比是否有差異。因此，筆者建議讀者在進行百分比的事後比較時，應採用 Marascuilo 和 McSweeney 估算方法。

有關百分比同質性事後比較的統計軟體，若想採用 Haberman（1978）校正後標準化殘差方法，可透過統計軟體 SPSS；若想採用 Marascuilo 和 McSweeney（1977）同時信賴區間方法，可採用筆者所設計的 EZChiSquare 程式，EZChiSquare 是以 Excel 的語法所撰寫，使用上相當簡單方便。

底下就以表 13-1 例子，分別介紹如何透過 SPSS 與 EZChiSquare 軟體，進行百分比同質性考驗。

參、百分比同質性考驗的 SPSS 操作步驟

一、卡方考驗的 SPSS 操作步驟

以 SPSS 進行百分比同質性考驗時，必須先將表 13-1 資料，以三個變項的型態，輸入 SPSS 資料檔中，如圖 13-4 所示。三個變項中，第一個代表「意見」變項（支持以 1 表示、不確定以 2 表示、不支持以 3 表示）；第二個代表「組別」

變項（1 表示服務年資在 10 年以下、2 表示服務年資在 11 至 20 年、3 表示服務年資在 21 年以上）、第三個代表「次數」變項。

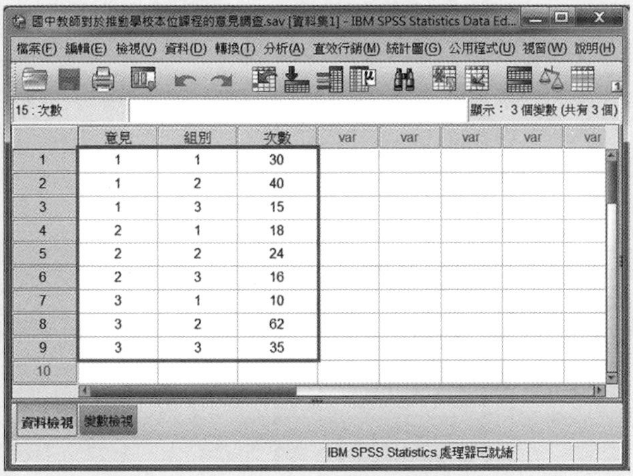

圖 13-4　以 SPSS 進行百分比同質性考驗的資料檔

資料輸入好後，即可透過圖 13-5 的 SPSS 操作步驟，進行卡方考驗的百分比同質性考驗。

步驟 1：請點選「資料 (D)」→「加權觀察值 (W)」，如下圖所示。由於表 13-1 每個細格的觀察次數，是經過整理獲得的次數資料，所以在進行卡方考驗前，須先進行「加權觀察值」的步驟。倘若觀察次數未經過整理，則無須進行加權觀察值的步驟。

步驟 2：在「加權觀察值」對話窗，將原本內定為「⊙觀察值不加權 (D)」，
　　　　更改為「⊙觀察值加權依據 (W)」，如下圖所示。

步驟 3：在「加權觀察值」對話窗，將左邊變項清單中的「次數」，移至右
　　　　邊「次數變項 (F)：」空格中，如下圖所示。

步驟4：在「加權觀察值」對話窗，按「確定」按鍵，如下圖所示。

步驟5：在「資料檢視」工作視窗，點選「分析(A)」→「敘述統計(E)」→「交叉表(C)」，如下圖所示。

步驟6：在「交叉表」對話窗，將左邊變項清單的「意見」，移至右邊「列(W)」空格，如下圖所示。

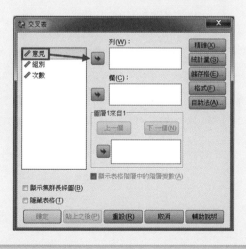

步驟7：在「交叉表」對話窗，將左邊變項清單中的「組別」，移至右邊「欄(C)」空格，並按「統計量(S)」按鍵，如下圖所示。

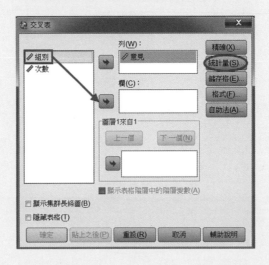

步驟8：在「交叉表：統計量」對話窗，將左上方的「□卡方分配(H)」打勾，並按「繼續」按鍵，如下圖所示。

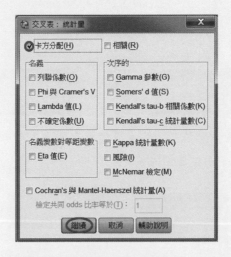

步驟9：在「交叉表」對話窗，點選「儲存格(E)」按鍵，如下圖所示。

步驟 10：在「交叉表：儲存格顯示」對話窗，點選「百分比」中的「行(C)」，
以及點選「殘差」中的「調整的標準化(A)」，並按「繼續」按鍵，
如下圖所示。

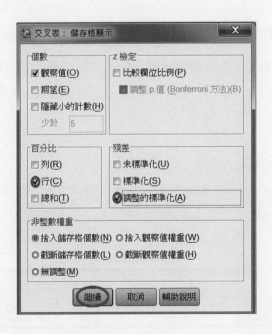

步驟 11：在「交叉表」對話窗，按「確定」按鍵，如下圖所示。

圖 **13-5**　卡方考驗的 SPSS 操作步驟

二、卡方考驗的 SPSS 結果報表解釋

經過上述圖 13-5 的 SPSS 操作步驟之後，SPSS 會產生「觀察值處理摘要」、「意見 * 組別交叉表」，以及「卡方檢定」等三個統計表，如圖 13-6 所示。

報表 1：在「觀察值處理摘要」報表，可看到「有效的」、「遺漏值」與「總和」等三項觀察值的數據。顯示「意見 * 組別」的有效觀察值為 250 個，遺漏觀察值為 0 個，總和觀察值為 250 個，如下圖所示。

觀察值處理摘要

	觀察值					
	有效的		遺漏值		總和	
	個數	百分比	個數	百分比	個數	百分比
意見 * 組別	250	100.0%	0	0.0%	250	100.0%

報表 2：在「意見 * 組別交叉表」報表，可看到「支持」、「沒有意見」與「不支持」等三種「意見」，以及「服務年資 10 年以下的教師」、「服務年資 11 年至 20 年的教師」與「服務年資 21 年以上的教師」

等三種「組別」，所構成的九個細格的「個數」、「在組別之內的百分比」與「調整後的殘差」等三種統計資料。例如：「支持」與「服務年資10年以下的教師」的細格中，個數為30人、30人占「服務年資10年以下的教師」58人的51.7%、調整後的殘差為3.3，如下圖所示。

意見 * 組別 交叉表

			組別			
			服務年資10年以下的教師	服務年資11年至20年的教師	服務年資20年以上的教師	總和
意見	支持	個數	30	40	15	85
		在 組別 之內的	51.7%	31.7%	22.7%	34.0%
		調整後的殘差	3.3	-.8	-2.3	
	沒有意見	個數	18	24	16	58
		在 組別 之內的	31.0%	19.0%	24.2%	23.2%
		調整後的殘差	1.6	-1.6	.2	
	不支持	個數	10	62	35	107
		在 組別 之內的	17.2%	49.2%	53.0%	42.8%
		調整後的殘差	-4.5	2.1	2.0	
總和		個數	58	126	66	250
		在 組別 之內的	100.0%	100.0%	100.0%	100.0%

報表3：在「卡方檢定」報表，可看到「Pearson 卡方」、「概似比」、「線性對線性的關連」與「有效觀察值的個數」等四種資料。例如：「Pearson 卡方」的卡方值為 22.19[a]，自由度為 4，漸近顯著性（雙尾）為 .000，如下圖所示。

卡方檢定

	數值	自由度	漸近顯著性（雙尾）
Pearson卡方	22.190[a]	4	.000
概似比	24.131	4	.000
線性對線性的關連	16.348	1	.000
有效觀察值的個數	250		

a. 0格 (0.0%) 的預期個數少於 5。最小的預期個數為 13.46。

圖 13-6 卡方考驗的 SPSS 統計報表

　　卡方考驗的數值大小、自由度與 p 值，呈現在圖 13-6 報表 3。由圖 13-6 報表 3 可知，$\chi^2 = 22.19$，與前面所計算結果是相同的，自由度為 4，$p < .001$，由

於卡方考驗達顯著水準，顯示各組百分比有顯著性差異，必須進行百分比同質性的事後比較。

百分比同質性的事後比較，可由圖13-6報表2「調整後的殘差」來判斷。圖13-6報表2「個數」即是「觀察次數」，「組別內的％」即是「意見的百分比」，「調整後的殘差」即是「校正後的標準化殘差」。其中，「校正後的標準化殘差」、「意見的百分比」這兩種統計數據，與表13-4、表13-5所呈現統計結果是一樣。

由圖13-6報表2的「調整後的殘差」可知，在「支持」學校本位課程的態度上，「服務年資10年以下的教師」校正後標準化殘差為3.3，「服務年資21年以上的教師」校正後標準化殘差為–2.3，兩者絕對值大小皆高於1.96，顯示「服務年資10年以下的教師」百分比（51.72％），顯著高於「服務年資21年以上的教師」的百分比（22.73％）。

在「沒有意見」的學校本位課程態度上，三組校正後標準化殘差值，皆未高於1.96，顯示三組百分比是沒有顯著性差異，亦即三組百分比是同質的。

在「不支持」學校本位課程的態度上，「服務年資10年以下的教師」百分比（17.24％），顯著低於「服務年資11年至20年的教師」百分比（49.21％）。同時，「服務年資10年以下的教師」百分比（17.24％），也顯著低於「服務年資21年以上的教師」百分比（53.03％）。

雖然有學者建議可採用校正後標準化殘差值來進行百分比同質性的事後比較（Sheskin, 2007），但由於此種方法無法較精準判斷哪兩組的百分比有顯著性差異，因此，筆者不建議讀者採用此種方式進行百分比同質性的事後考驗。

三、卡方考驗的統計表格呈現

針對圖13-6卡方考驗統計結果，我們可以整理成表13-7統計表格。

表 13-7

卡方考驗的摘要表

	服務 10 年以下		服務 11 至 20 年		服務 21 年以上		χ^2	p	百分比同質性事後比較
	次數	百分比	次數	百分比	次數	百分比			
支持	30	51.72%	40	31.75%	15	22.73%	22.19	<.001	10 下 > 21 上
沒有意見	18	31.03%	24	19.05%	16	24.24%			
不支持	10	17.24%	62	49.21%	35	53.03%			10 下 < 11-20
									10 下 < 21 上

　　由表 13-7 卡方考驗摘要表可知，針對不同服務年資國中教師，對推動學校本位課程的支持態度，所進行百分比同質性考驗達顯著性的差異水準，$\chi^2(4, N = 250) = 22.19, p < .001$，進行百分比同質性的事後比較顯示，在「支持」意見中，「服務年資 10 年以下的教師」其支持的百分比爲 51.72%，顯著高於「服務年資 21 年以上的教師」的 22.73%；在「沒有意見」意見中，三個組別百分比沒有顯著差異；在「不支持」意見中，「服務年資 10 年以下的教師」其不支持的百分比爲 17.24%，顯著低於「服務年資 11 年至 20 年的教師」百分比 49.21%，同時「服務年資 10 年以下的教師」其不支持的百分比，也顯著低於「服務年資 21 年以上的教師」百分比 53.03%。

肆、百分比同質性考驗的EZChiSquare操作步驟

　　由於進行百分比同質性的考驗，一般較常出現的組別是介於 2 種組別至 6 種組別之間，意見的種類也是介於 2 種意見至 6 種意見之間，故 EZChiSquare 的設計上，只適用在這 25 種不同組別與不同意見所組成的百分比同質性考驗。

　　EZChiSquare 使用相當簡易，只要輸入觀察次數，無須其他操作程序，即可得到卡方考驗的數值，以及百分比同質性考驗的事後比較結果。進行百分比同質性考驗時，首先打開 EZChiSquare 程式，即會出現 Excel 的畫面。然後將游標移至 Excel 最下面一列，總共有 25 種不同組別與不同意見所組成的程式。再根據所欲進行的百分比同質性考驗，選擇適合的統計考驗程式，以表 13-1 例子，組別有 3 組，意見有 3 種，因此，點選「3 組別 3 意見」的程式，如圖 13-7 所示。

> **步驟 1**：開啓「EZChiSquare.xls」檔案，點選下方「（3 組別 3 意見）」工作表，如下圖所示。

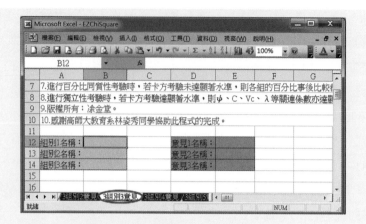

步驟2：在「3組別3意見」工作視窗，將游標移至A1欄位，即可看到前面幾行的使用說明，如下圖所示。

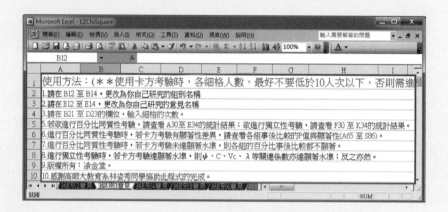

步驟3：在「3組別3意見」工作視窗，請在欄位B12至B14輸入組別的名稱，如下圖所示。

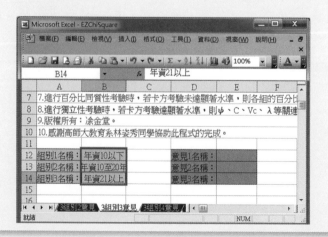

步驟4：在「3組別3意見」工作視窗，請在欄位E12至E14輸入意見的名稱，
　　　　如下圖所示。

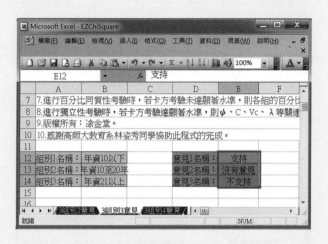

步驟5：在「3組別3意見」工作視窗，請在欄位B21至D23輸入各細格的
　　　　觀察次數，如下圖所示。

	A	B	C	D	E	F
19						
20		年資10以下	年資10至20年	年資21以上	總和	
21	支持	30	40	15	85	
22	沒有意見	18	24	16	58	
23	不支持	10	62	35	107	
24	總和	58	126	66	250	
25		51.7%	31.7%	22.7%	34.0%	
26		31.0%	19.0%	24.2%	23.2%	
27		17.2%	49.2%	53.0%	42.8%	

圖 13-7　進行卡方考驗與百分比同質考驗的 EZChiSquare 操作程序

經過圖 13-7 的 Excel 操作程序，即可獲得圖 13-8 的 Excel 統計結果。

報表 1：在「3 組別 3 意見」工作視窗，將游標移至欄位 A30 至 E33，即可查看卡方考驗的統計結果，如下圖所示。下圖統計結果顯示 $\chi^2(4, N = 250) = 22.19, p < .001$，亦即卡方考驗達顯著性水準。

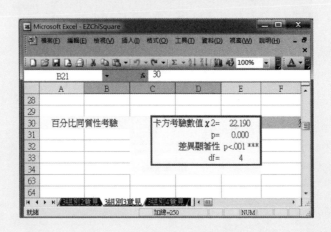

報表 2：在「3 組別 3 意見」工作視窗，由於卡方考驗達顯著性的水準，接續需進行百分比同質性事後比較。請將游標移至欄位 O65 至 S70，可得到三個組別的「支持」百分比同質性事後比較結果：「年資 10 年以下教師」支持學校本位課程的百分比 51.7%，顯著高於「年資 21 年以上教師」支持學校本位課程的教師百分比 22.7%，如下圖所示。

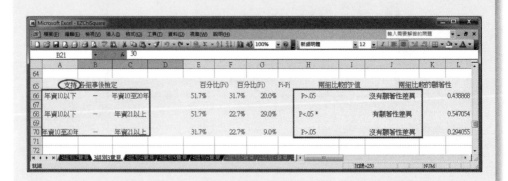

報表 3：在「3 組別 3 意見」工作視窗，請將游標移至欄位 O73 至 S78，可得到三個組別的「沒有意見」百分比同質性事後比較結果：三個組別在「沒有意見」百分比是沒有顯著性差異的，如下圖所示。

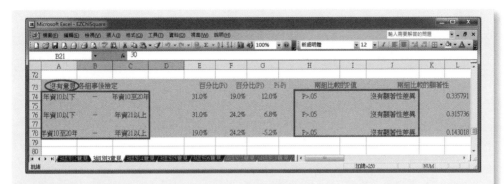

報表4：在「3 組別 3 意見」工作視窗，請將游標移至欄位 O81 至 S86，可得到三個組別的「不支持」百分比同質性事後比較結果：就「不支持」的百分比而言，「年資 10 年以下的教師」不支持學校本位課程的百分比（17.2%），皆顯著低於「年資 11 至 20 年的教師」（49.2%）與「年資 21 年以上的教師」（53.0%），但「年資 11 至 20 年的教師」不支持的百分比（49.2%）與「年資 21 年以上的教師」不支持的百分比（53.0%）沒有顯著性差異，如下圖所示。

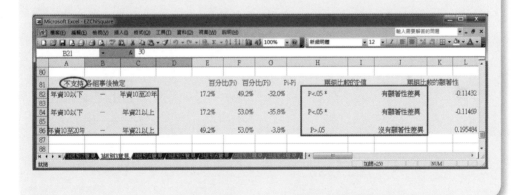

> **圖 13-8**　卡方考驗與百分比同質性考驗的 EZChiSquare 統計報表

　　上述以表 13-1 資料，不論透過 SPSS 與 EZChiSquare 兩種統計軟體所進行的百分比同質性考驗，在卡方考驗值與百分比同質性考驗的事後比較，都獲得相同的結果。

Chapter

14

兩個獨立組別的平均數考驗：
t 考驗或 *F* 考驗

考驗兩個獨立組別的平均數是否有顯著性差異，在心理與教育的量化研究中，是很常被使用的研究議題。例如：探究高三男女生的大學升學壓力是否有顯著性不同？探討參加與未參加教師會組織的國中教師，對教師組工會的態度是否有顯著性差異？探究罹患與未罹患重大疾病的老年人，對死亡態度是否有顯著性不同。上述這些研究問題，皆屬考驗兩個獨立組別平均數是否有差異。

壹、前　言

第七章我們介紹過以獨立樣本 t 考驗，考驗兩個獨立組別平均數是否有顯著性差異；第八章我們介紹過以獨立樣本單因子變異數分析，考驗三個以上獨立組別平均數是否有顯著性差異。那麼若採用獨立樣本單因子變異數分析考驗兩個獨立組別平均數是否有顯著性差異，是否合適呢？

有些讀者不確定是否可採用 F 考驗來考驗兩個獨立組別平均數差異，就會直接採用獨立樣本 t 考驗。有些讀者知道獨立樣本 t 考驗與 F 考驗，兩者有著公式 14-1 的關聯性。亦即 t 值的平方等於 F 值，且獨立樣本 t 考驗的顯著性 p 值，也會等於 F 考驗的顯著性 p 值。

$$t^2_{df} = F_{(1,\ df)} \qquad\qquad （公式 14-1）$$

但公式 14-1 的 t 值平方等於 F 值，是必須在滿足兩組變異數同質性的條件下才成立，倘若兩組變異數不同質時，則公式 14-1 就不一定會相等。當兩組變異數不同質時，研究者若採用 SPSS 統計軟體的獨立樣本 t 考驗，則 SPSS 會主動呈現兩組變異數不同質的調整之 t 值。但研究者若採用 SPSS 統計軟體的獨立樣本單因子變異數分析，則遇到兩組變異數不同質時，除非在 SPSS 的「選項」對話窗中，主動勾選「Welch(W)」這個選項，否則 SPSS 統計軟體並不會主動提供調整之 F 值。因此，遇到兩組變異數不同質時，若採用變異數分析，可能因而會得到錯誤的統計結論。

雖然有統計書籍建議讀者也可採用獨立樣本單因子變異數分析，考驗兩組別平均數是否有顯著性差異（Huck, 2008）。且許多研究學術期刊也常見到研究者採用 F 考驗處理兩組別平均數的差異考驗（de Haan, Prinzie, & Dekovic, 2009; Griskevicius, Tybur, & Van den Bergh, 2010）。但基於上述理由，筆者建議讀者在進行兩個組別平均數差異性考驗時，最好採用獨立樣本 t 考驗。

　　為協助讀者瞭解進行兩組別平均數差異性考驗時，獨立樣本 t 考驗或獨立樣本單因子變異數分析的異同點。筆者將以兩組別的人數是否相等，以及變異數是否同質這兩個因素，分別探討人數相等且變異數同質、人數相等但變異數不同質、人數不相等但變異數同質，以及人數不相等且變異數不同質等四種情形，來說明 t 考驗與 F 考驗兩者的關係。

貳、人數是否相等、變異數是否同質的兩組別平均數差異考驗

一、人數相等且變異數同質的兩組平均數差異考驗

(一) 以獨立樣本 t 考驗進行兩組別平均數差異性考驗

　　當兩組別人數相等且變異數同質時，則 t 考驗與 F 考驗的關係，會是公式 14-1 所呈現的關係。為了讓讀者更清楚瞭解 t 考驗與 F 考驗兩者的關係，茲以表 14-1 的 8 位男女生在 5 道題目的答題情形為例（男生組別代碼為 1，女生組別代碼為 2），分別採用 t 考驗與 F 考驗，考驗男女生在這 5 道題目總分是否有顯著性差異。

表 14-1

8 位男女生在 5 道題目的答題情形

組別	item1	item 2	item 3	item 4	item 5	總分
1	5	5	5	5	5	25
1	5	5	5	5	5	25
1	4	2	2	2	3	13
1	4	2	3	5	4	18
2	4	2	4	1	1	12
2	4	3	3	1	1	12
2	3	5	3	4	4	19
2	2	5	3	2	4	16

　　將表 14-1 的資料，以 SPSS 進行第七章所介紹過的獨立樣本 t 考驗，可得到

圖 14-1 的統計結果。

組別統計量

	組別	個數	平均數	標準差	平均數的標準誤
總分	1	4	20.25	5.852	2.926
	2	4	14.75	3.403	1.702

獨立樣本檢定

		變異數相等的 Levene 檢定		平均數相等的 t 檢定					差異的 95% 信賴區間	
		F 檢定	顯著性	t	自由度	顯著性(雙尾)	平均差異	標準誤差異	下界	上界
總分	假設變異數相等	2.824	.144	1.625	6	.155	5.500	3.385	-2.783	13.783
	不假設變異數相等			1.625	4.821	.167	5.500	3.385	-3.300	14.300

圖 14-1　以表 14-1 資料進行獨立樣本 *t* 考驗的 SPSS 統計結果

　　由圖 14-1 的「組別統計量」統計表格，可得到男生（組別 1）人數是 4 人，平均數是 20.25，標準差是 5.85；女生（組別 2）人數為 4 人，平均數為 14.75，標準差為 3.40。

　　由圖 14-1 的「獨立樣本檢定」表格，可知 Levene 變異數同質性檢定的 $F = 2.82$, $p = .144$，由於 $p > .05$，需接受虛無假設，虛無假設為兩組變異數是相等，故顯示兩組變異數具同質性。獨立樣本 *t* 考驗的統計結果，應該選擇「假設變異數相等」這一列的資料，得到 $t(6) = 1.63$, $p = .155$, 95% CI = [−2.783, 13.783]。由於 $p > .05$，需接受虛無假設，虛無假設為兩組平均數是相等，故顯示男生平均數（$M = 20.25$）與女生平均數（$M = 14.75$）沒有顯著性差異。

(二) 以獨立樣本單因子變異數分析的 *F* 考驗進行兩組別平均數差異性考驗

　　將表 14-1 的資料，以 SPSS 進行獨立樣本單因子變異數分析的 *F* 考驗，可以得到圖 14-2 的統計結果。

描述性統計量

總分

	個數	平均數	標準差	標準誤	平均數的 95% 信賴區間		最小值	最大值
					下界	上界		
1	4	20.25	5.852	2.926	10.94	29.56	13	25
2	4	14.75	3.403	1.702	9.33	20.17	12	19
總和	8	17.50	5.318	1.880	13.05	21.95	12	25

變異數同質性檢定

總分

Levene 統計量	分子自由度	分母自由度	顯著性
2.824	1	6	.144

單因子變異數分析

總分

	平方和	自由度	平均平方和	F	顯著性
組間	60.500	1	60.500	2.640	.155
組內	137.500	6	22.917		
總和	198.000	7			

圖 14-2　以表 14-1 資料進行獨立樣本單因子變異數分析的 SPSS 統計結果

從圖 14-2 的「描述性統計量」表格，可得到男生（組別 1）人數是 4 人，平均數是 20.25，標準差是 5.85；女生（組別 2）人數為 4 人，平均數為 14.75，標準差為 3.40，此結果與圖 14-1 以獨立樣本 t 考驗的結果是一樣的。

由圖 14-2 的「變異數同質性檢定」表格中，可知 Levene 變異數同質性檢定的 $F(1, 6) = 2.82$, $p = .144$，此結果與圖 14-1 以獨立樣本 t 考驗的統計結果是一樣的。

而由圖 14-2 的「單因子變異數分析」表格中，可得到 $F(1, 6) = 2.64$, $p = .155$，此結果恰好是圖 14-1 的 t 值 1.625 的平方，符合公式 14-1 的相等關係。

$$t_6^2 = (1.625)^2 = 2.64 = F_{(1, 6)}$$

綜合上述對表 14-1 資料的統計分析可知，當兩組別人數相等且變異數同質時，不論採用獨立樣本 t 考驗，或是採用獨立樣本單因子變異數分析 F 考驗，會得到相同統計結果。

二、人數相等但變異數不同質的兩組平均數差異考驗

(一) 以獨立樣本 t 考驗進行兩組別平均數差異性考驗

當兩組人數相同但變異數不同質時，則 t 考驗與 F 考驗就可能會得到不同的統計結果。茲以表 14-2 的 8 位男女生在 5 道題目的答題情形為例，分別進行獨立樣本 t 考驗與獨立樣本單因子變異數分析的 F 考驗。

表 14-2
8 位男女生在 5 道題目的答題情形

組別	item1	item 2	item 3	item 4	item 5	總分
1	5	5	5	5	5	25
1	5	5	5	5	5	25
1	4	2	2	2	3	13
1	4	2	3	5	4	18
2	4	2	4	1	1	12
2	4	3	3	1	1	12
2	3	1	1	4	4	13
2	2	1	2	2	4	11

以表 14-2 的資料，進行 SPSS 獨立樣本 t 考驗，可以得到圖 14-3 的統計結果。

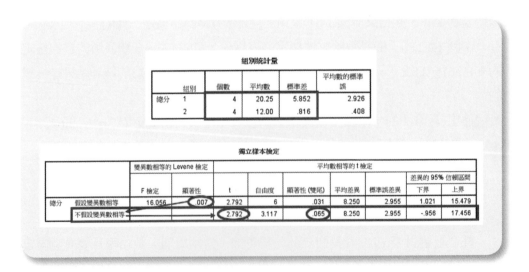

圖 14-3　以表 14-2 資料所進行獨立樣本 t 考驗的 SPSS 統計結果

　　由圖 14-3 的「組別統計量」表格，可得知男生（組別 1）人數是 4 人，平均數是 20.25，標準差是 5.85；女生（組別 2）人數為 4 人，平均數為 12.00，標準差為 0.82。

　　由圖 14-3 的「獨立樣本檢定」表格，可知 Levene 變異數同質性檢定的 $F = 16.06$, $p = .007$，由於 $p < .05$，需拒絕虛無假設，虛無假設為兩組變異數相等，故顯示兩組變異數是不同質。獨立樣本 *t* 考驗統計結果，應選擇「不假設變異數相等」這一列資料，得到 $t(3.117) = 2.79$, $p = .065$, 95% CI = [–0.96, 17.46]。因為 $p > .05$，需接受虛無假設，虛無假設為兩組平均數是相等，故顯示男生平均數（$M = 20.25$）與女生平均數（$M = 12.00$）沒有顯著性差異。

(二) 以獨立樣本單因子變異數分析的 *F* 考驗進行兩組別平均數差異性考驗

　　將表 14-2 的資料，以 SPSS 進行獨立樣本單因子變異數分析的 *F* 考驗，可得到圖 14-4 的統計結果。

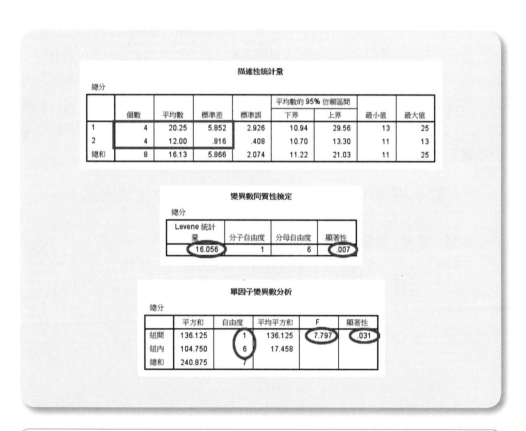

圖 **14-4**　以表 14-2 資料進行獨立樣本單因子變異數分析的 SPSS 統計結果

從圖 14-4 的「描述性統計量」表格，可得到男生（組別 1）人數是 4 人，平均數是 20.25，標準差是 5.85；女生（組別 2）人數為 4 人，平均數為 12.00，標準差為 0.82，此結果與圖 14-3 以獨立樣本 t 考驗所得到的結果是相同的。

由圖 14-4 的「變異數同質性檢定」表格，可知 Levene 變異數同質性檢定的 $F (1, 6) = 16.056$, $p = .007$，此結果與圖 14-3 以獨立樣本 t 考驗的統計結果是一樣的。

而由圖 14-4 的「單因子變異數分析」表格，可得到 $F (1, 6) = 7.80$, $p = .031$，由於 $p < .05$，故結果顯示男女生有顯著性差異，男生平均數（$M = 20.25$）顯著高於女生平均數（$M = 12.00$）。

綜合上述採用獨立樣本 t 考驗與獨立樣本單因子變異數分析的 F 考驗，進行兩組別平均數差異的考驗，可知表 14-2 的資料，若採用獨立樣本 t 考驗，其 $t(3.117) = 2.792$, $p = .065$，顯示兩組沒有顯著性差異。相對地，若採用獨立樣本單因子變異數分析的 F 考驗，則顯示兩組有顯著性差異。亦即採用獨立樣本 t 考驗與獨立樣本單因子變異數分析的 F 考驗，恰好得到相反的統計結果。

由於變異數同質性，是獨立樣本單因子變異數分析時的基本假定，若資料不符合此一基本假定時，容易導致較大的偏誤。相對地，當兩組別的變異數不同質時，若採用獨立樣本 t 考驗，則 SPSS 統計軟體會自動呈現變異數不同質時的調整 t 值。因此，上述兩種考驗出現相反的結果時，獨立樣本 t 考驗所獲得的結果是較為正確的。

三、人數不相等但變異數同質的兩組平均數差異考驗

(一) 以獨立樣本 t 考驗進行兩組別平均數差異性考驗

當兩組別人數不相等但變異數同質時，則 t 考驗與 F 考驗也是公式 14-1 所呈現的關係。茲以 10 位男女生在 5 道題目的答題情形為例，如表 14-3 的資料。

表 14-3

10 位男女生在 5 道題目的答題情形

組別	item1	item 2	item 3	item 4	item 5	總分
1	5	5	5	5	5	25
1	5	5	5	5	5	25
1	4	2	2	2	3	13
1	4	2	3	5	4	18
1	3	3	3	3	5	17
1	2	3	1	3	3	12
2	4	2	4	1	1	12
2	4	3	3	1	1	12
2	3	5	1	4	4	17
2	2	5	2	2	4	15

　　將表 14-3 的資料，以 SPSS 進行獨立樣本 t 考驗，可以得到圖 14-5 的統計結果。

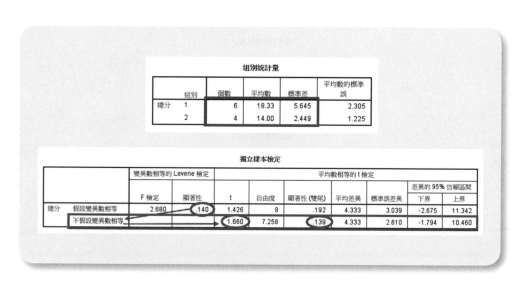

圖 14-5　以表 14-3 資料所進行獨立樣本 t 考驗的 SPSS 統計結果

　　由圖 14-5 的「組別統計量」表格，可得到男生（組別 1）人數是 6 人，平均數是 18.33，標準差是 5.65；女生（組別 2）人數為 4 人，平均數為 14.00，標準差為 2.45。

由圖 14-5 的「獨立樣本檢定」表格，可知 Levene 變異數同質性檢定的 $F = 2.68$, $p = .140$，因為 $p > .05$，需接受虛無假設，虛無假設為兩組變異數相等，顯示兩組變異數是同質的。故獨立樣本 t 考驗的統計結果，應該選擇圖 14-5「假設變異數相等」這一列的資料，得到 $t(8) = 1.426$, $p = .192$, 95% CI = $[-2.68, 11.34]$，由於 $p > .05$，顯示男生平均數（$M = 18.33$）與女生平均數（$M = 14.00$）的平均數沒有顯著性差異。

(二) 以獨立樣本單因子變異數分析的 F 考驗進行兩組別平均數差異性考驗

將表 14-3 的資料，以 SPSS 進行獨立樣本單因子變異數分析的 F 考驗，可以得到圖 14-6 的統計結果。

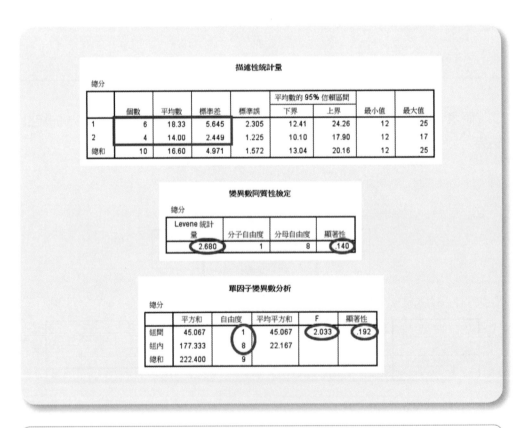

圖 14-6　以表 14-3 資料進行獨立樣本單因子變異數分析的 SPSS 統計結果

從圖 14-6 的「描述性統計量」表格，可以得到男生（組別 1）人數是 6 人，平均數是 18.33，標準差是 5.65；女生（組別 2）人數為 4 人，平均數為 14.00，標準差為 2.45，此結果與圖 14-5 以獨立樣本 t 考驗的結果是一樣的。

由圖 14-6 的「變異數同質性檢定」表格中，可知 Levene 變異數同質性檢定的 $F(1, 8) = 2.68, p = .140$，此結果與圖 14-5 以獨立樣本 t 考驗的統計結果是一樣的。

而由圖 14-6 的「單因子變異數分析」表格，可得到 $F(1, 8) = 2.033, p = .192$，此結果恰好等於圖 14-5 的 t 值 1.426 的平方，也符合公式 14-1 的預期。

$$t_8^2 = (1.426)^2 = 2.033 = F_{(1, 8)}$$

綜合上述對表 14-3 資料的統計分析可知，當兩組別人數不相等但變異數同質時，不論採用獨立樣本 t 考驗，或採用獨立樣本單因子變異數分析 F 考驗，會得到相同統計結果。

四、人數不相等且變異數不同質的兩組平均數差異考驗

(一) 以獨立樣本 t 考驗進行兩組別平均數差異性考驗

當兩組人數不相等且變異數不同質時，則 t 考驗與 F 考驗就不具有公式 14-1 的關係。茲以表 14-4 的 10 位男女生在 5 道題目的答題情形為例，分別進行獨立樣本 t 考驗與獨立樣本單因子變異數分析的 F 考驗。

表 14-4

10 位男女生在 5 道題目的答題情形

組別	item1	item 2	item 3	item 4	item 5	總分
1	5	5	5	5	5	25
1	5	5	5	5	5	25
1	4	2	2	2	3	13
1	4	2	3	5	4	18
1	3	3	3	3	5	17
1	2	3	1	3	3	12
2	4	2	4	1	1	12
2	4	3	3	1	1	12
2	3	1	1	4	4	13
2	2	1	2	2	4	11

以表 14-4 的資料，進行 SPSS 獨立樣本 t 考驗，可以得到圖 14-7 的統計結果。

組別統計量

	組別	個數	平均數	標準差	平均數的標準誤
總分	1	6	18.33	5.645	2.305
	2	4	12.00	.816	.408

獨立樣本檢定

		變異數相等的 Levene 檢定		平均數相等的 t 檢定						
									差異的 95% 信賴區間	
		F 檢定	顯著性	t	自由度	顯著性 (雙尾)	平均差異	標準誤差異	下界	上界
總分	假設變異數相等	7.144	.028	2.185	8	.060	6.333	2.899	-.351	13.018
	不假設變異數相等			2.706	5.310	.040	6.333	2.340	.421	12.246

圖 14-7 以表 14-4 資料所進行獨立樣本 t 考驗的 SPSS 統計結果

由圖 14-7 的「組別統計量」表格，可得到男生（組別 1）人數是 6 人，平均數是 18.33，標準差是 5.65；女生（組別 2）人數爲 4 人，平均數爲 12.00，標準差爲 0.82。

由圖 14-7 的「獨立樣本檢定」表格，可知 Levene 變異數同質性檢定的 $F = 7.144$, $p = .028$，因爲 $p < .05$，需拒絕虛無假設，虛無假設爲兩組變異數相等，顯示兩組的變異數是不同質。故獨立樣本 t 考驗的統計結果，應該選擇圖 14-7 的「不假設變異數相等」這一列資料，得到 $t(5.31) = 2.706$, $p = .04$, 95% CI = [0.42, 12.25]，由於 $p < .05$，顯示男生平均數（$M = 18.33$）顯著高於女生平均數（$M = 12.00$）。

(二) 以獨立樣本單因子變異數分析的 F 考驗進行兩組別平均數差異性考驗

將表 14-4 的資料，以 SPSS 進行獨立樣本單因子變異數分析的 F 考驗，可以得到圖 14-8 的統計結果。

從圖 14-8 的「描述性統計量」表格，可以得到男生（組別 1）人數是 6 人，平均數是 18.33，標準差是 5.65；女生（組別 2）人數爲 4 人，平均數爲 12.00，標準差爲 0.82，此結果與圖 14-7 以獨立樣本 t 考驗的結果相同。

由圖 14-8 的「變異數同質性檢定」表格，可知 Levene 變異數同質性檢定的 $F = 7.14$, $p = .028$，此結果與圖 14-7 以獨立樣本 t 考驗的統計結果相同。

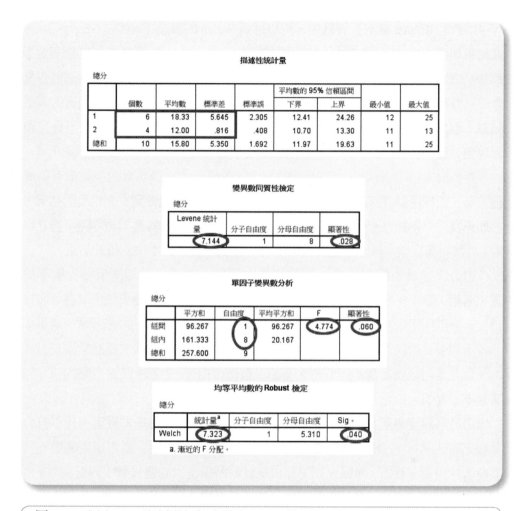

圖 14-8　以表 14-4 資料進行獨立樣本單因子變異數分析的 SPSS 統計結果

而由圖 14-8 的「單因子變異數分析」表格，可得到 $F(1, 8) = 4.774, p = .06$，此結果不等於圖 14-7 的 t 值 2.706 的平方，故不符合公式 14-1 的預期。

$$t_{5.31}^2 = (2.706)^2 = 7.32$$

$$F_{(1, 8)} = 4.77$$

由於變異數同質性，是獨立樣本單因子變異數分析時的基本假定，若資料不符合此一基本假定時，需要進行資料的轉換，或是改採 Welch 的調整 F 考驗。對於 Welch 的調整 F 考驗感興趣的讀者，可以參考 Cohen（2008）、Lomax（2007）、Myers 與 Well（2003）、Wilcox（2003）等人的討論。由圖 14-8 的「均

等平均數的 Robust 檢定」表格中，可以得到 Welch 的調整 *F* 值為 7.32, *p* = .04，此結果與圖 14-7 的 *t* 值 2.706 的平方相同。另外，Welch 調整 *F* 值的顯著性 *p* 為 .04，此結果與圖 14-7 的 *t* 考驗 *p* 值也相同。由此可知，當遇到兩個組別變異數不同質時，進行獨立樣本 *t* 考驗時，統計結果會自動呈現變異數不同質的調整結果，但是若採用獨立樣本單因子變異數分析的 *F* 考驗時，統計結果不會自動呈現變異數不同質的調整結果，必須使用者主動勾選「Welch(W)」這個選項。

對於表 14-4 的資料，若採用獨立樣本 *t* 考驗，會得到男女生平均數有顯著性差異，但採用獨立樣本單因子變異數分析的 *F* 考驗，則得到完全相反的結果，亦即男女生平均數沒有顯著性差異。由此可知，當兩組變異數不相等時，獨立樣本 *t* 考驗與獨立樣本單因子變異數分析的 *F* 考驗，會得到不同的統計結果。

綜合上述針對兩組人數相同且變異數同質、兩組人數相同但變異數不同質、兩組人數不相同但變異數同質，以及兩組人數不相同且變異數不同質等四種情況，分別採用獨立樣本 *t* 考驗與獨立樣本單因子變異數分析的 *F* 考驗，結果顯示當兩組變異數同質時，不論人數是否相等，*t* 考驗與 *F* 考驗的統計結果是一樣的。但是當兩組變異數不同質時，不論人數是否相等，*t* 考驗與 *F* 考驗的統計結果是不一樣的。

由於各組變異數同質是獨立樣本單因子變異數分析的基本假定，若不符合此假定時，進行 *F* 考驗容易產生偏誤的統計結果。相對地，當兩組變異數不同質時，採用獨立樣本 *t* 考驗，則可藉由統計軟體所提供的變異數不同質調整 *t* 考驗，而獲得較正確的統計結果。因此，筆者建議讀者在進行兩個組別平均數差異的考驗時建議直接採用獨立樣本 *t* 考驗。

不同統計方法之間的關聯性

　　科學研究所提出的理論，常因適用的範圍，而產生某種理論是另一種理論的特例，牛頓所提出的萬有引力，即是愛因斯坦相對論的一個特例。在心理計量學的測驗信度，Kuder 與 Richardson（1937）所提出的 KR20，是 Cronbach（1951）α 係數的一個特例。

壹、前 言

　　在統計學中的各種統計方法，也存在著某種統計方法是另一種統計方法的特例之關係，若能瞭解各種統計方法的隸屬關係，將有助於統計方法的學習。一般讀者最熟悉的例子，便是進行兩個獨立組別平均數之差異考驗，採用獨立樣本 t 考驗，或採用獨立樣本單因子變異數分析，兩種統計方法在符合兩組變異數同質的條件下，可獲得相同統計結果（顯著性的 p 值大小一樣，且 t 值平方恰好等於 F 值）。因此，獨立樣本 t 考驗是獨立樣本單因子變異數分析的一個特例。

　　當某種理論或方法是另一種理論或方法的特例時，顯示兩者的適用範圍是有大小區隔的，同時也就有所謂上位與下位的階層組織結構，亦即適用範圍較廣的理論或方法屬於上層的知識組織，屬於特例的理論或方法則為下層的知識組織。學習者在學習各領域的知識時，若能掌握每個領域知識的階層組織關係，就能讓學習者較輕易的建構系統性知識結構，如此，有助於學習者獲得較佳的學習成效。

　　許多讀者在修習心理與教育統計學時，常對所學的各種統計方法感到困惑，因為每種統計方法似乎皆是不相同的，以致於不易掌握每種統計方法的適用時機。事實上，大部分統計方法，彼此之間都具有關聯性，若能掌握每種統計方法的階層組織，將有助於讀者對各類統計方法有更深入的理解。

　　想探討兩個連續變項之間的關聯性，可採用積差相關分析；若欲探究多個變項與一個變項的關聯性，可採用多元迴歸分析；若想探討多個變項與多個變項之間的關聯性，則可採用典型相關分析。積差相關分析、多元迴歸分析與典型相關分析三者的路徑圖，可參考圖 15-1、圖 15-2 與圖 15-3。因為典型相關分析可探討兩組多個變項之間的關聯性，故積差相關分析與多元迴歸分析都是典型相關分析的特例。

圖 15-1　積差相關的路徑圖

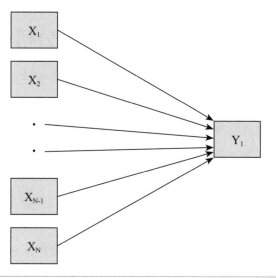

圖 15-2　多元迴歸分析的路徑圖

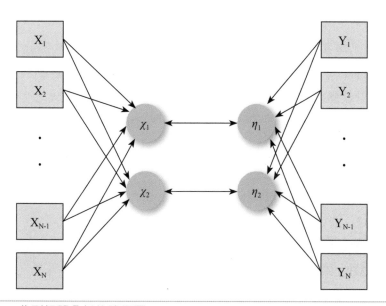

圖 15-3　典型相關分析的路徑圖

除了積差相關分析與多元迴歸分析是典型相關分析的特例外，也有許多統計分析是典型相關分析的特例。由於典型相關分析屬於統計方法的上層知識架構，若能瞭解典型相關分析與其他統計方法的關聯性，將有助於對各類統計方法的掌握。

貳、多種統計方法都是典型相關分析的特例

從心理與教育統計學的發展歷史來看，二十世紀中葉之前，變異數分析與迴歸分析被視為是兩種不同的統計方法。直到 Cohen（1968）的經典之作出現後，心理與教育統計學界才瞭解變異數分析是可藉由迴歸分析獲得，因而變異數分析是迴歸分析的一個特例。距離 Cohen 的經典之作大約十年之後，Knapp（1978）也提出相當重要的一篇論文，Knapp 指出積差相關、變異數分析、迴歸分析都可藉由典型相關分析獲得，亦即這些常見統計方法，皆是典型相關分析的特例。

雖然 Knapp 早在 1978 年就推導出典型相關分析是包含較廣的統計方法，但受限於統計軟體的發展，直到 1990 年代之後，才陸續有學者採用統計軟體 SAS 或 SPSS（Campbell & Taylor, 1996; Campo, 1990; Fan, 1996；傅粹馨，1998），以典型相關分析的語法，探討典型相關分析與獨立樣本 t 考驗、Pearson 積差相關、獨立樣本單因子變異數分析、獨立樣本雙因子變異數分析、迴歸分析等統計方法的階層關係。

雖然上述學者已採用 SAS 或 SPSS 統計軟體，檢驗典型相關分析與其他統計方法的關聯性，但他們皆採用一般研究者較不熟悉的程式語法。近年來，由於 SPSS 統計軟體採用視窗點選的操作方式，因而成為研究生較常使用的統計工具。為協助研究生瞭解典型相關分析與其他統計方法的關係，本文以表 15-1 的資料，同時採用典型相關分析與其他統計方法，讓讀者瞭解透過典型相關分析，與透過獨立樣本 t 考驗、獨立樣本單因子變異數分析、獨立樣本雙因子變異數分析、Pearson 積差相關、簡單迴歸分析與多元迴歸分析等統計方法，所得到的結果是一樣的。

為了讓讀者有機會可透過 SPSS 實際操作，故以表 15-1 的 12 位受試者之簡單資料來說明。表 15-1 中的變項，包含「性別」（男生編碼為 1，女生編碼為 2）、「焦慮程度」（低焦慮程度編碼為 1、中焦慮程度編碼為 2、高焦慮程度編碼為 3）、「數學信心」、「數學實用」、「數學動機」、「數學成績」等。另

外，將性別正交編碼（orthogonal coding）的方式編碼（男生為 1，女生為 –1），
同樣將焦慮程度以正交編碼的方式，區隔成「焦慮代碼1」（低焦慮程度編碼為
2、中焦慮程度編碼為 –1、高焦慮程度編碼為 –1）與「焦慮代碼2」（低焦慮程
度編碼為 0、中焦慮程度編碼為 1、高焦慮程度編碼為 –1），同時為了進行「性
別」與「焦慮程度」的交互作用，還需要將「性別」與「焦慮代碼1」、「焦慮
代碼2」進行相乘，得到「性別焦慮1」與「性別焦慮2」等兩個正交變項。

表 15-1

典型相關分析的原始資料

編號	性別	焦慮程度	數學信心	數學實用	數學動機	數學成績	性別代碼	焦慮代碼1	焦慮代碼2	性別焦慮1	性別焦慮2
1	1	1	13	19	20	74	1	2	0	2	0
2	1	1	18	16	22	13	1	2	0	2	0
3	1	2	13	22	13	100	1	–1	1	–1	1
4	1	2	14	19	19	55	1	–1	1	–1	1
5	1	3	13	18	23	25	1	–1	–1	–1	–1
6	1	3	16	16	28	39	1	–1	–1	–1	–1
7	2	1	25	24	19	100	–1	2	0	–2	0
8	2	1	16	21	28	75	–1	2	0	–2	0
9	2	2	17	24	35	91	–1	–1	1	1	–1
10	2	2	11	18	24	56	–1	–1	1	1	–1
11	2	3	20	17	29	38	–1	–1	–1	1	1
12	2	3	12	16	20	28	–1	–1	–1	1	1

一、獨立樣本 t 考驗是典型相關分析的一個特例

為了讓讀者瞭解獨立樣本 t 考驗是典型相關的特例，茲以表 15-1 的例子，透
過 SPSS 的操作，分別進行獨立樣本 t 考驗與典型相關分析。進行獨立樣本 t 考
驗時，以「性別」為自變項，「數學成績」為依變項，可得到圖 15-4 的統計結
果。由圖 15-4 的 Levene 變異數同質性檢定的 $F = 0.26$, $p = .876$，由於 $p > .05$，
需接受虛無假設，虛無假設為兩組變異數是相等，故顯示兩組變異數具同質性。
獨立樣本 t 考驗的統計結果，應該選擇「假設變異數相等」這一列的資料，得到
$t(10) = –0.733$, $p = .458$，顯示男女生數學成績沒有顯著性差異。

独立樣本檢定

		變異數相等的 Levene 檢定		平均數相等的 t 檢定						
									差異的 95% 信賴區間	
		F 檢定	顯著性	t	自由度	顯著性 (雙尾)	平均差異	標準誤差異	下界	上界
數學成績	假設變異數相等	.026	.876	-.773	10	.458	-13.667	17.691	-53.085	25.752
	不假設變異數相等			-.773	9.881	.458	-13.667	17.691	-53.150	25.816

圖 15-4　不同男女生數學成績的獨立樣本 *t* 考驗統計結果

　　透過典型相關分析探討兩個組別得分的差異情形時，其程式語法為圖 15-5 所示，可獲得圖 15-6 的典型相關統計結果。

```
MANOVA 數學成績 WITH 性別
/DISCRIM= STAN CORR ALPHA(.99)
/PRINT=SIGNI(MULTIV EIGEN DIMENR)
/Design.
```

圖 15-5　典型相關分析探討兩個組別得分差異情形的語法

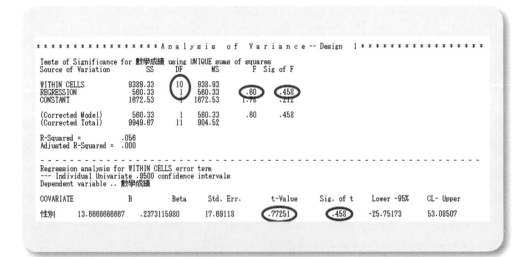

圖 15-6　不同男女生數學成績的典型相關分析統計結果

由圖 15-6 的統計結果可知，$F(1, 10) = 0.60, p = .458$，顯示男女生數學成績沒有顯著性的差異，此結果的 p 值與圖 15-4 的 p 值是一樣的，並且 $t_{10}^2 = (-0.773)^2 = 0.597 = F_{(1, 10)}$，將 F 值 0.597 取至小數點第二位的時候，即為 0.60。因此，圖 15-4 與圖 15-6 的統計結果相同，顯示獨立樣本 t 考驗可透過典型相關分析獲得同樣的統計結果。

二、獨立樣本單因子變異數分析是典型相關分析的一個特例

有關獨立樣本單因子變異數分析與典型相關的從屬關係，同樣以表 15-1 的資料來說明。以表 15-1 的「焦慮程度」為自變項，「數學成績」為依變項，透過 SPSS 進行獨立樣本單因子變異數分析，得到 $F(2, 9) = 3.09, p = .095$，顯示各組之間沒有顯著性差異，如圖 15-7 所示。

單因子變異數分析

數學成績

	平方和	自由度	平均平方和	F	顯著性
組間	4050.667	2	2025.333	3.090	.095
組內	5899.000	9	655.444		
總和	9949.667	11			

圖 15-7　不同焦慮程度學生在數學成績的獨立樣本單因子變異數統計結果

透過典型相關分析探討三個組別得分的差異情形時，必須先將「焦慮程度」這個變項，轉換成「焦慮代碼 1」與「焦慮代碼 2」的兩個正交變項，才能進行統計分析。典型相關分析的程式語法為圖 15-8 所示，執行圖 15-8 的程式語法後，即可獲得圖 15-9 的典型相關統計結果。

由圖 15-9 的統計結果可知，$F(2, 9) = 3.09, p = .095$，顯示不同焦慮程度組別學生的數學成績沒有顯著性的差異，此結果與圖 15-7 的統計結果相同，顯示獨立樣本單因子變異數分析可透過典型相關分析獲得同樣的結果。

```
MANOVA 數學成績 WITH 焦慮代碼 1 焦慮代碼 2
/DISCRIM= STAN CORR ALPHA(.99)
/PRINT=SIGNI(MULTIV EIGEN DIMENR)
/Design.
```

圖 15-8　典型相關分析探討三組不同焦慮程度之數學成績差異情形的語法

```
*****************Analysis  of  Variance -- Design  1*****************
Tests of Significance for 數學成績 using UNIQUE sums of squares
Source of Variation          SS       DF       MS         F   Sig of F

WITHIN CELLS              5899.00      9      655.44
REGRESSION               4050.67      2     2025.33      3.09    .095
CONSTANT                40136.33      1    40136.33     61.24    .000

(Corrected Model)        4050.67      2     2025.33      3.09    .095
(Corrected Total)        9949.87     11      904.52

R-Squared =         .407
Adjusted R-Squared =     .275
```

圖 15-9　不同焦慮程度學生在數學成績的典型相關分析統計結果

三、獨立樣本雙因子變異數分析是典型相關分析的一個特例

　　有關獨立樣本雙因子變異數分析與典型相關分析的從屬關係，同樣以表 15-1 的資料來說明。以表 15-1 的「性別」與「焦慮程度」為自變項，「數學成績」為依變項，透過 SPSS 進行獨立樣本雙因子變異數分析，得到圖 15-10 的統計結果。從圖 15-10 可知，在「性別」這個主要效果的統計結果為 $F(1, 6) = .852$, $p = .392$，顯示男女生的數學成績沒有顯著性差異。在「焦慮程度」這個主要效果的統計結果為 $F(2, 6) = 3.08$, $p = .120$，顯示三組不同焦慮程度受試者的數學成績沒有顯著性差異。在「性別 × 焦慮程度」這個單純主要效果的統計結果為 $F(2, 6) = 1.059$, $p = .404$，顯示性別與焦慮程度沒有交互作用效果。

受試者間效應項的檢定

依變數：數學成績

來源	型 III 平方和	df	平均平方和	F	顯著性
校正後的模式	6003.667[a]	5	1200.733	1.826	.242
截距	40136.333	1	40136.333	61.028	.000
性別	560.333	1	560.333	.852	.392
焦慮程度	4050.667	2	2025.333	3.080	.120
性別 * 焦慮程度	1392.667	2	696.333	1.059	.404
誤差	3946.000	6	657.667		
總數	50086.000	12			
校正後的總數	9949.667	11			

a. R 平方 = .603 (調過後的 R 平方 = .273)

圖 15-10　不同性別與焦慮程度學生在數學成績的獨立樣本雙因子變異數分析統計結果

　　透過典型相關分析進行獨立樣本雙因子變異數分析時，除了必須將自變項轉換成正交變項之外，還必須透過典型相關分析的充足模式（full model）與縮減模式（reduced model）的差距，自行計算獨立樣本雙因子變異數分析的離均差平方和（sum of square）與相對應的自由度，最後，再轉換成 F 值。所謂充足模式是指兩個自變項各自的正交變項，以及相乘積的正交變項，都需要作為進行典型相關分析的預測變項。而縮減模式則以減少某個自變項的正交變項，或是減少兩個自變項的相乘積之正交變項，作為進行典型相關分析的預測變項。

　　進行典型相關分析的第一步驟，先進行以「性別代碼」、「焦慮代碼 1」、「焦慮代碼 2」、「性別焦慮 1」、「性別焦慮 2」等五個變項的典型相關分析充足模式（模式 1），其語法如圖 15-11 所示。其中「性別代碼」是「性別」這個自變項的正交變項，「焦慮代碼 1」與「焦慮代碼 2」是「焦慮程度」這個自變項的正交變項，「性別焦慮 1」與「性別焦慮 2」是「性別」與「焦慮程度」相乘積的正交變項。執行圖 15-11 的語法後，即可得到 $\lambda= .3966$，如圖 15-12 的統計結果。

MANOVA 性別代碼 焦慮代碼 1 焦慮代碼 2 性別焦慮 1 性別
焦慮 2 WITH 數學成績
/DISCRIM= STAN CORR ALPHA(.99)
/PRINT=SIGNI(MULTIV EIGEN DIMENR)
/Design.

圖 15-11　典型相關分析的充足模式（模式 1）之語法

```
* * * * * * * * * * * * * * * * * *Analysis  of  Variance--Design  1* * * * * * * * * * * * * * * * *
EFFECT .. WITHIN CELLS Regression
Multivariate Tests of Significance (S = 1, M = 1 1/2, N = 2)

Test Name        Value        Exact F      Hypoth. DF      Error DF       Sig. of F

Pillais          .60340       1.32575          5.00           8.00          .242
Hotellings      1.52148       1.32575          5.00           8.00          .242
Wilks            .39660       1.32575          5.00           8.00          .242
Roys             .60340
Note.. F statistics are exact.
```

圖 15-12　不同性別與焦慮程度學生在數學成績的典型相關分析充足模式（模式
1）統計結果

　　進行典型相關分析的第二步驟，先進行以「焦慮代碼1」、「焦慮代碼2」、
「性別焦慮 1」、「性別焦慮 2」等四個變項的典型相關分析縮減模式（模式
2），與充足模式相比較，可以發現此縮減模式少了「性別代碼」這個「性別」
自變項的正交變項，此步驟是為了計算「性別」這個自變項的主要效果。執行
典型相關分析的語法如圖 15-13 所示，可獲得 λ = .45291，如圖 15-14 的統計結
果。

```
MANOVA 焦慮代碼 1 焦慮代碼 2 性別焦慮 1 性別焦慮 2
WITH 數學成績
/DISCRIM= STAN CORR ALPHA(.99)
/PRINT=SIGNI(MULTIV EIGEN DIMENR)
/Design.
```

圖 15-13 典型相關分析的縮減模式（模式 2）之語法

```
* * * * * * * * * * * * * * * * * *Analysis of Variance -- Design 1* * * * * * * * * * * * * * * *
EFFECT .. WITHIN CELLS Regression
Multivariate Tests of Significance (S = 1 , M = 1 , N = 2 1/2)

Test Name        Value        Exact F      Hypoth. DF      Error DF      Sig. of F
Pillais          .54709       2.11388      4.00            7.00          .182
Hotellings      1.20703       2.11388      4.00            7.00          .182
Wilks            .45291       2.11388      4.00            7.00          .182
Roys             .54709
Note.. F statistics are exact.
```

圖 15-14 不同性別與焦慮程度學生在數學成績的典型相關分析縮減模式（模式 2）統計結果

　　進行典型相關分析的第三步驟，先進行以「性別代碼」、「性別焦慮 1」、「性別焦慮 2」等三個變項的典型相關分析縮減模式（模式 3），與充足模式相比較，可以發現此縮減模式少了「焦慮代碼 1」與「焦慮代碼 2」這個焦慮程度自變項的正交變項，此步驟是為了計算「焦慮程度」這個自變項的主要效果。執行典型相關分析的語法如圖 15-15 所示，即可得到 λ = .80371，如圖 15-16 的統計結果。

MANOVA 性別代碼 性別焦慮 1 性別焦慮 2 WITH 數學成績
/DISCRIM= STAN CORR ALPHA(.99)
/PRINT=SIGNI(MULTIV EIGEN DIMENR)
/Design.

圖 15-15　典型相關分析的縮減模式（模式 3）之語法

```
* * * * * * * * * * * * * * * * * *Analysis  of  Variance--Design  1* * * * * * * * * * * * * * * * *

EFFECT .. WITHIN CELLS Regression
Multivariate Tests of Significance (S = 1, M = 1/2, N = 3)

Test Name       Value        Exact F       Hypoth. DF       Error DF       Sig. of F

Pillais        .19629        .65127        3.00             8.00           .604
Hotellings     .24423        .65127        3.00             8.00           .604
Wilks          .80371        .65127        3.00             8.00           .604
Roys           .19629
Note.. F statistics are exact.
```

圖 15-16　不同性別與焦慮程度學生在數學成績的典型相關分析縮減模式（模式 3）統計結果

　　進行典型相關分析的第四步驟，先進行以「性別代碼」、「焦慮代碼 1」、「焦慮代碼 2」等三個變項的典型相關分析縮減模式（模式 4），與充足模式相比較，可以發現此縮減模式少了「性別焦慮 1」與「性別焦慮 2」這個「性別」與「焦慮程度」自變項相乘積的正交變項，此步驟是為了計算「性別」與「焦慮程度」這兩個自變項的單純主要效果。執行典型相關分析的語法如圖 15-17 所示，可獲得 $\lambda = .53657$，如圖 15-18 的統計結果。

MANOVA 性別代碼 焦慮代碼 1 焦慮代碼 2 WITH 數學成績
/DISCRIM= STAN CORR ALPHA(.99)
/PRINT=SIGNI(MULTIV EIGEN DIMENR)
/Design.

圖 15-17　典型相關分析的縮減模式（模式 4）之語法

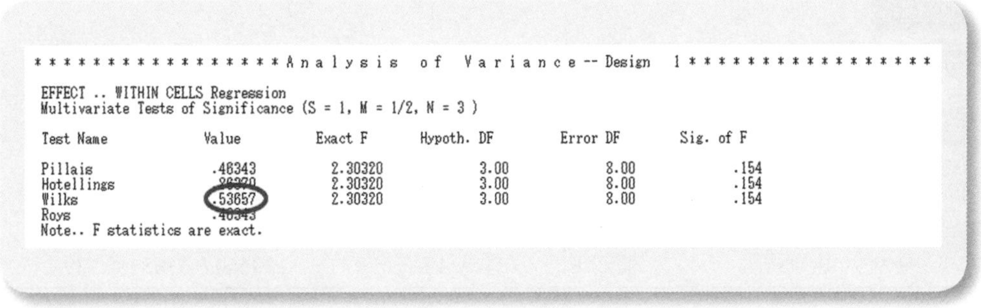

```
* * * * * * * * * * * * * * Analysis  of  Variance -- Design  1 * * * * * * * * * * * * * * *
EFFECT .. WITHIN CELLS Regression
Multivariate Tests of Significance (S = 1, M = 1/2, N = 3)

Test Name        Value       Exact F      Hypoth. DF      Error DF      Sig. of F
Pillais          .46343      2.30320      3.00            8.00          .154
Hotellings       .86370      2.30320      3.00            8.00          .154
Wilks            .53657      2.30320      3.00            8.00          .154
Roys             .46343
Note.. F statistics are exact.
```

圖 15-18　不同性別與焦慮程度學生在數學成績的典型相關分析縮減模式（模式
4）統計結果

上述四種典型相關分析的模式，每種模式都獲得一個 Wilk 的 λ 值，如表
15-2 所示。

表 15-2

四種典型相關分析模式所得到的 λ 值

模式	預測變項	λ 值
充足模式（模式 1）	「性別代碼」、「焦慮代碼 1」、「焦慮代碼 2」、「性別焦慮 1」、「性別焦慮 2」	.39660
沒有「性別」的縮減模式（模式 2）	「焦慮代碼 1」、「焦慮代碼 2」、「性別焦慮 1」、「性別焦慮 2」	.45291
沒有「焦慮程度」的縮減模式（模式 3）	「性別代碼」、「性別焦慮 1」、「性別焦慮 2」	.80371
沒有「性別 × 焦慮程度」的縮減模式（模式 4）	「性別代碼」、「焦慮代碼 1」、「焦慮代碼 2」	.53657

根據 Campbell 與 Taylor（1996）的方法，將模式 2、模式 3 與模式 4 的 λ 值，
分別除以模式 1 的 λ 值，即可分別得到「性別」、「焦慮程度」與「性別 × 焦
慮程度」的 λ 值，如表 15-3 所示。

表 15-3

每個變項 λ 值的計算方式

來源	λ 值的計算	λ 值
性別	模式 1 的 λ / 模式 2 的 λ	.39660 / .45291=0.876
焦慮程度	模式 1 的 λ / 模式 3 的 λ	.39660 / .80371=0.493
性別 × 焦慮程度	模式 1 的 λ / 模式 4 的 λ	.39660 / .53657=0.739

再將「性別」、「焦慮程度」與「性別 × 焦慮程度」的 λ 值，透過公式 15-1 至公式 15-5 的轉換，即可獲得 F 值的大小。

$$F = \frac{1-\lambda}{\lambda} \times \frac{df_{error}}{df_{effect}} \qquad （公式 15\text{-}1）$$

$$df_{error} = N - p \times q \qquad （公式 15\text{-}2）$$

$$df_{effect_{性別}} = p - 1 \qquad （公式 15\text{-}3）$$

$$df_{effect_{焦慮程度}} = q - 1 \qquad （公式 15\text{-}4）$$

$$df_{effect_{性別 \times 焦慮程度}} = (p-1)(q-1) \qquad （公式 15\text{-}5）$$

公式 15-1 的 λ 值，即是代入表 15-3 的 λ 值。公式 15-2 是計算「誤差項」的自由度，而「性別」、「焦慮程度」與「性別 × 焦慮程度」這三個變項的 df_{error} 皆等於 N – p × q。其中 N 表示總人數，p 表示「性別」這樣自變項的組別數，q 表示「焦慮程度」這樣自變項的組別數。但「性別」、「焦慮程度」與「性別 × 焦慮程度」這三個變項的 df_{effect} 是各自不同的，「性別」主要效果的「效果項」之自由度為公式 15-3 的 p – 1；「焦慮程度」主要效果的「效果項」之自由度為公式 15-4 的 q – 1；「性別 × 焦慮程度」單純主要效果的「效果項」之自由度為公式 15-5 的 (p – 1)（q – 1）。

「性別」有兩組，p = 2，故「性別」的 df_{effect} = p – 1 = 2 – 1 = 1。「焦慮程度」有三組，q = 3，所以「焦慮程度」的 df_{effect} = q – 1 = 3 – 1 = 2。「性別 × 焦慮程度」的 df_{effect} =(p – 1)×(q – 1) = 1 × 2 = 2。而 N = 12，故「性別」、「焦慮程度」與「性別 × 焦慮程度」的 df_{error} 皆等於 N – p × q = 12 – 2 × 3 = 6。

表 15-4 為「性別」、「焦慮程度」與「性別 × 焦慮程度」這三個變項，透過公式 15-1 至公式 15-5 所轉換而成的 F 值，這些 F 值與圖 15-10 獨立樣本雙因子變異數分析的 F 值皆相近（因四捨五入導致有一點小誤差），顯示獨立樣本雙因子變異數分析的統計結果可以透過典型相關分析而獲得。

表 15-4

每個變項的 F 值轉換方式

來源	$F \text{ 值} = [(1-\lambda)/\lambda] \times (df_{error} / df_{effect})$
性別	$[(1-0.876) / 0.876] \times (6/1) = 0.849$
焦慮程度	$[(1-0.493) / 0.493] \times (6/2) = 3.085$
性別 × 焦慮程度	$[(1-0.739) / 0.739] \times (6/2) = 1.060$

四、積差相關分析是典型相關分析的一個特例

有關積差相關分析與典型相關分析的從屬關係，同樣以表 15-1 的資料來說明。以表 15-1 的「數學實用」與「數學成績」為例，透過 SPSS 的相關分析統計程序，得到 $r(10) = .915, p < .001$，如圖 15-19 的統計結果。

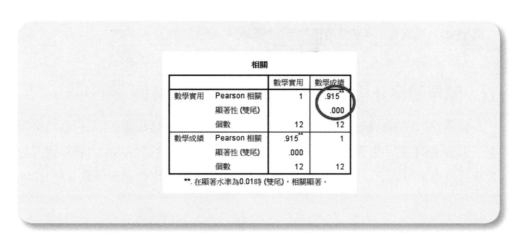

圖 15-19　數學信心與數學成績的積差相關分析統計結果

透過典型相關分析探討「數學實用」與「數學成績」的相關情形時，執行圖 15-20 的典型相關程式語法，即可得到 $r_c^2 = .837, p < .001$，圖 15-21 的典型相關統計結果。將 r_c^2 開根號之後，得到 $r_c = .915$，此結果與圖 15-19 的積差相關係數是一樣的，顯示積差相關分析可以透過典型相關分析，獲得相同的統計結果。

```
MANOVA 數學成績 WITH 數學實用
/DISCRIM= STAN CORR ALPHA(.99)
/PRINT=SIGNI(MULTIV EIGEN DIMENR)
/Design.
```

圖 15-20　典型相關分析探討數學實用與數學成績相關情形之語法

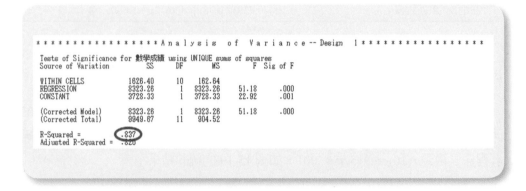

圖 15-21　數學實用與數學成績的典型相關分析統計結果

五、簡單迴歸分析是典型相關分析的一個特例

　　有關簡單迴歸分析與典型相關分析的從屬關係，同樣以表 15-1 的資料來說明。以表 15-1 的「數學信心」與「數學成績」為例，透過 SPSS 的簡單迴歸分析統計程序，得到 $R^2 = 0.53$, $p = .472$，「數學信心」的原始迴歸係數 b = 1.745, $\beta = .230$，如圖 15-22 的統計結果。

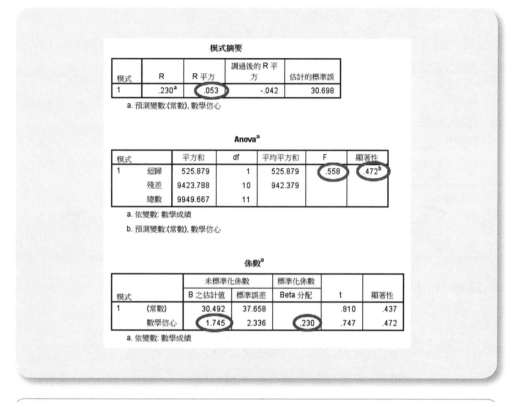

圖 15-22　數學信心與數學成績的簡單迴歸分析統計結果

　　透過典型相關分析，以「數學信心」為預測變項，「數學成績」為效標變項進行簡單迴歸分析，執行圖 15-23 的典型相關程式語法，可獲得 $r_c^2 = .053$, $p = .472$，「數學信心」的原始迴歸係數 b = 1.745, $\beta = .229$，如圖 15-24 所示。此結果與圖 15-22 的簡單迴歸分析是相同，顯示簡單迴歸分析可透過典型相關分析，獲得相同統計結果。

```
MANOVA 數學成績 WITH 數學信心
/DISCRIM= STAN CORR ALPHA(.99)
/PRINT=SIGNI(MULTIV EIGEN DIMENR)
/Design.
```

圖 15-23　典型相關分析探討數學實用與數學成績簡單迴歸分析之語法

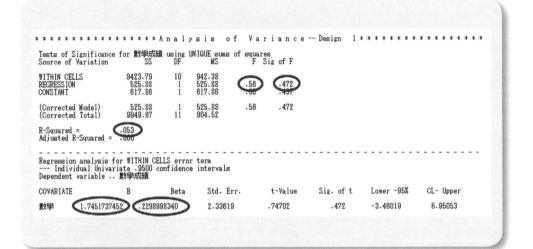

圖 15-24　數學信心與數學成績的典型相關分析統計結果

六、多元迴歸分析是典型相關分析的一個特例

　　有關多元迴歸分析與典型相關分析的從屬關係，同樣以表 15-1 的資料來說明。以表 15-1 的「數學信心」、「數學實用」與「數學動機」為預測變項，「數學成績」為效標變項，透過 SPSS 的迴歸分析統計程序，得到 $R^2 = .862, p = .001$，「數學信心」的原始迴歸係數 b = −.765，「數學實用」的原始迴歸係數 b = 9.729，「數學動機」的原始迴歸係數 b = −.567，「數學信心」的標準化迴歸係數 $\beta = -.101$，「數學實用」的標準化迴歸係數 $\beta = .954$，「數學動機」的標準化迴歸係數 $\beta = -.111$，如圖 15-25 的統計結果。

　　透過典型相關分析，以「數學信心」、「數學實用」與「數學動機」為預測變項，「數學成績」為效標變項進行簡單迴歸分析，執行圖 15-26 的典型相關程式語法，即可得到 $p = .001$，「數學信心」的原始迴歸係數 b = −.765，「數學實用」的原始迴歸係數 b = 9.729，「數學動機」的原始迴歸係數 b = −.567，「數學信心」的標準化迴歸係數 $\beta = -.101$，「數學實用」的標準化迴歸係數 $\beta = .954$，「數學動機」的標準化迴歸係數 $\beta = -.111$，如圖 15-27 所示。由於典型相關語法的統計結果，會將變項名稱以兩個中文字呈現，故「數學信心」會被簡化為「數學」，「數學實用」會被簡化為「數學_1」，「數學動機」會被簡化為「數學_2」。此結果與圖 15-25 的多元迴歸分析是一樣的，顯示多元迴歸分析可透過典型相關分析，獲得相同統計結果。

模式摘要

模式	R	R 平方	調過後的 R 平方	估計的標準誤
1	.929[a]	.862	.810	13.095

a. 預測變數:(常數), 數學動機, 數學實用, 數學信心

Anova[a]

模式		平方和	df	平均平方和	F	顯著性
1	迴歸	8577.812	3	2859.271	16.674	.001[b]
	殘差	1371.854	8	171.482		
	總數	9949.667	11			

a. 依變數: 數學成績

b. 預測變數:(常數), 數學動機, 數學實用, 數學信心

係數[a]

模式		未標準化係數		標準化係數	t	顯著性
		B 之估計值	標準誤差	Beta 分配		
1	(常數)	-103.405	30.256		-3.418	.009
	數學信心	-.765	1.099	-.101	-.696	.506
	數學實用	9.729	1.445	.954	6.734	.000
	數學動機	-.567	.688	-.111	-.825	.433

a. 依變數: 數學成績

圖 15-25 數學信心、數學實用、數學動機與數學成績的多元迴歸分析統計結果

```
MANOVA 數學成績 WITH 數學信心 數學實用 數學動機
/DISCRIM= STAN CORR ALPHA(.99)
/PRINT=SIGNI(MULTIV EIGEN DIMENR)
/Design.
```

圖 15-26 典型相關分析探討數學信心、數學實用、數學動機與數學成績多元迴歸分析之語法

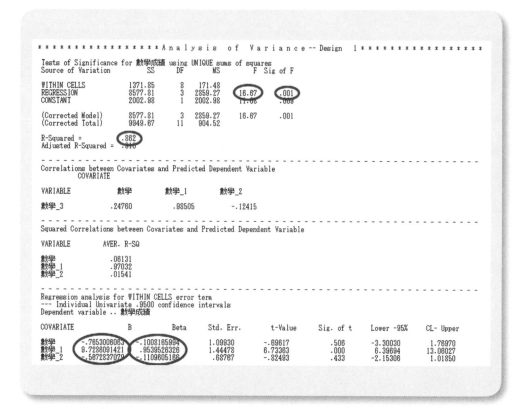

圖 15-27 數學信心、數學實用、數學動機與數學成績的典型相關分析統計結果

　　綜合上述以 SPSS 進行的獨立樣本 *t* 考驗、獨立樣本單因子變異數分析、獨立樣本雙因子變異數分析、Pearson 積差相關、簡單迴歸分析與多元迴歸分析等統計方法等統計考驗，其統計結果皆可透過典型相關分析獲得相同的統計結果，顯示典型相關分析的知識組織架構是屬於這些統計方法的上層概念。若以知識組織而言，*t* 考驗隸屬於變異數分析，變異數分析隸屬於迴歸分析，迴歸分析隸屬於典型相關分析。建議讀者可採用自己的統計資料，根據本書第七章介紹的獨立樣本 *t* 考驗、第八章介紹的獨立樣本單因子變異數分析、第九章介紹的獨立樣本雙因子變異數分析、第十章介紹的 Pearson 積差相關、第十二章迴歸分析，以及第十一章介紹的典型相關分析，再根據第十五章介紹的方式，試著檢驗典型相關與這些統計方法的關聯性。

16

中介效果模式

　　在社會科學的研究議題中，不同變項之間是否具有關聯性，常是建立理論架構的重要證據。因此，研究兩個變項是否具有關聯性，一直是重要的研究方向。當研究者在進行兩變項是否關聯的研究中，必須先確定兩變項的變項屬性，是屬於二分變項（dichotomous variables）、名義變項（nominal variables）、次序變項（ordinal variables）、等距變項（interval variables）或比率變項（ratio variables）。表 16-1 呈現 X 與 Y 兩個變項，因不同變項屬性所形成的不同相關係數（correlation coefficient），其中較爲大家所熟知的是 Pearson 所發展的積差相關係數（product moment coefficient）。若想採用積差相關係數探討兩個變項的關聯性時，這兩個變項都必須屬於等距變項或比率變項。假若兩變項皆屬於二分變項，應採用「ψ 相關」（phi coefficient）探究兩變項的關係；若兩變項皆屬於名義變項，較適合採用「關聯相關」（contingency coefficient）探討兩變項的關係；若兩變項屬於次序變項，應採用「等級相關」（rho coefficient）探討兩變項的關係；若一個變項爲自然形成的二分變項（例如死亡或生存），一個變項爲連續變項，則採用「點二系列相關」（point biserial coefficient）探究兩變項關係是較合適。相對地，若一個變項爲人爲區分的二分變項（例如成績及格或成績不及格），一個變項爲連續變項，則採用「二系列相關」（biserial coefficient）探究兩變項關係是較合適。

表 16-1

較常採用的兩變項（X 變項與 Y 變項）相關係數類型

		Y 變項		
變項類型	二分變項	名義變項	次序變項	等距變項 / 比率變項
二分變項	ψ 相關			點二系列相關 二系列相關
X 變項　名義變項		關聯相關		
次序變項			等級相關	
等距變項 / 比率變項	點二系列相關 二系列相關			積差相關

　　當變項 X 與變項 Y 具有顯著性相關時，亦即 $r_{XY} \neq 0$，$p < .05$，學過基本統計學的人，都知道不能驟然下「**X 變項與 Y 變項具有因果關係**」，亦即 X 與 Y 這兩個變項有相關，並不代表 X 與 Y 這兩個變項一定具有因果關係。因爲 X 變

項與 Y 變項有顯著性相關時，有可能是圖 16-1 所列舉的因果關係之其中一種。

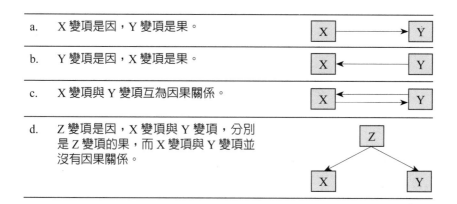

a.　X 變項是因，Y 變項是果。

b.　Y 變項是因，X 變項是果。

c.　X 變項與 Y 變項互為因果關係。

d.　Z 變項是因，X 變項與 Y 變項，分別是 Z 變項的果，而 X 變項與 Y 變項並沒有因果關係。

圖 16-1　有相關關係的兩變項，可能具有的因果關係

　　由圖 16-1 可知，當探討兩個變項之間的關係時，可能會出現受到第三個變項的影響之情況。在探討社會科學的研究變項之關係時，很少有一個依變項只受到一個自變項的影響。一個依變項常受到許多自變項的同時影響。圖 16-2 呈現一個依變項同時受到兩個自變項影響的三種情形，其中的第三種因果關係，是目前社會科學研究中，很重要的研究議題：中介效果（mediation）。所謂中介效果模式是指兩個變項的因果關係，係透過第三個變項而形成的，例如圖 16-2 的 c 圖中，X 變項的單箭頭指向 Y 變項，顯示 X 變項是 Y 變項的因；而 Y 變項的單箭頭指向 Z 變項，顯示 Y 變項是 Z 變項的因；連結這兩條單箭頭，即可獲得 X 變項藉由 Y 變項而間接影響 Z 變項，此即為中介效果。所以，中介效果也被稱為「間接效果」（indirect effect）。

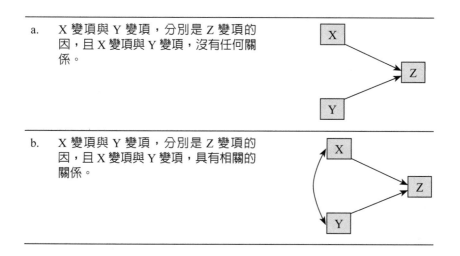

a.　X 變項與 Y 變項，分別是 Z 變項的因，且 X 變項與 Y 變項，沒有任何關係。

b.　X 變項與 Y 變項，分別是 Z 變項的因，且 X 變項與 Y 變項，具有相關的關係。

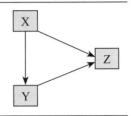

c.　X變項與Y變項，分別是Z變項的因，且X變項與Y變項，具有因果關係。

圖 16-2　三個變項可能的因果關係

　　中介效果模式的考驗方式，有多種考驗方式，但主要是因果步驟（causal steps）、迴歸係數的乘積考驗（product of coefficients）與 bootstrap 法三大類。因果步驟考驗方式主要是以 Baron 與 Kenny（1986）為代表；迴歸係數的乘積考驗則以 Sobel（1982）為代表；常被採用的 bootstrap 法，是以 Hayes（2013）所撰寫的 Process 巨集程式。而近年來，因為採用 bootstrap 法能獲得較精準的估算值，有許多統計學者建議採用 bootstrap 法來考驗中介效果模式（Hayes, 2009; Preacher & Hayes, 2004; Shrout & Bolger, 2002）。故底下將分別介紹因果步驟、迴歸係數的乘積考驗，以及 bootstrap 法等三種考驗中介效果模式的統計考驗方法。

壹、中介效果模式的基本概念

一、Baron與Kenny（1986）的因果步驟考驗方式

　　對於中介模式的考驗，最常被引用的文獻，當屬 Baron 與 Kenny（1986）所發表的論文。比較有趣的是，根據 Kenny（2008）的回憶指出，他與 Baron 在 *Journal of Personality and Social Psychology* 發表此篇論文前，先是投稿 *American Psychologist*，因被拒絕刊登後，才轉而投稿 *Journal of Personality and Social Psychology*，結果同樣面臨被退稿的命運。當 *Journal of Personality and Social Psychology* 改換編輯後，他們再次投稿，最後獲得採用。會特別提到此段，主要是供研究生參考，當稿件被退稿時，請繼續加油，也許有一天也能刊出一篇深具影響力的論文。

　　Baron 與 Kenny（1986）所提出的因果步驟考驗方式，總共包含四個步驟，每個步驟的進行，主要是針對圖 16-3 中兩組路徑圖，由進行迴歸分析所獲得的迴歸係數，來判斷是否存在著中介效果。a 圖是以自變項（X 變項）對依變項（Y 變項）進行直接效果（迴歸係數 c）的考驗。b 圖是先以自變項（X 變項）對中介變項（Me 變項）進行直接效果的考驗，此時是以自變項（X 變項）對中介變項（Me 變項）進行直接效果（迴歸係數 a）的考驗；其次同時以自變項（X 變項）與中介變項（Me 變項）對依變項（Y 變項）進行直接效果（迴歸係數 c' 與 b）的考驗。

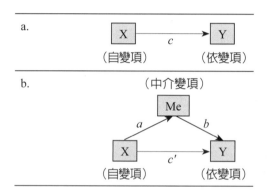

圖 16-3　Baron 與 Kenny（1986）的因果步驟考驗方式

　　配合圖 16-3 的 Baron 與 Kenny（1986）因果步驟考驗方式，茲介紹 Baron 與 Kenny 所提出的四個因果步驟：步驟一以自變項 X 對依變項 Y，進行簡單迴歸分析；步驟二以自變項 X 對中介變項 Me，進行簡單迴歸分析；步驟三以自變項 X 與中介變項 Me，對依變項 Y，進行多元迴歸分析；步驟四以自變項 X 與中介變項 Me，對依變項 Y，進行多元迴歸分析。這四個步驟對應的路徑圖與迴歸方程式，如圖 16-4 所示。圖 16-4 出現的迴歸係數符號 c、a、b、c'，是直接採用 Baron 與 Kenny 的用法。

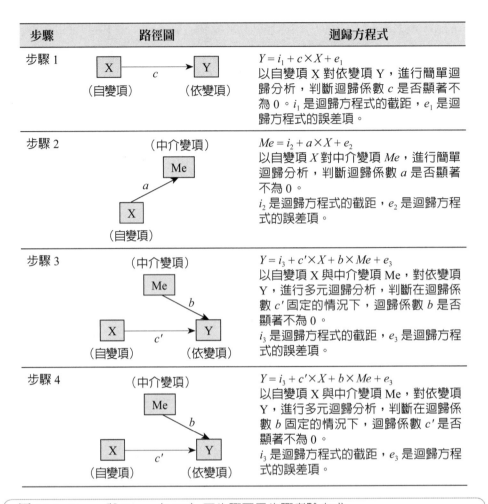

步驟	路徑圖	迴歸方程式
步驟 1	X —c→ Y（自變項）（依變項）	$Y = i_1 + c \times X + e_1$ 以自變項 X 對依變項 Y，進行簡單迴歸分析，判斷迴歸係數 c 是否顯著不為 0。i_1 是迴歸方程式的截距，e_1 是迴歸方程式的誤差項。
步驟 2	（中介變項）Me —a→ X（自變項）	$Me = i_2 + a \times X + e_2$ 以自變項 X 對中介變項 Me，進行簡單迴歸分析，判斷迴歸係數 a 是否顯著不為 0。i_2 是迴歸方程式的截距，e_2 是迴歸方程式的誤差項。
步驟 3	（中介變項）Me —b→ Y X —c'→ Y（自變項）（依變項）	$Y = i_3 + c' \times X + b \times Me + e_3$ 以自變項 X 與中介變項 Me，對依變項 Y，進行多元迴歸分析，判斷在迴歸係數 c' 固定的情況下，迴歸係數 b 是否顯著不為 0。i_3 是迴歸方程式的截距，e_3 是迴歸方程式的誤差項。
步驟 4	（中介變項）Me —b→ Y X —c'→ Y（自變項）（依變項）	$Y = i_3 + c' \times X + b \times Me + e_3$ 以自變項 X 與中介變項 Me，對依變項 Y，進行多元迴歸分析，判斷在迴歸係數 b 固定的情況下，迴歸係數 c' 是否顯著不為 0。i_3 是迴歸方程式的截距，e_3 是迴歸方程式的誤差項。

圖 16-4 Baron 與 Kenny（1986）四步驟因果步驟考驗方式

(一) 以自變項X對依變項Y，進行簡單迴歸分析

步驟一先以自變項 X 對依變項 Y，進行簡單迴歸分析，簡單迴歸方程式為公式 16-1。公式 16-1 中的 i_1 是迴歸方程式的截距，c 是原始迴歸係數，e_1 是迴歸方程式的誤差項。

$$Y = i_1 + c \times X + e_1 \qquad （公式 16-1）$$

藉由迴歸係數 c 是否顯著不為 0，來判斷自變項 X 與依變項 Y 是否具有中介效果。迴歸分析的對立假設（alternative hypothesis）與虛無假設（null hypothesis）分別如下：

$$H_0 : c = 0$$
$$H_1 : c \neq 0$$

假若簡單迴歸分析結果，拒絕虛無假設（亦即迴歸係數 c 顯著不為 0），則需進行步驟二，來判斷自變項 X 與依變項 Y 兩者之間，是否具有中介效果。相對地，假使簡單迴歸分析結果，須接受虛無假設（迴歸係數 c 為 0），則表示自變項 X 與依變項 Y 的積差相關係數也為 0。根據 Baron 與 Kenny（1986）的看法，則自變項 X 與依變項 Y 兩者之間，是不具中介效果的，即可結束中介效果模式的考驗，無需再進行後續的統計分析。但多位學者（Hayes, 2009; Rucker, Preacher, Tormala, & Petty, 2011; Zhao, Lynch, & Chen, 2010）不認同此觀點，這些學者提出反駁，認為當中介變項屬於抑制變項（suppressor variable）時，即使迴歸係數 c 為 0，自變項 X 與依變項 Y 還是有可能存在著中介效果。抑制變項是指 c' 與 ab 兩者存在著符號相反的正負相關係數，例如 c' 是負的相關係數，而 ab 是正的相關係數。當中介變項屬於抑制變項時，有可能導致方程式 $c = c' + ab$ 等號右邊的 c' 與 ab 相互抵銷，而致使 c 變成 0。此時，雖然 c 為 0，但 ab 的中介效果卻是存在的。

針對上述的解說，筆者建議讀者在進行中介效果的考驗時，雖然可以進行步驟一的考驗步驟，但此步驟應該是探究自變項 X 對依變項 Y 是否存在直接效果，而不應該作為判斷自變項 X 對依變項 Y 是否存在中介效果的先決條件，否則容易造成忽略自變項 X 與依變項 Y 可能存在的中介效果。

(二) 以自變項X對中介變項Me，進行簡單迴歸分析

步驟二是以自變項 X 對中介變項 Me，進行簡單迴歸分析，簡單迴歸方程式為公式 16-2。公式 16-2 中的 i_2 是迴歸方程式的截距，a 是原始迴歸係數，e_2 是迴歸方程式的誤差項。

$$Me = i_2 + a \times X + e_2 \qquad （公式 16\text{-}2）$$

藉由迴歸係數 a 是否顯著不為 0，來判斷自變項 X 與依變項 Y 是否具有中介效果。迴歸分析的對立假設與虛無假設分別如下：

$$H_0 : a = 0$$

$$H_1 : a \neq 0$$

假若簡單迴歸分析結果，接受虛無假設，亦即迴歸係數 a 為 0，則表示自變項 X 與依變項 Y 兩者之間，並不存在以 Me 為中介變項的中介效果。假使簡單迴歸分析結果，拒絕虛無假設，亦即迴歸係數 a 顯著不為 0，則需進行步驟三，來判斷自變項 X 與依變項 Y 兩者之間，是否具有中介效果。

(三) 以自變項X與中介變項Me，對依變項Y，進行多元迴歸分析

經過步驟二，確定迴歸係數 a 顯著不為 0。步驟三接續以自變項 X 與中介變項 Me 為預測變項，對依變項 Y 進行多元迴歸分析，多元迴歸方程式為公式 16-3。公式 16-3 中的 i_3 是迴歸方程式的截距，c' 與 b 是原始迴歸係數，e_3 是迴歸方程式的誤差項。

$$Y = i_3 + c' \times X + b \times Me + e_3 \qquad （公式 16-3）$$

藉由迴歸係數 b 是否顯著不為 0，來判斷自變項 X 與依變項 Y 是否具有中介效果。迴歸分析的對立假設與虛無假設分別如下：

$$H_0 : b = 0$$
$$H_1 : b \neq 0$$

假若多元迴歸分析結果，接受虛無假設（亦即迴歸係數 b 為 0），則表示自變項 X 與依變項 Y 兩者之間，並不存在以 Me 為中介變項的中介效果。假使多元迴歸分析結果，拒絕虛無假設（迴歸係數 b 顯著不為 0），則需進行步驟四，來判斷自變項 X 與依變項 Y 兩者之間，具有何種的中介效果。

(四) 以自變項X與中介變項Me，對依變項Y，進行多元迴歸分析

步驟四與步驟三同樣皆是以自變項 X 與中介變項 Me 為預測變項，對依變項 Y，進行多元迴歸分析。不同處是步驟三關注迴歸係數 b 是否顯著不為 0，而步驟四則關注迴歸係數 c' 是否顯著不為 0。迴歸分析的對立假設與虛無假設分別如下：

$$H_0 : c' = 0$$

$$H_1 : c' \neq 0$$

假若多元迴歸分析結果，接受虛無假設，亦即迴歸係數 c' 為 0，則表示自變項 X 與依變項 Y 兩者之間，存在以 Me 為中介變項的完全中介效果（complete mediation）。假使多元迴歸分析結果，拒絕虛無假設，亦即迴歸係數 c' 顯著不為 0，且 $c' < c$，則表示自變項 X 與依變項 Y 兩者之間，存在以 Me 為中介變項的部分中介效果（partial mediation）。

針對 Baron 與 Kenny（1986）所提出的中介效果模式之因果考驗四步驟，多位學者（Hayes, 2009; Rucker, Preacher, Tormala, & Petty, 2011; Zhao, Lynch, & Chen, 2010）除了認為不需要進行步驟一考驗自變項 X 對依變項 Y 是否存在直接效果外，另外一個更為嚴重的問題是，透過上述四步驟，若迴歸係數 c, a, b 皆顯著不為 0，即宣稱具有中介效果。但所謂的中介效果是指迴歸係數 a 與迴歸係數 b 的乘積項 ab，然而 Baron 與 Kenny 的四步驟，並未對中介效果 ab 進行統計考驗，而是直接假定迴歸係數 a 與迴歸係數 b 皆顯著不為 0 時，則兩者的乘積項 ab 就自然顯著不為 0。但此種直接推論（a 與 b 皆顯著不為 0，則 ab 就顯著不為 0）是錯誤的，無法適用所有可能的情況，因為有些情況是迴歸係數 a 與迴歸係數 b 皆顯著不為 0 時，但兩者的乘積項 ab 卻是顯著為 0。若出現此種情況時，易造成提高犯第一類型錯誤的機率，亦即 X 變項與 Y 變項不存在中介效果，卻宣稱具有中介效果。

二、Sobel（1982）的迴歸係數乘積考驗

Sobel（1982）主張應該採用迴歸係數之乘積的考驗方式，來檢核中介效果模式是否存在。所謂迴歸係數之乘積考驗，是指將圖 16-3 步驟二的迴歸係數 a，以及步驟三迴歸係數 b，相乘積後（亦即 $a \times b$），判斷 $a \times b$ 是否顯著不為 0。透過常態分配的 Z 考驗方式，來考驗 ab 是否顯著不為 0。Z 考驗對立假設與虛無假設分別如下：

$$H_0 : ab = 0$$
$$H_1 : ab \neq 0$$

而採用的 Z 考驗公式為公式 16-4，公式 16-4 中的 a 表示由自變項 X 對中介變項 Me，進行簡單迴歸分析所獲得的迴歸係數。b 表示由自變項 X 與中介變項

Me，對依變項 Y，進行多元迴歸分析，中介變項 Me 對依變項 Y 所獲得的迴歸係數。S_a^2 代表迴歸係數 a 的標準誤之平方，S_b^2 代表迴歸係數 b 的標準誤之平方。

$$Z = \frac{ab}{\sqrt{a^2 S_b^2 + b^2 S_a^2}}$$ （公式 16-4）

對於迴歸係數乘積考驗的方式，除了 Sobel（1982）提出公式 16-4 的檢驗法之外，Aroian 在 1944 年，Goodman 在 1960 年，也分別提出類似的檢驗公式（引自 MacKinnon, Lockwood, Hoffman, West, & Sheets, 2002）。Aroian 提出的檢驗公式為公式 16-5，

$$Z = \frac{ab}{\sqrt{a^2 S_b^2 + b^2 S_a^2 + S_a^2 S_b^2}}$$ （公式 16-5）

而 Goodman 提出的檢驗公式為公式 16-6。

$$Z = \frac{ab}{\sqrt{a^2 S_b^2 + b^2 S_a^2 - S_a^2 S_b^2}}$$ （公式 16-6）

三、Hayes（2013）的bootstrap考驗法

Bootstrap 法是將所蒐集的樣本，透過隨機抽出並放回的取樣方式，抽出與樣本數量相同的樣本。由於 bootstrap 法是採用電腦隨機抽取，所以很迅速的時間內就可以獲得很大量的樣本數。例如有 8 個樣本，數值分別是 {1, 4, 6, 10, 12, 13, 16, 18}。進行第 1 次 bootstrap 時，便從這 8 個數值中，每次隨機抽出一個數值，如此隨機抽選 8 次後，假設被抽選出的數值為 {4, 16, 13,18, 4, 12, 10, 13, 13}，由於是隨機抽樣方式，故有些樣本可能會沒被抽到（例如 1, 6），有些樣本可能會被重複抽到（例如 13 被重複抽 3 次；4 被重複抽 2 次）。一般而言，bootstrap 法至少需要重複抽選 2000 次以上的樣本數 n，才能獲得較精準的統計數據，而目前較常被推薦的抽選次數是 5000 次（Hayes, 2009）。

進行中介效果模式考驗時，透過 bootstrap 法，每抽選出與樣本數 n 一樣多的樣本後，即可透過公式 16-1、公式 16-2、公式 16-3，計算出 a，b，ab 等三項數據。若進行 5000 次 bootstrap 法，即可獲得 5000 個中介效果 ab 數值。最後進

行這 5000 個中介效果 *ab* 的 95% 信賴區間（confidence interval），假若中介效果 *ab* 的 95% 信賴區間之下界（low limit）與上界（upper limit）的區間包含 0，即表示中介效果 *ab* 為 0，不具有中介效果。相對地，當中介效果 *ab* 的 95% 信賴區間之下界與上界的區間不包含 0，即表示中介效果 *ab* 不為 0，具有中介效果。

　　由於 bootstrap 法並沒有任何的基本假定，即使乘積項 *ab* 不符合常態分配，也不會產生較大的估計誤差，故採用 bootstrap 法進行中介效果模式的考驗，是近年來較多學者推薦的方法（Preacher & Hayes, 2004; Preacher & Selig, 2012; MacKinnon, Fairchild, & Fritz, 2007）。

貳、 中介效果模式考驗的SPSS操作與報表解讀

　　進行中介效果模式的考驗，樣本人數最好高於 200 人以上，但為了讓讀者瞭解採用因果步驟、迴歸係數的乘積考驗，以及 bootstrap 等三種考驗方法，可能會得到不同的結論。茲以 30 位受試者的資料，如表 16-2，來說明如何透過 SPSS 統計軟體，進行上述三種考驗方法。

表 16-2

30 位受試者的各變項數值

X	Me	Y
16	19	38
30	26	38
18	32	45
15	26	23
24	36	38
12	21	33
32	40	60
36	42	63
23	25	43
28	38	23
32	38	63
30	33	58
30	31	40

X	Me	Y
28	37	55
38	39	43
27	32	60
26	42	68
18	41	70
28	26	55
26	41	63
20	27	53
14	25	15
34	33	55
36	41	40
10	38	40
14	36	30
20	40	65
32	27	50
30	32	48
24	30	60

一、Baron與Kenny（1986）的因果步驟考驗方式

茲以 Baron 與 Kenny（1986）所提出的中介效果模式之因果考驗四步驟，說明如何透過 SPSS 的操作與報表解讀，進行中介效果模式的考驗。

(一) 以自變項X對依變項Y，進行簡單迴歸分析

根據 Baron 與 Kenny（1986）的建議，第一個步驟需要先考驗自變項 X 對依變項 Y 是否具有顯著的直接影響力。誠如前面所論述的，有些學者（Rucker, Preacher, Tormala, & Petty, 2011; Zhao, Lynch, & Chen, 2010）並不認同應該進行這個步驟的考驗。茲以自變項 X 對依變項 Y，進行簡單迴歸分析，簡單迴歸方程式為 $Y = i_1 + c \times X + e_1$，並判斷迴歸係數 c 是否顯著不為0。其 SPSS 的操作步驟，如圖 16-5 所示。

步驟 1：在「中介效果模式檔案.sav」檔案中，點選「分析(A)」→「迴歸(R)」
　　　　→「線性(L)」，如下圖所示。

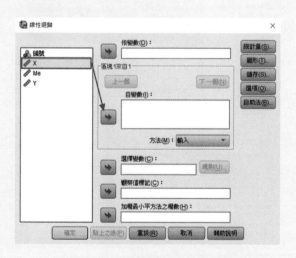

步驟 2：在「線性迴歸」對話窗中，將左邊的「自變項 X」，移至右邊「自
　　　　變數(I)」的空格中，如下圖所示。

步驟 3：在「線性迴歸」對話窗中，將左邊的「依變項 Y」，移至右邊「依
　　　　變數(D)」的空格，如下圖所示。

步驟 4：在「線性迴歸」對話窗中，按下「確定」按鈕，如下圖所示。

圖 16-5 自變項 X 對依變項 Y 的簡單迴歸分析之 SPSS 操作步驟

經過圖 16-5 的 SPSS 操作步驟，即可獲得圖 16-6 的 SPSS 統計報表。

報表 1：在「模式摘要」報表中，可以看到以「自變數 X」預測「依變數 Y」的多元相關係數 R 為 .385，多元相關係數平方 R^2 為 .148。

模式摘要

模式	R	R 平方	調過後的 R 平方	估計的標準誤
1	.385[a]	.148	.118	13.502

a. 預測變數:(常數), X

報表 2：在「Anova」報表中，迴歸分析的 F 值為 $4.879, p = .036$，顯示迴歸係數 c 是顯著不為 0 的。

Anova[a]

模式		平方和	df	平均平方和	F	顯著性
1	迴歸	889.541	1	889.541	4.879	.036[b]
	殘差	5104.626	28	182.308		
	總數	5994.167	29			

a. 依變數: Y

b. 預測變數:(常數), X

報表 3：在「係數」報表中，可看到原始迴歸係數 c 為 .714，原始迴歸係數 c 的標準誤為 .323，標準化迴歸係數 c 的數值則為 .385。針對迴歸係數 c 是否顯著不為 0 的 t 考驗結果，$t = 2.209, p = .036$。由於顯著性 p 小於 .05，故需拒絕虛無假設（虛無假設為 $c = 0$），故顯示原始迴歸係數 c 顯著不為 0，符合 Baron 與 Kenny（1986）的第一個條件。

係數[a]

模式		未標準化係數		標準化係數	t	顯著性
		B 之估計值	標準誤差	Beta 分配		
1	(常數)	29.950	8.463		3.539	.001
	X	.714	.323	.385	2.209	.036

a. 依變數: Y

圖 16-6 自變項 X 對依變項 Y 的簡單迴歸分析之 SPSS 報表

由圖 16-6 的統計結果可知，Baron 與 Kenny（1986）所主張的第一個條件：自變項 X 對依變項 Y 具有顯著的直接影響力，獲得實證資料的支持。茲將圖 16-6 的統計結果，轉換成圖 16-7 自變項 X 對依變項 Y 的路徑圖。

圖 16-7 自變項 X 對依變項 Y 的路徑圖

(二) 以自變項X對中介變項Me，進行簡單迴歸分析

步驟二是以自變項 X 對中介變項 Me，進行簡單迴歸分析，簡單迴歸方程式為 $Me = i_2 + a \times X + e_2$，判斷迴歸係數 a 是否顯著不為 0。其 SPSS 的操作步驟，如圖 16-8 所示，圖 16-8 的操作是直接延續圖 16-5 的操作，故省略某些操作步驟。例如圖 16-5 已經將自變項 X 移至「自變數 (I)」的空格中，所以圖 16-8 的操作步驟未進行此步驟。

步驟 1：在「中介效果模式檔案.sav」檔案中，點選「分析 (A)」→「迴歸 (R)」→「線性 (L)」，如下圖所示。

步驟 2：在「線性迴歸」對話窗中，將右邊「依變數 (D)」空格中的「依變項 Y」，移回左邊的空格，如下圖所示。

步驟3：在「線性迴歸」對話窗中，將左邊的「中介變項 Me」，移至右邊「依變數 (D)」的空格，如下圖所示。

步驟4：在「線性迴歸」對話窗中，按下「確定」按鈕，如下圖所示。

圖 16-8　自變項 X 對中介變項 Me 的簡單迴歸分析之 SPSS 操作步驟

經過圖 16-8 的 SPSS 操作步驟，即可獲得圖 16-9 的 SPSS 統計報表。

報表 1：在「模式摘要」報表中，可以看到以「自變數 X」預測「中介變項
Me」的多元相關係數 R 為 .380，多元相關係數平方 R^2 為 .144。

模式摘要

模式	R	R 平方	調過後的 R 平方	估計的標準誤
1	.380ª	.144	.114	6.301

a. 預測變數:(常數), X

報表 2：在「Anova」報表中，迴歸分析的 F 值為 4.725, p = .038，顯示迴歸
係數 a 是顯著不為 0 的。

Anovaª

模式		平方和	df	平均平方和	F	顯著性
1	迴歸	187.629	1	187.629	4.725	.038ᵇ
	殘差	1111.837	28	39.708		
	總數	1299.467	29			

a. 依變數: Me

b. 預測變數:(常數), X

報表3：在「係數」報表中，可看到原始迴歸係數 a 的數值為 .328，原始迴歸係數 a 的標準誤為 .151，標準化迴歸係數 a 的數值則為 .380。針對迴歸係數 a 是否顯著不為 0 的 t 考驗結果，$t = 2.174, p = .038$。由於顯著性 p 小於 .05，故需拒絕虛無假設（虛無假設為 $a = 0$），顯示原始迴歸係數 a 顯著不為 0，符合 Baron 與 Kenny（1986）的第二個條件。

係數ª

模式		未標準化係數		標準化係數	t	顯著性
		B 之估計值	標準誤差	Beta 分配		
1	(常數)	24.920	3.950		6.309	.000
	X	.328	.151	.380	2.174	.038

a. 依變數: Me

圖 16-9　自變項 X 對中介變項 Me 的簡單迴歸分析之 SPSS 報表

　　由圖 16-9 的統計結果可知，Baron 與 Kenny（1986）所主張的第二個條件：自變項 X 對中介變項 Me 具有顯著的直接影響力，獲得實證資料的支持。茲將圖 16-9 的統計結果，轉換成圖 16-10 自變項 X 對中介變項 Me 的路徑圖。

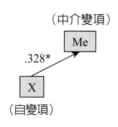

（中介變項）

.328*

（自變項）

圖 16-10　自變項 X 對中介變項 Me 的路徑圖

(三) 以自變項X與中介變項Me，對依變項Y，進行多元迴歸分析

　　步驟三是以自變項 X 與中介變項 Me，對依變項 Y，進行多元迴歸分析，多元迴歸方程式為 $Y = i_3 + c' \times X + b \times Me + e_3$，判斷迴歸係數 b 是否顯著不為 0。其 SPSS 的操作步驟，如圖 16-11 所示，圖 16-11 的操作是直接延續圖 16-8 的操作，故省略某些操作步驟。

步驟 1：在「中介效果模式檔案.sav」檔案中，點選「分析(A)」→「迴歸(R)」
→「線性(L)」，如下圖所示。

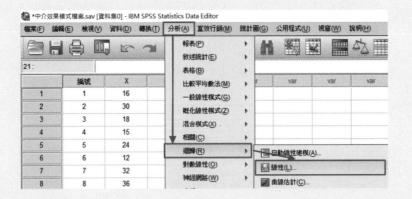

步驟 2：在「線性迴歸」對話窗中，將右邊「依變項(D)」空格中的「中介
變項 Me」，移回左邊的空格，如下圖所示。

步驟 3：在「線性迴歸」對話窗中，將左邊的「中介變項Me」，移至右邊「自
變數(I)」的空格中，如下圖所示。

步驟 4：在「線性迴歸」對話窗中，將左邊的「依變項 Y」，移至右邊「依
變數 (D)」的空格中，如下圖所示。

步驟 5：在「線性迴歸」對話窗中，按下「確定」按鈕，如下圖所示。

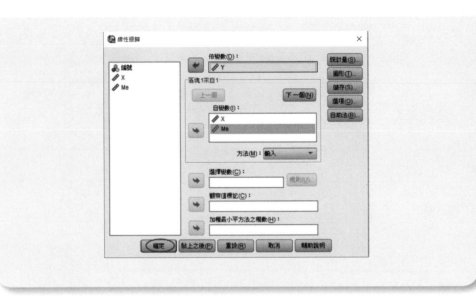

圖 16-11　自變項 X 與中介變項 Me 對依變數 Y 多元迴歸分析之 SPSS 操作步驟

　　經過圖 16-11 的 SPSS 操作步驟，即可獲得圖 16-12 的 SPSS 統計報表。

報表 1：在「模式摘要」報表中，可以看到以「自變數 X」與「中介變項 Me」，預測「依變數 Y」的多元相關係數 R 為 .524，多元相關係數平方 R^2 為 .274。

模式摘要

模式	R	R 平方	調過後的 R 平方	估計的標準誤
1	.524[a]	.274	.220	12.695

a. 預測變數:(常數), Me, X

報表 2：在「Anova」報表中，迴歸分析的 F 值為 5.097, $p = .013$，顯示至少有一個迴歸係數顯著不為 0。

Anova[a]

模式		平方和	df	平均平方和	F	顯著性
1	迴歸	1642.762	2	821.381	5.097	.013[b]
	殘差	4351.405	27	161.163		
	總數	5994.167	29			

a. 依變數: Y

b. 預測變數:(常數), Me, X

報表 3：在「係數」報表中，可看到原始迴歸係數 b 的數值 .823，原始迴歸
係數 b 的標準誤爲 .381，標準化迴歸係數 b 的數值則爲 .383。針對
迴歸係數 b 是否顯著不爲 0 的 t 考驗結果，$t = 2.162, p = .040$。由
於顯著性 p 小於 .05，故需拒絕虛無假設，虛無假設爲 $b = 0$，故顯
示原始迴歸係數 b 顯著不爲 0，符合 Baron 與 Kenny（1986）的第
三個條件。

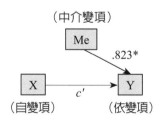

係數[a]

模式		未標準化係數		標準化係數	t	顯著性
		B 之估計值	標準誤差	Beta 分配		
1	(常數)	9.439	12.383		.762	.453
	X	.444	.329	.240	1.352	.188
	Me	.823	.381	.383	2.162	.040

a. 依變數: Y

圖 16-12　自變項 X 與中介變項 Me 對依變數 Y 多元迴歸分析之 SPSS 報表

　　由圖 16-12 的統計結果可知，Baron 與 Kenny（1986）所主張的第三個條件：
控制自變項 X 的影響力後，中介變項 Me 對依變數 Y 具有顯著的直接影響力，
獲得實證資料的支持。茲將圖 16-12 的統計結果，轉換成圖 16-13 中介變項 Me
對依變數 Y 的路徑圖。

（中介變項）

Me

.823*

X ——c'—— Y

（自變項）　　（依變項）

圖 16-13　控制自變項 X 的影響力後，中介變項 Me 對依變項 Y 的路徑圖

(四) 以自變項X與中介變項Me，對依變項Y，進行多元迴歸分析

　　以自變項 X 與中介變項 Me，對依變項 Y，進行多元迴歸分析，多元迴歸方
程式爲 $Y = i_3 + c' \times X + b \times Me + e_3$，判斷迴歸係數 c' 是否顯著不爲 0。其 SPSS
的操作步驟，跟步驟三的完全一樣，故直接看圖 16-12 的報表 3，即可判斷 c' 是

否顯著不為 0。

　　由圖 16-12 的報表 3 可知，原始迴歸係數的數值則為 .444，原始迴歸係數 c' 的標準誤為 .329。針對迴歸係數 c' 是否顯著不為 0 的 t 考驗結果，$t = 1.352$, $p = .188$。由於顯著性 p 大於 .05，故需接受虛無假設，虛無假設為 $c' = 0$，故顯示原始迴歸係數 c' 為 0，根據 Baron 與 Kenny（1986）的建議，屬於完全中介效果模式。

　　綜合上述圖 16-6、圖 16-9 與圖 16-12 的統計結果可知，Baron 與 Kenny （1986）所主張的前三個條件都獲得滿足，且因為 c' 為 0，所以此中介效果模式屬於完全中介效果模式，其中介效果為 $a \times b = .328 \times .823 = .270$，茲將圖 16-9 與圖 16-12 的統計結果，轉換成表 16-3 的中介效果模式摘要表，以及圖 16-14 的完全中介效果模式的路徑圖。

表 16-3

中介效果模式的 Baron 與 Kenny（1986）因果步驟考驗法之統計摘要表

Baron 與 Kenny (1986) 因果步驟考驗法	B	SE	t	p
步驟 1：以 X 變項預測 Y 變項 (c)	0.714	0.323	2.209	.036
步驟 2：以 X 變項預測 Me 變項 (a)	0.328	0.151	2.174	.038
步驟 3：以 X 變項、Me 變項預測 Y 變項 (b)	0.823	0.381	2.162	.040
步驟 4：以 X 變項、Me 變項預測 Y 變項 (c')	0.444	0.329	1.352	.188

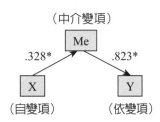

圖 16-14　完全中介效果模式的路徑圖

二、Sobel（1982）的迴歸係數乘積考驗

　　Sobel（1982）主張可透過常態分配的 Z 考驗，檢核迴歸係數之乘積（亦即 $a \times b$），是否顯著不為 0。Z 考驗對立假設與虛無假設分別如下：

$$H_0：ab = 0$$
$$H_1：ab \neq 0$$

而採用的 Z 考驗公式為前面已提過的公式 16-4，公式 16-4 的 a 是圖 16-3 的步驟二，由自變項 X 對中介變項 Me，進行簡單迴歸分析所獲得的迴歸係數。b 是圖 16-3 的步驟三，由自變項 X 與中介變項 Me，對依變項 Y 進行多元迴歸分析時，由中介變項 Me 對依變項 Y 所獲得的迴歸係數 b。S_a^2 代表迴歸係數 a 的標準誤之平方，S_b^2 代表迴歸係數 b 的標準誤之平方。

$$Z = \frac{ab}{\sqrt{a^2 S_b^2 + b^2 S_a^2}} \qquad （前面已出現的公式 16-4）$$

由圖 16-9 的報表 3 可知，原始迴歸係數 a 為 .328，原始迴歸係數 a 的標準誤（S_a）為 .151。由圖 16-12 的報表 3 可知，原始迴歸係數 b 為 .823，原始迴歸係數 b 的標準誤（S_b）為 .381。將上述這些數據代入公式 16-4，即可得到 Z 值為 1.53。

$$Z = \frac{ab}{\sqrt{a^2 S_b^2 + b^2 S_a^2}} = \frac{.328 \times .823}{\sqrt{(.328)^2 \times (.381)^2 + (.823)^2 \times (.151)^2}} = \frac{.2699}{.1762} = 1.53$$

計算 Z 考驗的雙尾顯著性 p 值，可透過 SPSS 的「轉換」程序，如圖 16-15 所示。以下列的函數「(1-CDFNORM(Abs(Z)))*2」，其中括號中的 Z 代表 Z 值的大小，而 Abs(Z) 則表示取 Z 值的絕對值，亦即取正值的 Z 值，乘以 2 表示是雙尾顯著性考驗。採用 Z 值的絕對值讓 Z 值變成正值的做法，是因為此時函數「(1-CDFNORM(Abs(Z)))*2」可以同時適用 Z 值為正值或負值。若不採用 Z 值的絕對值，則當 Z 值為正值時，需要採用的 SPSS 轉換函數為「(1-CDFNORM(Z))*2」；當 Z 值為負值時，需要採用的 SPSS 轉換函數為「CDFNORM(Z) *2」。

步驟 1：在「計算 Z 考驗雙尾顯著性 p 值的方式 .sav」檔案中，點選「轉換 (T)」→「計算變數 (C)」，如下圖所示。

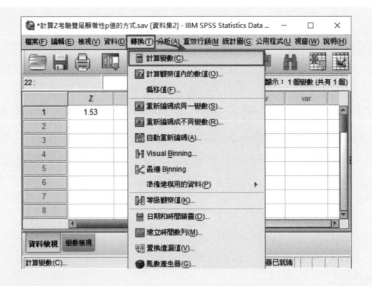

步驟 2：在「計算變數」對話窗中，左邊「目標變數 (<u>T</u>)」的空格中，輸入 p，在右邊「數值運算式 (<u>E</u>)」的空格中，輸入「(1-CDFNORM(Abs(Z)))*2」，並按下「確定」按鈕，如下圖所示。由於檔案中已將 Z 值輸入檔案中（亦即將 Z 值輸入成為一個變項），若 Z 值未輸入檔案中，則須輸入「(1-CDFNORM(Abs(1.53)))*2」。

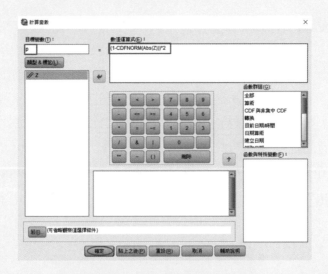

步驟 3：在「資料檢視」視窗中，即可看到 p 為 .13，如下圖所示。

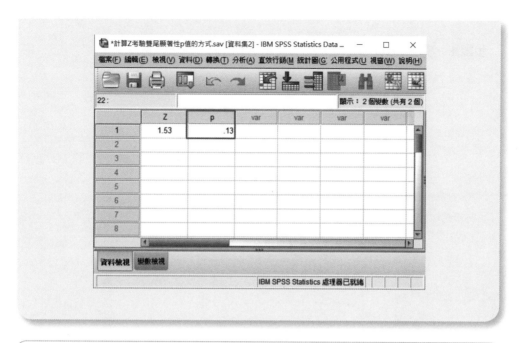

圖 16-15　求 Z 值對應的顯著性 p 值之 SPSS 操作步驟

透過 Sobel（1982）主張的 Z 考驗，獲得 Z = 1.53, p = .13，由於顯著性大於 .05，故接受虛無假設（H_0：$ab = 0$），亦即中介效果模式未獲得支持，將統計結果整理成表 16-4 的中介效果模式統計摘要表。

表 16-4

中介效果模式的 Sobel（1982）迴歸係數乘積考驗法之考驗結果摘要表

	a	b	ab	Z	p
Sobel（1982）迴歸係數乘積考驗法	.328	.823	.270	1.53	.13

除了可透過 SPSS 的函數「1-CDFNORM(Abs(Z))」來找出 Z 考驗的顯著性 p 值，也可以透過 Excel 來進行此項工作，請參考圖 16-16 的 Excel 操作步驟。只要在 Excel 工作視窗中 f_x 的右邊空格中輸入「= (1-normsdist(1.53))*2」，其中括號中的數值為 Z 值。

步驟 1：開啟 Excel 的工作視窗，選取 A1 欄位，如下圖所示。

步驟 2：在 Excel 工作視窗中，將游標移置上方「*fx*」的右邊空格中，輸入「= (1-normsdist(1.53))*2」，並按下鍵盤的「Enter」按鍵，如下圖所示。

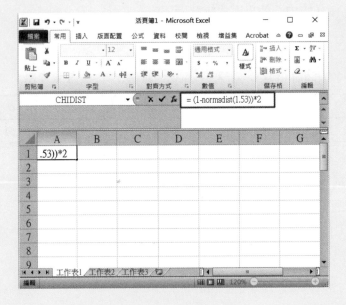

步驟 3：在 Excel 工作視窗的 A1 欄位，即可看到 p 為 0.126017。

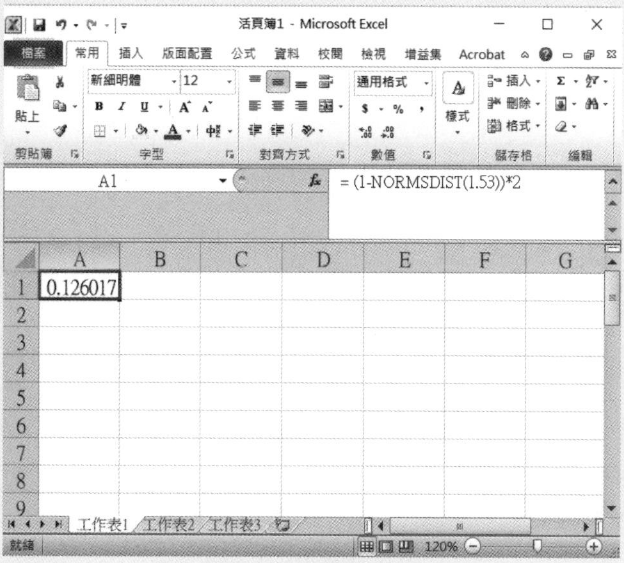

圖 **16-16**　求 Z 值對應的顯著性 p 值之 Excel 操作步驟

三、Hayes（2013）的bootstrap考驗法

　　若想透過 bootstrap 考驗法，較為簡便的方法是採用 Hayes 教授所寫的 SPSS 巨集程式 process。首先，請至 Hayes 教授的網站下載網頁 https://www.processmacro.org/download.html，找尋 SPSS 巨集程式 process 第 4.1 版的壓縮檔「processv41」（若有更新的版本，建議直接下載更新的版本）。下載後，請根據網頁上的說明，安裝在 SPSS 的「迴歸」分析的次目檔中。若安裝成功後，點選「分析 (A)」→「迴歸 (R)」後，即可看到「PROCESS v4.1 by Andrew F. Hayes」的統計選單，請參考圖 16-17 的操作歷程。

步驟 1：將下載的檔案「processv41.zip」，點選滑鼠的右鍵，進行解壓縮檔案的動作，如下圖所示。

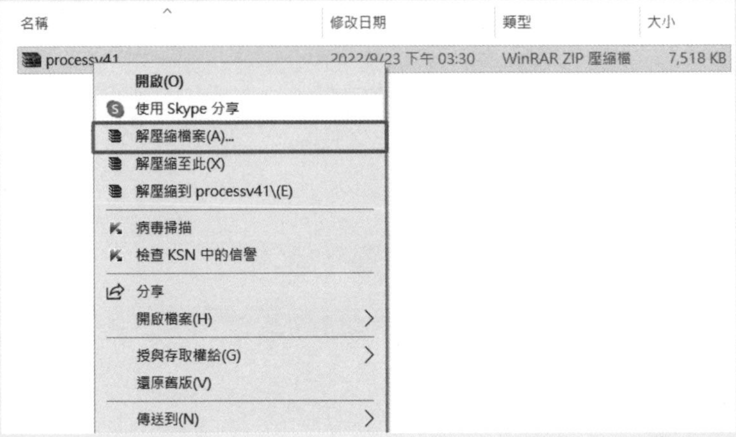

名稱	修改日期	類型	大小
processv41	2022/9/23 下午 03:30	WinRAR ZIP 壓縮檔	7,518 KB

開啟(O)

使用 Skype 分享

解壓縮檔案(A)...

解壓縮至此(X)

解壓縮到 processv41\(E)

病毒掃描

檢查 KSN 中的信譽

分享

開啟檔案(H)

授與存取權給(G)

還原舊版(V)

傳送到(N)

步驟 2：選擇解壓檔案中的「PROCESS v4.1 for SPSS」檔案，快速按壓兩下，如下圖所示。

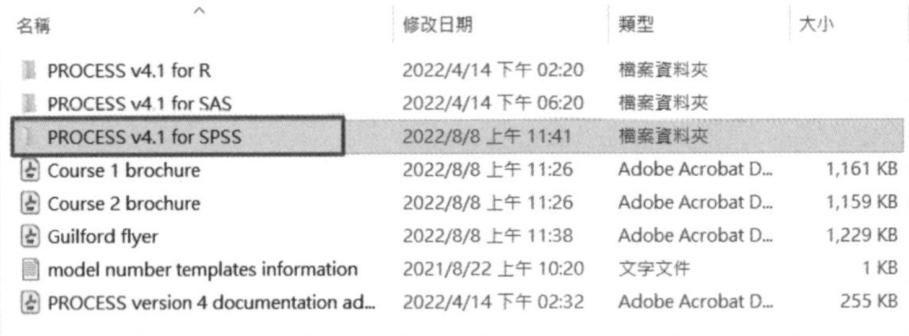

名稱	修改日期	類型	大小
PROCESS v4.1 for R	2022/4/14 下午 02:20	檔案資料夾	
PROCESS v4.1 for SAS	2022/4/14 下午 06:20	檔案資料夾	
PROCESS v4.1 for SPSS	2022/8/8 上午 11:41	檔案資料夾	
Course 1 brochure	2022/8/8 上午 11:26	Adobe Acrobat D...	1,161 KB
Course 2 brochure	2022/8/8 上午 11:26	Adobe Acrobat D...	1,159 KB
Guilford flyer	2022/8/8 上午 11:38	Adobe Acrobat D...	1,229 KB
model number templates information	2021/8/22 上午 10:20	文字文件	1 KB
PROCESS version 4 documentation ad...	2022/4/14 下午 02:32	Adobe Acrobat D...	255 KB

步驟 3：選擇解壓檔案中的「Custom dialog builder file」檔案，快速按壓兩下，如下圖所示。

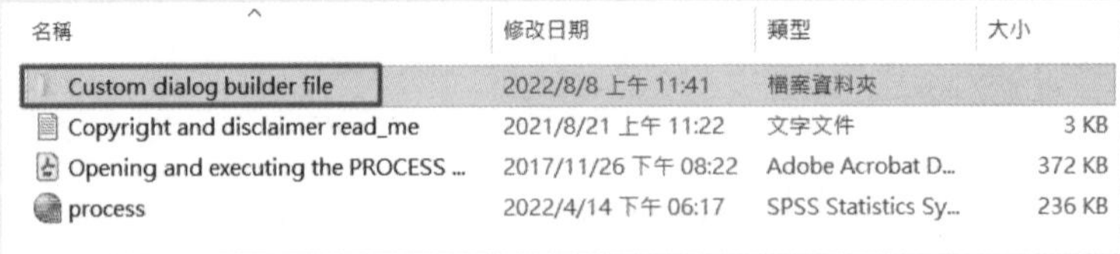

名稱	修改日期	類型	大小
Custom dialog builder file	2022/8/8 上午 11:41	檔案資料夾	
Copyright and disclaimer read_me	2021/8/21 上午 11:22	文字文件	3 KB
Opening and executing the PROCESS ...	2017/11/26 下午 08:22	Adobe Acrobat D...	372 KB
process	2022/4/14 下午 06:17	SPSS Statistics Sy...	236 KB

步驟 4：選擇解壓檔案中的「process.spd」檔案，快速按壓兩下，如下圖所示。

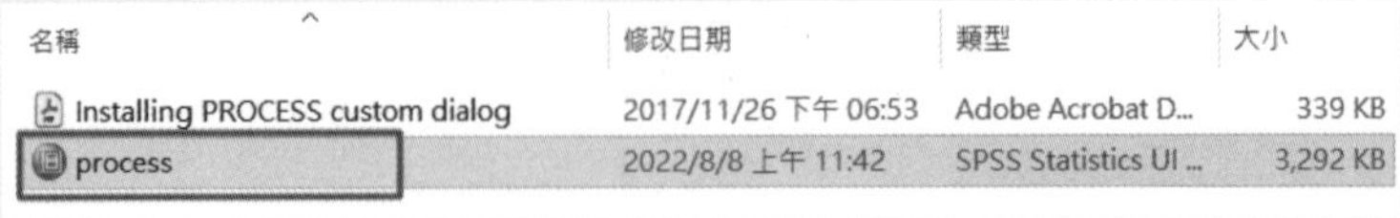

名稱	修改日期	類型	大小
Installing PROCESS custom dialog	2017/11/26 下午 06:53	Adobe Acrobat D...	339 KB
process	2022/8/8 上午 11:42	SPSS Statistics UI ...	3,292 KB

步驟 5：在「IBM SPSS Statistics 21」對話窗中，按下左邊「安裝」的按鈕，如下圖所示。

步驟 6：在「IBM SPSS Statistics 21」對話窗中，按下「確定」的按鈕，如下圖所示。

步驟 7：在「中介效果模式檔案.sav」檔案中，點選「分析(A)」→「迴歸(R)」→「PROCESS v4.1 by Andrew F. Hayes」，如下圖所示。若點選「分析(A)」→「迴歸(R)」時，未出現「PROCESS v4.1 by Andrew F. Hayes」，則顯示步驟 1 至步驟 6 的程序未正確被執行，請重新執行步驟 1 至步驟 6 的程序。

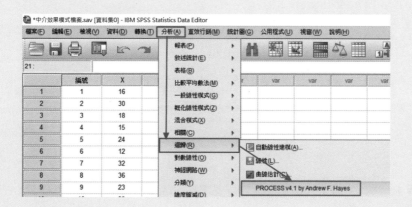

步驟 8：在「PROCESS v4.1」對話窗中，將左邊的自變項「X」，移至右邊「X variable:」的空格中，如下圖所示。

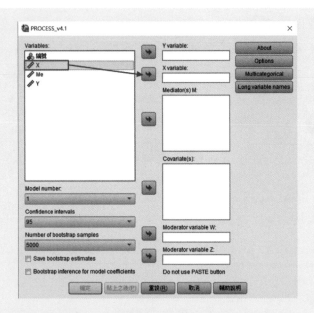

步驟 9：在「PROCESS v4.1」對話窗中，將左邊中介變項「Me」，移至右邊「Mediator(s) M:」的空格中，如下圖所示。

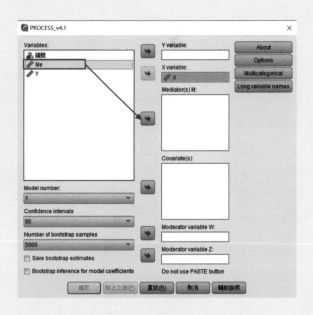

步驟 10：在「PROCESS v4.1」對話窗中，將左邊依變項「Y」，移至右邊「Y variable:」的空格中，如下圖所示。

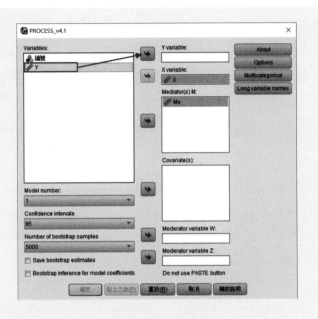

步驟 11：在「PROCESS v4.1」對話窗中，點選「Model number:」右邊的倒三角形箭頭，將內定的 1，更改為 4。如下圖所示。「PROCESS v4.1」提供許多種中介效果與調節效果模式，模式 1 是適用於跑簡單調節效果模式，而模式 4 是適用於跑簡單中介效果模式，故一定要將內定的模式 1 更改為模式 4，才能進行中介效果考驗。

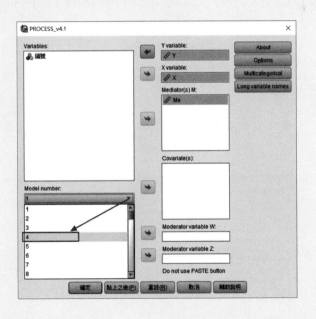

步驟 12：在「PROCESS v4.1」對話窗中，按下「確定」按鈕，如下圖所示。

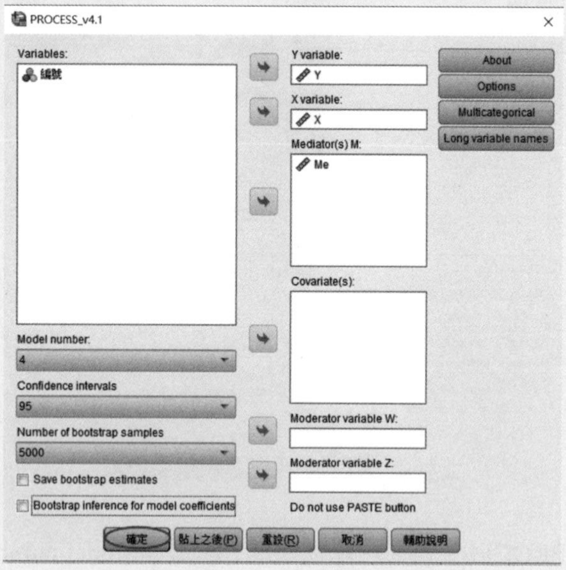

圖 16-17　以 bootstrap 考驗中介效果之 SPSS 操作步驟

經過圖 16-17 的 SPSS 操作步驟，即可獲得圖 16-18 的 SPSS 統計報表。

報表 1：在「Run MATRIX procedure:」報表中，會出現模式的類型「Model：4」、依變項 Y 的變項名稱「Y：Y」、自變項 X 的變項名稱「X：X」、中介變項 Me 的變項名稱「M：Me」、樣本數量「Sample Size：30」等資料，如下圖所示。

```
Run MATRIX procedure:

***************** PROCESS Procedure for SPSS Version 4.1 *****************

      Written by Andrew F. Hayes, Ph.D.       www.afhayes.com
   Documentation available in Hayes (2022). www.guilford.com/p/hayes3

**************************************************************************
Model  : 4
    Y  : Y
    X  : X
    M  : Me

Sample
Size:  30
```

報表2：「OUTCOME VARIABLE: Me」報表中，此部分是呈現公式 16-2 的 $Me = i_2 + a \times X + e_2$ 迴歸方程式的統計結果。由報表可知：多元相關係數 R 為 .3800，多元相關係數平方 R^2 為 .1444。迴歸分析的 F 值為 4.7252, $p = .0383$，顯示迴歸係數 a 是顯著不為 0 的。原始迴歸係數 a 的數值 .3281，原始迴歸係數 a 的標準誤為 .1509。針對迴歸係數 a 是否顯著不為 0 的 t 考驗結果，$t = 2.1737, p = .0383$，如下圖所示。

這些統計數據與圖 16-9 的報表1、報表2與報表3的結果是一樣的。

「OUTCOME VARIABLE: Y」報表中，此部分是呈現公式 16-3 的 $Y = i_3 + c' \times X + b \times Me + e_3$ 迴歸方程式的統計結果。由報表可知：多元相關係數 R 為 .5235，多元相關係數平方 R^2 為 .2741。迴歸分析的 F 值為 5.0966, $p = .0132$，顯示至少有一個迴歸係數顯著不為 0。原始迴歸係數 b 的數值 .8231，原始迴歸係數 b 的標準誤為 .3807。針對迴歸係數 b 是否顯著不為 0 的 t 考驗結果，$t = 2.1619, p = .0397$。由於顯著性 p 小於 .05，顯示原始迴歸係數 b 顯著不為 0。原始迴歸係數 c' 的數值則為 .4443，原始迴歸係數 c' 的標準誤為 .3287。針對迴歸係數 c' 是否顯著不為 0 的 t 考驗結果，$t = 1.3517, p = .1877$。由於顯著性 p 大於 .05，顯示原始迴歸係數 c' 為 0。

這些統計數據與圖 16-12 的報表1、報表2與報表3的結果是一樣的。

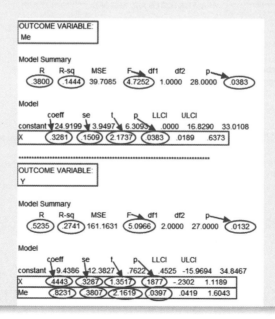

報表 3：在「Direct effect of X on Y」報表中，可看到以自變項 X 與中介變
項 Me，對依變項 Y，進行 $Y = i_3 + c' \times X + b \times Me + e_3$ 的多元迴歸
分析，判斷迴歸係數 c' 是否顯著不為 0。原始迴歸係數 c' 的數值則
為 .4443，原始迴歸係數 c' 的標準誤為 .3287。因為原始迴歸係數 c'
的 t 考驗結果，$t = 1.3517, p = .1877$，顯著性 p 大於 .05，顯示原始
迴歸係數 c' 為 0。此結果與圖 16-12 的報表 3 是一樣結果的。

在「Indirect effect(s) of X on Y:」報表中，因為中介效果也被稱為「間
接效果」，故此處的統計結果即為中介效果的 bootstrap 統計結果。
由報表可看到透過 bootstrap 程序所抽取的 5000 次樣本，中介效果
是由迴歸係數 a（.3281）與迴歸係數 b（.8231）的乘積為 .2701，而
ab 的標準誤為 .1846。透過 bootstrap 程序，得到 ab 的 95% 信賴區
間，下界值為 –.0305，上界值為 .6819，由於 95% 信賴區間下界與
上界之間的數值包含 0，顯示 ab 有可能為 0，亦即沒有中介效果。

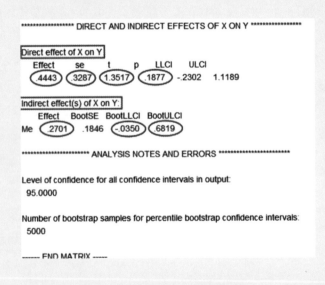

圖 16-18　以 bootstrap 考驗中介效果之 SPSS 統計報表

　　透過 Hayes（2013）的 SPSS 巨集程式 PROCESS v4.1，所進行的 bootstrap 考
驗法，統計結果顯示 ab 的 95% 信賴區間，下界值為 –.0305，上界值為 .6819，
由於 95% 信賴區間下界與上界之間的數值包含 0，顯示 ab 有可能為 0，亦即中
介效果模式未獲得支持，將統計結果整理成表16-5的中介效果模式統計摘要表。

表 16-5

中介效果模式 Hayes 的 PROCESS v4.1 之 bootstrap 法之考驗結果摘要表

Hayes 的 PROCESS v4.1 之 bootstrap 法			95% CI	
	ab	*SE*	*LL*	*UL*
	.2701	0.1846	−.0350	.6819

　　將 Baron 與 Kenny（1986）因果步驟考驗法、Sobel（1982）迴歸係數乘積考驗法、Hayes 的 PROCESS v4.1 之 bootstrap 法等三種中介效果模式的考驗結果，統整成表 16-6 所示。由表 16-6 可知，若採用 Baron 與 Kenny（1986）因果步驟考驗法，將顯示存在中介效果模式；相對的，若採用 Sobel（1982）迴歸係數乘積考驗法，或 Hayes 的 PROCESS v4.1 之 bootstrap 法，將顯示不存在中介效果模式。由於 Baron 與 Kenny（1986）是未進行任何統計考驗，而 Sobel（1982）與 bootstrap 法是透過統計考驗，所以能獲得較爲精準的中介效果考驗方式。故表 16-2 的資料，經過上述的中介效果考驗，得到不具有中介效果模式的研究結果。

表 16-6

中介效果模式的迴歸分析不同考驗法之考驗結果摘要表

一、Baron 與 Kenny（1986）因果步驟考驗法	B	*SE*	*t*	*p*	
步驟 1：以 X 變項預測 Y 變項 (*c*)	0.714	0.323	2.209	.036	
步驟 2：以 X 變項預測 Me 變項 (*a*)	0.328	0.151	2.174	.038	
步驟 3：以 X 變項、Me 變項預測 Y 變項 (*b*)	0.823	0.381	2.162	.040	
步驟 4：以 X 變項、Me 變項預測 Y 變項 (*c′*)	0.444	0.329	1.352	.188	
二、Sobel（1982）迴歸係數乘積考驗法	*c*	*c′*	*c-c′*	*t*	*p*
	.328	.823	.270	1.53	.13
三、Preacher 與 Hayes（2004）bootstrap 法			95% CI		
	ab	*SE*	*LL*	*UL*	
	.2701	0.1846	−.0305	.6819	

17

調節效果模式

壹、調節效果模式的基本概念

貳、調節效果模式的SPSS操作與報表解讀

在探討三個變項的關聯性，除了第十六章所介紹的中介效果模式外，本章所要介紹的調節效果模式（moderation），也是近年來常被採用的統計方法。底下將分成調節效果模式的基本概念，以及調節效果模式的 SPSS 操作步驟與報表解讀兩部分介紹。

壹、調節效果模式的基本概念

迴歸分析是研究人員常用的一種統計方法，假若某位研究者根據所蒐集的文獻資料，提出有兩個預測變項（X 變項、Mo 變項），會影響效標變項（Y 變項），則可採用如圖 3-1 的多元迴歸分析，來探究 X 變項與 Mo 變項對 Y 變項的影響力。在迴歸分析的用語上，預測變項也被稱爲自變項，效標變項也被稱爲依變項。

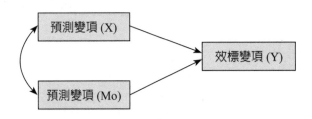

圖 17-1　以兩個預測變項（X、Mo），對效標變項 Y 所進行的迴歸分析

圖 17-1 的多元迴歸分析，是透過公式 17-1 的迴歸預測方程式，來進行統計分析的。

$$\hat{Y} = b_0 + b_1 X + b_2 Mo \qquad （公式 17-1）$$

公式 17-1 中的 $\hat{Y}$ 代表效標變項（Y）的預測值，b_0 爲迴歸分析的常數項，X 爲預測變項，b_1 爲 X 變項的迴歸係數，Mo 爲預測變項，b_2 爲 Mo 變項的迴歸係數。

若該位研究者根據文獻理論，進一步發現預測變項 X 與效標變項 Y 的關聯性，會受到另一個預測變項 Mo 的影響，則可進行調節效果模式的考驗。

簡單的調節效果模式，是指只有一個調節變項（Mo），會影響自變項（X）與依變項（Y）兩者之間的關聯性，而三者之間的關聯性，常以圖 17-2 的方式

表示。

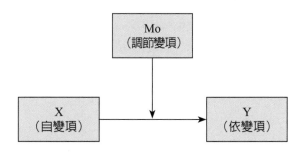

圖 17-2　簡單的調節效果模式圖

　　對於自變項與依變項之間，是否受到調節變項 Mo 的影響，在統計方法的考驗上，則是透過圖 17-3 的多元迴歸分析，判斷是否存在調節作用。圖 17-3 的多元迴歸分析，除了以自變項 X 與調節變項 Mo 為預測變項之外，還另外需要一個預測變項：自變項 X 與調節變項 Mo 的乘積項。

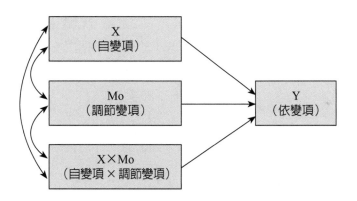

圖 17-3　以自變項 X、調節變項 Mo、X×Mo 等三項為預測變項，Y 為效標變項
　　　　　進行迴歸分析，以考驗調節作用是否存在

　　對於圖 17-3 調節效果模式是否成立的考驗，是透過公式 17-2 的迴歸預測方程式，來進行統計分析的。

$$\hat{Y} = b_0 + b_1 X + b_2 Mo + b_3 X \times Mo \qquad （公式 17-2）$$

　　公式 17-2 中的 $\hat{y}$ 代表效標變項 Y 的預測值，b_0 為迴歸分析的常數項，X 為自變項，b_1 為 X 變項的迴歸係數，Mo 為調節變項，b_2 為 Mo 變項的迴歸係數，

$X \times Mo$ 為自變項與調節變項相乘的乘積項，b_3 為 $X \times Mo$ 變項的迴歸係數。

對於調節作用是否存在的檢定，最簡單的方式，是檢驗公式 17-2 中 $X \times Mo$ 變項的迴歸係數 b_3，是否顯著不為 0。對公式 17-2 中迴歸係數 b_3 的顯著性考驗，其虛無假設為迴歸係數 b_3 為 0，對立假設為迴歸係數 b_3 不為 0。

$$H_0 : b_3 = 0$$
$$H_1 : b_3 \neq 0$$

針對迴歸係數 b_3 的考驗公式為公式 17-3 的 t 考驗：

$$t = \frac{b_3}{SE(b_3)} \qquad （公式 17-3）$$

公式 17-3 中的 t 表示 t 考驗的數值，b_3 為 $X \times Mo$ 變項的迴歸係數，$SE(b_3)$ 為迴歸係數 b_3 的估計標準誤（standard error of estimate）。t 考驗的自由度（df）為（$N - k - 1$），N 代表受試者的人數，k 代表公式 17-2 迴歸方程式中的預測變項數目。

當考驗迴歸係數 b_3 的顯著性 p 值，若小於 .05，則需拒絕虛無假設（$H_0 : b_3 = 0$），亦即接受對立假設（$H_1 : b_3 \neq 0$），顯示調節作用是存在的。相對地，迴歸係數 b_3 的顯著性 p 值，若大於 .05，則需接受虛無假設（$H_0 : b_3 = 0$），顯示調節作用不存在。

除了透過迴歸係數 b_3 的顯著性考驗來判斷調節作用是否存在之外，也可透過公式 17-4 的 F 考驗，來考驗調節效果模式。

$$F = \frac{(R_2^2 - R_1^2)/(k_2 - k_1)}{(1 - R_2^2)/(N - k_2 - 1)} \qquad （公式 17-4）$$

公式 17-4 中的 F 表示 F 考驗的數值，R_1^2 代表公式 17-1 迴歸方程式的多元相關係數平方，R_2^2 代表公式 17-2 迴歸方程式的多元相關係數平方，k_1 代表公式 17-1 迴歸方程式中的預測變項數目，k_2 代表公式 17-2 迴歸方程式中的預測變項數目，N 代表受試者的人數。F 考驗的自由度 df_1 為（$k_2 - k_1$），自由度 df_2 為（$N - k_2 - 1$）。若 F 考驗的顯著性 p 值小於 .05，顯示調節作用是存在的；相對地，若 F 考驗的顯著性 p 值大於 .05，則顯示調節作用不存在。

不論透過迴歸係數 b_3 的顯著性考驗，或是透過 F 的顯著性考驗，兩者所獲

得的統計結果是相同的。其中考驗迴歸係數 b_3 的 t 考驗之 t 值平方，恰好等於 F 考驗之 F 值。

　　進行多元迴歸分析時，若自變項彼此之間具有較高的相關，易產生多元共線性（multicollinearity）問題。當多元迴歸分析出現多元共線性問題時，易導致迴歸係數估計的不精準。針對圖 17-3 可知，「X×Mo」這個預測變項，是由「X」與「Mo」這兩個預測變項的乘積，故容易導致「X×Mo」這個預測變項，與「X」、「Mo」這兩個預測變項有較高的積差相關，而產生多元共線性的問題。

　　針對調節效果模式可能產生的多元共線性問題，許多學者建議針對連續變項的預測變項，可採用「平均數中心化」（mean-centering）方式，來避免多元共線性的問題（Aiken & West, 1991; Cronbach, 1987; Jaccard, Turrisi, & Wan, 1990）。

　　但有些研究結果顯示，透過平均數中心化的策略，並無法真正解決多元共線性的問題（Echambadi & Hess, 2007; Edwards, 2009; Dalal & Zickar, 2012）。雖然透過平均數中心化的方式，並無法真正解決多元共線性的問題，但卻能夠讓統計結果的解釋，較能合理的應用到實際情境。因此，筆者還是建議若預測變項的資料屬性，是屬於連續變項，應該透過平均數中心化的方式。對於平均數中心化感興趣的讀者，建議可參考李茂能（2012）的論文。

　　在使用平均數中心化的方法時，須注意兩件事：第一，平均數中心化只針對自變項（X）或調節變項（Mo），至於自變項（X）與調節變項（Mo）的乘積項（X×Mo），是直接將平均數中心化的自變項（X），與將平均數中心化的調節變項（Mo）相乘，並非針對乘積項（X×Mo）本身進行平均數中心化。第二，效標變項（Y）是無須進行平均數中心化的。若採用平均數中心化時，則公式 17-2 的迴歸預測方程式，將變成公式 17-5 的迴歸預測方程式。

$$\hat{Y}' = b_0' + b_1'X_c + b_2'Mo_c + b_3'X_c \times Mo_c \qquad （公式 17-5）$$

　　公式 17-5 中的 $\hat{Y}'$ 代表效標變項的預測值，b_0' 為迴歸分析的常數項，X_c 為平均數中心化的自變項，b_1' 為 X_c 變項的迴歸係數，Mo_c 為平均數中心化的調節變項，b_2' 為 Mo_c 變項的迴歸係數，$X_c \times Mo_c$ 為平均數中心化的自變項與平均數中心化的調節變項之乘積項，b_3' 為 $X_c \times Mo_c$ 變項的迴歸係數。

　　對於預測變項屬於連續變項資料時，除了可採用平均數中心化的方式，也有學者建議採用標準分數（Z 分數）的方式，透過 Z 分數的轉換，也能讓統計結果的解釋，較合理的應用到實際情境（Frazier, Tix, & Barron, 2004; Marsh, Hau,

Wen, Nagengast, & Morin, 2013）。

　　若採用 Z 分數的方法時，則效標變項通常也會一併進行 Z 分數的轉換，故公式 17-2 的迴歸預測方程式，將變成公式 17-6 的迴歸預測方程式。

$$\hat{Z}_Y = b_0'' + b_1'' Z_X + b_2'' Z_{Mo} + b_3'' Z_X \times Z_{Mo} \qquad （公式\ 17\text{-}6）$$

　　公式 17-6 中的 $\hat{Z}_Y$ 代表 Z 分數的效標變項之預測值，b_0'' 為迴歸分析的常數項，Z_X 為 Z 分數的自變項，b_1'' 為 Z_X 變項的迴歸係數，Z_{Mo} 為 Z 分數的調節變項，b_2'' 為 Z_{Mo} 變項的迴歸係數，$Z_X \times Z_{Mo}$ 為 Z 分數的自變項與 Z 分數的調節變項之乘積項，b_3'' 為 $Z_X \times Z_{Mo}$ 變項的迴歸係數。

　　當自變項或調節變項為類別變項時，則必須透過虛擬編碼的方式，才能進行多元迴歸分析。有關虛擬編碼的方式，請參考第十二章的介紹。

　　當存在調節效果時，在統計結果的解釋上，常採用呈現交互作用圖的方式。交互作用圖會因為調節變項屬於類別變項或屬於連續變項，而有不同的選取方式。

一、調節變項屬於類別變項的交互作用圖

　　由於調節變項屬於類別變項時，進行調節變項模式的考驗時，只需將調節變項轉換成虛擬變項，而不須進行平均數中心化的方式。故公式 17-2 未進行平均數中心化的迴歸預測方程式，可改寫為公式 17-7 的迴歸預測方程式。

$$\hat{Y} = (b_0 + b_2 Mo) + (b_1 + b_3 Mo)X \qquad （公式\ 17\text{-}7）$$

　　直接將公式 17-7 中的 Mo 項，以虛擬變項的數值代入，即可畫出幾條的簡單迴歸分析圖。例如 Mo 項表示性別（男生為 1，女生為 0），則公式 17-7 的迴歸預測方程式，可找出兩條分屬男生與女生的簡單迴歸分析方程式，如表 17-1 所示。表 17-1 的男女生公式，是以男生的編碼為 1，女生的編碼為 0，所獲得的公式。

表 17-1

男生（編碼為 1）、女生（編碼為 0）的迴歸預測方程式（原始分數）

男生的迴歸預測方程式	女生的迴歸預測方程式
$\hat{Y} = (b_0 + b_2 Mo) + (b_1 + b_3 Mo)X$	$\hat{Y} = (b_0 + b_2 Mo) + (b_1 + b_3 Mo)X$
$= (b_0 + b_2 \times 1) + (b_1 + b_3 \times 1)X$	$= (b_0 + b_2 \times 0) + (b_1 + b_3 \times 0)X$
$= (b_0 + b_2) + (b_1 + b_3)X$	$= b_0 + b_1 X$

而進行平均數中心化的公式 17-5 迴歸預測方程式，則可改寫為公式 17-8 的迴歸預測方程式。

$$\hat{Y}' = (b_0' + b_2' Mo) + (b_1' + b_3' Mo)X_c \qquad (公式 17-8)$$

由於公式 17-8 中的 Mo 項是屬於類別變項，故無須改成平均數中心化的 Mo_c 項。同樣地，直接將公式 17-8 中的 Mo 項，以虛擬變項的數值代入，即可畫出幾條的簡單迴歸分析圖。例如 Mo 項表示性別（男生為 1，女生為 0），則公式 17-8 的迴歸預測方程式，可找出兩條分屬男生與女生的簡單迴歸分析方程式，如表 17-2 所示：

表 17-2

男生（編碼為 1）、女生（編碼為 0）的迴歸預測方程式（平均數中心化分數）

男生的迴歸預測方程式	女生的迴歸預測方程式
$\hat{Y}' = (b_0' + b_2' Mo) + (b_1' + b_3' Mo)X_c$	$\hat{Y}' = (b_0' + b_2' Mo) + (b_1' + b_3' Mo)X_c$
$= (b_0' + b_2' \times 1) + (b_1' + b_3' \times 1)X_c$	$= (b_0' + b_2' \times 0) + (b_1' + b_3' \times 0)X_c$
$= (b_0' + b_2') + (b_1' + b_3')X_c$	$= b_0' + b_1' X_c$

二、調節變項屬於連續變項的交互作用圖

當調節變項屬於連續變項時，則研究者可根據研究目的，決定幾個不同的數值，例如假若調節變項的分數分布為 3 分至 8 分，則可分別選取 3 分、4 分、5分、6 分、7 分、8 分等 6 個數值，再根據這 6 個數值，畫出 6 條迴歸分析圖。

若沒有確定的選取方式時，則一般較常選取三個點：平均數下一個標準差（$M - 1 \times SD$）、平均數（M）、平均數上一個標準差（$M + 1 \times SD$）（Aiken &

West, 1991; Cohen, Cohen, West, & Aiken, 2003）。

直接將公式 17-7 中的 Mo 項，以平均數下一個標準差（$M_{Mo} - 1 \times SD_{Mo}$）、平均數（$M_{Mo}$）、平均數上一個標準差（$M_{Mo} + 1 \times SD_{Mo}$）數值代入，即可獲得 3 條迴歸預測方程式，如表 17-3 所示。

表 17-3

平均數下一個標準差（$M_{Mo} - 1 \times SD_{Mo}$）、平均數（$M_{Mo}$）、平均數上一個標準差（$M_{Mo} + 1 \times SD_{Mo}$）的迴歸預測方程式（原始分數）

調節變項（Mo）的數值	迴歸預測方程式
平均數下一個標準差 （$M_{Mo} - 1 \times SD_{Mo}$）	$\hat{Y} = (b_0 + b_2 Mo) + (b_1 + b_3 Mo)X$ $= [b_0 + b_2 \times (M_{Mo} - 1 \times SD_{Mo})] + [b_1 + b_3 \times (M_{Mo} - 1 \times SD_{Mo})]X$
平均數（M_{Mo}）	$\hat{Y} = (b_0 + b_2 Mo) + (b_1 + b_3 Mo)X$ $= [b_0 + b_2 \times (1 \times M_{Mo})] + [b_1 + b_3 \times (1 \times M_{Mo})]X$ $= (b_0 + b_2 M_{Mo}) + (b_1 + b_3 M_{Mo})X$
平均數上一個標準差 （$M_{Mo} + 1 \times SD_{Mo}$）	$\hat{Y} = (b_0 + b_2 Mo) + (b_1 + b_3 Mo)X$ $= [b_0 + b_2 \times (M_{Mo} + 1 \times SD_{Mo})] + [b_1 + b_3 \times (M_{Mo} + 1 \times SD_{Mo})]X$

由於自變項與調節變項皆為連續變項，故兩者須同時進行平均數中心化，經過平均數中心化的公式 17-5 迴歸預測方程式，則可改寫為公式 17-9 的迴歸預測方程式。

$$\hat{Y}' = (b_0' + b_2' Mo_c) + (b_1' + b_3' Mo_c)X_c \qquad （公式 17-9）$$

直接將公式 17-9 中的 Mo_c 項，以平均數下一個標準差（$Mo_c - 1 \times SD_c$）、平均數（M_c）、平均數上一個標準差（$M_c + 1 \times SD_c$）數值代入，即可獲得 3 條迴歸預測方程式，如表 17-4 所示。

表 17-4

平均數下一個標準差（$Mo_c - 1 \times SD_c$）、平均數（Mo_c）、平均數上一個標準差（$Mo_c + 1 \times SD_c$）的迴歸預測方程式（平均數中心化分數）

調節變項（Mo）的數值	迴歸預測方程式
平均數下一個標準差 （$Mo_c - 1 \times SD_c$）	$\hat{Y}' = (b'_0 + b'_2 Mo_c) + (b'_1 + b'_3 Mo_c)X_c$ $= [b'_0 + b'_2 \times (M_{Mo_c} - 1 \times SD_{Mo_c})] + [b'_1 + b'_3 \times (M_{Mo_c} - 1 \times SD_{Mo_c})]X_c$
平均數（Mo_c）	$\hat{Y}' = (b'_0 + b'_2 Mo_c) + (b'_1 + b'_3 Mo_c)X_c$ $= [b'_0 + b'_2 \times (1 \times M_{Mo_c})] + [b'_1 + b'_3 \times (1 \times M_{Mo_c})]X_c$ $= (b'_0 + b'_2 M_{Mo_c}) + (b'_1 + b'_3 M_{Mo_c})X_c$
平均數上一個標準差 （$Mo_c + 1 \times SD_c$）	$\hat{Y}' = (b'_0 + b'_2 Mo_c) + (b'_1 + b'_3 Mo_c)X_c$ $= [b'_0 + b'_2 \times (M_{Mo_c} + 1 \times SD_{Mo_c})] + [b'_1 + b'_3 \times (M_{Mo_c} + 1 \times SD_{Mo_c})]X_c$

貳、調節效果模式的SPSS操作與報表解讀

　　進行調節效果模式的考驗時，自變項（X）與調節變項（Mo），可以是類別變項或連續變項，而依變項通常是屬於連續變項。通常調節效果模式會有三種類型：第一種類型為自變項（X）與調節變項（Mo）皆為類別變項；第二種類型為自變項（X）為連續變項，調節變項（Mo）為類別變項；第三種類型為自變項（X）與調節變項（Mo）皆為連續變項。第一種類型就是第九章所介紹的雙因子變異數分析，故底下將介紹第二種與第三種調節效果模式。

一、自變項（X）為連續變項，調節變項（Mo）為類別變項

　　當自變項是連續變項，而調節變項是類別變項時，則考驗調節效果模式的最適切的方式，便是採用迴歸分析法。雖然有些研究者會採用將屬於連續變項的自變項，以平均數或中位數作為切割點，切割成高分組與低分組兩組，再與屬於類別變項的調節變項，進行雙因子變異數分析。但採用將連續變項切割成類別變項的方式，容易造成統計考驗力（statistical power）的降低（Whisman & McClelland, 2005），故應該避免採用將連續變項轉換成類別變項，再透過雙因子變異數分析來考驗調節作用的方式，而較佳的方式是採用迴歸分析方式。

　　茲以自變項是連續變項，調節變項是 2 個類別的類別變項，介紹透過 SPSS

如何進行此種調節效果模式的考驗。假若某位研究者根據文獻探討發現，中學生的正向心理會影響其自我概念，且正向心理與自我概念的關聯性，會受到性別因素的影響。故該位研究者提出以正向心理為自變項，性別為調節變項，自我概念為依變項的調節作用模式，如圖 17-4 所示。

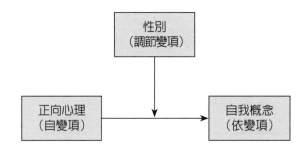

圖 17-4　簡單的調節模式，正向心理為自變項、性別為調節變項、自我概念為依變項

為檢驗性別因素是否在中學生的正向心理與自我概念關聯性中，扮演調節作用的角色，必須採用如圖 17-5 的多元迴歸分析來考驗。

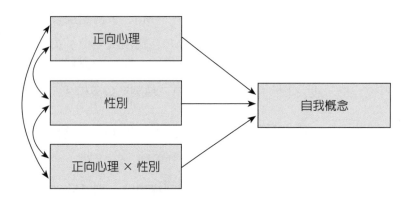

圖 17-5　以正向心理、性別、正向心理 × 性別等三項為自變項，自我概念為依變項，所進行的迴歸分析

表 17-5 為 305 位中學生的正向心理、性別、自我概念等三項變項的資料，自變項的正向心理為連續變項，調節變項的性別為類別變項，依變項的自我概念為連續變項。

表 17-5

正向心理為自變項，性別為調節變項，自我概念為依變項的資料

編號	正向心理	性別	自我概念
1	51	1	70
2	60	1	69
3	51	1	64
4	47	1	60
5	58	1	77
.	.	.	.
.	.	.	.
.	.	.	.
301	53	2	65
302	46	2	63
303	48	2	64
304	48	2	62
305	55	2	67

(一) 採用原始分數進行調節效果模式的SPSS操作與報表解讀

　　表 17-5 的調節變項性別之編碼方式為男生 1，女生 2，由於並非採用虛擬編碼方式，故需要先透過圖 17-6 的 SPSS 操作，將性別更改為虛擬變項「性別＿虛」。

> **步驟 1**：打開「正向心理、性別與自我概念.sav」的 SPSS 檔案，點選「轉換 (T)」→「計算變數 (C)」，如下圖所示。

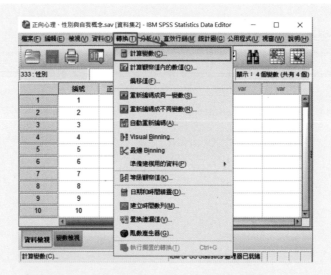

步驟 2：在「計算變數」的對話窗中，在「目標變數 (T)」空格中，輸入「性別 _ 虛」，並將左邊的「性別」變數移至右邊「數值運算式 (E)」空格中，如下圖所示。

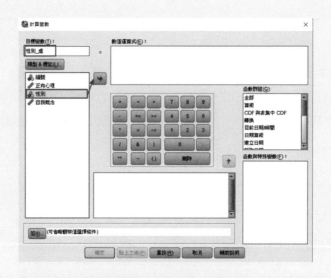

步驟 3：在「計算變數」的對話窗中，點選下方的「＝」與「1」，如下圖所示。

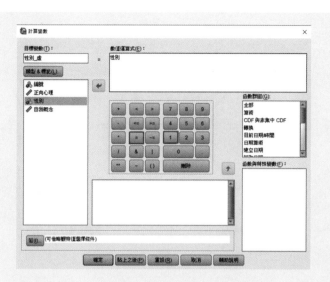

步驟 4：在「計算變數」的對話窗中，右邊「數值運算式 (E)」空格中，確
定有出現「性別＝1」，再按下「確定」的按鈕，如下圖所示。

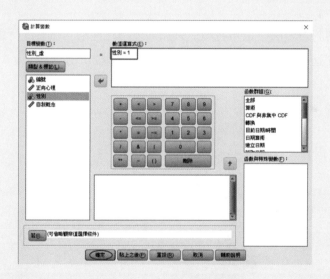

步驟 5：點選「資料檢視」的視窗，即可在最右邊的欄位，看到「性別＿虛」
的新變項，如下圖所示。

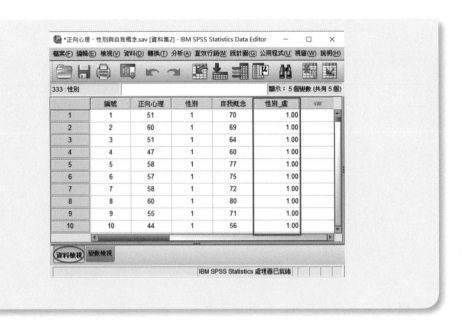

圖 17-6　將性別變項轉變成虛擬變項之 SPSS 操作步驟

　　接著，需將自變項「正向心理」與調節變項「性別_虛」進行乘積，形成這兩個變項的交互作用變項，SPSS 操作步驟，如圖 17-7 所示。

步驟 1：在「資料檢示」的視窗中，點選「叫回最近使用的對話」中的「計算變數」，如下圖所示。

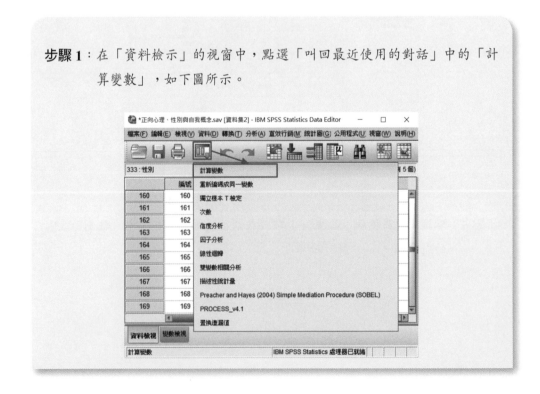

步驟 2：在「計算變數」的對話窗中，將左邊原先「目標變數 (T)」空格中
的「性別_虛」，更改為「正向 X 性別」，如下圖所示。

由於 SPSS 的變項名稱，不允許使用乘法符號 X，故此處的「正向
X 性別」是以英文字 X 代替，以下的交互作用之變項名稱皆採用同
樣方式處理。

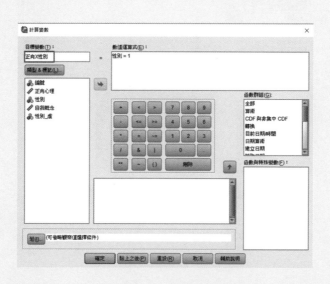

步驟 3：在「計算變數」的對話窗中，先將右邊「數值運算式 (E)」空格中
的「性別＝1」刪除，然後將左邊的「正向心理」變數移至右邊「數
值運算式 (E)」空格中，再點選下方的「*」，如下圖所示。

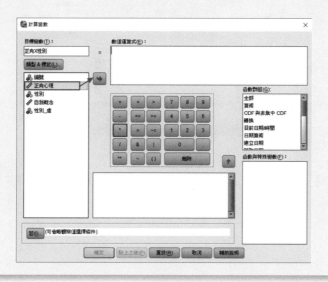

步驟 4：在「計算變數」的對話窗中，將「性別_虛」移至右邊「數值運算式 (E)」空格中，如下圖所示。

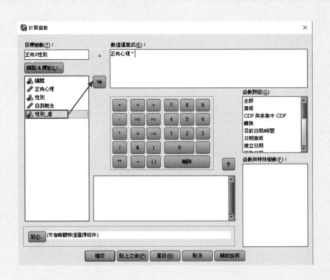

步驟 5：在「計算變數」的對話窗中，按下「確定」的按鈕，如下圖所示。

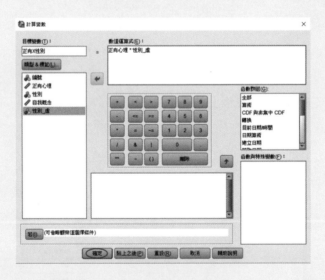

步驟 6：點選「資料檢視」的視窗，即可在最右邊的欄位，看到「正向 X 性別」的新變項，如下圖所示。

圖 17-7　求正向心理與性別 _ 虛的乘積之 SPSS 操作步驟

　　接續，即可進行調節效果的統計考驗，透過圖 17-8 的 SPSS 操作步驟，圖 17-8 是採用階層迴歸分析的方式。

步驟 1：點選「分析 (A)」→「迴歸 (R)」→「線性 (L)」，如下圖所示。

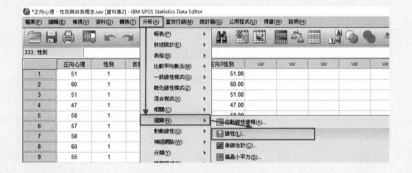

步驟 2：在「線性迴歸」的對話窗中，將左邊的「自我概念」，移至右邊「依
　　　　　變數 (D)」的空格中，如下圖所示。

步驟 3：在「線性迴歸」的對話窗中，將左邊的「正向心理」，移至右邊「自
變數 (I)」的空格中，如下圖所示。

步驟 4：在「線性迴歸」的對話窗中，按「下一個 (N)」按鈕，如下圖所示。

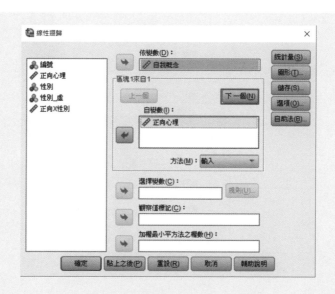

步驟 5：在「線性迴歸」的對話窗中，將左邊的「性別_虛」，移至右邊「自變數 (I)」的空格中，如下圖所示。

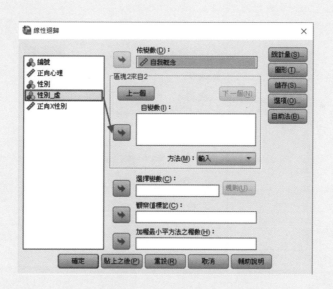

步驟 6：在「線性迴歸」的對話窗中，按「下一個 (N)」按鈕，如下圖所示。

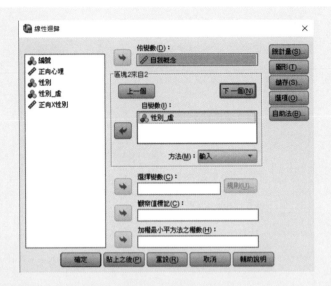

步驟7：在「線性迴歸」的對話窗中，將左邊的「正向X性別」，移至右邊「自變數(I)」的空格中，並按「統計量(S)」的按鍵，如下圖所示。

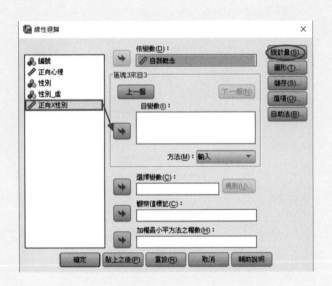

步驟8：在「線性迴歸：統計量」的對話窗中，勾選右邊的「R平方改變量(S)」與「描述性統計量(D)」，並按下「繼續」的按鍵，如下圖所示。

步驟 9：在「線性迴歸」的對話窗中，按「確定」的按鍵，如下圖所示。

圖 17-8　調節效果模式之階層迴歸分析的 SPSS 迴歸分析操作步驟

經過上述圖 17-8 的 SPSS 階層迴歸分析操作步驟後，即可得到下面的 SPSS 階層迴歸分析統計結果，如圖 17-9 所示。

報表 1：在「敘述統計」的報表中，可看到「自我概念」、「正向心理」、「性別 _ 虛」與「正向 X 性別」四個變項的平均數、標準差、個數等描述性統計資料，如下圖所示。「自我概念」的平均數為 66.41、標準差為 6.902；「正向心理」的平均數為 50.94、標準差為 5.534；「性別 _ 虛」的平均數為 0.5443、標準差為 0.499；「正向 X 性別」的平均數為 28.223、標準差為 26.183。

敘述統計

	平均數	標準離差	個數
自我概念	66.41	6.902	305
正向心理	50.94	5.534	305
性別_虛	.5443	.49886	305
正向X性別	28.2230	26.18274	305

報表 2：在「相關」的報表中，可看到「自我概念」、「正向心理」、「性別 _ 虛」與「正向 X 性別」四個變項的積差相關係數矩陣，如下圖所示。「自我概念」與「正向心理」的積差相關係數 $r = .739, p < .001$；「自我概念」與「性別 _ 虛」的積差相關係數 $r = .210, p < .001$；「自我概念」與「正向 X 性別」的積差相關係數 $r = .278, p < .001$。

相關

		自我概念	正向心理	性別_虛	正向X性別
Pearson 相關	自我概念	1.000	.739	.210	.278
	正向心理	.739	1.000	.181	.292
	性別_虛	.210	.181	1.000	.988
	正向X性別	.278	.292	.988	1.000
顯著性(單尾)	自我概念	.	.000	.000	.000
	正向心理	.000	.	.001	.000
	性別_虛	.000	.001	.	.000
	正向X性別	.000	.000	.000	.
個數	自我概念	305	305	305	305
	正向心理	305	305	305	305
	性別_虛	305	305	305	305
	正向X性別	305	305	305	305

報表 3：在「選入 / 刪除的變數」的報表中，可看到「正向心理」、「性別 _ 虛」與「正向 X 性別」三個變項被選入，如下圖所示。

選入/刪除的變數^a

模式	選入的變數	刪除的變數	方法
1	正向心理^b	.	選入
2	性別_虛^b	.	選入
3	正向X性別^b	.	選入

a. 依變數: 自我概念

b. 所有要求的變數已輸入。

報表 4：在「模式摘要」的報表中，可看到「正向心理」這個變項對自我概念（模式 1）的多元相關係數 R 為 .739，多元相關係數平方 R^2 為 .546；而「正向心理」與「性別_虛」這兩個變項對自我概念（模式 2）的多元相關係數 R 為 .743，多元相關係數平方 R^2 為 .552；而「正向心理」、「性別_虛」與「正向X性別」三個變項對自我概念（模式 3）的多元相關係數 R 為 .751，多元相關係數平方 R^2 為 .564。模式 2 比模式 1 的多元相關係數平方增加了 .006，F 的改變量為 4.023；而模式 3 比模式 2 的多元相關係數平方增加了 .012，F 的改變量為 8.104，如下圖所示。

模式摘要

模式	R	R 平方	調過後的 R 平方	估計的標準誤	R 平方改變量	F 改變	df1	df2	顯著性F 改變
1	.739^a	.546	.545	4.656	.546	365.084	1	303	.000
2	.743^b	.552	.549	4.632	.006	4.023	1	302	.046
3	.751^c	.564	.560	4.579	.012	8.104	1	301	.005

a. 預測變數:(常數), 正向心理

b. 預測變數:(常數), 正向心理, 性別_虛

c. 預測變數:(常數), 正向心理, 性別_虛, 正向X性別

報表 5：在「Anova」的報表中，可看到只有「正向心理」這個自變項對自我概念的模式 1，其 ANOVA 考驗，$F(1, 303) = 365.084$，$p < .001$；而有「正向心理」與「性別_虛」兩個自變項對自我概念的模式 2，其 ANOVA 考驗，$F(2, 302) = 186.375$，$p < .001$；而「正向心理」、「性別_虛」與「正向X性別」三個自變項對自我概念的模式 3，其 ANOVA 考驗，$F(3, 301) = 129.874$，$p < .001$，如下圖所示。

Anova[a]

模式		平方和	df	平均平方和	F	顯著性
1	迴歸	7912.777	1	7912.777	365.084	.000[b]
	殘差	6567.170	303	21.674		
	總數	14479.948	304			
2	迴歸	7999.117	2	3999.558	186.375	.000[c]
	殘差	6480.831	302	21.460		
	總數	14479.948	304			
3	迴歸	8169.025	3	2723.008	129.874	.000[d]
	殘差	6310.923	301	20.967		
	總數	14479.948	304			

a. 依變數: 自我概念
b. 預測變數:(常數), 正向心理
c. 預測變數:(常數), 正向心理, 性別_虛
d. 預測變數:(常數), 正向心理, 性別_虛, 正向X性別

報表 6：在「係數」的報表中，可看到模式 3 的「正向 X 性別」變項，其迴歸係數 b_3 爲 $-.276$，其 $t(301) = -2.847$，$p = .005$，顯示交互作用的存在，亦即性別在正向心理與自我概念的關係中，具有調節作用，如下圖所示。將 t 值的精準數值（-2.847）平方後，會恰好等於報表 4 中的模式 3 之 F 改變量 8.10。

係數[a]

模式		未標準化係數		標準化係數		
		B 之估計值	標準誤差	Beta 分配	t	顯著性
1	(常數)	19.452	2.472		7.869	.000
	正向心理	.922	.048	.739	19.107	.000
2	(常數)	19.763	2.465		8.018	.000
	正向心理	.904	.049	.725	18.523	.000
	性別_虛	1.086	.542	.079	2.006	.046
3	(常數)	12.158	3.616		3.363	.001
	正向心理	1.057	.072	.847	14.654	.000
	性別_虛	15.104	4.953	1.092	3.049	.002
	正向X性別	-.276	.097	-1.048	-2.847	.005

a. 依變數: 自我概念

報表 7：在「係數」的報表中，可看到模式 1 只有包含「正向心理」這個預測變項，故在模式 1 的「性別_虛」與「正向 X 性別」這兩個變項是被排除的；模式 2 包含「正向心理」與「性別_虛」這兩個預測變項，故在模式 2 的「正向 X 性別」變項是被排除的。

排除的變數ᵃ

模式		Beta 進	t	顯著性	偏相關	共線性統計量 允差
1	性別_虛	.079ᵇ	2.006	.046	.115	.967
	正向X性別	.068ᵇ	1.687	.093	.097	.915
2	正向X性別	-1.048ᶜ	-2.847	.005	-.162	.011

a. 依變數: 自我概念
b. 模式中的預測變數:(常數), 正向心理
c. 模式中的預測變數:(常數), 正向心理, 性別_虛

圖 17-9　調節效果模式之階層迴歸分析的 SPSS 統計報表

由圖 17-9 的報表 6 可知，自變項「正向心理」與調節變項「性別 _ 虛」的乘積項「正向 X 性別」，其迴歸係數 b_3 為 –.276，其 $t(301) = -2.847$，$p = .005$，顯示交互作用的存在，亦即「性別」在「正向心理」與「自我概念」的關係中，具有調節作用。接續，即可繪製調節效果模式的圖形。

由表 17-1 可知，性別 _ 虛變項代碼為 1 的男生，其依變項預測方程式為 $\hat{Y} = (b_0 + b_2) + (b_1 + b_3)X$，將圖 17-9 的報表 6 中的各變項數值代入，即可獲得公式 17-10 的迴歸預測方程式。

$$\widehat{自我概念}_{男生} = (12.158 + 15.104) + (1.057 - .276) \times 正向心理$$
$$= 27.262 + 0.781 \times 正向心理 \qquad （公式 17\text{-}10）$$

由表 17-1 可知，性別 _ 虛變項代碼為 0 的女生，其依變項預測方程式為 $\hat{Y} = b_0 + b_1 X$，將圖 17-9 的報表 6 中的各變項數值代入，即可獲得公式 17-11 的迴歸預測方程式。

$$\widehat{自我概念}_{女生} = 12.158 + 1.057 \times 正向心理 \qquad （公式 17\text{-}11）$$

若想畫出男生與女生的迴歸線，可透過圖 17-10 的 SPSS 操作程序獲得。

步驟 1：點選「統計圖 (G)」→「歷史對話記錄 (L)」→「散佈圖 / 點狀圖 (S)」，如下圖所示。

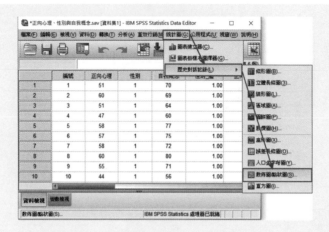

步驟2：在「散佈圖／點狀圖」的對話窗中，點選左上方的「簡單散佈圖」，並按下方「定義」鍵，如下圖所示。

步驟3：在「簡單散佈圖」的對話窗中，將左邊的「自我概念」，移至右邊「Y軸 (Y)」的空格中，如下圖所示。

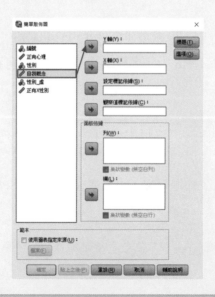

步驟 4：在「簡單散佈圖」的對話窗中，將左邊的「正向心理」，移至右邊
　　　　「X 軸 (X)」的空格中，如下圖所示。

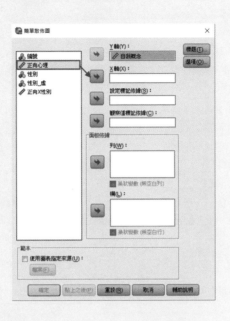

步驟 5：在「簡單散佈圖」的對話窗中，將左邊的「性別_虛」，移至右邊
　　　　「設定標記依據 (S)」的空格中，如下圖所示。

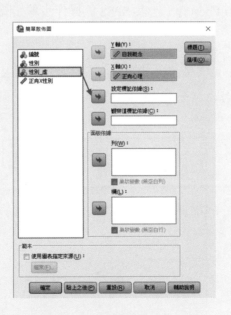

步驟 6：在「簡單散佈圖」的對話窗中，按下方的「確定」鍵，如下圖所示。

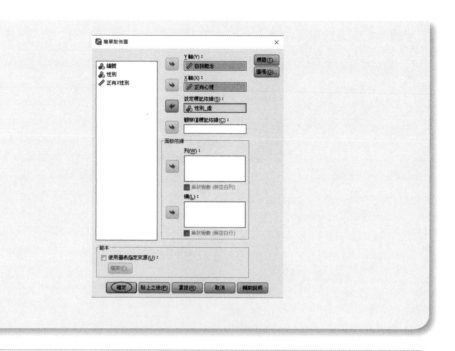

圖 17-10　找出男生與女生迴歸最適合線之 SPSS 操作步驟

　　經過圖 17-10 的 SPSS 操作步驟，即可得到圖 17-11 的散佈圖。經過適當的編輯，即可獲得男生與女生受試者在這兩個變項上 (正向心理、自我概念）的迴歸分析最適合線 (line of best fit），其 SPSS 的操作步驟如圖 17-11 所示。

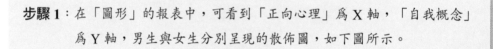

步驟1：在「圖形」的報表中，可看到「正向心理」為 X 軸，「自我概念」為 Y 軸，男生與女生分別呈現的散佈圖，如下圖所示。

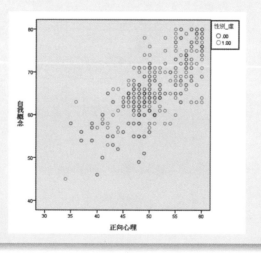

步驟 2：在散佈圖中任一位置點選滑鼠右鍵，點選「編輯內容 (O)」→「在個別視窗中 (W)」，如下圖所示。

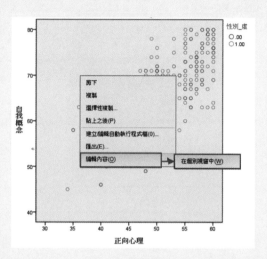

步驟 3：在「圖表編輯器」的視窗中，點選「於子群組新增最適線」（有兩條線）的按鍵，如下圖所標示的按鍵。

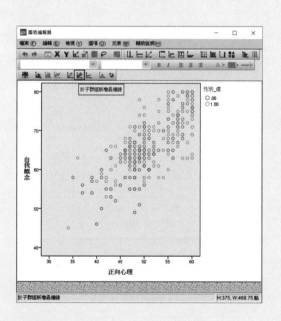

步驟 4：關閉「圖表編輯器」的視窗，如下圖所示。

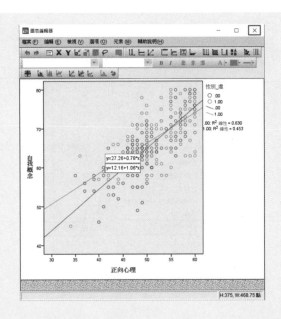

步驟 5：在「圖表編輯器」的視窗中，即可看到出現兩條最適合線，包括屬
於男生的最適合線「y = 27.26 + 0.78*X」、屬於女生的最適合線「y
= 12.16 + 1.06*X」，此結果與公式 17-10 與公式 17-11 所推導的迴
歸預測方程式是一樣的。

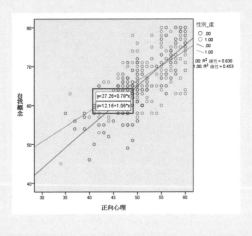

圖 17-11 找出男生與女生迴歸最適合線之 SPSS 統計報表

(二) 採用平均數中心化分數進行調節效果模式的SPSS操作與報表解讀

　　由於自變項「正向心理」是連續變項，而調節變項「性別＿虛」是類別變項，故只需針對正向心理進行平均數中心化即可，「性別＿虛」不用進行平均數中心化，圖 17-12 即是進行正向心理進行平均數中心化的 SPSS 操作程序。圖 17-12 的操作是直接延續圖 17-7 的操作，故省略某些操作步驟。

步驟 1：在「資料檢視」的視窗，點選「轉換 (T)」→「計算變數 (C)」，如下圖所示。

步驟 2：在「計算變數」對話窗中的「目標變數 (T)」空格中，將「目標變數 (T)」空格中的「正向 X 性別」，更改為「正向心理 C」，以產生一個名為「正向心理 C」的新變數，代表正向心理已進行平均數中心化的轉換，如下圖所示。

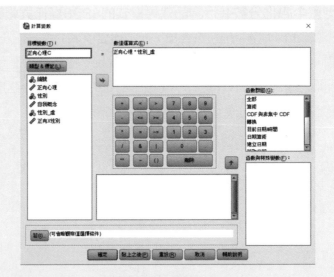

步驟3：在「計算變數」對話窗中，先刪除右邊「數值運算式(E)：」中的「正向心理＊性別＿虛」，再將左邊的「正向心理」變項，移至右邊的「數值運算式(E)」空格中，如下圖所示。

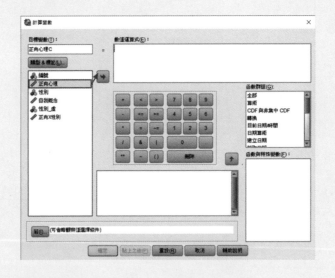

步驟4：在「計算變數」對話窗中，「數值運算式(E)」空格中，輸入「–50.94」。最後，「數值運算式(E)」空格變成「正向心理–50.94」，表示將每位受試者在正向心理的得分，減掉所有受試者在正向心理的平均數50.94。並按下「確定」的按鈕，如下圖所示。「正向心理」的平均數為50.94，由圖17-9的報表1可獲得。

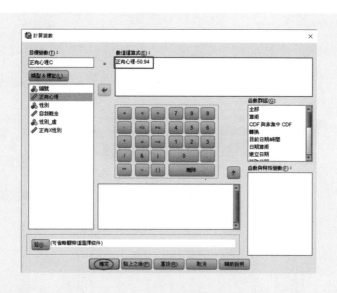

步驟 5：點選「資料檢視」的視窗，即可在最右邊的欄位，看到「正向心理 C」的新變項，如下圖所示。

圖 17-12　自變項正向心理的平均數集中化之 SPSS 操作步驟

接著，還需將自變項「正向心理 C」與調節變項「性別 _ 虛」進行乘積，形成這兩個變項的乘積項，SPSS 操作步驟，如圖 17-13 所示。

步驟 1：打開在「資料檢視」的視窗中，點選「叫回最近使用的對話」中的「計算變數」，如下圖所示。

步驟 2：在「計算變數」的對話窗中，將左邊原先「目標變數 (T)」空格中的「正向心理 C」，更改為「正向 CX 性別」。「正向 CX 性別」此變項表示是由「正向心理 C」與「性別 _ 虛」兩變項的乘積，如下圖所示。

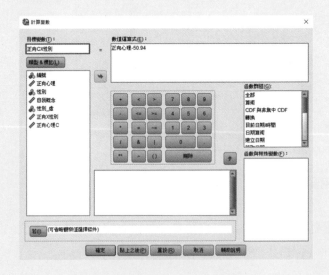

步驟 3：在「計算變數」的對話窗中，先將右邊「數值運算式 (E)」空格中的「正向心理 –50.94」刪除，再將左邊的「正向心理 C」變數移至右邊「數值運算式 (E)」空格中，再點選下方的「*」，如下圖所示。

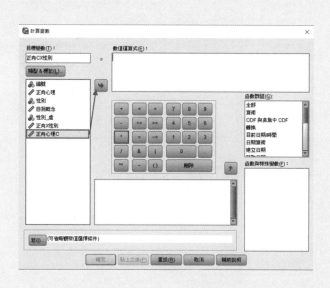

步驟 4：在「計算變數」的對話窗中，將「性別_虛」移至右邊「數值運算式 (E)」空格中，如下圖所示。

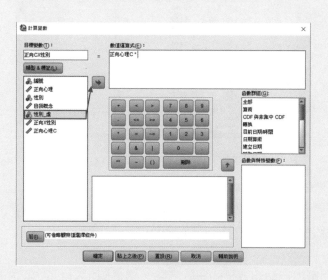

步驟 5：在「計算變數」的對話窗中，按下「確定」的按鈕，如下圖所示。

步驟 6：點選「資料檢視」的視窗，即可在最右邊的欄位，看到「正向 CX 性別」的新變項，如下圖所示。

圖 17-13　求正向心理 C 與性別_虛的乘積之 SPSS 操作步驟

　　接續，即可進行調節效果的統計考驗，透過圖 17-14 的 SPSS 操作步驟，圖 17-14 是採用階層迴歸分析的方式。圖 17-14 的操作是直接延續圖 17-8 的操作，故省略某些操作步驟。例如圖 17-8 已將依變項自我概念移至「依變數 (D)：」空

格中，故圖 17-14 的操作省略此步驟。

步驟 1：點選「分析 (A)」→「迴歸 (R)」→「線性 (L)」，如下圖所示。

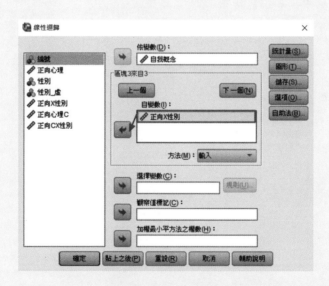

步驟 2：在「線性迴歸」的對話窗中，將右邊「自變數 (I)：」空格中的「正向 X 性別」，移回左邊的變項空格中，如下圖所示。

步驟 3：在「線性迴歸」的對話窗中，將左邊的「正向 CX 性別」，移至右邊「自變數 (I)」的空格中，如下圖所示。

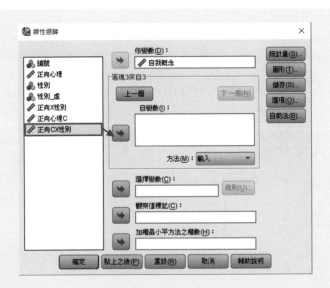

步驟 4：在「線性迴歸」的對話窗中，連續按「上一個」按鈕兩次，回到「區塊 1 來自 3」的對話窗中，亦即回到階層迴歸分析的第一階自變項空格中，如下圖所示。

步驟 5：在「線性迴歸」的對話窗中，將右邊「自變數 (I)」的空格中的「正向心理」移回左邊的變項空格中，如下圖所示。

步驟 6：在「線性迴歸」的對話窗中，將左邊的「正向心理 C」，移至右邊「自變數 (I)」的空格中，並按「統計量 (S)」的按鍵，如下圖所示。

步驟 7：在「線性迴歸：統計量」的對話窗中，勾選右邊的「R 平方改變量 (S)」與「描述性統計量 (D)」，並按下「繼續」的按鍵，如下圖所示。

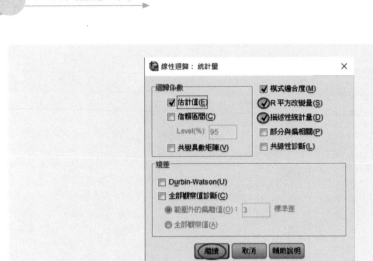

步驟 8：在「線性迴歸」的對話窗中，按「確定」的按鍵，如下圖所示。

圖 17-14　調節效果模式之階層迴歸分析的 SPSS 迴歸分析操作步驟

　　經過上述圖 17-14 的 SPSS 階層迴歸分析操作步驟後，即可得到下面的 SPSS 階層迴歸分析統計結果，如圖 17-15 所示。

報表 1：在「敘述統計」的報表中，可看到「自我概念」、「正向心理 C」、「性別＿虛」與「正向 CX 性別」四個變項的平均數、標準差、個數等描述性統計資料，如下圖所示。「自我概念」的平均數為 66.41、標準差為 6.902；「正向心理 C」的平均數為 0.001、標準差為 5.534；「性別＿虛」的平均數為 .5443、標準差為 0.499；「正向 CX 性別」的平均數為 0.498、標準差為 4.071。

敘述統計

	平均數	標準離差	個數
自我概念	66.41	6.902	305
正向心理C	.0010	5.53426	305
性別_虛	.5443	.49886	305
正向CX性別	.4982	4.07089	305

報表 2：在「相關」的報表中，可看到「自我概念」、「正向心理 C」、「性別＿虛」與「正向 CX 性別」四個變項的積差相關係數矩陣，如下圖所示。「自我概念」與「正向心理 C」的積差相關係數 $r = .739$, $p < .001$；「自我概念」與「性別＿虛」的積差相關係數 $r = .210$, $p < .001$；「自我概念」與「正向 CX 性別」的積差相關係數 $r = .478$, $p < .001$。

相關

		自我概念	正向心理C	性別_虛	正向CX性別
Pearson 相關	自我概念	1.000	.739	.210	.478
	正向心理C	.739	1.000	.181	.747
	性別_虛	.210	.181	1.000	.112
	正向CX性別	.478	.747	.112	1.000
顯著性(單尾)	自我概念	.	.000	.000	.000
	正向心理C	.000	.	.001	.000
	性別_虛	.000	.001	.	.025
	正向CX性別	.000	.000	.025	.
個數	自我概念	305	305	305	305
	正向心理C	305	305	305	305
	性別_虛	305	305	305	305
	正向CX性別	305	305	305	305

報表 3：在「選入／刪除的變數」的報表中，可看到「正向心理 C」、「性別＿虛」與「正向 CX 性別」三個變項被選入，如下圖所示。

選入/刪除的變數[a]

模式	選入的變數	刪除的變數	方法
1	正向心理C[b]	.	選入
2	性別_虛[b]	.	選入
3	正向CX性別[b]	.	選入

a. 依變數: 自我概念

b. 所有要求的變數已輸入。

報表 4：在「模式摘要」的報表中，可看到「正向心理 C」這個變項對自我概念（模式 1）的多元相關係數 R 為 .739，多元相關係數平方 R^2 為 .546；而「正向心理 C」與「性別_虛」這兩個變項對自我概念（模式 2）的多元相關係數 R 為 .743，多元相關係數平方 R^2 為 .552；而「正向心理」、「性別_虛」與「正向 CX 性別」三個變項對自我概念（模式 3）的多元相關係數 R 為 .751，多元相關係數平方 R^2 為 .564。模式 2 比模式 1 的多元相關係數平方增加了 .006，F 的改變量為 4.023；而模式 3 比模式 2 的多元相關係數平方增加了 .012，F 的改變量為 8.104，如下圖所示。

這三個模式是採用平均數集中化的調節效果模式統計結果，與圖 17-9 的報表4以原始分數進行的調節效果模式統計結果，是相同的。

模式摘要

模式	R	R平方	調過後的 R 平方	估計的標準誤	R平方改變量	F 改變	df1	df2	顯著性F 改變
1	.739[a]	.546	.545	4.656	.546	365.084	1	303	.000
2	.743[b]	.552	.549	4.632	.006	4.023	1	302	.046
3	.751[c]	.564	.560	4.579	.012	8.104	1	301	.005

a. 預測變數(常數), 正向心理C

b. 預測變數(常數), 正向心理C, 性別_虛

c. 預測變數(常數), 正向心理C, 性別_虛, 正向CX性別

報表 5：在「Anova」的報表中，可看到只有「正向心理 C」這個自變項對自我概念的模式 1，其 ANOVA 考驗，$F(1, 303) = 365.084$，$p < .001$；而有「正向心理 C」與「性別_虛」兩個自變項對自我概念的模式 2，其 ANOVA 考驗，$F(2, 302) = 186.375$，$p < .001$；而「正向心理 C」、「性別_虛」與「正向 CX 性別」三個自變項對自我概念的模式 3，其 ANOVA 考驗，$F(3, 301) = 129.874$，$p < .001$，如下圖所示。

上述的這些統計數據，與採用原始分數進行調節效果模式的圖 17-9

之報表 5 是一樣的。

Anova[a]

模式		平方和	df	平均平方和	F	顯著性
1	迴歸	7912.777	1	7912.777	365.084	.000[b]
	殘差	6567.170	303	21.674		
	總數	14479.948	304			
2	迴歸	7999.117	2	3999.558	186.375	.000[c]
	殘差	6480.831	302	21.460		
	總數	14479.948	304			
3	迴歸	8169.025	3	2723.008	129.874	.000[d]
	殘差	6310.923	301	20.967		
	總數	14479.948	304			

a. 依變數: 自我概念

b. 預測變數:(常數), 正向心理C

c. 預測變數:(常數), 正向心理C, 性別_虛

d. 預測變數:(常數), 正向心理C, 性別_虛, 正向CX性別

報表 6：在「係數」的報表中，可看到模式 3 的「正向 CX 性別」變項，其
迴歸係數 b_3 為 $-.276$，其 $t(301) = -2.847$，$p = .005$，顯示交互作用
的存在，亦即性別在正向心理與自我概念的關係中，具有調節作
用，如下圖所示。將 t 值的精準數值（-2.847）平方後，會恰好等
於報表 4 中的模式 3 之 F 改變量 8.10。

係數[a]

模式		未標準化係數		標準化係數	t	顯著性
		B 之估計值	標準誤差	Beta 分配		
1	(常數)	66.412	.267		249.132	.000
	正向心理C	.922	.048	.739	19.107	.000
2	(常數)	65.821	.397		166.000	.000
	正向心理C	.904	.049	.725	18.523	.000
	性別_虛	1.086	.542	.079	2.006	.046
3	(常數)	65.988	.396		166.522	.000
	正向心理C	1.057	.072	.847	14.654	.000
	性別_虛	1.033	.536	.075	1.929	.055
	正向CX性別	-.276	.097	-.163	-2.847	.005

a. 依變數: 自我概念

報表 7：在「係數」的報表中，可看到模式 1 只有包含「正向心理 C」這個
預測變項，故在模式 1 的「性別 _ 虛」與「正向 CX 性別」這兩個
變項是被排除的；模式 2 包含「正向心理 C」與「性別 _ 虛」這兩
個預測變項，故在模式 2 的「正向 CX 性別」變項是被排除的。

排除的變數[a]

模式		Beta 進	t	顯著性	偏相關	共線性統計量 允差
1	性別_虛	.079[b]	2.006	.046	.115	.967
	正向CX性別	-.167[b]	-2.903	.004	-.165	.443
2	正向CX性別	-.163[c]	-2.847	.005	-.162	.442

a. 依變數: 自我概念

b. 模式中的預測變數:(常數), 正向心理C

c. 模式中的預測變數:(常數), 正向心理C, 性別_虛

圖 **17-15**　調節效果模式之階層迴歸分析的 SPSS 統計報表

　　由圖 17-15 的報表 6 可知，自變項「正向心理 C」與調節變項「性別_虛」的乘積項「正向 CX 性別」，其迴歸係數 b_3 為 −.276，其 $t(301) = -2.847$，$p = .005$，顯示交互作用的存在，亦即「性別」在「正向心理」與「自我概念」的關係中，具有調節作用。接續，即可繪製調節效果模式的圖形。

　　由表 17-2 可知，性別_虛變項代碼為 1 的男生，其依變項預測方程式為 $\hat{Y} = (b'_0 + b'_2) + (b'_1 + b'_3)X_c$，將圖 17-15 的報表 6 中的各變項數值代入，即可獲得公式 17-12 的迴歸預測方程式。

$$\widehat{自我概念}_{男生} = (65.988 + 1.033) + (1.057 - .276) \times 正向心理 C$$
$$= 67.021 + 0.781 \times 正向心理 C \qquad （公式 17-12）$$

　　由表 17-2 可知，性別_虛變項代碼為 0 的女生，其依變項預測方程式為 $b'_0 + b'_1 X_c$，將圖 17-15 的報表 6 中的各變項數值代入，即可獲得公式 17-13 的迴歸預測方程式。

$$\widehat{自我概念}_{女生} = 65.988 + 1.057 \times 正向心理 C \qquad （公式 17-13）$$

　　若想畫出男生與女生的迴歸線，可透過圖 17-16 的 SPSS 操作程序獲得。圖 17-16 的操作是直接延續圖 17-10 的操作，故省略某些操作步驟。

步驟 1：點選「統計圖 (G)」→「歷史對話記錄 (L)」→「散佈圖/點狀圖 (S)」，如下圖所示。

步驟 2：在「散佈圖／點狀圖」的對話窗中，點選左上方的「簡單散佈」，並按下方「定義」鍵，如下圖所示。

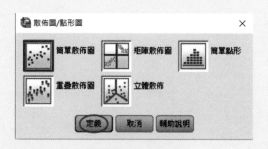

步驟 3：在「簡單散佈圖」的對話窗中，將右邊「X軸 (X)」的空格中的「正向心理」，移回左邊的變項空格中，如下圖所示。

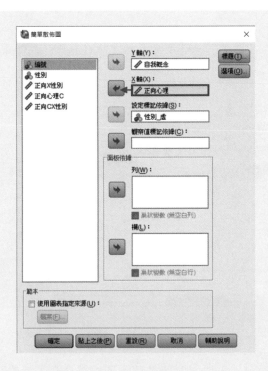

步驟 4：在「簡單散佈圖」的對話窗中，將左邊的「正向心理 C」，移至右邊「X 軸 (X)」的空格中，如下圖所示。

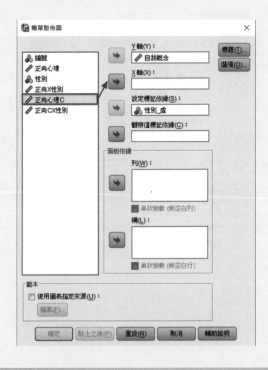

步驟5：在「簡單散佈圖」的對話窗中，按下方的「確定」鍵，如下圖所示。

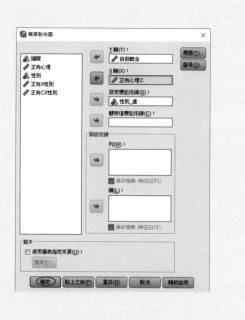

圖 **17-16** 找出男生與女生迴歸最適合線之 SPSS 操作步驟

經過圖 17-16 的 SPSS 操作步驟，即可得到圖 17-17 的散佈圖。經過適當的編輯，即可獲得男生與女生受試者在這兩個變項上（正向心理 C、自我概念）的迴歸分析最適合線，其 SPSS 的操作步驟如圖 17-17 所示。

步驟1：在「圖形」的報表中，可看到「正向心理 C」為 X 軸，「自我概念」為 Y 軸，男生與女生分別呈現的散佈圖，如下圖所示。

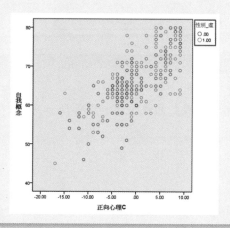

步驟 2：在散佈圖中任一位置點選滑鼠右鍵，點選「編輯內容 (O)」→「在個別視窗中 (W)」，如下圖所示。

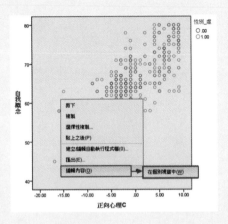

步驟 3：在「圖表編輯器」的視窗中，點選「於子群組新增最適線」（有兩條線）的按鍵，如下圖所標示的按鍵。

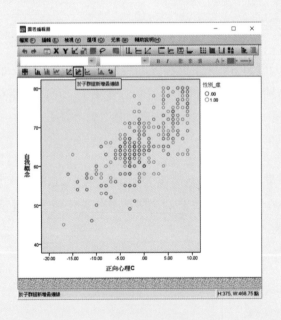

步驟 4：關閉「圖表編輯器」的視窗，如下圖所示。

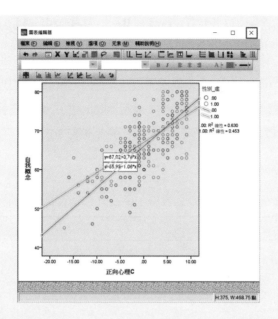

步驟 5：在「圖表編輯器」的視窗中，即可看到出現兩條最適合線，包括屬
於男生的最適合線「y = 67.02 + 0.78*X」、屬於女生的最適合線「y
= 65.99 + 1.06*X」，此結果與公式 17-12、公式 17-13 所推導的迴
歸預測方程式是一樣的。

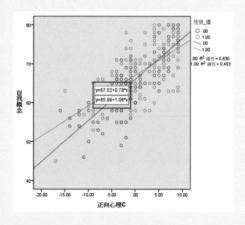

圖 17-17　找出男生與女生迴歸最適合線之 SPSS 統計報表

二、自變項（X）與調節變項（Mo）皆爲連續變項

當自變項與調節變項皆是連續變項，亦是以迴歸分析法進行調節效果模式的考驗。假設某位研究者根據文獻探討發現，國中生的正向心理會影響其自我概念，且正向心理與自我概念的關聯性，會受到國中生的社會支持程度影響。該位研究者蒐集如表 17-6 的資料，表 17-6 的受試者共有 305 位。

表 17-6

正向心理為自變項，社會支持為調節變項，自我概念為依變項的資料

編號	正向心理	社會支持	自我概念
1	51	48	70
2	60	48	69
3	51	43	64
4	47	47	60
5	58	49	77
.	.	.	.
.	.	.	.
.	.	.	.
301	53	48	65
302	46	45	63
303	48	40	64
304	48	44	62
305	55	53	67

故該位研究者提出以正向心理爲自變項，社會支持爲調節變項，自我概念爲依變項的調節效果模式，如圖 17-18 所示。

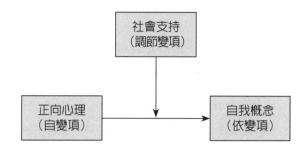

圖 17-18　正向心理為自變項、社會支持為調節變項、自我概念為依變項的簡單
調節效果模式

　　為檢驗社會支持因素是否在國中生的正向心理與自我概念關聯性中，扮演調
節作用的角色，必須採用如圖 17-19 的多元迴歸分析來考驗。

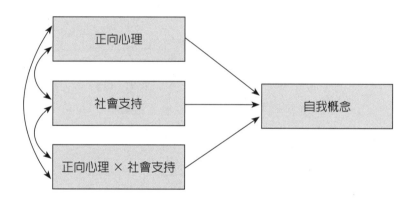

圖 17-19　以正向心理、社會支持、正向心理 × 社會支持等三項為自變項，自我
概念為依變項，所進行的迴歸分析

(一) 採用原始分數進行調節效果模式的SPSS操作與報表解讀

　　要進行自變項「正向心理」與調節變項「社會支持」皆為連續變項的調節效
果模式考驗前，需要先產生這兩個變項的乘積項「正向 X 社會」，其 SPSS 的統
計操作程序，如圖 17-20 所示。

步驟 1：打開「正向心理、社會支持與自我概念.sav」的 SPSS 檔案，點選「轉換 (T)」→「計算變數 (C)」，如下圖所示。

步驟 2：在「計算變數」的對話窗中，在「目標變數 (T)」空格中，輸入「正向 X 社會」，並將左邊的「正向心理」變數移至右邊「數值運算式 (E)」空格中，如下圖所示。

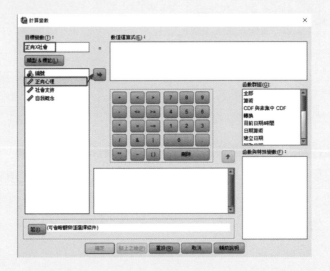

步驟 3：在「計算變數」的對話窗中，點選下方的運算符號「*」，再將左

邊的「社會支持」變數移至右邊「數值運算式 (E)」空格中，如下
圖所示。

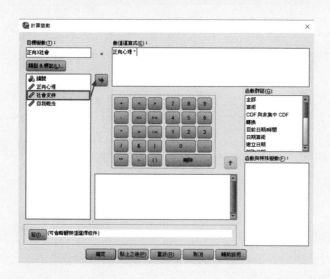

步驟 4：在「計算變數」對話窗中，按下「確定」的按鈕，如下圖所示。

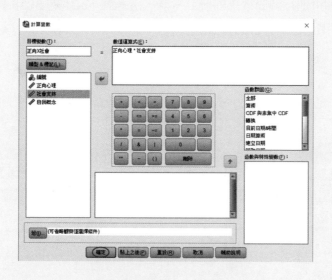

步驟 5：點選「資料檢視」的視窗，即可在最右邊的欄位，看到「正向 X 社
會」的新變項，如下圖所示。

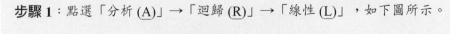

圖 17-20　以原始分數進行自變項與調節變項皆為連續變項的調節效果模式之 SPSS 操作步驟

接續，即可進行調節效果的統計考驗，透過圖 17-21 的 SPSS 操作步驟，圖 17-21 是採用階層迴歸分析的方式。

步驟 1：點選「分析 (A)」→「迴歸 (R)」→「線性 (L)」，如下圖所示。

步驟 2：在「線性迴歸」的對話窗中，將左邊的「自我概念」，移至右邊「依變數 (D)」的空格中，如下圖所示。

步驟 3：在「線性迴歸」的對話窗中，將左邊的「正向心理」，移至右邊「自變數 (I)」的空格中，如下圖所示。

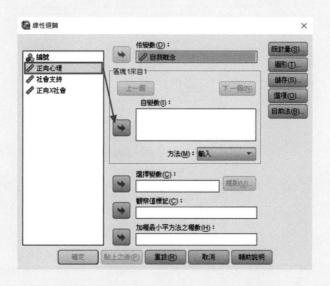

步驟 4：在「線性迴歸」的對話窗中，按「下一個 (N)」按鈕，如下圖所示。

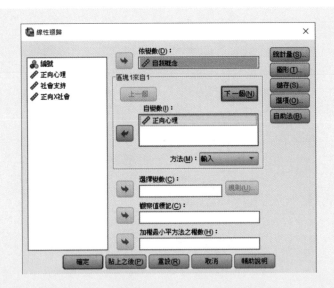

步驟 5：在「線性迴歸」的對話窗中，將左邊的「社會支持」，移至右邊「自變數 (I)」的空格中，如下圖所示。

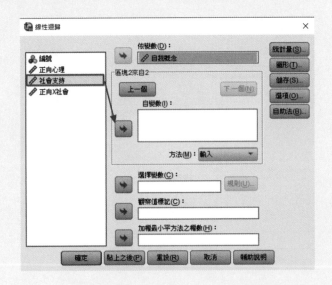

步驟 6：在「線性迴歸」的對話窗中，按「下一個 (N)」按鈕，如下圖所示。

步驟 7：在「線性迴歸」的對話窗中，將左邊的「正向 X 社會」，移至右邊「自變數 (I)」的空格中，並按「統計量 (S)」的按鍵，如下圖所示。

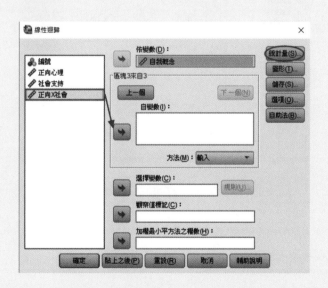

步驟 8：在「線性迴歸：統計量」的對話窗中，勾選右邊的「R 平方改變量 (S)」與「描述性統計量 (D)」，並按下「繼續」的按鍵，如下圖所示。

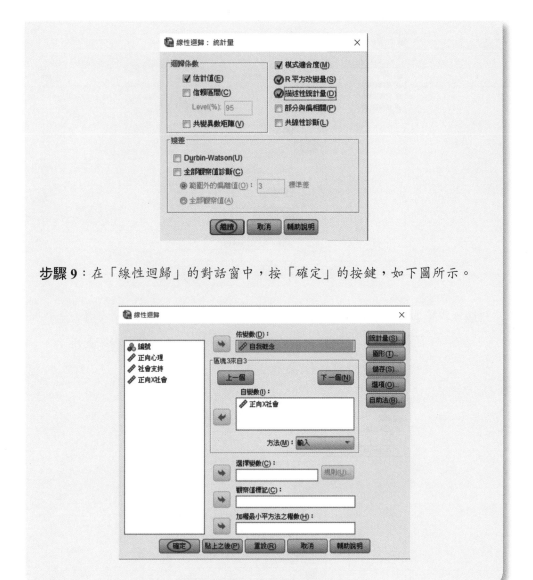

步驟9：在「線性迴歸」的對話窗中，按「確定」的按鍵，如下圖所示。

> **圖 17-21**　調節效果模式之階層迴歸分析的 SPSS 迴歸分析操作步驟

　　經過上述圖 17-21 的 SPSS 階層迴歸分析操作步驟後，即可得到下面的 SPSS 階層迴歸分析統計結果，如圖 17-22 所示。

報表 1：在「敘述統計」的報表中，可看到「自我概念」、「正向心理」、
　　　　　「社會支持」與「正向 X 社會」四個變項的平均數、標準差、

個數等描述性統計資料，如下圖所示。「自我概念」的平均數為 66.41、標準差為 6.902；「正向心理」的平均數為 50.94、標準差為 5.534；「社會支持」的平均數為 44.29、標準差為 4.236；「正向 X 社會」的平均數為 2272.65、標準差為 414.444。

敘述統計

	平均數	標準離差	個數
自我概念	66.41	6.902	305
正向心理	50.94	5.534	305
社會支持	44.29	4.236	305
正向X社會	2272.6492	414.44430	305

報表 2：在「相關」的報表中，可看到「自我概念」、「正向心理」、「社會支持」與「正向 X 社會」四個變項的積差相關係數矩陣，如下圖所示。「自我概念」與「正向心理」的積差相關係數 $r = .739, p < .001$；「自我概念」與「社會支持」的積差相關係數 $r = .692, p < .001$；「自我概念」與「正向 X 社會」的積差相關係數 $r = .783, p < .001$。

相關

		自我概念	正向心理	社會支持	正向X社會
Pearson 相關	自我概念	1.000	.739	.692	.783
	正向心理	.739	1.000	.715	.941
	社會支持	.692	.715	1.000	.904
	正向X社會	.783	.941	.904	1.000
顯著性(單尾)	自我概念	.	.000	.000	.000
	正向心理	.000	.	.000	.000
	社會支持	.000	.000	.	.000
	正向X社會	.000	.000	.000	.
個數	自我概念	305	305	305	305
	正向心理	305	305	305	305
	社會支持	305	305	305	305
	正向X社會	305	305	305	305

報表 3：在「選入 / 刪除的變數」的報表中，可看到「正向心理」、「社會支持」與「正向 X 社會」三個變項被選入，如下圖所示。

選入/刪除的變數[a]

模式	選入的變數	刪除的變數	方法
1	正向心理[b]	.	選入
2	社會支持[b]	.	選入
3	正向X社會[b]	.	選入

a. 依變數: 自我概念

b. 所有要求的變數已輸入。

報表4：在「模式摘要」的報表中，可看到「正向心理」這個變項對自我
概念（模式1）的多元相關係數R為.739，多元相關係數平方R^2
為.546；而「正向心理」與「社會支持」這兩個變項對自我概念（模
式2）的多元相關係數R為.775，多元相關係數平方R^2為.601；
而「正向心理」、「社會支持」與「正向X社會」三個變項對自
我概念（模式3）的多元相關係數R為.786，多元相關係數平方R^2
為.618。模式2比模式1的多元相關係數平方增加了.055，F的改
變量為41.550；而模式3比模式2的多元相關係數平方增加了.017，
F的改變量為13.347，如下圖所示。

模式摘要

模式	R	R平方	調過後的R平方	估計的標準誤	變更統計量				
					R平方改變量	F改變	df1	df2	顯著性F改變
1	.739[a]	.546	.545	4.656	.546	365.084	1	303	.000
2	.775[b]	.601	.599	4.372	.055	41.550	1	302	.000
3	.786[c]	.618	.614	4.285	.017	13.347	1	301	.000

a. 預測變數:(常數), 正向心理
b. 預測變數:(常數), 正向心理, 社會支持
c. 預測變數:(常數), 正向心理, 社會支持, 正向X社會

報表5：在「Anova」的報表中，可看到只有「正向心理」這個自變項對自
我概念的模式1，其ANOVA考驗，$F(1, 303) = 365.084$，$p < .001$；
而有「正向心理」與「社會支持」兩個自變項對自我概念的模式2，
其ANOVA考驗，$F(2, 302) = 222.746$，$p < .001$；而「正向心理」、
「社會支持」與「正向X社會」三個自變項對自我概念的模式3，
其ANOVA考驗，$F(3, 301) = 162.487$，$p < .001$，如下圖所示。

Anova[a]

模式		平方和	df	平均平方和	F	顯著性
1	迴歸	7912.777	1	7912.777	365.084	.000[b]
	殘差	6567.170	303	21.674		
	總數	14479.948	304			
2	迴歸	8707.027	2	4353.514	227.746	.000[c]
	殘差	5772.920	302	19.116		
	總數	14479.948	304			
3	迴歸	8952.144	3	2984.048	162.487	.000[d]
	殘差	5527.804	301	18.365		
	總數	14479.948	304			

a. 依變數: 自我概念
b. 預測變數:(常數), 正向心理
c. 預測變數:(常數), 正向心理, 社會支持
d. 預測變數:(常數), 正向心理, 社會支持, 正向X社會

報表 6：在「係數」的報表中，可看到模式 3 的「正向 X 社會」變項，其迴歸係數 b_3 為 .029，其 $t(301) = 3.653$，$p < .001$，顯示交互作用的存在，亦即社會支持在正向心理與自我概念的關係中，具有調節作用，如下圖所示。將 t 值的精準數值（3.653）平方後，會恰好等於報表 4 中的模式 3 之 F 改變量 13.347。

係數[a]

模式		未標準化係數		標準化係數	t	顯著性
		B 之估計值	標準誤差	Beta 分配		
1	(常數)	19.452	2.472		7.869	.000
	正向心理	.922	.048	.739	19.107	.000
2	(常數)	10.499	2.705		3.881	.000
	正向心理	.623	.065	.499	9.604	.000
	社會支持	.546	.085	.335	6.446	.000
3	(常數)	71.697	16.960		4.228	.000
	正向心理	-.706	.369	-.566	-1.912	.057
	社會支持	-.820	.383	-.504	-2.141	.033
	正向X社會	.029	.008	1.770	3.653	.000

a. 依變數: 自我概念

報表 7：在「係數」的報表中，可看到模式 1 只有包含「正向心理」這個預測變項，故在模式 1 的「社會支持」與「正向 X 社會」這兩個變項是被排除的；模式 2 包含「正向心理」與「社會支持」這兩個預測變項，故在模式 2 的「正向 X 社會」變項是被排除的。

排除的變數[a]

模式		Beta 進	t	顯著性	偏相關	共線性統計量 允差
1	社會支持	.335[b]	6.446	.000	.348	.488
	正向X社會	.757[b]	7.169	.000	.381	.115
2	正向X社會	1.770[c]	3.653	.000	.206	.005

a. 依變數: 自我概念

b. 模式中的預測變數:(常數), 正向心理

c. 模式中的預測變數:(常數), 正向心理, 社會支持

圖 17-22　調節效果模式之階層迴歸分析的 SPSS 統計報表

　　由圖 17-22 的報表 6 可知，自變項「正向心理」與調節變項「社會支持」的乘積項「正向 X 社會」，其迴歸係數 b_3 為 .029，其 $t(301) = 3.653$，$p < .001$，顯示交互作用的存在，亦即「社會支持」在「正向心理」與「自我概念」的關係中，

具有調節作用。接續，即可繪製調節效果模式的圖形。

　　由表 17-3 可知，以「平均數下一個標準差」的調節變項社會支持（數值為 40.054），其依變項預測方程式為 $\hat{Y} = [b_0 + b_2 \times (M_{Mo} - 1 \times SD_{Mo})] + [b_1 + b_3 \times (M_{Mo} - 1 \times SD_{Mo})]X$，將圖 17-22 的報表 1 與報表 6 中的各變項數值代入，即可獲得公式 17-14 的迴歸預測方程式。

$$\hat{Y} = (b_0 + b_2 Mo) + (b_1 + b_3 Mo)X$$
$$= [b_0 + b_2 \times (M_{Mo} - 1 \times SD_{Mo})] + [b_1 + b_3 \times (M_{Mo} - 1 \times SD_{Mo})]X$$
$$= [71.697 - .820 \times (44.29 - 1 \times 4.236)] + [-.706 + .029 \times (44.29 - 1 \times 4.236)]X$$
$$= (71.697 - 32.844) + (-.706 + 1.162)X$$
$$= 38.853 + 0.456X \qquad\qquad （公式 17-14）$$

　　由表 17-3 可知，以「平均數」的調節變項社會支持（數值為 44.29），其依變項預測方程式為 $\hat{Y} = (b_0 + b_2 M_{Mo}) + (b_1 + b_3 M_{Mo})X$，將圖 17-22 的報表 1 與報表 6 中的各變項數值代入，即可獲得公式 17-15 的迴歸預測方程式。

$$\hat{Y} = (b_0 + b_2 Mo) + (b_1 + b_3 Mo)X$$
$$= (b_0 + b_2 M_{Mo}) + (b_1 + b_3 M_{Mo})X$$
$$= (71.697 - .820 \times 44.29) + (-.706 + .029 \times 44.29)X$$
$$= 35.379 + 0.578X \qquad\qquad （公式 17-15）$$

　　由表 17-3 可知，以「平均數上一個標準差」的調節變項社會支持（數值為 48.526），其依變項預測方程式為 $\hat{Y} = [b_0 + b_2 \times (M_{Mo} + 1 \times SD_{Mo})] + [b_1 + b_3 \times (M_{Mo} + 1 \times SD_{Mo})]X$，將圖 17-22 的報表 1 與報表 6 中的各變項數值代入，即可獲得公式 17-16 的迴歸預測方程式。

$$\hat{Y} = (b_0 + b_2 Mo) + (b_1 + b_3 Mo)X$$
$$= [b_0 + b_2 \times (M_{Mo} + 1 \times SD_{Mo})] + [b_1 + b_3 \times (M_{Mo} + 1 \times SD_{Mo})]X$$
$$= [71.697 - .820 \times (44.29 + 1 \times 4.236)] + [-.706 + .029 \times (44.29 + 1 \times 4.236)]X$$
$$= (71.697 - 39.791) + (-.706 + 1.407)X$$
$$= 31.906 + 0.701X \qquad\qquad （公式 17-16）$$

　　若想繪製調節效果模式的迴歸線，則需要取自變項正向心理的平均數下一個標準差、平均數、平均數上一個標準差的三個數值。並將這三個數值，帶入公式17-14、公式17-15與公式17-16等三條迴歸預測公式中。

　　由圖17-22的報表1可知，自變項正向心理的平均數為50.94，標準差為5.534，所以，正向心理的平均數下一個標準差為50.94－5.534＝45.406、平均數為50.94、平均數上一個標準差50.94＋5.534＝56.474。

　　將這三個數值代入公式17-14，可以得到59.558、62.082與64.605等三數值。

$$\hat{Y} = 38.853 + 0.456X = 38.853 + 0.456 \times 45.406 = 59.558$$
$$\hat{Y} = 38.853 + 0.456X = 38.853 + 0.456 \times 50.94 = 62.082$$
$$\hat{Y} = 38.853 + 0.456X = 38.853 + 0.456 \times 56.474 = 64.605$$

　　將這三個數值代入公式17-15，可以得到61.624、64.822與68.021等三數值。

$$\hat{Y} = 35.379 + 0.578X = 35.379 + 0.578 \times 45.406 = 61.624$$
$$\hat{Y} = 35.379 + 0.578X = 35.379 + 0.578 \times 50.94 = 64.822$$
$$\hat{Y} = 35.379 + 0.578X = 35.379 + 0.578 \times 56.474 = 68.021$$

　　將這三個數值代入公式17-16，可以得到63.736、67.615與71.494等三數值。

$$\hat{Y} = 31.906 + 0.701X = 31.906 + 0.701 \times 45.406 = 63.736$$
$$\hat{Y} = 31.906 + 0.701X = 31.906 + 0.701 \times 50.94 = 67.615$$
$$\hat{Y} = 31.906 + 0.701X = 31.906 + 0.701 \times 56.474 = 71.494$$

　　公式17-14是採用調節變項社會支持的「平均數下一個標準差」的數值40.054所獲得的；公式17-15是採用調節變項社會支持的「平均數」的數值44.29所獲得的；公式17-16是採用調節變項社會支持的「平均數上一個標準差」的數值48.526所獲得的。將這九個數值（三個自變項正向心理的數值、三個調節變項社會支持的數值、三個由公式17-14至公式17-16所推導出的依變項的預測值），輸入「X與Mo皆為連續變項的調節效果模式繪圖 .sav」SPSS資料檔案中，即可透過圖17-23的SPSS操作程序，獲得三條迴歸線。

步驟 1：打開「X 與 Mo 皆為連續變項的調節效果模式繪圖 .sav」的 SPSS 檔案，點選「統計圖 (G)」→「歷史對話記錄 (L)」→「散佈圖／點狀圖 (S)」，如下圖所示。

步驟 2：在「散佈圖／點狀圖」的對話窗中，點選左上方的「簡單散佈」，並按下方「定義」鍵，如下圖所示。

步驟 3：在「簡單散佈圖」的對話窗中，將左邊的「正向心理」，移至右邊「X 軸 (X)」的空格中，如下圖所示。

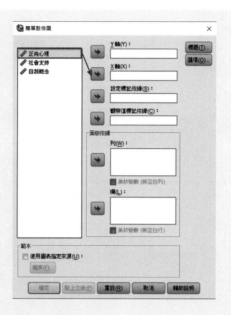

步驟 4：在「簡單散佈圖」的對話窗中，將左邊的「自我概念」，移至右邊「Y 軸 (Y)」的空格中，如下圖所示。

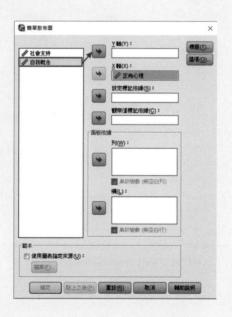

步驟 5：在「簡單散佈圖」的對話窗中，將左邊的「社會支持」，移至右邊「設定標記依據 (S)」的空格中，如下圖所示。

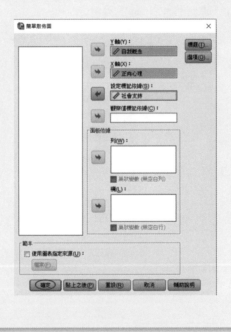

步驟6：在「簡單散佈圖」的對話窗中，按下方的「確定」鍵，如下圖所示。

圖 17-23　找出三條調節變項社會支持的迴歸最適合線之 SPSS 操作步驟

　　經過圖 17-23 的 SPSS 操作步驟，即可得到圖 17-24 的散佈圖。經過適當的編輯，即可獲得受試者在這兩個變項上（正向心理、自我概念）的迴歸分析最適

合線，其 SPSS 的操作步驟如圖 17-24 所示。

步驟 1：在「圖形」的報表中，可看到「正向心理」為 X 軸，「自我概念」為 Y 軸，社會支持 40.054、44.29 與 48.526 三個數值分別呈現的散佈圖，如下圖所示。

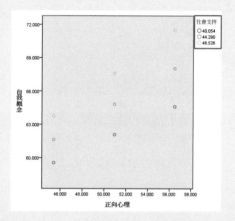

步驟 2：在散佈圖中任一位置點選滑鼠右鍵，點選「編輯內容 (O)」→「在個別視窗中 (W)」，如下圖所示。

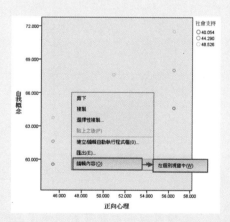

步驟 3：在「圖表編輯器」的視窗中，點選「於子群組新增最適線」（有兩條線）的按鍵，如下圖所標示的按鍵。

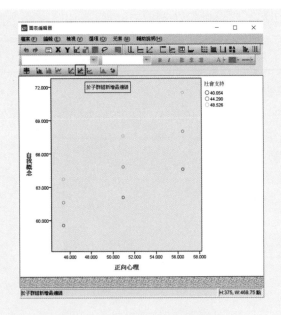

步驟4：關閉「圖表編輯器」的視窗，如下圖所示。

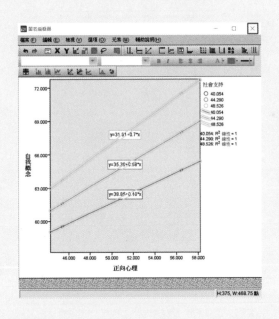

步驟5：在「圖表編輯器」的視窗中，即可看到出現三條最適合線，包括以調節變項社會支持「平均數下一個標準差」所獲得的最適合線「y＝38.85＋0.46*X」、以調節變項社會支持「平均數」所獲得的最適合線「y＝35.38＋0.58*X」、以調節變項社會支持「平均數上一個標準差」所獲得的最適合線「y＝31.91＋0.7*X」，此結果與透過

公式 17-14、公式 17-15、公式 17-16 所推導的迴歸預測方程式是一樣的。

請注意，由於圖形的起始點並非原點（0,0），導致迴歸方程式的截距出現不適切的位置，可透過將 X 軸與 Y 軸的最小值，設定為 0 的調整方式，獲得正確的圖形。

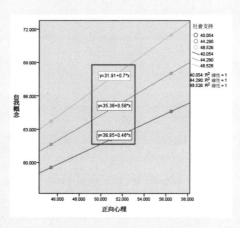

步驟6：在散佈圖中任一位置點選滑鼠右鍵，點選「編輯內容(O)」→「在個別視窗中(W)」，如下圖所示。

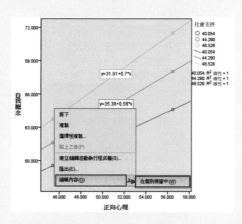

步驟7：在「圖表編輯器」的視窗中，將游標點選 X 軸座標軸的數據兩次，如下圖所示。

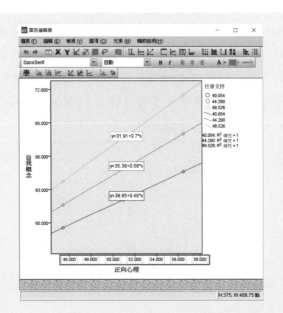

步驟 8：在「內容」的視窗中，點選「尺度 (S)」，如下圖所示。

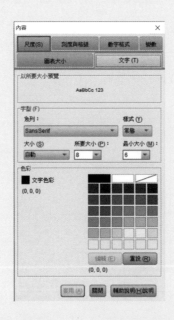

步驟 9：在「內容」的視窗中，取消「最小值 (M)」的勾選，並在「自訂」
的空格中，將原先設定的「45」更改為「0」，如下圖所示。

步驟 10：在「內容」的視窗中，將左下方的「下邊界(%)(L)」原先設定的「5」更改為「0」，如下圖所示。

步驟 11：在「內容」的視窗中，按下方「套用(A)」按鍵，如下圖所示。

步驟 12：在「圖表編輯器」的視窗中，將游標點選 Y 軸座標軸的數據兩次，如下圖所示。

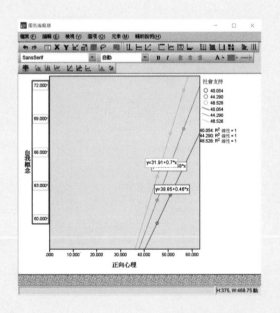

步驟 13：在「內容」的視窗中，點選「尺度 (S)」，如下圖所示。

步驟 14：在「內容」的視窗中，取消「最小值 (M)」的勾選，並在「自訂」
的空格中，將原先設定的「58」更改為「0」，如下圖所示。

步驟 15：在「內容」的視窗中，將左下方的「下邊界 (%)(L)」原先設定的「5」
更改為「0」，如下圖所示。

步驟 16：在「內容」的視窗中，按下方「套用 (A)」按鍵，如下圖所示。

步驟 17：關閉「圖表編輯器」的視窗，如下圖所示。

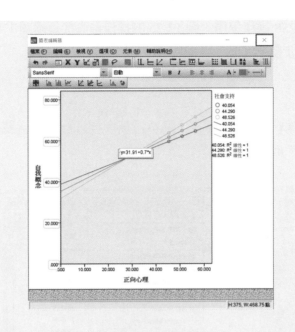

步驟 18：在「圖表編輯器」的視窗中，即可看到出現三條最適合線，此時三條最適合線的截距就符合迴歸預測方程式的實際數值。

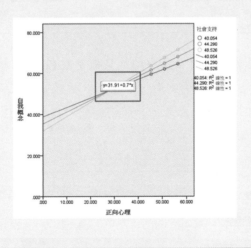

圖 17-24 找出三條調節變項社會支持的迴歸最適合線之 SPSS 統計報表

(二) 採用平均數中心化分數進行調節效果模式的SPSS操作與報表解讀

由於自變項正向心理與調節變項社會支持皆是連續變項，故需同時針對正向心理、社會支持進行平均數中心化，圖 17-25 即是對正向心理、社會支持進行平

均數中心化的 SPSS 操作程序，圖 17-25 的操作是直接延續圖 17-20 的操作，故省略某一些操作步驟。

步驟 1：在「資料檢視」的視窗，點選「轉換 (T)」→「計算變數 (C)」，如下圖所示。

步驟 2：在「計算變數」對話窗中的「目標變數 (T)」空格中，將「目標變數 (T)」空格中的「正向 X 社會」，更改為「正向心理 C」，以產生一個名為「正向心理 C」的新變數，代表正向心理已進行平均數中心化的轉換，如下圖所示。

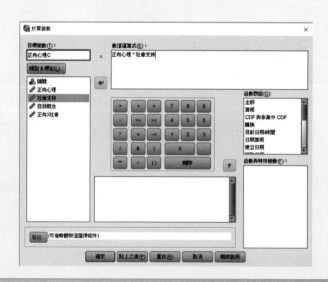

步驟3：在「計算變數」對話窗中，先刪除右邊「數值運算式(E)：」中的「正
向心理＊社會」，再將左邊的「正向心理」變項，移至右邊的「數
值運算式(E)」空格中，如下圖所示。

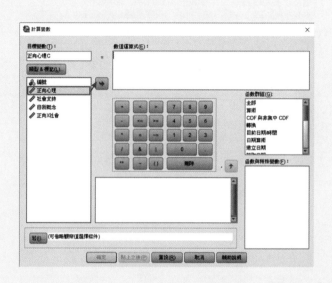

步驟4：在「計算變數」對話窗中，「數值運算式(E)」空格中，輸
入「-50.94」。最後，「數值運算式(E)」空格變成「正向心
理–50.94」，表示將每位受試者在正向心理的得分，減掉所有受試
者在正向心理的平均數50.94。並按下「確定」的按鈕，如下圖所
示。「正向心理」的平均數為50.94，由圖17-22的報表1可獲得。

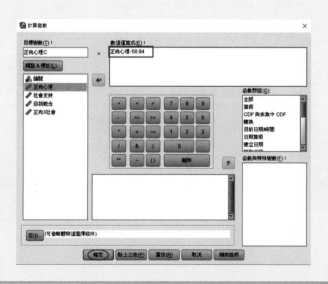

步驟 5：點選「資料檢視」的視窗，即可在最右邊的欄位，看到「正向心理 C」的新變項，如下圖所示。

步驟 6：打開在「資料檢視」的視窗中，點選「叫回最近使用的對話」中的「計算變數」，如下圖所示。

步驟 7：在「計算變數」對話窗中的「目標變數 (T)」空格中，將「目標變數 (T)」空格中的「正向心理 C」，更改為「社會支持 C」，以產生一個名為「社會支持 C」的新變數，代表社會支持已進行平均數中心化的轉換，如下圖所示。

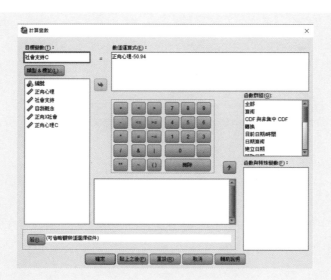

步驟 8：在「計算變數」對話窗中，先刪除右邊「數值運算式(E)：」中的「正向心理 –50.94」，再將左邊的「社會支持」變項，移至右邊的「數值運算式(E)」空格中，如下圖所示。

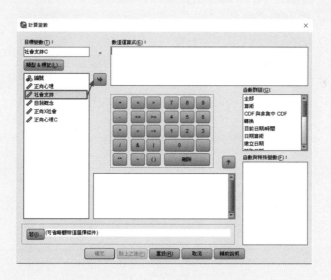

步驟 9：在「計算變數」對話窗中，「數值運算式(E)」空格中，輸入「–44.29」。最後，「數值運算式(E)」空格變成「社會支持 –44.29」，表示將每位受試者在社會支持的得分，減掉所有受試者在社會支持的平均數44.29。並按下「確定」的按鈕，如下圖所示。「社會支持」的平均數爲44.29，由圖 17-22 的報表 1 可獲得。

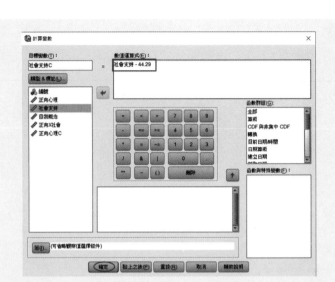

步驟 10：點選「資料檢視」的視窗，即可在最右邊的欄位，看到「社會支持 C」的新變項，如下圖所示。

圖 17-25　自變項正向心理與調節變項社會支持的平均數集中化之 SPSS 操作步驟

　　接著，還需將自變項「正向心理 C」與調節變項「社會支持 C」進行乘積，形成這兩個變項的交互作用變項，SPSS 操作步驟，如圖 17-26 所示。

步驟1：打開在「資料檢視」的視窗中，點選「叫回最近使用的對話」中的「計算變數」，如下圖所示。

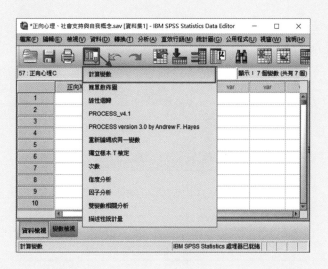

步驟2：在「計算變數」的對話窗中，將左邊原先「目標變數(T)」空格中的「社會支持C」，更改為「正向CX社會C」。「正向CX社會C」此變項表示是「正向心理C」與「社會支持C」兩變項的乘積項，如下圖所示。

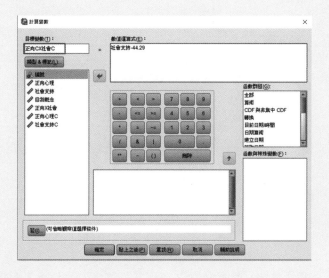

步驟 3：在「計算變數」的對話窗中，先將右邊「數值運算式 (E)」空格中的「社會支持 –44.29」刪除，再將左邊的「正向心理 C」變數移至右邊「數值運算式(E)」空格中，再點選下方的「*」，如下圖所示。

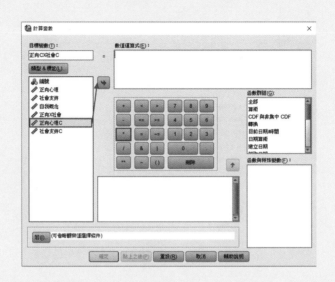

步驟 4：在「計算變數」的對話窗中，將「社會支持 C」移至右邊「數值運算式 (E)」空格中，讓右邊「數值運算式 (E)」空格呈現「正向心理 C* 社會支持 C」，如下圖所示。

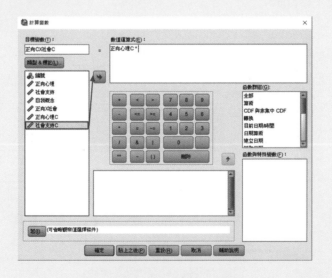

步驟 5：在「計算變數」的對話窗中，按下「確定」的按鈕，如下圖所示。

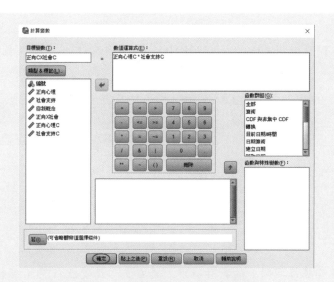

步驟 6：點選「資料檢視」的視窗，即可在最右邊的欄位，看到「正向 CX 社會 C」的新變項，如下圖所示。

圖 17-26 　求正向心理 C 與社會支持 C 的乘積之 SPSS 操作步驟

　　接續，即可進行調節效果的統計考驗，透過圖 17-27 的 SPSS 操作步驟，圖 17-27 是採用階層迴歸分析的方式，圖 17-27 的操作是直接延續圖 17-21 的操作，故省略某一些操作步驟。

步驟 1：點選「分析 (A)」→「迴歸 (R)」→「線性 (L)」，如下圖所示。

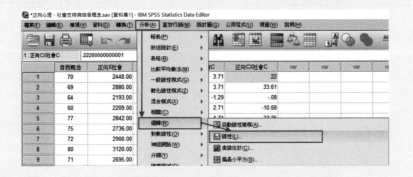

步驟 2：在「線性迴歸」的對話窗中，將右邊「自變數 (I)：」空格中的「正向 X 社會」，移回左邊的變項空格中，如下圖所示。

步驟 3：在「線性迴歸」的對話窗中，將左邊的「正向 CX 社會 C」，移至右邊「自變數 (I)」的空格中，如下圖所示。

步驟 4：在「線性迴歸」的對話窗中，按「上一個」按鈕，回到「區塊 2 來 自 3」的對話窗中，亦即回到階層迴歸分析的第二階自變項空格 中，如下圖所示。

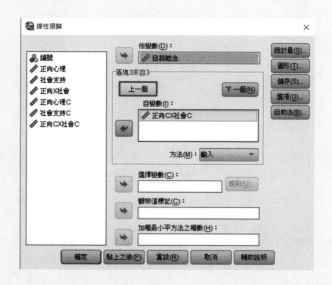

步驟 5：在「線性迴歸」的對話窗中，將右邊「自變數 (I)」的空格中的「社 會支持」移回左邊的變項空格中，如下圖所示。

步驟 6：在「線性迴歸」的對話窗中，將左邊的「社會支持 C」，移至右邊「自變數 (I)」的空格中，如下圖所示。

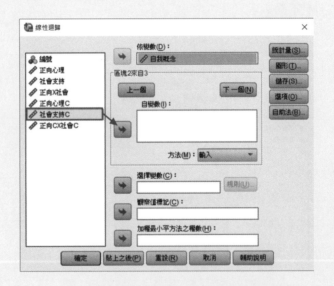

步驟 7：在「線性迴歸」的對話窗中，按「上一個」按鈕，回到「區塊 1 來自 3」的對話窗中，亦即回到階層迴歸分析的第一階自變項空格中，如下圖所示。

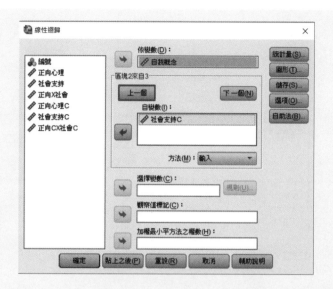

步驟 8：在「線性迴歸」的對話窗中，將右邊「自變數 (I)」的空格中的「正向心理」移回左邊的變項空格中，如下圖所示。

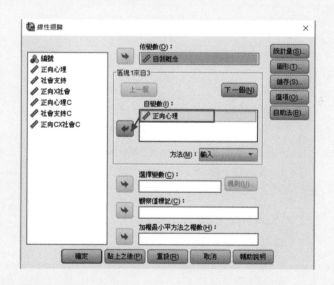

步驟 9：在「線性迴歸」的對話窗中，將左邊的「正向心理 C」，移至右邊「自變數 (I)」的空格中，並按「統計量 (S)」的按鍵，如下圖所示。

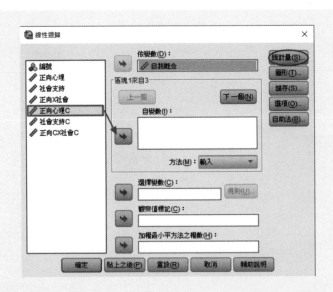

步驟 10：在「線性迴歸：統計量」的對話窗中，勾選右邊的「R 平方改變量 (S)」與「描述性統計量 (D)」，並按下「繼續」的按鍵，如下圖所示。

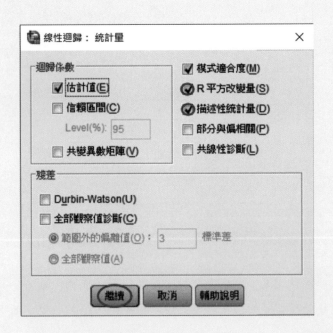

步驟 11：在「線性迴歸」的對話窗中，按「確定」的按鍵，如下圖所示。

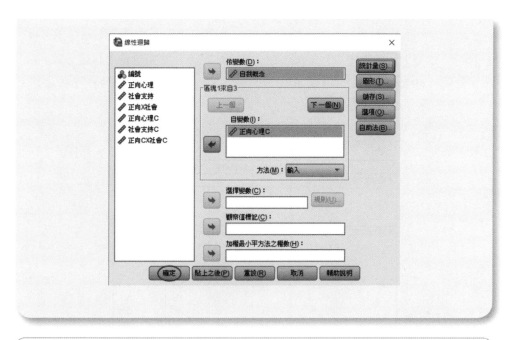

圖 17-27　調節效果模式之階層迴歸分析的 SPSS 迴歸分析操作步驟

經過上述圖 17-27 的 SPSS 階層迴歸分析操作步驟後，即可得到下面的 SPSS 階層迴歸分析統計結果，如圖 17-28 所示。

報表 1：在「敘述統計」的報表中，可看到「自我概念」、「正向心理 C」、「社會支持 C」與「正向 CX 社會 C」四個變項的平均數、標準差、個數等描述性統計資料，如下圖所示。「自我概念」的平均數為 66.41、標準差為 6.902；「正向心理 C」的平均數為 0.001、標準差為 5.534；「社會支持 C」的平均數為 –.005、標準差為 4.236；「正向 CX 社會 C」的平均數為 16.715、標準差為 34.694。

敘述統計

	平均數	標準離差	個數
自我概念	66.41	6.902	305
正向心理C	.0010	5.53426	305
社會支持C	-.0048	4.23573	305
正向CX社會C	16.7152	34.69378	305

報表 2：在「相關」的報表中，可看到「自我概念」、「正向心理 C」、「社會支持 C」與「正向 CX 社會 C」四個變項的積差相關係數矩陣，

如下圖所示。「自我概念」與「正向心理 C」的積差相關係數 $r = .739, p < .001$；「自我概念」與「社會支持 C」的積差相關係數 $r = .692, p < .001$；「自我概念」與「正向 CX 社會 C」的積差相關係數 $r = -.182, p = .001$。

相關

		自我概念	正向心理C	社會支持C	正向CX社會C
Pearson 相關	自我概念	1.000	.739	.692	-.182
	正向心理C	.739	1.000	.715	-.276
	社會支持C	.692	.715	1.000	-.471
	正向CX社會C	-.182	-.276	-.471	1.000
顯著性(單尾)	自我概念	.	.000	.000	.001
	正向心理C	.000	.	.000	.000
	社會支持C	.000	.000	.	.000
	正向CX社會C	.001	.000	.000	.
個數	自我概念	305	305	305	305
	正向心理C	305	305	305	305
	社會支持C	305	305	305	305
	正向CX社會C	305	305	305	305

報表 3：在「選入／刪除的變數」的報表中，可看到「正向心理 C」、「社會支持 C」與「正向 CX 社會 C」三個變項被選入，如下圖所示。

選入/刪除的變數[a]

模式	選入的變數	刪除的變數	方法
1	正向心理C[b]	.	選入
2	社會支持C[b]	.	選入
3	正向CX社會C[b]	.	選入

a. 依變數: 自我概念

b. 所有要求的變數已輸入。

報表 4：在「模式摘要」的報表中，可看到「正向心理 C」這個變項對自我概念（模式 1）的多元相關係數 R 為 .739，多元相關係數平方 R^2 為 .546；而「正向心理 C」與「社會支持 C」這兩個變項對自我概念（模式 2）的多元相關係數 R 為 .775，多元相關係數平方 R^2 為 .601；而「正向心理」、「社會支持 C」與「正向 CX 社會 C」三個變項對自我概念（模式 3）的多元相關係數 R 為 .786，多元相關係數平方 R^2 為 .618。模式 2 比模式 1 的多元相關係數平方增加 .055，F 的改變量為 41.550；而模式 3 比模式 2 的多元相關係數平方增加 .017，F 的改變量為 13.347，如下圖所示。

這三個模式是採用平均數集中化的調節效果模式統計結果，與圖 17-22 的報表 4 以原始分數進行的調節效果模式統計結果，是相同的。

模式摘要

模式	R	R 平方	調過後的 R 平方	估計的標準誤	變更統計量				
					R 平方改變量	F 改變	df1	df2	顯著性 F 改變
1	.739[a]	.546	.545	4.656	.546	365.084	1	303	.000
2	.775[b]	.601	.599	4.372	.055	41.550	1	302	.000
3	.786[c]	.618	.614	4.285	.017	13.347	1	301	.000

a. 預測變數:(常數), 正向心理C
b. 預測變數:(常數), 正向心理C, 社會支持C
c. 預測變數:(常數), 正向心理C, 社會支持C, 正向CX社會C

報表 5：在「Anova」的報表中，可看到只有「正向心理 C」這個自變項對自我概念的模式 1，其 ANOVA 考驗，$F_{(1, 303)} = 365.084$，$p <$ .001；而有「正向心理 C」與「社會支持 C」兩個自變項對自我概念的模式 2，其 ANOVA 考驗，$F_{(2, 302)} = 227.746$，$p < .001$；而「正向心理 C」、「社會支持 C」與「正向 CX 社會 C」三個自變項對自我概念的模式 3，其 ANOVA 考驗，$F_{(3, 301)} = 162.487$，$p <$ .001，如下圖所示。

上述的這些統計數據，與採用原始分數進行調節效果模式的圖 17-22 之報表 5 是一樣的。

Anova[a]

模式		平方和	df	平均平方和	F	顯著性
1	迴歸	7912.777	1	7912.777	365.084	.000[b]
	殘差	6567.170	303	21.674		
	總數	14479.948	304			
2	迴歸	8707.027	2	4353.514	227.746	.000[c]
	殘差	5772.920	302	19.116		
	總數	14479.948	304			
3	迴歸	8952.144	3	2984.048	162.487	.000[d]
	殘差	5527.804	301	18.365		
	總數	14479.948	304			

a. 依變數: 自我概念
b. 預測變數:(常數), 正向心理C
c. 預測變數:(常數), 正向心理C, 社會支持C
d. 預測變數:(常數), 正向心理C, 社會支持C, 正向CX社會C

報表 6：在「係數」的報表中，可看到模式 3 的「正向 CX 社會 C」變項，其迴歸係數 b_3 為 .029，其 $t_{(301)} = 3.653$，$p < .001$，顯示交互作用

的存在，亦即社會支持在正向心理與自我概念的關係中，具有調節作用，如下圖所示。將 t 值的精準數值（3.653）平方後，會恰好等於報表 4 中的模式 3 之 F 改變量 13.347。

係數[a]

模式		未標準化係數		標準化係數	t	顯著性
		B 之估計值	標準誤差	Beta 分配		
1	(常數)	66.412	.267		249.132	.000
	正向心理C	.922	.048	.739	19.107	.000
2	(常數)	66.415	.250		265.291	.000
	正向心理C	.623	.065	.499	9.604	.000
	社會支持C	.546	.085	.335	6.446	.000
3	(常數)	65.923	.280		235.510	.000
	正向心理C	.600	.064	.481	9.393	.000
	社會支持C	.681	.091	.418	7.494	.000
	正向CX社會C	.029	.008	.148	3.653	.000

a. 依變數: 自我概念

報表 7：在「係數」的報表中，可看到模式 1 只有包含「正向心理 C」這個預測變項，故在模式 1 的「社會支持 C」與「正向 CX 社會 C」這兩個變項是被排除的；模式 2 包含「正向心理 C」與「社會支持 C」這兩個預測變項，故在模式 2 的「正向 CX 社會 C」變項是被排除的。

排除的變數[a]

模式		Beta 進	t	顯著性	偏相關	共線性統計量 允差
1	社會支持C	.335[b]	6.446	.000	.348	.488
	正向CX社會C	.025[b]	.610	.542	.035	.924
2	正向CX社會C	.148[c]	3.653	.000	.206	.771

a. 依變數: 自我概念
b. 模式中的預測變數:(常數), 正向心理C
c. 模式中的預測變數:(常數), 正向心理C, 社會支持C

圖 17-28 調節效果模式之階層迴歸分析的 SPSS 統計報表

由圖 17-28 的報表 6 可知，自變項「正向心理 C」與調節變項「社會支持 C」的乘積項「正向 CX 社會 C」，其迴歸係數 b_3 為 .029，其 $t(301) = 3.653$，$p < .001$，顯示交互作用的存在，亦即「社會支持」在「正向心理」與「自我概念」的關係中，具有調節作用。接續，即可繪製調節效果模式的圖形。

由表 17-4 可知，以「平均數下一個標準差」的調節變項社會支持 C（數

值為 –4.241），其依變項預測方程式為 $\hat{Y}' = [b'_0 + b'_2 \times (M_{Mo_c} - 1 \times SD_{Mo_c})] + [b'_1 + b'_3 \times (M_{Mo_c} - 1 \times SD_{Mo_c})]X_c$，將圖 17-28 的報表 1 與報表 6 中的各變項數值代入，即可獲得公式 17-17 的迴歸預測方程式。

$$\begin{aligned}
\hat{Y}' &= (b'_0 + b'_2 Mo_c) + (b'_1 + b'_3 Mo_c)X_c \\
&= [b'_0 + b'_2 \times (M_{Mo_c} - 1 \times SD_{Mo_c})] + [b'_1 + b'_3 \times (M_{Mo_c} - 1 \times SD_{Mo_c})]X_c \\
&= [65.923 + 0.681 \times (-0.005 - 1 \times 4.236)] + [0.600 + 0.029 \times (-0.005 - 1 \times 4.236)]X_c \\
&= (65.923 - 2.888) + (0.600 - 0.123)X_c \\
&= 63.035 + 0.477X_c \qquad\qquad\qquad\text{（公式 17-17）}
\end{aligned}$$

由表 17-4 可知，以「平均數」的調節變項社會支持 C（數值為 –0.005），其依變項預測方程式為 $\hat{Y}' = (b'_0 + b'_2 M_{Mo_c}) + (b'_1 + b'_3 M_{Mo_c})X_c$，將圖 17-28 的報表 1 與報表 6 中的各變項數值代入，即可獲得公式 17-18 的迴歸預測方程式。

$$\begin{aligned}
\hat{Y}' &= (b'_0 + b'_2 Mo_c) + (b'_1 + b'_3 Mo_c)X_c \\
&= (b'_0 + b'_2 M_{Mo_c}) + (b'_1 + b'_3 M_{Mo_c})X_c \\
&= [65.923 + 0.681 \times (-0.005)] + [0.600 + 0.029 \times (-0.005)]X_c \\
&= (65.923 - 0.003) + (0.600 + .000)X_c \\
&= 65.920 + 0.600X_c \qquad\qquad\qquad\text{（公式 17-18）}
\end{aligned}$$

由表 17-4 可知，以「平均數上一個標準差」的調節變項社會支持 C（數值為 4.231），其依變項預測方程式為 $\hat{Y}' = [b'_0 + b'_2 \times (M_{Mo_c} + 1 \times SD_{Mo_c})] + [b'_1 + b'_3 \times (M_{Mo_c} + 1 \times SD_{Mo_c})]X_c$，將圖 17-28 的報表 1 與報表 6 中的各變項數值代入，即可獲得公式 17-19 的迴歸預測方程式。

$$\begin{aligned}
\hat{Y}' &= (b'_0 + b'_2 Mo_c) + (b'_1 + b'_3 Mo_c)X_c \\
&= [b'_0 + b'_2 \times (M_{Mo_c} + 1 \times SD_{Mo_c})] + [b'_1 + b'_3 \times (M_{Mo_c} + 1 \times SD_{Mo_c})]X_c \\
&= [65.923 + 0.681 \times (-0.005 + 1 \times 4.236)] + [0.600 + 0.029 \times (-0.005 + 1 \times 4.236)]X_c \\
&= (65.923 + 2.881) + (0.600 + 0.123)X_c \\
&= 68.804 + 0.723X_c \qquad\qquad\qquad\text{（公式 17-19）}
\end{aligned}$$

　　若想繪製調節效果模式的迴歸線，則需要取自變項「正向心理 C」的「平均數下一個標準差」、「平均數」、「平均數上一個標準差」的三個數值。並將這三個數值，帶入公式 17-17、公式 17-18 與公式 17-19 等三條迴歸預測公式中。

　　由圖 17-28 的報表 1 可知，自變項正向心理 C 的平均數為 0.001（理論上是 0，但因四捨五入的運算關係，造成有些微的差距），標準差為 5.534，所以，正向心理的平均數下一個標準差為 0.001 − 5.534 = −5.533、平均數為 0.001、平均數上一個標準差 0.001 + 5.534 = 5.535。

　　將這三個數值代入公式 17-17，可以得到 60.396、63.035 與 65.675 等三數值。

$$\hat{Y}' = 63.035 + 0.477X_c = 63.035 + 0.477 \times (-5.533) = 60.396$$
$$\hat{Y}' = 63.035 + 0.477X_c = 63.035 + 0.477 \times 0.001 = 63.035$$
$$\hat{Y}' = 63.035 + 0.477X_c = 63.035 + 0.477 \times 5.535 = 65.675$$

　　將這三個數值代入公式 17-18，可以得到 62.600、65.921 與 69.241 等三數值。

$$\hat{Y}' = 65.920 + 0.600X_c = 65.920 + 0.600 \times (-5.533) = 62.600$$
$$\hat{Y}' = 65.920 + 0.600X_c = 65.920 + 0.600 \times 0.001 = 65.921$$
$$\hat{Y}' = 65.920 + 0.600X_c = 65.920 + 0.600 \times 5.535 = 69.241$$

　　將這三個數值代入公式 17-19，可以得到 59.042、63.043 與 67.044 等三數值。

$$\hat{Y}' = 68.804 + 0.723X_c = 68.804 + 0.723 \times (-5.533) = 64.804$$
$$\hat{Y}' = 68.804 + 0.723X_c = 68.804 + 0.723 \times 0.001 = 68.805$$
$$\hat{Y}' = 68.804 + 0.723X_c = 68.804 + 0.723 \times 5.535 = 72.806$$

　　公式 17-17 是採用調節變項社會支持 C 的「平均數下一個標準差」的數值 -4.241 所獲得的；公式 17-18 是採用調節變項社會支持 C 的「平均數」的數值 -0.005 所獲得的；公式 17-19 是採用調節變項社會支持的「平均數上一個標準差」的數值 4.231 所獲得的。將這九個數值（三個自變項正向心理 C 的數值、三個調節變項社會支持 C 的數值、三個由公式 17-17 至公式 17-19 所推導出的依變項的預測值），輸入「Xc 與 Moc 皆為連續變項的調節效果模式繪圖 .sav」SPSS 資料檔案中，即可透過圖 17-29 的 SPSS 操作程序，獲得三條迴歸線。

步驟 1：打開「Xc 與 Moc 皆為連續變項的調節效果模式繪圖 .sav」的 SPSS
檔案，點選「統計圖 (G)」→「歷史對話記錄 (L)」→「散佈圖／點
狀圖 (S)」，如下圖所示。

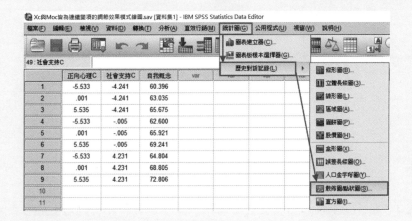

步驟 2：在「散佈圖／點狀圖」的對話窗中，點選左上方的「簡單散佈」，
並按下方「定義」鍵，如下圖所示。

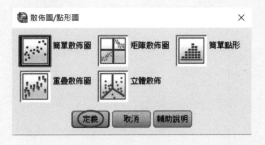

步驟 3：在「簡單散佈圖」的對話窗中，將左邊的「正向心理 C」，移至右
邊「X 軸 (X)」的空格中，如下圖所示。

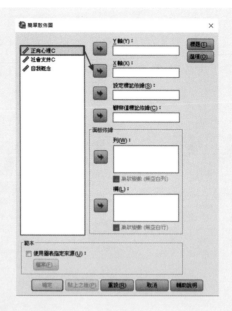

步驟 4：在「簡單散佈圖」的對話窗中，將左邊的「自我概念」，移至右邊「Y 軸 (Y)」的空格中，如下圖所示。

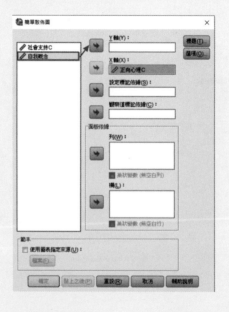

步驟 5：在「簡單散佈圖」的對話窗中，將左邊的「社會支持 C」，移至右邊「設定標記依據 (S)」的空格中，如下圖所示。

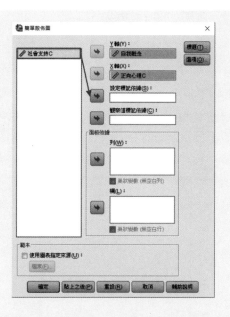

步驟6：在「簡單散佈圖」的對話窗中，按下方的「確定」鍵，如下圖所示。

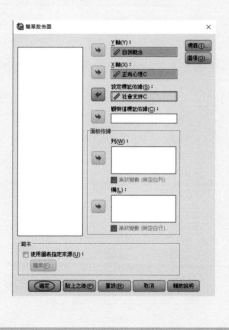

圖 17-29　找出三條調節變項社會支持的迴歸最適合線之 SPSS 操作步驟

　　經過圖 17-29 的 SPSS 操作步驟，即可得到圖 17-30 的散佈圖。經過適當的編輯，即可獲得受試者在這兩個變項上（正向心理 C、自我概念）的迴歸分析最

適合線，其 SPSS 的操作步驟如圖 17-30 所示。

步驟1：在「圖形」的報表中，可看到「正向心理」為 X 軸，「自我概念」為 Y 軸，社會支持 C 在 -4.241、-0.005 與 4.231 三個數值分別呈現的散佈圖，如下圖所示。

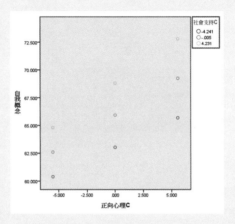

步驟2：在散佈圖中任一位置點選滑鼠右鍵，點選「編輯內容 (O)」→「在個別視窗中 (W)」，如下圖所示。

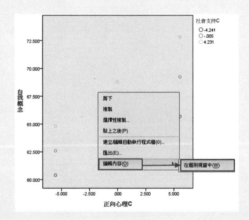

步驟3：在「圖表編輯器」的視窗中，點選「於子群組新增最適線」（有兩條線）的按鍵，如下圖所標示的按鍵。

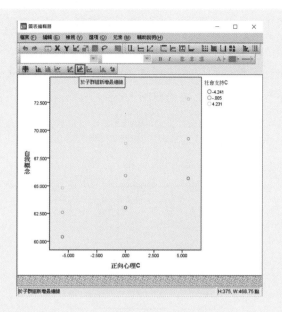

步驟 4：關閉「圖表編輯器」的視窗，如下圖所示。

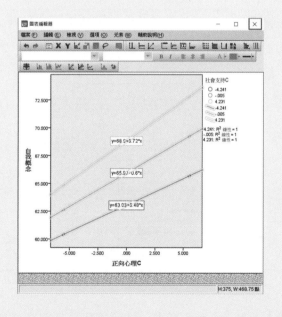

步驟 5：在「圖表編輯器」的視窗中，即可看到出現三條最適合線，包括以
調節變項社會支持 C「平均數下一個標準差」所獲得的最適合線「y
＝ 63.03 ＋ 0.48*X」、以調節變項社會支持 C「平均數」所獲得的最
適合線「y ＝ 65.92 ＋ 0.6*X」、以調節變項社會支持 C「平均數上一
個標準差」所獲得的最適合線「y ＝ 63.04 ＋ 0.72*X」，此結果與透

過公式 17-17 至公式 17-19 所推導的迴歸預測方程式是一樣的。

請注意，由於圖形的起始點並非原點（0,0），導致迴歸方程式的截距出現不適切的位置，可透過將 X 軸與 Y 軸的最小值，設定為 0 的調整方式，獲得正確的圖形。

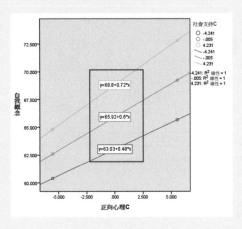

步驟 6：在散佈圖中任一位置點選滑鼠右鍵，點選「編輯內容 (O)」→「在個別視窗中 (W)」，如下圖所示。

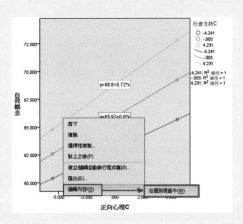

步驟 7：在「圖表編輯器」的視窗中，將游標點選 X 軸座標軸的數據兩次，如下圖所示。

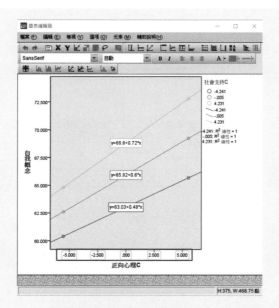

步驟8：在「內容」的視窗中，點選「尺度(S)」，如下圖所示。

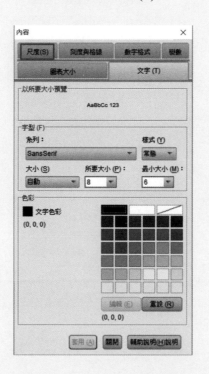

步驟9：在「內容」的視窗中，取消「最小值(M)」的勾選，並在「自訂」
的空格中，將原先設定的「−6」更改為「0」，如下圖所示。

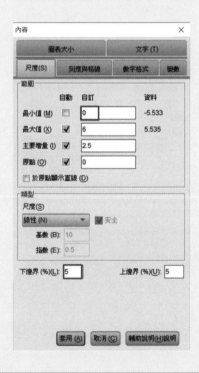

步驟 10：在「內容」的視窗中，將左下方的「下邊界(%)(L)」原先設定的「5」
更改為「0」，如下圖所示。

步驟11：在「內容」的視窗中，按下方「套用 (A)」按鍵，如下圖所示。

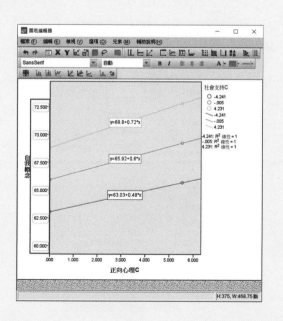

步驟12：在「圖表編輯器」的視窗中，將游標點選 Y 軸座標軸的數據兩次，如下圖所示。

步驟 13：在「內容」的視窗中，點選「尺度 (S)」，如下圖所示。

步驟 14：在「內容」的視窗中，取消「最小值 (M)」的勾選，並在「自訂」
　　　　　的空格中，將原先設定的「60」更改為「0」，如下圖所示。

步驟 15：在「內容」的視窗中，將左下方的「下邊界(%)(L)」原先設定的「5」
更改為「0」，如下圖所示。

步驟 16：在「內容」的視窗中，按下方「套用(A)」按鍵，如下圖所示。

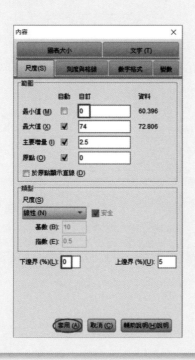

步驟 17：關閉「圖表編輯器」的視窗，如下圖所示。

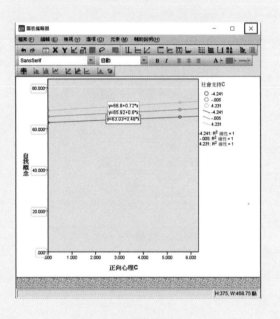

步驟 18：在「圖表編輯器」的視窗中，即可看到出現三條最適合線，此時三條最適合線的截距就符合迴歸預測方程式的實際數值。

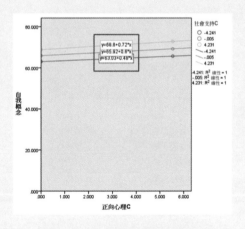

圖 17-30 找出三條調節變項社會支持 C 的迴歸最適合線之 SPSS 統計報表

三、以Hayes教授的PROCESS v4.1進行調節效果模式的考驗

上述的調節效果模式是採用 SPSS 統計軟體的點選程序，進行調節效果模式的考驗。接續，將介紹採用第十六章所介紹的 Hayes 教授所寫的 SPSS 巨集程式 PROCESS，進行調節效果模式的統計考驗。請先按照第十六章所介紹的安裝方式，完成 PROCESS v4.1。若 PROCESS 有更新的版本，可直接安裝更新的版本。

(一) 採用原始分數進行自變項X為連續變項、調節變項為二分類別變項的調節效果模式PROCESS v4.1操作與報表解讀

茲同樣以表 17-5 為例，說明如何透過 PROCESS v4.1 進行自變項為連續變項、調節變項為二分類別變項的調節效果模式之統計考驗，其操作步驟如圖 17-31 所示。表 17-5 為 305 位中學生的正向心理、性別、自我概念等三項變項的資料，自變項的正向心理為連續變項，調節變項的性別為二分類別變項，依變項的自我概念為連續變項。

步驟 1：打開「正向心理、性別與自我概念 .sav」的 SPSS 檔案，點選「分析 (A)」→「迴歸 (R)」→「PROCESS v4.1 by Andrew F. Hayes」，如下圖所示。

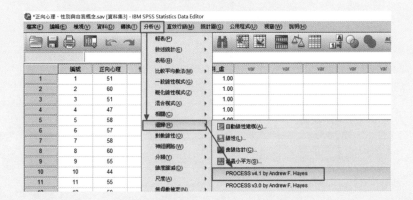

步驟 2：在「PROCESS v4.1」對話窗中，將左邊的自變項「正向心理」，移至右邊「X variable:」的空格中，如下圖所示。

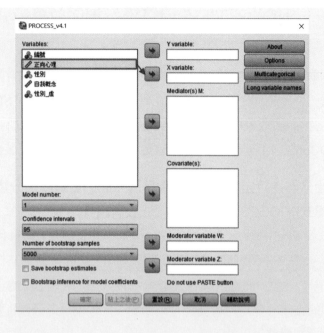

步驟3：在「PROCESS v4.1」對話窗中，將左邊調節變項「性別 _ 虛」，
移至右邊「Moderator variable W:」的空格中，如下圖所示。

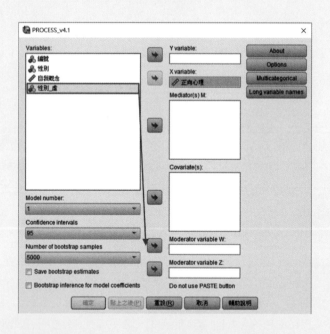

步驟4：在「PROCESS v4.1」對話窗中，將左邊依變項「自我概念」，移
至右邊「Y variable:」的空格中，如下圖所示。

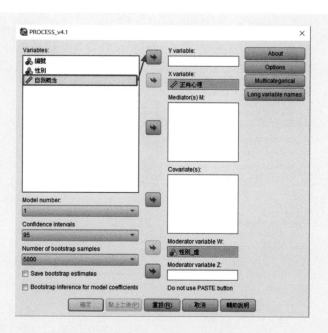

步驟 5：在「PROCESS v4.1」對話窗中，由於內定的模式 1 是適用於跑簡
　　　　單調節效果模式，所以不用更動「Model number:」。點選右方的
　　　　「Options」按鍵，如下圖所示。

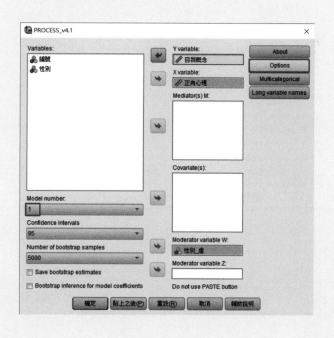

步驟 6：在「PROCESS options」對話窗中，點選「Probe interactions … 」，
將內定的「if p < .10」，更改為「if p < .05」，如下圖所示。

步驟 7：在「PROCESS options」對話窗中，將「Conditioning values」中內
定的「◎ 16th, 50th, 84th percentiles」，更改為「◎ -1SD, Mean,
+1SD」，並按下「繼續」按鍵，如下圖所示。

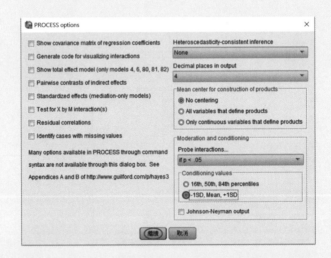

步驟 8：在「PROCESS v4.1」對話窗中，按下「確定」按鈕，如下圖所示。

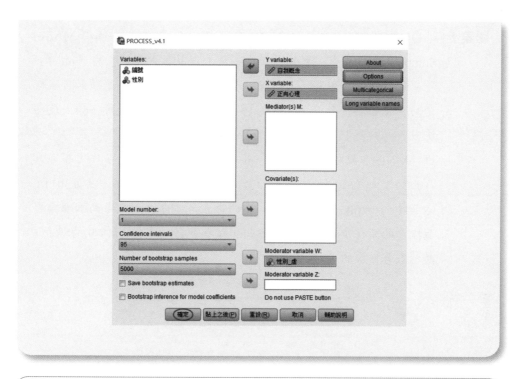

圖 17-31 以 PROCESS 進行自變項為連續變項、調節變項為二分類別變項的調
節效果模式統計考驗之操作步驟

經過圖 17-31 的 PROCESS 操作步驟，即可獲得圖 17-32 的 PROCESS 統計
報表。

報表 1：在「Run MATRIX procedure:」報表中，會出現模式的類型「Model：
1」、依變項 Y 的變項名稱「Y：自我概念」、自變項 X 的變項名
稱「X：正向心理」、調節變項 W 的變項名稱「W：性別_虛」、
樣本數量「Sample Size：305」等資料，如下圖所示。

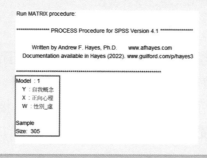

報表 2：「OUTCOME VARIABLE: 自我概念」報表中，由「Model Summary」摘要表，可知「正向心理」、「性別_虛」與「int_1」（此交互作用項即為「正向 X 性別」這個變項）三個變項對自我概念的多元相關係數 R 為 .751，多元相關係數平方 R^2 為 .564，這些統計數據與圖 17-9 的報表 4 的結果是一樣的。

由「Model」摘要表，可知「int_1」這個變項（此交互作用項即為「正向 X 性別」這個變項），其迴歸係數 b_3 為 –.276，其 $t(301) =$ –2.847，$p =.005$，顯示交互作用的存在，亦即性別在正向心理與自我概念的關係中，具有調節作用，這些統計數據與圖 17-9 的報表 6 的結果是一樣的。

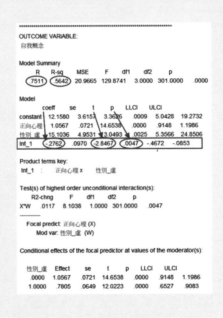

圖 17-32　以 PROCESS 進行自變項為連續變項、調節變項為二分類別變項的調節效果模式統計考驗之統計報表

(二) 採用平均數集中化進行自變項X為連續變項、調節變項為二分類別變項的調節效果模式PROCESS v4.1操作與報表解讀

　　以表 17-5 資料自變項正向心理進行平均數集中化，接續同樣透過 PROCESS v4.1 進行自變項為連續變項、調節變項為二分類別變項的調節效果模式之統計考

驗，其操作步驟如圖 17-33 所示，圖 17-33 的操作步驟是延續圖 17-31 的操作步驟，故省略某一些操作步驟。

步驟 1：打開「正向心理、性別與自我概念 .sav」的 SPSS 檔案，點選「分析 (A)」→「迴歸 (R)」→「PROCESS v4.1 by Andrew F. Hayes」，如下圖所示。

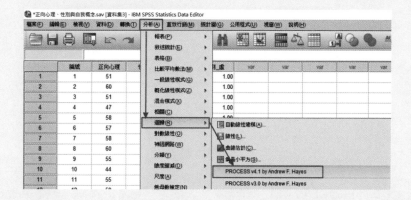

步驟 2：在「PROCESS v4.1」對話窗中，點選右方的「Options」按鍵，如下圖所示。

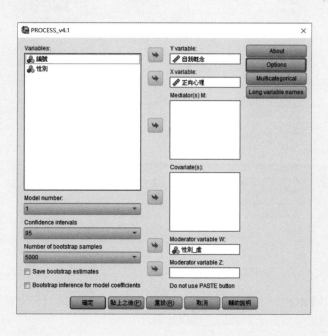

步驟 3：在「PROCESS options」對話窗中，將「Mean center for construction of products」中內定的「◎ No centering」，更改為「◎ Only continuous variables that define products」，並按下「繼續」按鍵，如下圖所示。

步驟 4：在「PROCESS v4.1」對話窗中，按下「確定」按鈕，如下圖所示。

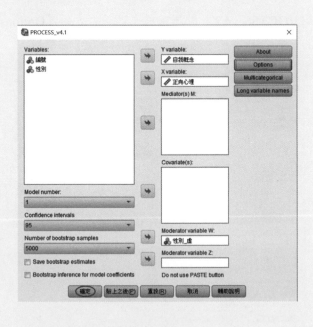

圖 17-33　以 PROCESS 進行自變項為連續變項、調節變項為二分類別變項的調節效果模式統計考驗之操作步驟

　　經過圖 17-33 的 PROCESS 操作步驟，即可獲得圖 17-34 的 PROCESS 統計報表。

報表 1：在「Run MATRIX procedure:」報表中，會出現模式的類型「Model：1」、依變項 Y 的變項名稱「Y：自我概念」、自變項 X 的變項名稱「X：正向心理」、調節變項 W 的變項名稱「W：性別_虛」、樣本數量「Sample Size：305」等資料，如下圖所示。

```
Run MATRIX procedure:

*************** PROCESS Procedure for SPSS Version 4.1 ***************

          Written by Andrew F. Hayes, Ph.D.      www.afhayes.com
          Documentation available in Hayes (2022). www.guilford.com/p/hayes3

*********************************************************************

Model : 1
    Y : 自我概念
    X : 正向心理
    W : 性別_虛

Sample
Size: 305
```

報表 2：「OUTCOME VARIABLE: 自我概念」報表中，由「Model Summary」摘要表，可知「正向心理」（此變項實際是正向心理 C，因為已針對正向心理進行平均數集中化）、「性別_虛」與「int_1」（此交互作用項即為「正向 X 性別」這個變項，此變項實際是「正向 CX 性別」）三個變項對自我概念的多元相關係數 R 為 .751，多元相關係數平方 R^2 為 .564，這些統計數據與圖 17-15 的報表 4 的結果是一樣的。

由「Model」摘要表，可知「int_1」這個變項（此交互作用項即為「正向 X 性別」這個變項），其迴歸係數 b_3 為 –.276，其 $t(301)$ = –2.847，p =.005，顯示交互作用的存在，亦即性別在正向心理與自我概念的關係中，具有調節作用，這些統計數據與圖 17-15 的報表 6 的結果是一樣的。

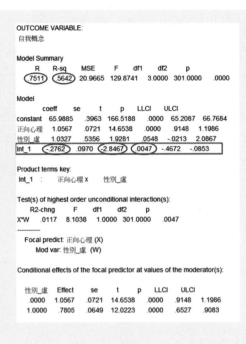

OUTCOME VARIABLE:
自我概念

Model Summary
          R   R-sq   MSE   F   df1   df2   p
       .7511   .5642   20.9665 129.8741 3.0000 301.0000   .0000

Model
            coeff   se   t   p   LLCI   ULCI
constant   65.9885 .3963 166.5188 .0000 65.2087 66.7684
正向心理   1.0567   .0721   14.6538 .0000   .9148   1.1986
性別_虛   1.0327   .5356   1.9281 .0548 -.0213   2.0867
Int_1   -.2762   .0970   -2.8467 .0047 -.4672   -.0853

Product terms key:
Int_1 :   正向心理 x   性別_虛

Test(s) of highest order unconditional interaction(s):
        R2-chng   F   df1   df2   p
X*W   .0117   8.1038 1.0000 301.0000 .0047

  Focal predict: 正向心理 (X)
    Mod var: 性別_虛 (W)

Conditional effects of the focal predictor at values of the moderator(s):

性別_虛   Effect   se   t   p   LLCI   ULCI
 .0000   1.0567 .0721 14.6538 .0000   .9148   1.1986
1.0000   .7805 .0649 12.0223 .0000   .6527   .9083

圖 17-34　以 PROCESS 進行自變項為連續變項、調節變項為二分類別變項的調節效果模式統計考驗之統計報表

(三) 採用原始分數進行自變項X為連續變項、調節變項為連續變項的調節效果模式PROCESS v4.1操作與報表解讀

　　茲同樣以表 17-6 為例，說明如何透過 PROCESS v4.1 進行自變項為連續變項、調節變項為連續變項的調節效果模式之統計考驗，其操作步驟如圖 17-35 所示。表 17-6 為 305 位中學生的正向心理、社會支持、自我概念等三項變項的資料，自變項的正向心理為連續變項，調節變項的社會支持為連續變項，依變項的自我概念為連續變項。

步驟 1：打開「正向心理、社會支持與自我概念.sav」的 SPSS 檔案，點選「分析 (A)」→「迴歸 (R)」→「PROCESS v4.1 by Andrew F. Hayes」，如下圖所示。

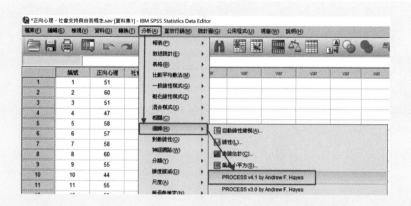

步驟 2：在「PROCESS v4.1」對話窗中，將左邊的自變項「正向心理」，
移至右邊「X variable:」的空格中，如下圖所示。

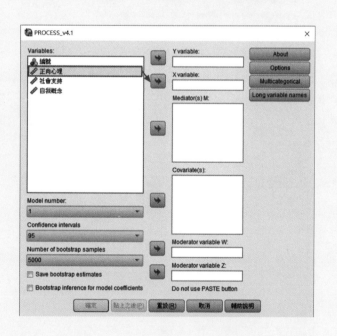

步驟 3：在「PROCESS v4.1」對話窗中，將左邊調節變項「社會支持」，
移至右邊「Moderator variable W:」的空格中，如下圖所示。

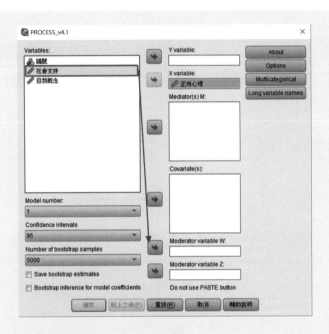

步驟 4：在「PROCESS v4.1」對話窗中，將左邊依變項「自我概念」，移至右邊「Y variable:」的空格中，如下圖所示。

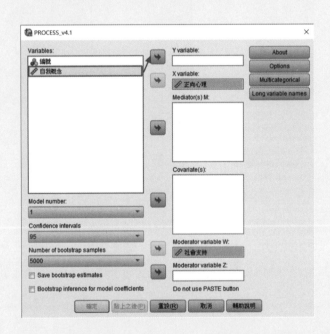

步驟 5：在「PROCESS v4.1」對話窗中，由於內定的模式 1 是適用於跑簡單調節效果模式，所以不用更動「Model number:」。點選右方的

「Options」按鍵，如下圖所示。

步驟 6：在「PROCESS options」對話窗中，點選「Probe interactions … 」，
將內定的「if p < .10」，更改為「if p < .05」，如下圖所示。

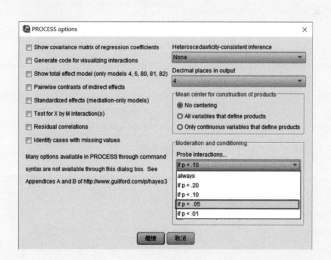

步驟 7：在「PROCESS options」對話窗中，將「Conditioning values」中
內定的「◎ 16th, 50th, 84th percentiles」，更改為「◎ -1SD, Mean,
+1SD」，如下圖所示。

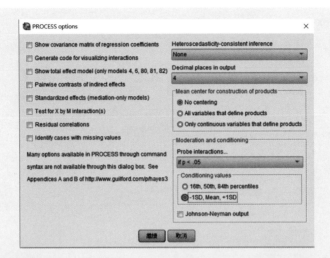

步驟 8：在「PROCESS options」對話窗中，勾選左上方的「Generate code for visualizing interactions」空格，並按下「繼續」按鍵，如下圖所示。此步驟可協助進行調節效果模式圖形的繪製。

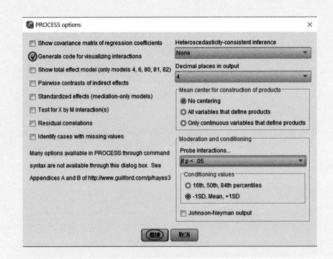

步驟 9：在「PROCESS v4.1」對話窗中，按下「確定」按鈕，如下圖所示。

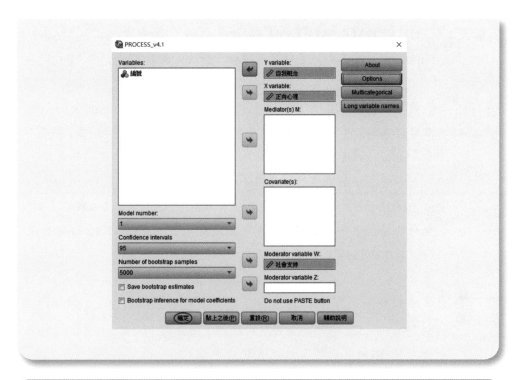

圖 17-35　以 PROCESS 進行自變項為連續變項、調節變項為連續變項的調節效
果模式統計考驗之操作步驟

　　經過圖 17-35 的 PROCESS 操作步驟，即可獲得圖 17-36 的 PROCESS 統計
報表。

報表 1：在「Run MATRIX procedure:」報表中，會出現模式的類型「Model：
1」、依變項 Y 的變項名稱「Y：自我概念」、自變項 X 的變項名
稱「X：正向心理」、調節變項 W 的變項名稱「W：社會支持」、
樣本數量「Sample Size：305」等資料，如下圖所示。

報表 2：「OUTCOME VARIABLE: 自我概念」報表中，由「Model Summary」摘要表，可知「正向心理」、「社會支持」與「int_1」（此交互作用項即為「正向 X 社會」這個變項）三個變項對自我概念的多元相關係數 R 為 .786，多元相關係數平方 R^2 為 .618，這些統計數據與圖 17-22 的報表 4 的結果是一樣的。

由「Model」摘要表，可知「int_1」這個變項（此交互作用項即為「正向 X 社會」這個變項），其迴歸係數 b_3 為 .029，其 $t(301) = 3.653$，$p < .001$，顯示交互作用的存在，亦即社會支持在正向心理與自我概念的關係中，具有調節作用，這些統計數據與圖 17-22 的報表 6 的結果是一樣的。

表格最後，出現以社會支持這個變項的「平均數下一個標準差」、「平均數」、「平均數上一個標準差」的三個數值：40.049、44.285、48.521。此結果與前面我們透過公式 17-14、公式 17-15、公式 17-16 所算出的三個數值 40.054、44.29、48.526 很接近，主要是四捨五入的關係，導致有些微的數值差異。

OUTCOME VARIABLE:
自我概念

Model Summary

R	R-sq	MSE	F	df1	df2	p
.7863	.6182	18.3648	162.4874	3.0000	301.0000	.0000

Model

	coeff	se	t	p	LLCI	ULCI
constant	71.6966	16.9595	4.2275	.0000	38.3224	105.0709
正向心理	-.7056	.3691	-1.9115	.0569	-1.4320	.0208
社會支持	-.8204	.3832	-2.1411	.0331	-1.5744	-.0664
Int_1	.0295	.0081	3.6534	.0003	.0136	.0454

Product terms key:
Int_1　：　正向心理 x　社會支持

Test(s) of highest order unconditional interaction(s):

	R2-chng	F	df1	df2	p
X*W	.0169	13.3471	1.0000	301.0000	.0003

Focal predict: 正向心理 (X)
Mod var: 社會支持 (W)

Conditional effects of the focal predictor at values of the moderator(s):

社會支持	Effect	se	t	p	LLCI	ULCI
40.0495	.4750	.0754	6.3028	.0000	.3267	.6232
44.2852	.5998	.0639	9.3906	.0000	.4741	.7255
48.5210	.7247	.0694	10.4410	.0000	.5881	.8612

報表 3：「Data for visualizing the conditional effect of the focal predictor」報表中，此報表提供畫調節效果模式圖的 SPSS 語法，請將滑鼠快速點兩下，將游標從「DATA LIST FREE/」這行至最後一行「正向心

理 WITH 自我概念 BY 社會支持 .」，這段內容整個標示起來，再
按滑鼠右鍵，進行複製動作，如下圖所示。

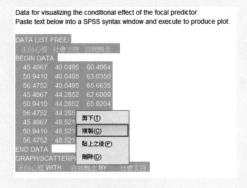

圖 **17-36** 以 PROCESS 進行自變項為連續變項、調節變項為連續變項的調節效
果模式統計考驗之統計報表

　　將圖 17-36 所獲得的 SPSS 語法，貼到 SPSS 的語法視窗，即可進行繪製調
節效果模式的圖形，其 SPSS 操作步驟如圖 17-37 所示。

步驟 1：打開「正向心理、社會支持與自我概念 .sav」的 SPSS 檔案，點選「檔
　　　　案 (F)」→「開啟新檔 (N)」→「語法 (S)」，如下圖所示。

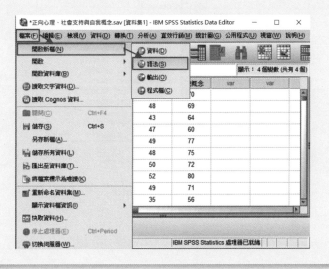

步驟 2：在「IBM SPSS Statisitcs Syntax Editor」視窗中，在右邊空白的語法視窗內，按滑鼠右邊，再點選「貼上」的選項，如下圖所示。

步驟 3：在右邊空白的語法視窗內，會看到所貼上的語法，如下圖所示。

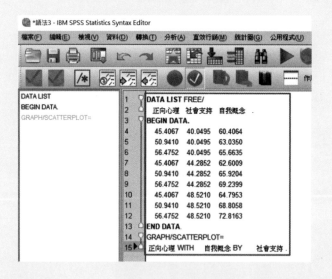

步驟 4：在「IBM SPSS Statisitcs Syntax Editor」視窗中，點選「執行 (R)」→「全部 (A)」，如下圖所示。

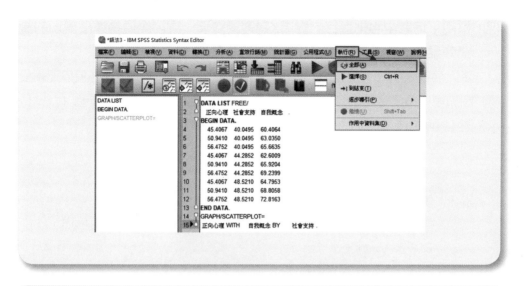

圖 17-37　以 SPSS 語法執行繪製調節效果模式圖形之操作步驟

　　經過圖 17-37 的 SPSS 操作步驟，即可獲得圖 17-38 的調節效果模式圖形。圖 17-38 所獲得的散佈圖，與圖 17-24 的步驟 1 所獲得的圖形是一樣的。後續有關如何繪製調節效果模式圖形，請參考圖 17-24 的操作步驟。

報表 1：在「圖形」的報表中，可看到「正向心理」為 X 軸，「自我概念」為 Y 軸，社會支持 40.05、44.29 與 48.52 三個數值分別呈現的散佈圖，如下圖所示。

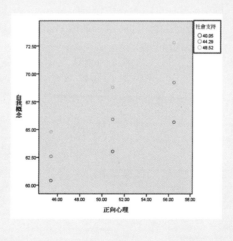

圖 17-38　以 SPSS 語法執行繪製調節效果模式圖形之統計報表

(四) 採用平均數中心化進行自變項X為連續變項、調節變項為連續變項的調節效果模式PROCESS v4.1操作與報表解讀

茲同樣以表 17-6 為例，說明如何透過 PROCESS v4.1 進行自變項為連續變項、調節變項為連續變項的調節效果模式之統計考驗，其操作步驟如圖 17-39 所示，圖 17-39 是延續圖 17-35 的操作步驟，故省略某些操作步驟。

步驟 1：打開「正向心理、社會支持與自我概念.sav」的 SPSS 檔案，點選「分析 (A)」→「迴歸 (R)」→「PROCESS v4.1 by Andrew F. Hayes」，如下圖所示。

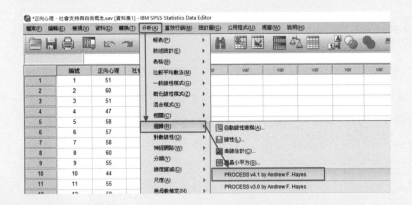

步驟 2：在「PROCESS v4.1」對話窗中，點選右方的「Options」按鍵，如下圖所示。

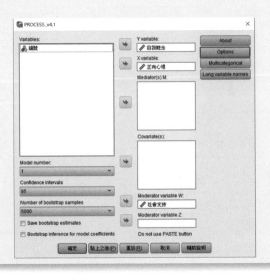

步驟 3：在「PROCESS options」對話窗中，將「Mean center for construction of products」中內定的「◎ No centering」，更改為「◎ Only continuous variables that define products」，並按下「繼續」按鍵，如下圖所示。

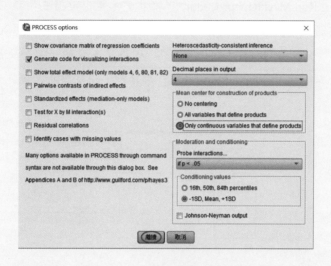

步驟 4：在「PROCESS v4.1」對話窗中，按下「確定」按鈕，如下圖所示。

圖 17-39　以 PROCESS 進行自變項為連續變項、調節變項為連續變項的調節效果模式統計考驗之操作步驟

　　經過圖 17-39 的 PROCESS 操作步驟，即可獲得圖 17-40 的 PROCESS 統計報表。

報表 1：在「Run MATRIX procedure:」報表中，會出現模式的類型「Model：1」、依變項 Y 的變項名稱「Y：自我概念」、自變項 X 的變項名稱「X：正向心理」、調節變項 W 的變項名稱「W：社會支持」、樣本數量「Sample Size：305」等資料，如下圖所示。

報表 2：「OUTCOME VARIABLE: 自我概念」報表中，由「Model Summary」摘要表，可知「正向心理」（此變項實際是正向心理 C，因為已針對正向心理進行平均數集中化）、「社會支持」（此變項實際是社會支持 C，因為已針對社會支持進行平均數集中化）與「int_1」（此交互作用項即為「正向 CX 社會 C」這個變項）三個變項對自我概念的多元相關係數 R 為 .786，多元相關係數平方 R^2 為 .618，這些統計數據與圖 17-28 的報表 4 的結果是一樣的。

　　由「Model」摘要表，可知「int_1」這個變項（此交互作用項即為「正向 CX 社會 C」這個變項），其迴歸係數 b_3 為 .029，其 $t(301)$ = 3.653，$p < .001$，顯示交互作用的存在，亦即社會支持在正向心理與自我概念的關係中，具有調節作用，這些統計數據與圖 17-28 的報表 6 的結果是一樣的。

　　表格最後，出現以社會支持這個變項的「平均數下一個標準差」、「平均數」、「平均數上一個標準差」的三個數值：−4.2357、.0000、4.2357。此結果與前面我們透過公式 17-17、公式 17-18、公式 17-19 所算出的三個數值 −4.241、−0.005、4.231 很接近，主要是四捨五入的關係，導致有些微的數值差異。

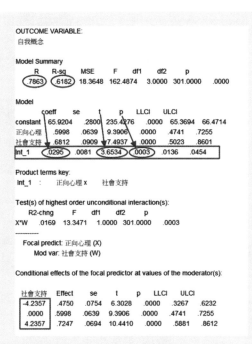

報表 3：「Data for visualizing the conditional effect of the focal predictor」報表中，此報表提供畫調節效果模式圖的 SPSS 語法，請將滑鼠快速點兩下，將游標從「DATA LIST FREE/」這行至最後一行「正向心理 WITH 自我概念 BY 社會支持．」，這段內容整個標示起來，再按滑鼠右鍵，進行複製動作，如下圖所示。

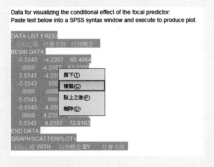

圖 17-40　以 PROCESS 進行自變項為連續變項、調節變項為連續變項的調節效果模式統計考驗之統計報表

　　將圖 17-40 所獲得的 SPSS 語法，貼到 SPSS 的語法視窗，即可進行繪製調節效果模式的圖形，其 SPSS 操作步驟如圖 17-41 所示。

步驟 1：在「IBM SPSS Statisitcs Syntax Editor」視窗中，在右邊空白的語法視窗內，按滑鼠右邊，再點選「貼上」，即可看到所貼上的語法，如下圖所示。

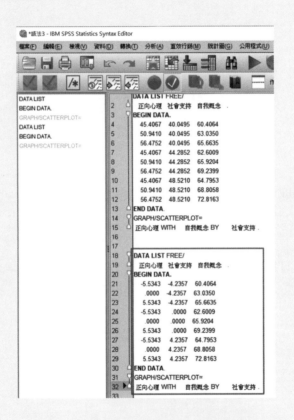

步驟 2：在「IBM SPSS Statisitcs Syntax Editor」視窗中，將要執行的語法點選起來，接著點選「綠色三角形」，如下圖所示。

　　由於語法視窗有兩個語法檔案（第一個語法檔是以原始分數進行，第二個語法檔是以平均數中心化進行），若點選「執行(R)」→「全部(A)」，則兩個語法檔都會被執行。而此次的繪圖語法，只需要執行第二個語法檔，所以需先將第二個語法檔標示起來，再點選「綠色三角形」，即可單獨執行第二個語法檔。

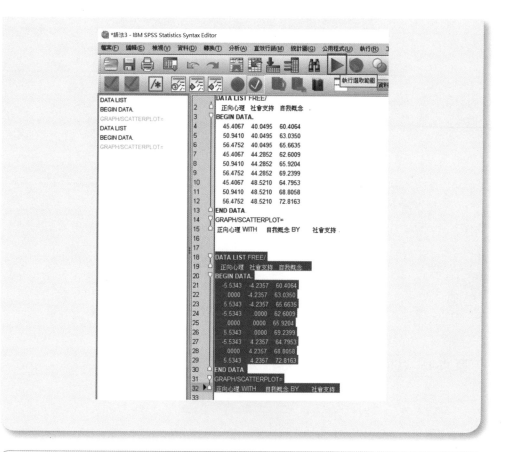

圖 17-41 以 SPSS 語法執行繪製調節效果模式圖形之操作步驟

經過圖 17-41 的 SPSS 操作步驟，即可獲得圖 17-42 的調節效果模式圖形。
圖 17-42 所獲得的散佈圖，與圖 17-30 的步驟 1 所獲得的圖形是一樣的。後續有
關如何繪製調節效果模式圖形，請參考圖 17-30 的操作步驟。

報表 1：在「圖形」的報表中，可看到「正向心理」為 X 軸，「自我概念」
為 Y 軸，社會支持 −4.24、.00 與 4.24 三個數值分別呈現的散佈圖，
如下圖所示。

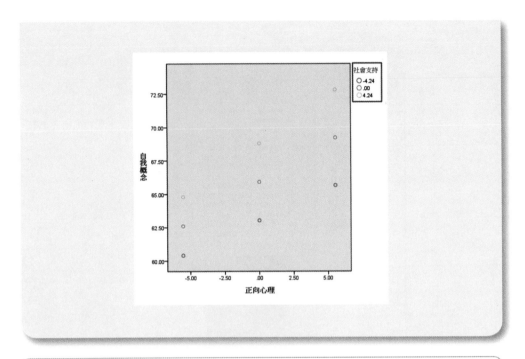

圖 17-42 以 SPSS 語法執行繪製調節效果模式圖形之統計報表

參考書目

一、中文部分

余民寧（2006）。心理與教育統計。臺北：三民書局。

吳明隆（2009）。SPSS 操作與應用：問卷統計分析實務（二版）。臺北：五南圖書出版公司。

吳裕益（2007）。心理與教育統計學。臺北：雙葉書廊。

李茂能（2012）。變項中心化與多元共線性的玄機。測驗統計年刊，20，25-52。

林清山（2003）。心理與教育統計學。臺北：東華書局。

邱皓政（2007）。量化研究與統計分析。臺北：五南圖書出版公司。

涂金堂（2006）。運用「範例（worked-out example）」在國小數學解題的教學實驗研究。行政院國家科學委員會專題研究計畫成果報告（NSC 94-2413-H-017-01）。高雄市：高雄師範大學師資培育中心。

涂金堂（2007）。中小學生「個人知識論」與學習行為的相關因素之分析研究。行政院國家科學委員會專題研究計畫成果報告（NSC 95-2413-H-017-009）。高雄市：高雄師範大學師資培育中心。

傅粹馨（1998）。典型相關分析：與其他統計方法之關係。高雄師大學報，9，173-186。

二、西文部分

Barcikowski, R. S., & Robey, R. R. (1983). Decisions in single group repeated measures analysis: Statistical tests and three computer packages. *American Statistician, 38*, 148-150.

Campbell, K. T., & Taylor, D. L. (1996). Canonical correlation analysis as a general linear model: A heuristic lesson for teachers and students. *Journal of Experimental Education, 64*, 157-171.

Campo, S. F. (1990). *Canonical correlation as the most general parametric method: Implications for educational research*. Paper presented at the annual meeting of the Southwest Educational Research Association, Austin. (ERIC Document Reproduction Service No. 315 440).

Coakes, S. J., & Steed, L. G. (2005). *SPSS: Analysis without anguish: Version 12.0 for windows*. Brisbane, Australia: John Wiley & Sons.

Cohen, B. H. (2008). *Explaining psychological statistics* (3rd ed.). Hoboken, NJ: John Wiley and Sons.

Cohen, J. (1968). Multiple regression as a general data-analytic system. *Psychological Bulletin, 70*, 426-443.

Cohen, J. (1998). *Statistical power analysis for the behavioral sciences* (2nd ed.). Hillsdale, NJ: Erlbaum Erlbaum.

Cohen, J., & Cohen, P. (1983). *Applied multiple regression/correlation analysis for the behavioral sciences* (2nd ed.). Hillsdale, NJ: Lawrence Erlbaum.

Cohen, J., Cohen, P., West, S. G., & Aiken, L. S. (2003). *Applied multiple regression/correlation analysis for the behavioral sciences* (3rd ed.). Mahwah, NJ: Lawrence Erlbaum.

Cox, M. K., & Key, C. H. (1993). Post hoc pair-wise comparisons for the chi-square test of homogeneity of proportions. *Educational & Psychological Measurement, 53*(4), 951-962.

Cronbach, L. J. (1951). Coefficient alpha and the internal structure of tests. *Psychometrika, 16*, 297-334.

de Haan, A. D., Prinzie, P., & Dekovic, M. (2009). Mothers' and fathers' personality and parenting: The mediating role of sense of competence. *Developmental Psychology, 45*, 1695-1707.

Fan, X. (1996). Canonical correlation analysis as a general analytic model. In B. Thompson (Ed.), *Advanced in social science methodology* (Vol. 4, pp.71-94). Greenwich, CT: JAI Press.

Field, A. (1998). A bluffer's guide to ... sphericity. *The British Psychological Society: Mathematical, Statistical & Computing Section Newsletter, 6*, 13-22.

Field, A. (2005). *Discovering statistics using SPSS* (2nd ed.). London: Sage.

Gardinal, R. N., & Aitken, M. R. F. (2006). *ANOVA for the behavioural sciences researcher.* London: Lawrence Erlbaum.

Girden, E. R. (1992). *ANOVA: Repeated measures.* Newbury Park, CA: Sage.

Glass, G. V., & Hopkins, K. D. (1996). Statistical methods in education and psychology. Boston, MA: Allyn and Bacon.

Glass, G. V., Peckham, P. D. & Sanders, J. R., (1972). Consequences of failure to meet assumptions underlying the fixed effects analyses of variance and covariance. *Review of Educational Research, 42*, 237-288.

Greenhouse, S. W., & Geisser, S. (1959). On methods in the analysis of profile data.

Psychometrika, 24, 95-112.

Griskevicius, V., Tybur, J. M., & Van den Bergh, B. (2010). Going green to be seen: Status, reputation, and conspicuous conservation. *Journal of Personality and Social Psychology, 98,* 392-404.

Grissom, R. J., & Kim, J. J. (2005). *Effect sizes for research: A broad practical approach.* Mahwah, NJ: Lawrence Erlbaum.

Haberman, S. J. (1978). *Analysis of qualitative data.* New York, NY: Academic Press.

Huck, S. W. (2008). *Reading statistics and research.* Boston: Pearson, Allyn and Bacon.

Huynh, H., & Feldt, L. (1970). Conditions under which mean square ratios in repeated measurements designs have exact *F* distributions. *Journal of the American Statistical Association, 65,* 1582-1589.

Huynh, H., & Feldt, L. (1976). Estimation of the Box correction for degrees of freedom from sample data in randomised block and split-plot designs. *Journal of Educational Statistics, 1,* 69-82.

Kirk, R. E. (1995). *Experimental design: Procedures for the behavioral sciences* (3rd ed.). Pacific Grove, CA: Brooks.

Knapp, T. R. (1978). Canonical correlation analysis: A general parametric significance-testing system. *Psychological Bulletin, 85,* 410-416.

Kuder, G. F., & Richardson, M. W. (1937). The theory of the estimation of test reliability. *Psychometrika, 2,* 151-160.

Levene, H. (1960). Robust tests for equality of variances. In I. Olkin (Ed.), *Contributions to probability and statistics* (pp. 278-292). Palo Alto, CA: Stanford University Press.

Lomax, R. G. (2007). *Statistical concepts: A second course for education and the behavioral sciences* (3rd ed). Mahwah, NJ: Lawrence Erlbaum.

MacDonald, P. L., & Gardner, R. C. (2000). Type 1 error rate comparisons of post hoc procedures for I × J chi-square tables. *Educational and Psychological Measurement, 60,* 735-754.

Marascuilo, L. A., & McSweeney, M. (1977). *Nonparametric and distribution-free methods for the social science.* Monterey, CA: Brooks.

Marascuilo, L. A., & Serlin, R. C. (1988). *Statistical methods for the social and behavioral sciences.* New York, NY: Freeman.

Mauchly, J. W. (1940). Significance test for sphericity of a normal n-variate distribution. *The Annals of Mathematical Statistics, 11*, 204-209.

Maxwell, S. E., & Delaney, H. D. (2004). *Designing experiments and analyzing data: A model comparison perspective* (2nd ed.). Mahwah, NJ: Lawrence Erlbaum.

Murphy, K. R., & Myors, B. (2004). *Statistical power analysis: A simple and general model for traditional and modern hypothesis tests* (2nd ed.). Mahwah, NJ: Lawrence Erlbaum.

Myers, J. L., & Well, A. (2003). *Research design and statistical analysis*. Mahwah, NJ: Lawrence Erlbaum.

Schommer, M. (1990). Effects of beliefs about the nature of knowledge on comprehension. *Journal of Educational Psychology, 82*, 498-504.

Seaman, M. A., & Hill, C. C. (1996). Pairwise comparisons for proportions: A note on Cox and Key. *Educational and Psychological Measurement, 56*, 452-459.

Sheskin, D. J. (2007). *Handbook of parametric and nonparametric statistical procedures* (4th ed.). Boca Raton, FL: Chapman and Hall.

Stigler, S. M. (1986). *The history of statistics: The measurement of uncertainty before 1900*. Cambridge, MA: Harvard University Press.

Sparfeldt, J. E., Schilling, S. R., & Rost, D. H. (2006). Blocked versus randomized format of questionnaires: A confirmatory. *Educational and Psychological Measurement, 66*, 961-974.

Streiner, D. L. (2003). Being inconsistent about consistency: When coefficient alpha does and doesn't matter. *Journal of Personality Assessment, 80*, 217-222.

Student. (1908). The probable error of a mean. *Biometrika, 6*, 1-25.

Tabachnick, B. G., & Fidell, L. S. (2007). *Using multivariate statistics* (5th ed.). Boston, MA: Allyn and Bacon.

Warner, R. M. (2008). *Applied statistics*. Los Angeles, CA: Sage.

Welch, B. L. (1938). The significance of the difference between two means when population variances are unequal. *Biometrika, 29*, 350-362.

Welch, B. L. (1951). On the comparison of several mean values: An alternative approach. *Biometrika, 38,* 330-336.

Wilcox, R. (2003). *Applying contemporary statistical technique*. Boston, MA: Academic Press.

附　錄
數學學習狀態調查表

親愛的同學：

　　下面的每道問題只是想瞭解你對數學的感覺，這不是考試，也不會計算分數。每個題目也沒有標準答案，只要你按照自己的想法回答就可以了。每一題都要填寫，填寫完畢後，請仔細檢查是否有漏答的題目！祝大家

健康快樂，學業進步

○○○○大學○○學系

○○○老師敬上

民國○○○年○○月

個人基本資料

一、你就讀的學校是：□ ＿＿＿＿＿＿＿＿＿國小

　　　　　　　　　　□ ＿＿＿＿＿＿＿＿＿國中

二、你就讀的班級是：□ 國小六年＿＿＿＿＿班

　　　　　　　　　　□ 國中二年＿＿＿＿＿班

三、你的座號是：＿＿＿號

四、你的性別是？　□男生　　□女生。

數學學習狀況調查（甲卷）

填答說明：本部分主要是想探討你對於數學學習狀況的感受與想法。請根據你對下列每個題目感受到的程度高低，以 1 至 5 分來表示。如果你「非常同意」某一題的題目敘述，請在「非常同意」的空格（□）打勾；如果你「同意」某一題的題目敘述，請在「同意」的空格（□）打勾；依此類推。

題號		非常同意	同意	不確定	不同意	非常不同意
1.	我認為數學成績的好壞，與數學天分有絕對的關係。…………	□	□	□	□	□
2.	我認為一個人的數學能力，在出生時，就已經註定好了。……	□	□	□	□	□
3.	我認為數學天分是影響數學成績的最重要因素。………………	□	□	□	□	□
4.	我認為數學天分高的學生，不需要用功，也可以有很好的數學表現。………………………………………………………………	□	□	□	□	□
5.	我認為數學能力是天生的，後天的努力是無法改變的。………	□	□	□	□	□

題號		非常同意	同意	不確定	不同意	非常不同意
6.	我認為天生數學能力弱的人，再怎麼努力，數學成績也比不過天生數學能力強的人。…………………………………………	☐	☐	☐	☐	☐
7.	我認為無法很快學會某個數學概念時，就不用再浪費時間學習它了。…………………………………………………………	☐	☐	☐	☐	☐
8.	我認為數學能力的提升，是需要花費一段時間的。…………	☐	☐	☐	☐	☐
9.	我認為短時間內，無法學會的數學概念，再怎麼努力，還是無法學會。…………………………………………………………	☐	☐	☐	☐	☐
10.	我認為若無法在很短的時間內，學會某個數學概念，我就不可能學會它了。………………………………………………………	☐	☐	☐	☐	☐
11.	我認為數學課本不同單元的數學知識，彼此之間是有關聯性的。…………………………………………………………………	☐	☐	☐	☐	☐
12.	我認為以前所學的數學知識，與現在所學的數學知識，是有密切的關係的。………………………………………………………	☐	☐	☐	☐	☐
13.	我認為不同年級的數學知識，是有關聯性的。………………	☐	☐	☐	☐	☐
14.	我認為數學知識與日常生活，兩者是沒有關係的。…………	☐	☐	☐	☐	☐
15.	我認為瞭解數學概念，比背誦數學概念更重要。……………	☐	☐	☐	☐	☐
16.	我認為瞭解之前所學的數學知識，有助於未來的數學學習。…	☐	☐	☐	☐	☐
17.	我認為數學問題，都只有一個正確答案。……………………	☐	☐	☐	☐	☐
18.	我認為數學課本所呈現的數學知識，都是絕對正確的。……	☐	☐	☐	☐	☐
19.	我認為數學問題，都有固定的標準答案。……………………	☐	☐	☐	☐	☐
20.	我認為沒有唯一標準答案的數學題目，是不好的試題。……	☐	☐	☐	☐	☐
21.	我認為數學老師教學時，應該讓學生清楚瞭解每道題目的唯一正確解答。………………………………………………………	☐	☐	☐	☐	☐

數學學習狀況調查（乙卷）

填答說明：本部分主要是想探討你對於數學學習狀況的感受與想法。請根據你對下列每個題目感受到的程度高低，以 1 至 5 分來表示。如果你「非常同意」某一題的題目敘述，請在「非常同意」的空格（□）打勾；如果你「同意」某一題的題目敘述，請在「同意」的空格（□）打勾；依此類推。

題號		非常同意	同意	不確定	不同意	非常不同意
1.	我覺得我沒有學習數學的天賦。	□	□	□	□	□
2.	我覺得數學很簡單。	□	□	□	□	□
3.	把數學學好，以後找工作比較容易。	□	□	□	□	□
4.	我會因師長們的鼓勵，而想多做一些數學題目。	□	□	□	□	□
5.	老師出的數學題目，我大部分都能算出來。	□	□	□	□	□
6.	學數學除了考試之外，對我幫助不大。	□	□	□	□	□
7.	我會事先預習數學老師要教的內容。	□	□	□	□	□
8.	我覺得我的數學能力和班上其他同學相比，還算不錯。	□	□	□	□	□
9.	我覺得不管我怎麼努力，就是學不好數學。	□	□	□	□	□
10.	學數學讓我的思考更敏銳。	□	□	□	□	□
11.	每次月考時，我對數學這一科最沒有把握了。	□	□	□	□	□
12.	我會複習數學老師今天所教的內容。	□	□	□	□	□
13.	學好數學，對我來說，是一件容易的事。	□	□	□	□	□
14.	上數學課時，我很怕老師問我問題。	□	□	□	□	□
15.	把數學學好，可以讓我以後讀比較好的學校。	□	□	□	□	□
16.	上數學課時，我會認真做筆記。	□	□	□	□	□
17.	我很害怕上數學課。	□	□	□	□	□
18.	我每天都會花一些時間算數學題目。	□	□	□	□	□
19.	我很有信心可以把數學學好。	□	□	□	□	□
20.	當我看到數學題目時，就覺得不舒服。	□	□	□	□	□

題號		非常同意	同意	不確定	不同意	非常不同意
21.	我覺得學數學，可以讓我更聰明。………………………………	☐	☐	☐	☐	☐
22.	除了老師指定的數學作業以外，我還會主動找其他題目練習。	☐	☐	☐	☐	☐
23.	題目算出來後，我都會有檢查或驗算的習慣。…………………	☐	☐	☐	☐	☐
24.	碰到和數學有關的問題時，我會感到很頭痛。…………………	☐	☐	☐	☐	☐
25.	上數學課時，我會專心聽講。…………………………………	☐	☐	☐	☐	☐

～作答完後，請檢查是否有漏答的題目～

～謝謝你的認真作答！～

五南文化事業機構
WU-NAN CULTURE ENTERPRISE

1H1P 人工智慧(AI)與貝葉斯(Bayesian)迴歸的整合：應用STaTa分析（附光

作　　者：張紹勳、張任坊

定　　價：980元

I S B N：978-957-763-221-0

◆ 國內第一本解說 STaTa ——多達 45 種貝葉斯迴歸分析運用的教科書。
◆ STaTa＋AI＋Bayesian 超強組合，接軌世界趨勢，讓您躋身大數據時代先驅。
◆ 結合「理論、方法、統計」，讓讀者能精準使用 Bayesian 迴歸。
◆ 結內文包含大量圖片示意，配合隨書光碟資料檔，實地演練，學習更有效率。

1HA4 統計分析與R

作　　者：陳正昌、賈俊平

定　　價：650元

I S B N：978-957-763-663-8

正逐步成為量化研究分析主流的 R 語言
◆ 開章扼要提點各種統計方法適用情境，強調基本假定，避免誤用工具。
◆ 內容涵蓋多數的單變量統計方法，以及常用的多變量分析技術。
◆ 可供基礎統計學及進階統計學教學之用。

1HA6 統計學：基於R的應用

作　　者：賈俊平

審　　定：陳正昌

定　　價：580元

I S B N：978-957-11-8796-9

統計學是一門資料分析學科，廣泛應用於生產、生活和科學研究各領域。
◆ 強調統計思維和方法應用，以實際案例引導學習目標。
◆ 使用 R 完成計算和分析，透徹瞭解R語言的功能和特點。
◆ 注重統計方法之間的邏輯，以圖解方式展示各章內容，清楚掌握全貌。

1H2F Python數據分析基礎：包含數據挖掘和機器學習

作　　者：阮敬

定　　價：680元

I S B N：978-957-763-446-7

從統計學出發，最實用的 Python 工具書。
◆ 全書基於 Python3.6.4 編寫，兼容性高，為業界普遍使用之版本。
◆ 以簡明文字闡述替代複雜公式推導，力求降低學習門檻。
◆ 包含 AI 領域熱門的深度學習、神經網路及統計思維的數據分析，洞察市場先機。

1H47　量化研究與統計分析：SPSS與R資料分析範例解析

作　　者：邱皓政

定　　價：690元

I S B N：978-957-763-340-8

◆ 以 SPSS 最新版本 SPSS 23~25 進行全面編修，增補新功能介紹，充分發揮 SPSS 優勢長項。
◆ 納入免費軟體R的操作介紹與實例分析，搭配統計原理與 SPSS 的操作對應，擴展學習視野與分析能力。
◆ 強化研究上的實務解決方案，充實變異數分析與多元迴歸範例，納入 PROCESS 模組，擴充調節與中介效果實作技術，符合博碩士生與研究人員需求。

1H61　論文統計分析實務：SPSS與AMOS的運用

作　　者：陳寬裕、王正華

定　　價：920元

I S B N：978-957-11-9401-1

鑒於 SPSS 與 AMOS 突出的優越性，作者本著讓更多的讀者熟悉和掌握該軟體的初衷，進而強化分析數據能力而編寫此書。
◆ 「進階統計學」、「應用統計學」、「統計分析」等課程之教材
◆ 每章節皆附範例、習題，方便授課教師驗收學生學習成果

1H1K　存活分析及ROC：應用SPSS（附光碟）

作　　者：張紹勳、林秀娟

定　　價：690元

I S B N：978-957-11-9932-0

存活分析的實驗目標是探討生存機率，不只要研究事件是否發生，更要求出是何時發生。在臨床醫學研究中，是不可或缺的分析工具之一。
◆ 透過統計軟體 SPSS，結合理論、方法與統計引導，從使用者角度編排，讓學習過程更得心應手。
◆ 電子設備的壽命、投資決策的時間、企業存活時間、顧客忠誠度都是研究範圍。

1H0S　SPSS問卷統計分析快速上手祕笈

作　　者：吳明隆、張毓仁

定　　價：680元

I S B N：978-957-11-9616-9

◆ 本書統計分析程序融入大量新版 SPSS 視窗圖示，有助於研究者快速理解及方便操作，節省許多自我探索而摸不著頭緒的時間。
◆ 內容深入淺出、層次分明，對於從事問卷分析或相關志趣的研究者，能迅速掌握統計分析使用的時機與方法，是最適合初學者的一本研究工具書。

國家圖書館出版品預行編目(CIP)資料

SPSS與量化研究／凃金堂著. －－四版. －－
臺北市：五南圖書出版股份有限公司，
2023.02
面；　公分
ISBN 978-626-343-435-6（平裝）

1.CST: 統計套裝軟體　2.CST: 統計分析
3.CST: 量性研究

512.4　　　　　　　　　　111016041

1H64

SPSS與量化研究

作　　者 — 凃金堂

發 行 人 — 楊榮川

總 經 理 — 楊士清

總 編 輯 — 楊秀麗

主　　編 — 侯家嵐

責任編輯 — 吳瑀芳

文字校對 — 鐘秀雲

封面設計 — 王麗娟

出 版 者 — 五南圖書出版股份有限公司

地　　址：106臺北市大安區和平東路二段339號4樓

電　　話：(02)2705-5066　　傳　　真：(02)2706-6100

網　　址：https://www.wunan.com.tw

電子郵件：wunan@wunan.com.tw

劃撥帳號：01068953

戶　　名：五南圖書出版股份有限公司

法律顧問：林勝安律師

出版日期：2010年 2 月初版一刷
　　　　　2011年 2 月初版二刷
　　　　　2015年 4 月二版一刷
　　　　　2018年 7 月二版三刷
　　　　　2020年 8 月三版一刷
　　　　　2023年 2 月四版一刷

定　　價：新臺幣800元

※版權所有·欲利用本書內容，必須徵求本公司同意※

五南
WU-NAN

全新官方臉書

五南讀書趣

WUNAN
Books since1966

Facebook 按讚

1秒變文青

五南讀書趣 Wunan Books

★ 專業實用有趣
★ 搶先書籍開箱
★ 獨家優惠好康

不定期舉辦抽獎
贈書活動喔！！！

經典永恆・名著常在

五十週年的獻禮——經典名著文庫

五南，五十年了，半個世紀，人生旅程的一大半，走過來了。

思索著，邁向百年的未來歷程，能為知識界、文化學術界作些什麼？

在速食文化的生態下，有什麼值得讓人雋永品味的？

歷代經典・當今名著，經過時間的洗禮，千錘百鍊，流傳至今，光芒耀人；

不僅使我們能領悟前人的智慧，同時也增深加廣我們思考的深度與視野。

我們決心投入巨資，有計畫的系統梳選，成立「經典名著文庫」，

希望收入古今中外思想性的、充滿睿智與獨見的經典、名著。

這是一項理想性的、永續性的巨大出版工程。

不在意讀者的眾寡，只考慮它的學術價值，力求完整展現先哲思想的軌跡；

為知識界開啟一片智慧之窗，營造一座百花綻放的世界文明公園，

任君遨遊、取菁吸蜜、嘉惠學子！